Das materielle und formelle

Deutsche Grundbuchrecht

in seiner Beziehung zum

Liegenschaftskatasterdienst

mit besonderer Berücksichtigung

der bayerischen und rheinpfälzischen Verhältnisse

Von

David Hch. Richter

Oberregierungs- und -vermessungsrat a. D.

1950

J. Schweitzer Verlag, Berlin und München

12550. Druck: A. W. Hayn's Erben, Berlin SO 36. (VIII/99).

Vorwort

1. „Das formelle Grundbuchrecht lebt in einer gewissen Spannung mit dem materiellen Recht; einerseits dazu bestimmt, ihm selbst zu dienen, geht es doch in vielen Stücken ganz eigene Wege. Beide Rechtsgebiete liegen auf verschiedenen Ebenen." Vor allem dieser Umstand ist es, der dem Rechtsunkundigen das Eindringen in diesen Gegenstand so sehr erschwert.

Zu dieser der Sache selbst innewohnenden Schwierigkeit ist neuerdings eine andere, mehr äußerliche, aber gerade in den praktischen Vollzug tief eingreifende, hinzugekommen durch die Verordnung zur Aenderung des Verfahrens in Grundbuchsachen, vom 5. 8. 1935. Die vor dem Beginn des zweiten Weltkrieges noch verfügbar gewesene Zeit hat kaum mehr die Möglichkeit zum Einspielen des neuen Rechtes in der Praxis, geschweige zur Umschreibung auch nur des größeren Teiles der alten bayerischen Grundbücher auf die neue Reichsform geboten. So wie die Dinge nun liegen, bestehen statt des erstrebten reichseinheitlichen Grundbuches allein auf altem bayerischen Territorium nicht weniger als dreierlei Grundbücher und Grundbuchrechte nebeneinander, nämlich neben dem Reichseinheitsrecht noch, wennschon aus diesem abgeleitet und durch es umgewandelt, die beiden alten rechtsrheinischen und rheinpfälzischen Grundbuchrechte, mit deren Vorschriften die Beamten, denen mittelbar oder unmittelbar der Vollzug obliegt, sich vertraut zu machen haben.

Nicht zuletzt in der Absicht, dem künftigen Einheitsgrundbuch in einem einheitlichen „amtlichen Verzeichnis" eine gleichmäßige Grundlage zu bereiten, gelangte im Jahre 1936 nun auch der Reichsminister der Finanzen zu dem Entschluß, die alten Grundsteuerkataster der Länder durch ein Einheitsliegenschaftskataster zu ersetzen. Unter dem Zwang der Kriegsumstände kam aber auch dessen Anlegung mitten im Fluß zum Erliegen. Damit wurde die Komplikation schließlich vollendet. Denn da sich die Räume der bereits angelegten Reichskataster keineswegs mit jenem der umgeschriebenen Grundbücher decken, haben wir es nun glücklich neben Grundbuchbezirken mit altem Grundbuch und altem Kataster zu solchen mit neuem Grundbuch und altem Kataster, mit altem Grundbuch und neuem Kataster und mit neuem Grundbuch und neuem Kataster gebracht. Die bunte Mannigfaltigkeit der damit verbundenen Vorschriften, die sich teilweise sogar in manchen Amtsbezirken nebeneinander behauptet, ist nahezu unübersehbar geworden, ohne daß der Zeitpunkt auch nur abzusehen wäre, in dem diesem Zustand ein Ende bereitet werden könne.

Dazu kommt, daß nicht nur die einschlägigen Bestimmungen sehr zersplittert in Reichs- und Landesgesetzbüchern, Reichs- und Landesministerialblättern und autographierten Entschließungen, Erlassen und Verfügungen zu suchen sind, sondern auch unendlich vieles dieses Schriftgutes und der einschlägigen Hilfswerke dem Wüten des Krieges zum Opfer gefallen und vielen Jüngern der Wissenschaft nahezu unerreichbar geworden ist.

2. Es wird nicht verwundern, daß ein solcher fast chaotisch anmutender Zustand das Bedürfnis nach einer einigermaßen übersichtlichen Zusammenschau erweckt, nicht weniger bei den lange Jahre durch Krieg und sonstige Kriegsumstände vom Dienste ferngehaltenen Beamten des höheren vermessungstechnischen Verwaltungsdienstes und des gehobenen vermessungstechnischen Dienstes und den gleichartigen Beamten des Flurbereinigungsdienstes, als bei dem Nachwuchs dieser Laufbahnen, der nicht länger ohne Schaden der zusammenhängenden Einführung in die labyrinthartigen Gänge der beiden so tief ineinandergreifenden Verwaltungsgebiete entraten kann.

Aufgabe der vorliegenden Arbeit ist deshalb der Versuch, auf der Grundlage einer kurzen Einführung in das Wesen des materiellen Rechts das Verständnis für das darüber errichtete formelle Grundbuchrecht nahezubringen. Sie ist weit von der Absicht entfernt, damit ein neues Lehrbuch des Grundbuchrechtes anzubieten und will für niemanden die juristischen Kommentare hierzu entbehrlich machen, vielmehr den juristischen Laien soweit an den Gegenstand heranführen, daß er jene Hilfsmittel, soweit sie ihm überhaupt erreichbar sind, trotz ihrer ihm weniger geläufigen Sprache mit Nutzen gebrauchen kann. So ist es selbstverständlich erst recht nicht das Ziel dieser Arbeit gewesen, aus Vermessungsbeamten Grundbuchbeamte heranzubilden, doch aber den Vermessungsreferendaren einen Beitrag zu der bisher vermißten theoretischen Grundlage für eine ersprießliche Grundbuchpraxis in die Hand zu geben.

Endlich will sie unter möglichster Berücksichtigung der aufrechterhalten gebliebenen bayerischen und zugleich rheinpfälzischen Verhältnisse die Zusammenhänge zwischen Grundbuch und Grundbuchdienst einerseits, Kataster und Katastervermessungsdienst anderseits darstellen und zu den wichtigsten einschlägigen Bestimmungen hinführen. Wenn hierbei unsere besondere Aufmerksamkeit der Feststellung der Grundstücksgrenzen zugewandt war, so ist es selbstverständlich, daß solches in dem gegebenen Rahmen nur aus dem Blickfeld des Grundbuchrechtes geschehen konnte und sich hierauf beschränken mußte.

3. Der Verfasser war sich natürlich des Wagnisses voll bewußt, das es für ihn als Vermessungsingenieur bedeuten mußte, sich mit dieser Arbeit an die Oeffentlichkeit zu begeben. Aber gerade, weil er aus seiner persönlichen Erfahrung weiß, wieviel Schwierigkeiten sich dem Eindringen des Laien in diesen Gegenstand entgegentürmen, und weil er das gleiche in langjähriger Praxis am Nachwuchs seines Berufsstandes miterleiden mußte, kennt er das Bedürfnis, den Zugang zu erleichtern. Muß doch eben ihm als ehemaligem Vermessungspraktiker und Verwaltungsbeamten am besten vertraut sein, worauf es bei solcher Einführung ankommt, was hier im einzelnen gesagt werden muß, um zu den Kenntnissen zu verhelfen, die befähigen können, in der späteren Berufsausübung den Bedürfnissen auch der Grundbuchführung voll Rechnung zu tragen, einerseits in aufgeschlossener Zusammenarbeit mit den Grundbuchämtern, anderseits durch sachgemäße Beratung der Beteiligten beim Vollzug der Vermessungen über die aus dem Grundbuch erwachsenden Erfordernisse.

Der Verfasser war um eine möglichst allgemeinverständliche Darstellung bemüht. Wo die Sprache im Einzelfall vielleicht in der Schärfe der Begriffe hinter der Rechtssprache zurückbleiben mußte, darf er bitten, dies nachsichtig in Kauf zu nehmen.

4. Ist diese Arbeit zunächst nur unter dem Gesichtspunkt der Behebung eines Bedürfnisses der staatlichen Vermessungsverwaltung begonnen worden, so hofft der Verfasser doch, auch der korrespondierenden Seite, nämlich den Grundbuchämtern, durch den hier gewährten Einblick in die interne Mitarbeit der Vermessungsdienststellen an ihrem Werke nützlich zu sein, und darüber hinaus auch allen jenen Zweigen der Verwaltung des Staates, der Gemeinden und Gemeindeverbände, sowie der Stiftungen, die ihrer Natur nach sich vielfach mit Grundbuch und Kataster zu befassen haben, wie Liegenschaftsverwaltung, Forstverwaltung, Bauverwaltung, nicht minder den Zivilgerichten für die Behandlung von Grenzstreitigkeiten einen Dienst haben erweisen zu dürfen.

Vielleicht darf der Verfasser sich aber auch erhoffen, in den Kreisen der deutschen Berufsgenossen außerhalb der bayerischen und rheinpfälzischen Lebenssphären Aufmerksamkeit zu finden mit der vorliegenden Abhandlung, die in dem Bemühen erwuchs, die einschlägige gesamtdeutsche Literatur, soweit sie ihm in dieser Zeit erreichbar war, insbesondere die seit einem Menschenalter in den Reihen des „Deutschen Vereins für Vermessungswesen" geleistete geistige Arbeit in gedrängter Zusammenschau nutzbar zu machen.

5. Für die Bearbeitung wurden insbesondere verwendet:

Allgemeine Vermessungsnachrichten, Verl. Herb Wichmann, Berlin, Bad Liebenwerda.

Brand-Schnitzler, Die Grundbuchsachen in der gerichtlichen Praxis, 7. Aufl., 2. RAufl., Verl. Jul. Springer, Berlin 1938.

Buch, Die GBO in ihrer neuen Fassung usw., Verlag Wichmann, Berlin 1936.

Hedemann, J. W., Die Fortschritte des Zivilrechts im XIX. Jahrhundert, 2. Teil, 2. Hbd., Carl Heymann, Berlin.

Hencke-Mönch, GBO vom 5. 8. 1935, Verlag Beck, München 1939.

Henle, Wilh., Die Anlegung des Grundbuchs in den Landesteilen r. d Rh., Verl. Beck, München, 2. Aufl., 1902.

Henle-Schmitt, Das Grundbuchwesen in Bayern, Verl. Beck, München 1910.

Henle-Schneider, Die bayer. Ausführungsgesetze zum BGB, Verl. Beck, München, 2. Aufl., 1909.

Hesse-Saage-Fischer, GBO vom 5. 8. 1935, Verl. Walter de Gruyter & Co., Berlin 1936.

Krech, Dr. Johs., GBO vom 24. 3. 1897, 2. Aufl., Verl. Beck, München 1900.

Kretzschmar, Dr. F., Das formelle Grundbuchrecht, Sammlung Göschen, Leipzig 1911.

Meikel-Imhof, GBO, Verl. I. Schweitzer, München, 4. Aufl., 1936.

Meissner, Christ., Das in Bayern geltende Nachbarrecht, Verl. I. Schweitzer, München, 3. Aufl., 1923.

Reiß, Dr. Hans, Grenzrecht und Grenzprozeß, Verl. Franz Vahlen, Berlin 1914.

Schneider, Das Gesetz über das Liegenschaftsrecht in der Pfalz vom 1. 7. 1898, 2. Aufl., C. H. Beck, München 1903.

Staudingers Kommentar zum BGB, III. Band, Sachenrecht, 10. Aufl., Verl. I. Schweitzer, München 1935.

Zeitschrift für Vermessungswesen, herausgeg. v. Deutschen Verein für Vermessungswesen, Verl. Konr. Wittwer, Stuttgart.

Soweit in den Fußnoten auf die vorstehenden Werke Bezug genommen wurde, sind nur die Verfasser ohne weitere Angabe genannt.

Inhaltsverzeichnis

Zweiter Abschnitt:

Eintragungen in das Grundbuch

*) Soweit der in den §§ 56—70 behandelte Gegenstand in den vorliegenden Stoff einschlägt, wird er gleich den sonstigen Rechten an Grundstücken und Grundstücksteilen in den übrigen Abschnitten von Fall zu Fall berührt (s. Sachverzeichnis).

Abkürzungen

AbmGes.	= Gesetz die Abmarkung der Grundstücke betr., vom 30. 6. 1900, GVBl. S. 553
AendVO	= Verordnung zur Aenderung des Verfahrens in GbSachen, vom 5. 8. 1935, RGBl. I, S. 1065
AG.BGB	= bay. Ausführungsges. zum BGB, vom 9. 6. 1899, GVBl. S. 15
AG.GBO	= bay. Ausführungsges. zur GBO und zu dem Ges. über die Zwangsversteigerung und die Zwangsverwaltung, vom 9. 6. 1899, GVBl. S. 125
AG.GVG	= bay. Ausführungsges. zum Gerichtsverfassungsges., vom 20. 5. 1898, GVBl. S. 371
AG.ZPO	= bay. Ges. zur Ausführung der Reichszivilprozeßordnung und Konkursordnung, vom 23. 2. 1879 und Text des I. Abschn. dieses Gesetzes i. d. F. vom 26. 6. 1899, GVBl. S. 401
AllgVN	= Allgemeine Vermessungsnachrichten
AmtsG.	= Amtsgericht
Anl.	= Anlage
Anm.	= Anmerkung
Art.	= Artikel
Ausf.VO	= Verordnung zur Ausführung der GBO, vom 8. 8. 1935, RGBl. I, S. 1089
AV	= Ausführungsvorschrift
AVO.GSB	= Erste VO zur Ausführung des GSB, vom 26. 2. 1947, GVBl. S. 92.
BaulGes.	= bay. Ges. über die Erschließung von Baugelände, vom 4. 7. 1923, GVBl. S 273
bay.	= bayerisch
bayDA	= Dienstanweisung für die Grundbuchämter in Bayern in den Landesteilen r. d. Rh., vom 27. 2. 1905, JMBl. S. 63
bay.ZfV	= 1896—1909 Zeitschrift des bay. Geometervereins, Bd. 1—13 1910—1919 Zeitschrift des Vereins der höh. bay. Vermessungsbeamten, Bd. 14—23 1925—1927 bay. Zeitschrift für Vermessungswesen, Bd. 24—26
Bek.	= Bekanntmachung
BGB	= Bürgerliches Gesetzbuch
BodSchätz-UebernErl. (Teil II)	= Runderlaß des RMdI. vom 23. 9. 1936 betr. Uebernahme der Bodenschätzungsergebnisse in die Liegenschaftskataster (desgl. vom 22. 2. 1938, Teil II)

Abkürzungen

c. c.	=	Code civil
DAfMAe	=	Dienstanweisung für die bayer. Messungsämter, vom 6. 11. 1918, FMBl. S. 225
DAfVAe	=	Dienstanweisung für die bay. Vermessungsämter, i. d. F. der Bek. vom 10. 5. 1943, GVBl. S. 83
DBG	=	Deutsches Beamtenges. vom 26. 1. 1937, RGBl. I, S. 39
DchfVerfBay	=	Allgemeine Verfügung des RJM über die Durchführung der GbVerf. in Bayern, vom 30. 3. 1936, DJ S. 534
DGO	=	Deutsche Gemeindeordnung, vom 22. 3. 1935, RGBl. I, S. 49
DJ	=	Deutsche Justiz
EG.BGB	=	Einführungsges. zum BGB, vom 18. 8. 1896, RGBl. S. 404
EG.ZPO	=	Einführungsges. zur Zivilprozeßordnung, vom 30. 1. 1877, RGBl. S. 244 in geltender Fassung
Einl.	=	Einleitung
Entschl.	=	Entschließung
ErbbVO	=	Erbbaurechtsverordnung, vom 15. 1. 1919, RGBl. S. 72
f., ff.	=	und folgende Seite (Seiten)
FGG	=	RGes. über die Angelegenheiten der freiwilligen Gerichtsbarkeit, vom 17./20. 5. 1898, RGBl. S. 771
FinA	=	Finanzamt
FischGes.	=	bay. Fischereiges., vom 15. 8. 1908, GVBl. S. 527
FlurbGes.	=	bay. Flurbereinigungsges. i. d. F. vom 11. 2. 1932, GVBl. S. 73
FMBek.	=	Finanz-Ministerial-Bekanntmachung
FME.	=	Finanz-Ministerial-Entschließung
FortfErl.	=	Fortführungserlaß des RMdI., vom 30. 9. 1940
GB	=	Grundbuch
GBA, GBAemter	=	Grundbuchamt, Grundbuchämter
GbAnlO.Pf.	=	Grundbuchanlegungsordnung für die Pfalz, vom 14. 9. 1898, i. d. F. vom 15. 9. 1902; JMBl. S. 786/02
GbBlatt	=	Grundbuchblatt
GBO	=	Grundbuchordnung
GbRecht	=	Grundbuchrecht
gbrechtlich	=	grundbuchrechtlich
GbVerf	=	Grundbuchverfügung
Ges.	=	Gesetz
GG	=	Grundgesetz der Bundesrepublik Deutschland vom 8. 5. 1949
GrStGes.	=	bay. Grundsteuerges. i. d. F. vom 14. 8. 1910, GVBl. S. 1029
GrStKat	=	bay. Grundsteuerkataster
GSB	=	Ges. Nr. 48 zur Beschaffung von Siedlungsland und zur Bodenreform, vom 18. 9. 1946, GVBl. S. 326
Gst	=	Grundstück

GstVerkBek	=	Grundstücksverkehrs-Bek., = Bek. über den Verkehr mit landwirtschaftl. und forstwirtschaftlichen Grundstücken, vom 26. 1. 1937, RGBl I, S. 35
GVBl.	=	bay. Gesetz- und Verordnungsblatt
i. d. F.	=	in der Fassung
JMBek.	=	Justiz-Ministerial-Bekanntmachung
JMBl.	=	Justiz-Ministerialblatt
JME.	=	Justiz-Ministerialentschließung
Kat	=	Kataster
KatA, KatAemter	=	Katasteramt, Katasterämter
KatBek	=	FMBek. betr. die Führung des Grundsteuerkatasters vom 23. 2. 1905, FMBl. S. 39, JMBl. S. 593
KGer.	=	Kammergericht
KostGes.	=	Kostengesetz, vom 16. 2. 1921, Bay. GVBl. S. 134/169
KostO	=	Reichs-Kostenordnung, vom 25. 11. 1937, RGBl. I, S. 1371
KRGes.	=	Kontrollrats-Ges.
LG, LGPräs.	=	Landgericht, Landgerichtspräsident
LiegGes.	=	Gesetz über das Liegenschaftsrecht in der Pfalz, vom 1. 7. 1898, GVBl. S. 370
MBliV.	=	Reichsministerialblatt der inneren Verwaltung
NachlGes.	=	bay. Ges. über das Nachlaßwesen, vom 9. 8. 1902, GVBl. S. 465
NotGes.	=	bay. Notariatsges., vom 9. 6. 1899, GVBl., Anl. z. Landtagsabschied S. 137
NotVO	=	Verordnung des Reichspräsidenten zur Sicherung v. Wirtschaft und Finanzen, vom 6. 10. 1931, RGBl. S. 537
NSBZ	=	NSBeamtenzeitung
OLG.	=	Oberlandesgericht
§	=	Paragraph der GBO
pfälz.DA	=	Bek. des StMin. d. Justiz, betr. Führung des GBs in der Pfalz, vom 17. 7. 1900, JMBl. S. 1048
pfälz.GbAnlO	=	GbAnlegungsordnung in der Pfalz, Bek. vom 14. 9. 1898, i. d. F. vom 15. 9. 1902, JMBl. S. 745
pr.	=	preußisch
Präs.	=	Präsident
RdE.	=	Rundentschließung
RdErl.	=	Runderlaß
RdF.	=	Reichsminister der Finanzen
r. d. Rh.	=	rechts des Rheins
RGBl., RGBl. I	=	Reichsgesetzblatt, RGBl., Teil I
RGer.	=	Reichsgericht
RGerEntsch.	=	Reichsgerichtsentscheidung
RGes.	=	Reichsgesetz
RGrStGes.	=	Reichsgrundsteuergesetz, vom 1. 4. 1938, RGBl. I, S. 986

Abkürzungen

RHeimstGes.	=	Reichsheimstättengesetz, vom 10. 5. 1920, i. d. F. vom 25. 11. 1937, RGBl. I, S. 1291
RJM	=	Reichsminister der Justiz
RKat	=	Reichskataster
RMBl.	=	Reichsministerialblatt
RMdI	=	Reichsminister des Innern
RMfErn. u. Lw.		Reichsminister für Ernährung und Landwirtschaft
RöKu		Rösch-Kurandt, Reichsbodenschätzung und Reichskataster, Carl Heymanns Verl., Berlin 1941, 2. Aufl.
RSiedlGes.		Reichsiedlungsges., vom 11. 8. 1919, RGBl. S. 1429, i. d. F. vom 4. 1. 1935, RGBl. I, S. 1
RUmlGes.		Reichsumlegungsges., vom 26. 6. 1936, RGBl. I, S. 518
RUO	=	Reichsumlegungsordnung, vom 16. 6. 1937, RGBl. I, S. 629
s.	=	siehe
S.	=	Seite
StAnz.	=	Bay. Staats-Anzeiger
StMin.	=	Bay. Staatsministerium
StMin.d.F.	=	Bay. Staatsministerium der Finanzen
StMin.d.I.	=	Bay. Staatsministerium des Innern
UebergGes.	=	Ges. betr. Uebergangsvorschriften zum BGB, vom 9. 6. 1899, Beil. zu Nr. 28, GVBl. S. 83
Verf.	=	Verfügung
VermA, VermAemter	=	Vermessungsamt, Vermessungsämter
VO.	=	Verordnung
Vorbem.	=	Vorbemerkung
VV.	=	Vollzugsvorschriften
VVAbmGes.	=	Vollzugsvorschriften zum Abmarkungsgesetz, vom 21. 12. 1900, MBl. S. 771
WassGes.	=	bay. Wasserges., vom 23. 3. 1907, GVBl. S. 873
WohnsiedlGes.	=	Wohnsiedlungsgesetz, vom 22. 9. 1933, RGBl. I, S. 659, i. d. F. vom 27. 9. 1938, RGBl. I, S. 1246
ZfV.	=	Zeitschrift für Vermessungswesen
ZPO	=	Zivilprozeßordnung
ZVG	=	RGes. über die Zwangsversteigerung und Zwangsverwaltung, vom 24. 3. 1897, RGBl. S. 97

Das Grundbuch

I. Teil:

Allgemeines

1. Geschichtliche Entwicklung bis zum 19. Jahrhundert

Das deutsche GB ist keine Erfindung der Neuzeit. Die „Kölner Schreinsakten" als das älteste uns bekannte deutsche GB stammen schon aus der Zeit von 1130 bis 1142 und waren bis zum Jahre 1798 im Gebrauch[1]). Auch viele andere deutsche Städte, darunter die bayerische Landeshauptstadt München[2]), führten schon im 12. Jahrhundert und späterhin wirkliche Gbücher.

Die Gbücher hatten von Anfang an den Zweck, das Eigentum am Grund und Boden in schriftlicher Form öffentlich nachzuweisen, um es damit gegen jegliche Anfechtung Dritter sicherzustellen; denn die zuvor gebräuchliche Form der feierlichen und öffentlichen örtlichen und körperlichen „Auflassung", d. h. der Hinauflassung des Erwerbers auf das Gst durch den Verkäufer, hatte sich bei zunehmendem GstVerkehr in wachsenden Gerichtsbezirken allmählich immer mehr als undurchführbar erwiesen. Hier liegt bereits die Quelle des Oeffentlichkeits- oer Publizitätsgrundsatzes, der das GB allgemein beherrscht[2])[3]).

Mit dem Eindringen des römischen Rechtes im Mittelalter verfiel jedoch auch diese Grundanschauung, und der altdeutsche Brauch der Auflassung wurde abgelöst durch den Erwerb des Eigentums durch „Vertrag" und „Tradition" (Uebergabe). Es genügten dazu formlose, d. h. an keine bestimmte, nicht einmal an eine schriftliche Form gebundene, private Verträge[4]); allenfalls wurde ihre Bestätigung durch die Gerichte und die Eintragung in die Kontraktenbücher gefordert, der Reihe nach so, wie sie eben zeitlich nacheinander anfielen; später wurden daneben zur leichteren Auffindbarkeit und zum gesicherten Nachweis eigene Register eingerichtet[5]). Auch in der

---

[1]) Meys, Ueber das älteste Kölner Gb. usw., ZfV. 17/1931, S. 529.

[2]) Henle, S. 109.

[3]) Hedemann, Sachenrecht des BGB, 1924, S. 256 ff.

[4]) Bezgl. des bay. Landrechts s. Henle 252; bzgl. code civil (Pfalz, Rheinland), s. §§ 19—21, 28, Nr. 5, S. 103 f.

[5]) C. Steppes, Das GB im Entwurf eines bürgerl. Gesetzbuches, Verl. K. Wittwer, Stuttgart 1892, S. 10 (nach Dr. H. A. Mascher, Das deutsche GB- u. Hypothekenwesen, Berlin 1869, Verl. Fr. Kortkampf); s. auch Richter, GbRecht des Dritten Reichs, ZfV. 19/1939, S. 585.

Rheinpfalz war nach französischem Recht keine öffentliche Eintragung zur Uebertragung des Eigentums vonnöten; lediglich um der Wirksamkeit gegen Dritte willen und aus Steuergründen war die Transkription und die Registrierung der Verträge bei den Rentämtern geboten. Zur Eigentums entstehung aber waren diese nicht erforderlich. Verjährung, nach heutigem Sprachgebrauch Ersitzung, eines Gsts trat ohne Vertrag ein, wenn dieses eine gewisse Zeit in redlichem Besitz gestanden hatte. Gingen die schriftlichen Verträge verloren, so war es im Falle von Eigentumsanfechtungen oft schwer, häufig unmöglich, das Eigentum durch Zeugen nachzuweisen.

Dieser Umstand schädigte auch den Realkredit. Zu dessen Hebung wurde zuerst das Bedürfnis lebendig, den Weg zurück zu den öffentlichen Büchern zu beschreiten. Das führte zu den Hypothekenbüchern, in denen nur jene Gste einzutragen waren, die mit Pfändern belastet wurden. Im rechtsrheinischen Bayern wurden sie durch das Hypothekengesetz vom 1. 6. 1822 eingeführt, wogegen in der Pfalz, in der das französische Recht noch weiterhin aufrechterhalten blieb, die Hypothekenregister erst durch das rheinbayerische Hypothekengesetz vom 6. 4. 1888 zur Einführung gelangten.

Ein wesentlicher Fortschritt war in Bayern durch die Einführnug des Notariatsgesetzes vom 10. 11. 1861 (neue Fassung vom 9. 6. 1899), das wenigstens die öffentliche Beurkundung der Verträge obligatorisch machte, erzielt, das jedoch in der Pfalz auch erst im Jahre 1879 in Kraft trat[6]).

Ein Entwurf eines bürgerl. Gesetzbuchs für das Königreich Bayern vom Jahre 1864, der bereits den Uebergang vom Pfandbuch- zum Grundbuchsystem vorgesehen hatte, gelangte nicht zur Verwirklichung[7]). Dagegen war der deutsche Norden durch die preußischen Gesetze über den Eigentumserwerb und die dingliche Belastung der Gste sowie über die Grundbuchordnung vom 10. 11. 1872 zum Grundbuchsystem zurückgekehrt. Auf die Dauer hatte es als ein unmöglicher Zustand empfunden werden müssen, den Belastungen der Gste einen höheren Schutz zu bieten als dem Eigentum, bzw. den belasteten Gsten diesen Schutz nur um der Belastungen willen, den unbelasteten Gsten aber überhaupt keinen Schutz zu gewähren.

Der Sinn dieses Grundbuchsystems besteht darin, daß irgendeine Rechtsänderung grundsätzlich nur durch die Eintragung dieser

---

[6]) Art. 219 des Ges. v. 23. 2. 1879, GVBl. S. 63/134.
[7]) Henle, S. 4.

Aenderung in dieses öffentliche Buch, das Grundbuch, neben der Einigung der Beteiligten, entstehen kann.

Durch das einheitliche deutsche Recht, das Bürgerliche Gesetzbuch, wurde die GbEinrichtung mit der Jahrhundertwende auf alle Bundesstaaten des Reiches ausgedehnt.

2. Das materielle Grundbuchrecht

a) Bürgerliches Gesetzbuch

Die Vorschriften, die sich auf das materielle GbRecht beziehen, sind grundsätzlich im Bürgerlichen Gesetzbuch (BGB) und im Einführungsgesetz hierzu (EG.BGB) enthalten; das sind die Vorschriften über die Aenderungen im dinglichen Rechtszustand eines Gsts, also über den Erwerb und den Verlust des Eigentums, sowie über die Begründung, Uebertragung, Belastung und Aufhebung eines anderen Rechts an einem Gst oder eines Rechts an einem solchen Recht. Einige Ergänzungen enthalten das Zwangsversteigerungsgesetz (ZVG) und die Zivilprozeßordnung (ZPO).

Daneben kommen die landesgesetzlichen Vorschriften für die von der Regelung durch das BGB ausgeschlossen gebliebenen Rechtsmaterien in Betracht (§ 83 GBO. vom 24. 3. 1897), für Bayern und die Pfalz insbesondere das Ausführungsgesetz zum BGB (AG.BGB).

Aus dem Hauptzweck der GbEinrichtung, auf sicherer Grundlage bestimmte und sichere Rechtsverhältnisse für unbewegliche Sachen (nämlich für die Gste, die Rechte an Gsten und die Rechte an solchen Rechten) zu schaffen und zu erhalten, erwachsen drei Aufgaben:

1. den Nachweis der sämtlichen Gste eines Bezirks zu erbringen; — der Buchungszwang kennt nur wenige Ausnahmen hiervon; —
2. die Sicherung des Eigentums als Selbstzweck, also nicht mehr bloß um der Hypotheken willen; damit verträgt sich nicht mehr Ersitzung im Sinne des gemeinen Rechts zugunsten eines anderen als des als Eigentümer Eingetragenen;
3. das GB soll grundsätzlich alle dinglichen Belastungen (also nicht bloß die Hypotheken) erfassen. Dieser Grundsatz ist durch die Ländergesetzgebungen allerdings weitgehend beeinträchtigt worden, denen durch die Art. 128, 187 und 189 EG.BGB Rechnung getragen ist. Hiernach brauchte in Bayern eine Grunddienstbarkeit (Ser-

vitut), die im Zeitpunkt der GbAnlegung schon bestand, zur Erhaltung ihrer Wirksamkeit nicht eingetragen zu werden; auf Antrag eines Beteiligten muß sie jedoch eingetragen werden. Die Eintragungspflicht für die neu entstehenden Rechte wurde dadurch natürlich nicht berührt.

Ueber den Begriff des „Grundstücks" sagt das BGB nichts aus. Ein einheitliches selbständiges Gst im Sinne des Liegenschaftsrechts des BGB ist ein begrenzter Teil der Erdoberfläche, der im GB gemäß dem Willen des Eigentümers als besondere Einheit gebucht ist.

Dagegen bestimmt das BGB, was zu den Bestandteilen des Gsts zu rechnen ist. Hierbei unterscheidet es zwischen wesentlichen und nicht wesentlichen Bestandteilen.

Als wesentliche Bestandteile einer Sache ganz allgemein gelten (nach § 93 BGB) solche, die voneinander nicht getrennt werden können, ohne daß der eine oder andere Teil zerstört oder in seinem Wesen verändert wird. Selbst wenn dies nicht zutreffen sollte, gilt (nach § 94 BGB) darüber hinaus eine Sache als wesentlicher Bestandteil eines Grundstücks, wenn sie mit dem Boden fest verbunden ist, insbesondere Gebäude, es sei denn, daß sie nur zu einem vorübergehenden Zweck mit ihm verbunden sind oder daß sie in Ausübung eines Rechtes mit einem fremden Gst verbunden worden seien. Immer handelt es sich um unbewegliche Sachen.

Unwesentliche Bestandteile eines Gsts dagegen sind Teile der Grundfläche, die unbeschadet der Existenz und des Wesens der Teile abgetrennt werden können, nämlich in vertikaler Richtung, so z. B. auch die Teilstücke eines Angrenzerbaches, die zu den anliegenden Grundstücken gehören. Im bay. Wasserbenützungsgesetz vom 28. 5. 1852 waren diese letzteren noch als „Zubehör" bezeichnet. Das BGB kennt aber als Zubehör nur bewegliche Sachen, die dem wirtschaftlichen Zweck einer anderen Sache, z. B. auch eines Gsts oder eines Gebäudes, dienen (§ 97 BGB). Eine Grund- und Bodenfläche dagegen ist entweder selbständig oder Bestandteil eines Gsts. Auch Rechte, die mit dem Eigentum an einem Gst verbunden sind, gelten als Bestandteile dieses Gsts (§ 96 BGB).

Das Reichsrecht kennt als grundstücksgleiches Recht nur das Erbbaurecht (§§ 1012—1017 BGB). Nach bayerischem Landesrecht bestehen als gstsgleiche Rechte u. a. das Fischereirecht, die Realgewerberechte. Alle diese Rechte sind gleichwie die Gste selbst im GB aufnahmefähig. Doch wurde für solche Rechte nur auf Antrag ein Blatt angelegt. Lediglich für das

Bergwerkseigentum und die unbeweglichen Kuxe (d. s. Gewerkschaftsanteile älteren Rechts) waren von Amts wegen Blätter anzulegen, für diese jedoch im selbständigen Bergwerksgrundbuch (Art. 17 AG.GBO).

Eine buchrechtliche Sonderstellung im allgemeinen GB nimmt das Erbbaurecht erst seit der Erbbaurechtsverordnung vom 15. 1. 1919 (RGBl. S. 72) ein. Von da an mußte auch jedes Erbbaurecht von Amts wegen ein eigenes Blatt im GB erhalten, und dieses Blatt heißt das Erbbaugrundbuch. — Die §§ 1012—1017 BGB sind durch die ErbbVO außer Kraft gesetzt worden, gelten aber nach wie vor für die bis dahin bestellten Erbbaurechte (s. § 8, S. 84).

b) Jüngere Entwicklung

Die ErbbVO hatte den ersten revolutionären Einbruch in das geltende materielle Recht dargestellt. Ihr folgten unter der Weimarer Verfassung rasch das Reichs-Siedlungsgesetz vom 11. 8. 1919 (RGBl. S. 1429)[8]) und das Reichs-Heimstättengesetz vom 10. 5. 1920 (RGBl. S. 962)[9]), zwei Gesetze, die erstmals die Axt an das bis dahin rein individualistische Eigentumsrecht legten, indem sie das von ihnen erfaßte Grundvermögen Bindungen unterwarfen, die wie die zwangsmäßige Eintragung der Eigenschaft als „Reichsheimstätte" (§ 4 RHeimstGes.) und des Wiederkaufsrechts der Siedlungsgesellschaften und des früheren Eigentümers (§§ 20, 21 RSiedlGes.) in das GB, eine erhebliche Beschränkung der Freiheit am Eigentum bewirkten. Ergänzt wurden diese Bindungen durch den Siedlungs-Sperrvermerk der sog. Notverordnung (4. Teil Kap. II § 8, RGBl. I, S. 537/555), der die für die Siedlungszwecke bestimmten Gste vor unerwünschten weiteren Belastungen während des Verfahrens schützen sollte.

Inwieweit die während der jüngst-verflossenen Epoche unserer deutschen Rechtsgeschichte ergangenen einschlägigen Gesetze in Gegenwart und Zukunft noch Wirklichkeitsbedeutung haben werden, wird sich in nicht ferner Zeit erweisen.

Art. II der Proklamation Nr. 2 der Militärregierung Deutschland — Amerikanische Zone — bestimmt, daß das deutsche Recht, das zur Zeit der Okkupation in Kraft war, soweit es nicht durch die Militärregierung oder den Kontrollrat für Deutschland aufgehoben, zeitweilig außer Kraft gesetzt oder abgeändert worden ist, in jedem

[8]) Aenderungen: Flüchtlings-Siedlungsges. vom 7. 6. 1923, RGes. vom 18. 8. 1923, 8. 7. 1926, 4. 1. 1935.

[9]) Aenderung: RGes. vom 25. 11. 1937.

Staatsgebiet der amerikanischen Zone anwendbar bleibt, bis es durch neue Gesetze des Kontrollrats oder der Militärregierung oder der neugebildeten Staaten oder eines anderen zuständigen Organes aufgehoben oder außer Kraft gesetzt worden ist.

Bereits sind das Reichs-Erbhofgesetz vom 29. 9. 1933 (RGBl. I, S. 685) und das Gesetz zur Aenderung der Bek. über den Verkehr mit land- und forstwirtschaftlichen Gsten, die sog. Grundstücksverkehrs-Bekanntmachung, vom 26. 1. 1937 (RGBl. I, S. 32) samt allen zusätzlichen Gesetzen, Verordnungen und Erlassen durch das KRGes. Nr. 45 vom 20. 1. 1947 (GVBl. S. 105) der Vergangenheit anheimgefallen. Zuvor schon wurde für den bayerischen Staatsbereich (ohne die Rheinpfalz) das Reichs-Umlegungsgesetz vom 26. 6. 1936 (RGBl. I, S. 518) mit der Reichs-Umlegungsordnung vom 16. 6. 1937 (RGBl. I, S. 629) aufgehoben und durch das alte bayerische Flurbereinigungsgesetz i. d. F. vom 11. 2. 1932 (GVBl. S. 73) wieder ersetzt. (Ges. Nr. 24 vom 15. 6. 1946 über die Wiedereinführung des FlurbGes., GVBl. S. 185).

Dagegen scheint dem RGes. über die Aufschließung von Wohnsiedlungsgebieten vom 22. 9. 1933 i. d. F. vom 27. 9. 1938 (RGBl. I, S. 659/33, 1246/38) ein weiterer Bestand gesichert zu sein. Die durch das RGes. über das Erlöschen der Familienfideikommisse und sonstigen gebundenen Vermögen vom 6. 7. 1938 (RGBl. I, S. 825) eingeleitete Auflösung dieser Güter besonderer Rechtsform (Fideikommisse, Lehen-, Renten- und ähnliche Güter) wurde durch das genannte Kontrollratsgesetz Nr. 45 durchgesetzt; ebenso wie die Erbhöfe sind sie zu freiem, nur den allgemeinen Gesetzen unterworfenem Grundeigentum erklärt. Damit übergibt dieses Gesetz sie aber keineswegs einer schrankenlosen Verkehrsfreiheit; denn die weiteren Bestimmungen besagen, daß jeder obligatorische Vertrag und jede Auflassung irgendwelcher land- und forstwirtschaftlichen Gste, auch schon die Bestellung eines Nießbrauchs an einem solchen, ohne die Genehmigung der zuständigen deutschen Behörde nichtig ist; auch die Bestellung einer Hypothek, Grund- oder Rentenschuld an einem solchen Gst ist von behördlicher Genehmigung abhängig. Hiermit wurde der gesamte land- und forstwirtschaftliche Boden neuen ernährungs- und bevölkerungspolitischen Zielsetzungen unterworfen. Die Genehmigungen gehören in Bayern zu den Zuständigkeiten der Bauerngerichte.

Im Zuge der sog. „Bodenreform" haben die Staaten der amerikanischen Zone selbständige Gesetze erlassen. In Bayern erschien unter dem 18. 9. 1946 das Ges. Nr. 48 zur Beschaffung von Siedlungsland und zur Bodenreform (GSB) (GVBl. S. 326), neben dem das RSiedlungsgesetz weiterhin soweit aufrechterhalten bleibt, als es nicht durch die neuen Bestimmungen berührt wird. Diese bereichern das GB um einen „Landabgabe-Sperrvermerk" (§ 39 der Ersten AusfVO. vom 26. 2. 1947 [GVBl. S. 92], der auf Ersuchen der Oberen Siedlungsbehörde bei den von der Landabgabe betroffenen Gsten einzutragen ist. Damit trat erstmals die bayerische Landesgesetzgebung wieder mit dem Anauf, das GB von sich aus selbständig auszubauen.

Für den Bereich von „Rheinland-Pfalz" erging gemäß Art. 63—65 der Verfassung dieses Landes und VO Nr. 116 des Oberkommandierenden der französischen Besatzungszone vom 18. 10. 1947 (Journ.-officiel Nr. 115) — gleichfalls neben dem bestehenden Reichs-Siedl.Ges. — ein Landesgesetz zur Bodenreform unterm 16. 10. 1948 (GVBl. I, Tl., S. 385). Die Einrichtungen des Gbs wurden jedoch durch dieses nicht berührt.

Hiermit dürften in gröbsten Zügen äußerer Rahmen und Inhalt des materiellen GbRechts umrissen sein.

3. Das formelle Grundbuchrecht

a) Reichsgrundbuchordnung vom 24. 3. 1897

Die Hauptgrundlage des formellen Liegenschaftsrechts bildete zunächst die Reichsgrundbuchordnung (GBO) vom 24. 3. 1897.

Entgegen der ursprünglichen Absicht, das gesamte formelle Buchrecht reichsrechtlich festzulegen, beschränkte man sich schließlich auf jene Vorschriften, die zur Erzielung einer einheitlichen Anwendung des materiellen Rechts als unerläßlich erschienen. Dagegen wurden der landesrechtlichen Regelung überlassen: die Einrichtung und Organisation der GbAemter, die Einrichtung der GBücher selbst und die amtlichen Verzeichnisse der Gste; für sie gab die GBO nur Rahmenvorschriften. Alle Einzelheiten waren in den Dienstvorschriften der Bundesstaaten festgelegt.

Für das Gebiet Bayerns rechts und links des Rheins waren zum Teil gesonderte Gesetze und Verordnungen für die Anlegung ergangen; hier seien nur genannt:

die VO betr. die vom Buchungszwang befreiten Gste, vom 1. 7. 1898,
das Gesetz über die Ausführung der GBO und zum Ges. über die Zwangsversteigerung, vom 9. 6. 1899;

für das rechtsrheinische Bayern:
das Gesetz über die Vorbereitung der Anlegung des GBs in den Landesteilen r. d. Rh., vom 18. 6. 1898,

die VO betr. die Anlegung des GBs in den Landesteilen r. d. Rh., vom 23. 7. 1898,

die JMBek. betr. die Geschäftsanweisung für die Anlegungsbeamten, vom 1. 10. 1898;

für die Pfalz:
das Gesetz über das Liegenschaftsrecht in der Pfalz, vom 1. 7. 1898,

die VO über die Anlegung des GBs in der Pfalz, vom 28. 8. 1898 (endgültige Fassung vom 15. 9. 1902).

Bezüglich der Führung der angelegten GBücher seien schon hier aufgeführt:

die VO betr. Führung des GBs in den Landesteilen r. d. Rh., vom 25. 2. 1905, mit der Dienstanweisung für die GBAemter in den Landesteilen r. d. Rh., vom 27. 2. 1905,

die JME betr. Führung des GBs in der Pfalz, vom 12. 4. 1905 Nr. 14899.

b) Grundbuchanlegung in Bayern

Nach dem bereits Ausgeführten bestand die Anlegung des GBs im rechtsrheinischen Bayern im wesentlichen in der Ergänzung des Hypothekenbuchs in Hinsicht der von Pfändern unbelasteten buchungspflichtigen Gste. So wie schon im Hypothekenbuch die Gste nach den Angaben des bayerischen Grundsteuerkatasters bezeichnet waren, so wurden nun auch die Nachträge diesem entnommen.

Gegenüber rund 10 Millionen bereits eingetragenen Gsten waren für 5 735 401 blattfreie Plannummern die Eigentümer zu ermitteln bzw. nachzuprüfen. Im Anschluß daran folgte die Eintragung der nicht eingetragenen Rechte und Verfügungsbeschränkungen, die eine Anmeldung und einen Antrag voraussetzten.

Dagegen mußten die GBücher in der Pfalz ganz neu geschaffen werden. In allen Steuergemeinden mußte grundstücksweise eine Liquidierung der an den einzelnen Plannummern bestehenden Eigentums- und anderen eintragungsbedürftigen Rechte durchgeführt werden. Aus den vorhandenen Hypothekenregistern wurden zunächst nach Steuergemeinden geordnete Auszüge hergestellt, sodann auf Grund der aus den GrStKat ausgezogenen „Flurbücher" vorläufige GbBlätter und endlich nach Ablauf der Einspruchsfrist die endgültigen GBücher angelegt. Dabei ergab sich hier, wo infolge der zahllosen Erbteilungen und des sonstigen regen GstsVerkehrs eine ungewöhnlich große Zersplitterung des Besitzes herbeigeführt worden war und dadurch unzählige fehlerhafte Eigentumseinträge in den Katastern und Hypothekenregistern entstanden waren, die unerläßliche Notwendigkeit, den Besitz an sämtlichen Gsten durch eine Flurbegehung der Messungsbehörden nachprüfen zu lassen[10]).

Im rechtsrheinischen Bayern aber, wo man auf solche Maßnahmen glaubte verzichten zu dürfen, hatte dies die unvermeidliche Folge, daß zahlreiche fehlerhafte Buchungen des Katasters den Weg auch in das neue GB fanden. Ihre Ausmerzung wurde im allgemeinen der späteren GbBereinigung und der Fortführung überlassen[11]).

c) Grundbuchbereinigung

1. Nur in Unterfranken hatte sich die Trennung der Bereinigung von der Anlegung auch in Rechtsbayern nicht durchführen lassen, weil auch hier infolge der außergewöhnlichen Parzellierung des Grundbesitzes und des sehr lebhaften Güterverkehrs die Hypothekenbücher eine so große Zahl unrichtiger und gegenstandsloser Eintragungen aufwiesen, daß sie nicht ohne weiteres übernommen werden konnten.

Aber auch in den übrigen Teilen Bayerns blieb es unvermeidlich, wenn nicht schon im unmittelbaren Anschluß an die Anlegung, so doch in sehr naher Zeit danach, die Bereinigung durchzuführen, weil die Hypothekenbücher viele längst erloschenen Hypotheken, Austragsrechte, Wohnungsrechte u. dgl. enthielten, für die die Berechtigten längst verstorben waren. Verbunden wurde damit auch die Nachprüfung der grundstücksgleichen Rechte (Fischereirechte, Realgewerberechte, Kellerrechte usw.). Außerdem wurde den Eigentümern der buchungsfreien Gste nochmals Gelegenheit gegeben, die Eintragung der noch nicht eingetragenen Grundstücke zu beantragen (Gemeinden, Stiftungen)[12]).

---

[10]) Henle, Zur Geschichte der Anlegung des GBs in Bayern, Zeitschr. f. Rechtspflege in Bayern 1910, Nr. 18 u. 19.
Schneider. § 2 pfälzGBAO. Anm. 1—3, S. 295 ff.

[11]) Schmitt, GB und Wirklichkeit in Bayern, Ztschr. f. Rechtspflege i. B., 1912, Nr. 19, abgedruckt in bayZfV. 1913, S. 58.

[12]) Aus dem Etat Nr. 24 für RJ. 1913 (StMin. d. Just.) bayZfV. 1913, S. 396.

2. Eine Bereinigung ganz anderer Art und Ursache herbeizuführen, war der Zweck des RGes. über die GbBereinigung vom 18. 7. 1930 (RGBl. I, S. 305). Dieses suchte die verwirrenden Folgen, die durch die der Geldentwertung der ersten Nachkriegszeit folgende Aufwertung für GstsVerkehr und Realkredit eingetreten waren, nach Möglichkeit zu beseitigen und insbesondere in das unübersichtlich und unzuverlässig gewordene GB wieder Klarheit zu bringen[13]).

3. Nicht eigentlich der Charakter einer Bereinigung des GBs, sondern der einer Berichtigung seines Inhalts kommt den Maßnahmen zu, die sich aus dem „Gesetz zur Sicherung von Forderungen für den Lastenausgleich" ergaben, das unterm 9. 7. 1948 vom Wirtschaftsrat in Frankfurt a. M. beschlossen wurde; doch sind sie jenem des GbBereinigungsgesetzes äußerlich sehr verwandt. Die Währungsgewinne, die sich in Auswirkung des Gesetzes Nr. 63 der Militärregierung Deutschland — Amerikanisches Kontrollgebiet —, des „Dritten Gesetzes zur Neuordnung des Geldwesens (Umstellungsgesetzes)" vom 27. 6. 1948 zugunsten der im GB eingetragenen Hypotheken, Grundschulden und Rentenschulden ergaben, wurden durch die gesetzliche Entstehung neuer „Grundschulden" in Höhe von $^{9}/_{10}$ des Nennbetrags erfaßt. Einer Eintragung im GB bedarf es hierzu nicht.

Die gleichartige gesetzliche Regelung wurde durch den Landtag von Rheinland-Pfalz im Landesgesetz vom 23. 11. 1948 (GVBl. S. 409) getroffen.

d) Erhaltung der Uebereinstimmung zwischen Grundbuch und Kataster

Der Notwendigkeit, die Uebereinstimmung zwischen dem GB und dem Grundsteuerkataster zu erhalten, wurde von Anfang an die gebotene Sorgfalt zugewandt. Die zu diesem Zweck erforderlich gewordenen Vorschriften für die GBAemter sind insbesondere in den §§ 578 ff. der Dienstanweisung für die GBAemter in den Landesteilen r. d. Rh. — bayDA. — niedergelegt, die zufolge JME. vom 12. 4. 1905 Nr. 14899 auch in der Pfalz anzuwenden sind. Ihm diente auch vor allem die FMBek. vom 23. 2. 1905 betr. die Fortführung des Grundsteuerkatasters[14]), (im folgenden kurz als KatBek. bezeichnet), die sich sowohl an die Rentämter (jetzt Finanzämter) als

---

[13]) Staudinger, § 1113 BGB, Vorbem. 43.

[14]) FMBl. S. 39, JMBl. S. 593.

die KatUmschreibbehörden, wie auch an die Messungsbehörden (jetzt Vermessungsämter) als der bayer. Fortführungsvermessungsdienststellen, wandte und den Dienstverkehr zwischen FinA, VermA und GBA grundlegend regelte.

Hier sei am Rande vorweg vermerkt, daß die genannte bayDA. in ihrem IV. Abschnitt (§§ 159—178) eine gedrängte Darstellung des bayer. Grundsteuerkatasters und eine anschauliche Einführung in seinen Aufbau, seine wesentlichen Bestandteile und die Bezeichnung der Katastergrundstücke, damals kurz als Plannummern bezeichnet, darbietet.

4. Grundbuchordnung vom 5. August 1935

Eine sehr tiefgreifende Weiterentwicklung des formellen Grundbuchrechtes brachte die VO zur Aenderung des Verfahrens in Grundbuchsachen vom 5. 8. 1935 (RGBl. I, S. 1065), durch die die GBO vom 24. 3. 1897 neu gefaßt wurde und auch einige andere das GbRecht berührende Gesetzesbestimmungen Aenderungen erfahren haben.

Die Zwecke dieser Aenderungen waren: erstens die möglichst vollkommene Reichsvereinheitlichung auch in Hinsicht des formellen GbRechts, zweitens die Stärkung der Amtsgewalt der GbAemter. Auf beide Umstände wird später von Fall zu Fall zurückzukommen sein. Hier sei vorweggenommen, daß insbesondere Behördenzuständigkeit und GbSystem eine einheitliche Ordnung erfuhren und der Antragszwang eingeführt wurde, mittels dessen die GBAemter nun in die Lage versetzt sind, die Berichtigung unrichtig oder gegenstandslos gewordener Eintragungen zu erzwingen.

Außerdem wurden durch die VO neu gefaßt:

a) § 4 des RHeimstGes., zufolge dessen nun auch die Reichsheimstätten, so wie seit 1919 schon die Erbbaurechte, in jedem Falle ein eigenes GbBlatt erhalten (Art. 3 der VO), u.
b) § 33 des RGes. über die Angelegenheiten der freiwilligen Gerichtsbarkeit vom 17./20. 5. 1898 (FGG), durch welchen den Gerichten die Befugnis zur Erteilung von Ordnungsstrafen eingeräumt wurde zur Durchsetzung ihrer Anordnungen, z. B. im Sinne des erwähnten Antragszwanges (Art. 4 das.).

Diesen Verordnungen folgten auf dem Fuße die VO zur Ausführung der GBO (AusfVO, RGBl. I, S. 1089) und die Allgemeine Verfügung über die Einrichtung und Führung des GBs, kurz „GbVerfügung" (GbVerf, RMBl. S. 637) genannt, beide vom 8. 8. 1935.

Die Ausführungsverordnung regelt die sachliche Zuständigkeit der GbBeamten, d. i. einerseits des GbRichters, anderseits des Urkundsbeamten (unterschiedlich hiervon hatte die bayDA unter „GbBeamten" ausschließlich den GbRichter verstanden), sodann das Verhältnis zwischen dem amtlichen Verzeichnis der Gste und dem GB und endlich die Anlegung neuer GbBlätter.

Die GbVerfügung ist die neue, reichseinheitliche Dienstanweisung für die GBAemter; hierin finden wir im besonderen auch die ins einzelne gehenden Angaben über die Form der neuen GB-Blätter und der Eintragungen.

Die Durchführung dieser Verfügung in den Ländern ist durch besondere „Allgemeine Verfügungen" des RJM. geregelt worden; so für Bayern (einschließlich der Pfalz) durch jene vom 30. 3. 1936 betr. die Durchführung der GbVerfügung in Bayern (DJ. S. 534). Durch sie wurde die Umschreibung, d. h. völlige Neuschreibung, aller alten GbBlätter in die neue Form angeordnet, wozu gleichzeitig die näheren Weisungen ergingen. Da die Umschreibung in Bayern bei weitem noch nicht vollendet ist, werden sowohl in Bayern wie in der Pfalz auf weite Sicht hin zwei verschiedenartige GBücher geführt werden müssen.

5. Grundgesetz der Bundesrepublik Deutschland

1. Während diese Arbeit sich unter den Händen des Setzers befindet, wurde in Bonn dem Deutschen Volk der westlichen Besatzungszonen im „Grundgesetz der Bundesrepublik Deutschland" vom 8. Mai 1949, das unterm 12. 5. 1949 die Billigung der drei westlichen Militärgouverneure gefunden hat, eine neue Ordnung gegeben.

Art. 123 Abs. 1 legt fest, daß Recht aus der Zeit vor dem Zusammentritt des Bundestages (7. 9. 1949) fortgilt, soweit es dem Grundgesetz nicht widerspricht.

Nach Art. 74 fallen unter die konkurrierende Gesetzgebung des Bundes:

1. das bürgerliche Recht,
18. der GstVerkehr, das Bodenrecht, das Siedlungs- und Heimstättenwesen.

Zufolge Art. 125 wird Recht, das Gegenstände der konkurrierenden Gesetzgebung des Bundes betrifft, innerhalb seines Geltungsbereiches Bundesrecht

1. soweit es innerhalb einer oder mehrerer Besatzungszonen einheitlich gilt,

2. soweit es sich um Recht handelt, durch das nach dem 8. Mai 1945 früheres Reichsrecht abgeändert wurde.

Man wird diese Texte wohl kaum irrig dahin zu verstehen haben, daß das deutsche GbRecht in seinem bisherigen Bestand einschließlich der unter Besatzungsrecht getroffenen Ergänzungen und Aenderungen hiermit Bundesrecht geworden ist. Nach Art. 126 unterliegen Meinungsverschiedenheiten über das Fortgelten von Recht dem Bundesverfassungsgericht (Art. 93 GG).

2. Art. 129 GG:

„(1) Soweit in Rechtsvorschriften, die als Bundesrecht fortgelten, eine Ermächtigung zum Erlaß von Rechtsverordnungen oder allgemeinen Verwaltungsvorschriften sowie zur Vornahme von Verwaltungsakten enthalten ist, geht sie auf die nunmehr sachlich zuständigen Stellen über."

Hiernach sind innerhalb der Bundesrepublik Deutschland die kraft bisheriger Rechtsvorschriften dem Reichsjustizminister erteilten Ermächtigungen (mit der in Abs. 3 festgelegten, hier kaum einschlägigen Ausnahme) an den Bundesjustizminister übergegangen. Ebenso werden die früher dem Reichsgericht vorbehaltenen Zuständigkeiten an das Oberste Bundesgericht (Art. 95 Abs. 1 u. 2 GG) übergehen, dessen Verfassung erst noch durch Bundesgesetz zu regeln ist (Art. 95 Abs. 4 GG).

„In Zweifelsfällen entscheidet die Bundesregierung im Einvernehmen mit dem Bundesrat; die Entscheidung ist zu veröffentlichen." (Art. 129 Abs. 1 Satz 2.)

II. Teil:

Grundsätze des Grundbuchrechts

Nach diesem Ueberblick über die wesentlichsten gegenwärtig maßgebenden Gesetze und Verordnungen sollen hier zunächst noch die leitenden, untereinander eng zusammenhängenden Prinzipien des GbRechtes besprochen werden.

§ 873 BGB beruht auf dem entscheidenden allgemeinen Grundsatz:

Jede auf Rechtsgeschäft, d. h. auf dem Willen des bisher Berechtigten, beruhende Rechtsänderung hinsichtlich Rechten an Grundstücken bedarf der Regel nach zu ihrer rechtlichen Gültigkeit zweier gleichwertiger Elemente:

a) der Einigung des bisher Berechtigten und des künftig Berechtigten über den Eintritt der Rechtsänderung,

b) der Eintragung der Rechtsänderung im Grundbuche.

In dieser grundlegenden Bestimmung des materiellen Liegenschaftsrechts begegnen wir zwei wichtigen Grundsätzen des GB-rechtes:

1. dem Konsensprinzip oder Bewilligungsgrundsatz,
2. dem Eintragungsprinzip, d. h. dem Eintragungszwang.

I. A) Materielles Konsensprinzip

1. Einigung

Unter „Einigung" (consensio = Uebereinstimmung, Einigkeit) versteht man den Vertrag zwischen dem bisherigen und dem künftigen Berechtigten über den Eintritt der Rechtsänderung: der Berechtigte erklärt, daß er die Eintragung der Rechtsänderung in das GB bewillige, der andere Teil erklärt, daß er die Bewilligung annehme. Früher wurde die Einigung auch als „dinglicher Vertrag" bezeichnet.

Der Einigung vorauszugehen hat regelmäßig das „schuldrechtliche Grundgeschäft" oder „Kausalgeschäft" (§ 313 Satz 1 BGB), das man als obligatorischen Vertrag oder Schuldvertrag bezeichnet. Durch diesen Vertrag wird nur die schuldrechtliche Verpflichtung zur Vornahme einer dinglichen Rechtsänderung, z. B. des Kaufes eines Grundstücks, der Einräumung einer Grunddienstbarkeit, eingegangen; er bewirkt lediglich die persönliche Verpflichtung zu einer Leistung.

Die Einigung, der dingliche Vertrag, dagegen als das eigentliche Leistungsgeschäft bewirkt die Leistung selbst, d. h. die Erfüllung der zuvor eingegangenen Verpflichtung. Er soll die dingliche Rechtsfolge aus dem vorausgegangenen obligatorischen Geschäft gesondert zum Ausdruck bringen, z. B. A überträgt nun als Folge des Kaufvertrags das Eigentum an dem Gst an B, oder C bestellt auf Grund des obligatorischen Vertrags dem D die Grunddienstbarkeit.

Man nennt die Einigung auch „abstrakten Vertrag", weil sie abstrahiert, losgelöst ist vom Zweck oder Rechtsgrund (causa), aus dem das Rechtsgeschäft vorgenommen ist. Bleibt nach ihm die Erfüllung durch die Einigung im Rückstand, so ist sie klagbar. Ohne Einigung aber keine Rechtsänderung! Dieses Prinzip bezeichnet man als das „materielle Konsensprinzip".

2. Auflassung

Als „Auflassung" bezeichnet man die Einigung in Hinsicht der Uebertragung des Eigentums an Grundstücken. Gemäß ihrem abstrakten, vom Motiv gänzlich losgelösten Charakter will sie lediglich zum Ausdruck bringen einerseits: „Ich will aufhören, Eigentümer zu sein", anderseits: „Ich will Eigentümer werden", weiter nichts. Durch die Hereinnahme der Auflassung in das deutsche Recht wurde die in den alten Landrechten geforderte „Uebergabe" ihres maßgebenden Einflusses auf das Zustandekommen des Eigentumsüberganges gänzlich entkleidet[15]).

Für die Auflassung trifft § 925 BGB eine Sonderbestimmung zu § 873 BGB, indem er sie an eine strengere Form bindet als die Einigung schlechthin, nämlich an die gleichzeitige Anwesenheit beider Teile vor dem GBA, „vor offenem Buche". Hierher gehört auch die rechtsgeschäftliche Uebertragung der älteren Erbbaurechte (§ 1017 BGB) — für die neueren nicht mehr (§ 11 ErbbVO) — und des Anteils eines Miteigentümers beim Miteigentum nach Bruchteilen. Siehe auch §§ 19—21, Nr. 2, S. 100.

3. Obligatorischer Vertrag

In § 98 GBO alter Fassung war ausgesprochen, daß durch Landesgesetz bestimmt werden konnte, daß das GBA die Erklärung der Auflassung nur entgegennehmen solle, wenn die nach § 313 BGB erforderliche Urkunde, d. i. der erwähnte obligatorische Vertrag, vorgelegt wird. Bayern hat von dieser Befugnis Gebrauch gemacht (Art. 12 AG). Der Veräußerungsvertrag mußte, wenn er in Bayern geschlossen wurde, von einem bayerischen Notar beurkundet werden (Art. 15, Abs. 2 AG.GVG). Er kann durch ein rechtskräftiges Urteil oder durch einen gerichtlichen Vergleich ersetzt werden. Auch der Notar soll, wenn er die Auflassung entgegennimmt, sich die Veräußerungsurkunde vorlegen lassen, sofern er sie nicht selbst aufgenommen hat oder gleichzeitig mit der Beurkundung der Auflassung aufnimmt.

Dieser § 98 ist in der neuen Fassung der GBO nicht mehr enthalten. Er war schon vorher durch § 2 der 1. VO über Auflassung von Gsten vor deutschen Notaren vom 11. 5. 1934 (RGBl. I, S. 378) ersetzt worden, der die im Vorigen besprochenen bayerischen Bestimmungen des Art. 12 AG für das Reich übernahm, nachdem zuvor schon Preußen dem bayerischen Beispiel gefolgt war[16]).

---

[15]) Hedemann, a. a. O., S. 259.

[16]) Ges. vom 13. 5. 1918 u. 11. 1. 1929 (Hause, Die GbUmschreibungen usw., ZfV. 18/36, S. 580).

Die Einrichtung des obligatorischen Vertrags verfolgt den Zweck, für eine sachgemäße Abfassung der Verträge zu bürgen und Streitigkeiten und Prozessen vorzubeugen, auch die Beteiligten vor Uebereilung und Uebervorteilung zu schützen. Freilich beeinträchtigt dieses Formerfordernis die Beweglichkeit des Verkehrs mit Gsten. Daß aber das Reich nun nach fast 40jähriger Geltung des GbRechts, trotz seiner sonst feststellbaren Neigung, den GstsVerkehr zu erleichtern, sich entschloß, diese Vorkehrungen zu übernehmen, bezeugt jedenfalls deutlich die Bewährung dieser Einrichtung. — Uebrigens hat sich vielfach die Uebung herausgebildet, daß der Notar unmittelbar im Anschluß an den obligatorischen Vertrag auch die Einigung beurkundet.

Es handelt sich außerdem nach wie vor nur um eine Formvorschrift für das GBA bzw. den Notar. Das Rechtsgeschäft selbst ist in seiner Rechtsgültigkeit von ihrer Einhaltung unabhängig, m. a. W.: Ist eine GbEintragung auf Grund einer Einigung zustande gekommen, so ist sie auch ohne vorausgegangenes Grundgeschäft rechtsgültig (§ 313 Satz 2 BGB).

B) Formelles Konsensprinzip

Neben dem materiellen besteht das formelle Konsensprinzip. Nach dem Gesagten wäre als Voraussetzung für die Eintragung in das GB in jedem Falle die Einigung der Beteiligten beizubringen. Dies wird nun aber in der Praxis doch nicht gefordert. Zur Erleichterung des GstsVerkehrs kann in weitem Umfang die gemeinsame Erklärung ersetzt werden durch die einseitige Eintragungsbewilligung. Nach der Regelvorschrift des § 19 setzt jede Eintragung voraus, daß derjenige sie bewilligt, dessen Recht von ihr betroffen wird, d. i. im Falle einer GbBerichtigung diejenige Person, die durch die einzutragende Rechtsänderung eine Einbuße in ihrer Rechtsstellung erleidet. Dies bezieht sich nicht nur auf die unmittelbar, sondern auch auf die mittelbar Beteiligten, z. B. Dienstbarkeitsberechtigte. Das Eintragungsverfahren beruht sonach auf dem formellen Konsensprinzip. Siehe auch §§ 19—21, 28, Nr. 1, S. 93.

II. Eintragungsprinzip

1. Wesen

Die Einigung für sich allein vermag, wie gesagt, eine Rechtsänderung noch nicht zu bewirken. Zu ihr muß in jedem Falle auch die Eintragung in das GB hinzutreten, und zwar als völlig gleichwertiges Element[17]). Dieser Grundsatz ist es, den man unter Eintragungsprinzip versteht. In dem Satze: „Kein Recht erwächst in Kraft, solange es nicht eingetragen ist", drückt sich die negative Rechtskraft des Eintragungsprinzips aus[18]).

Eintragung ohne Einigung erzeugt ebensowenig Recht, wie Einigung ohne Eintragung. Doch sind diese beiden Tatbestandsstücke untereinander zeitlich verschiebbar. Die Einigung kann der Eintragung auch nachfolgen; dadurch kann eine ungültige und zunächst unwirksame Eintragung nachträglich rechtswirksam gemacht werden.

Da also der Eintragung allein eine formelle Rechtskraft (rechtserzeugende oder konstitutive Wirkung) in dem Sinne, daß sie jeden Widerstreit zwischen der im GB dargestellten und der wirklichen Rechtslage schlechtweg ausschlösse, nicht zukommt, so kann sie auch nur eine widerlegbare Vermutung für die Richtigkeit des dargestellten Rechtszustandes begründen (§ 891 BGB).

Nur die auf rechtsgeschäftlicher Grundlage beruhenden Rechtsänderungen bedürfen zur Erlangung der Rechtskraft der Eintragung, also nicht z. B. der Erwerb durch Erbschaft oder durch Zuschlag in der Zwangsversteigerung. Insofern ist das Eintragungsprinzip nicht konsequent durchgeführt. Wo, wie in den erwähnten Beispielen, eine Rechtsänderung außerhalb des GBs vor sich ging, ist das GB falsch geworden; es bedarf der „Berichtigung".

Dagegen ist das Eintragungsprinzip aufrechterhalten beim Erwerb des Eigentums an einem Gst durch Ausschlußurteil gemäß § 927 BGB. Hier wird das Eigentum des Berechtigten nicht durch den Spruch des Urteils selbst erwirkt, sondern erst durch dessen Eintragung im Buche (Abs. 2)[19]).

2. Grundbuchberichtigung

Wenn von Berichtigung des Katasters die Rede ist, dann versteht man darunter grundsätzlich nichts anderes als die Beseitigung einer von Anfang an fehlerhaften Eintragung; insbesondere gilt dies in Hinsicht der Katasterkarte. Ebensogut ließe sich diese Bezeichnung aber auch anwenden auf die Beseitigung einer von Hause aus richtigen Einschreibung oder Einzeichnung, die durch einen Rechtsvorgang in späterem Zeitpunkt, etwa Tags darauf oder erst gestern, falsch geworden ist, z. B. dadurch, daß das Gst den

[17]) Staudinger, § 873 BGB, Vorbem. 13, Anm. 76; Hedemann, S. 258 oben.

[18]) Hedemann, S. 3.

[19]) Staudinger, § 927 BGB, Anm. 4.

Eigentümer, der im Kataster eingetragen ist, durch Rechtsgeschäft gewechselt, oder dadurch, daß sich durch einen Uferabriß die Grenze eines Landgrundstücks gegen den Fluß geändert hat. Man pflegte jedoch in allen solchen Fällen der Laufendhaltung des Katasters bisher schlechthin als von Kataster-„Umschreibungen" zu sprechen. Im Fortführungserlaß vom 30. 9. 1940 werden nun mit Bezug auf das Reichskataster beide Tätigkeiten unter dem Begriff „Uebernahme" zusammengefaßt (Nr. 1 das.).

Anders im Grundbuch, für das der Begriff „Berichtigung" in jenem umfassenderen Sinne angewandt wird. Unter ihm bezeichnet das Gesetz ganz allgemein die Eintragungen, die dazu dienen, einen der wirklichen Rechtslage nicht oder nicht mehr entsprechenden, also unrichtigen, Inhalt des GBs mit der wahren Rechtslage in Uebereinstimmung zu bringen (bayDA § 138, Abs. II), und man versteht unter ihm also nicht nur die Behebung einer schon ursprünglich fehlerhaften Eintragung, sondern auch die Beseitigung einer anfänglich ganz richtigen Buchung, die aber durch einen vom Buch unabhängigen, einem „außerbücherlichen" Vorgang falsch geworden ist. Es handelt sich dabei immer um Rechtsänderungen, die unmittelbar kraft Gesetzes, d. h. ohne eine darauf gerichtete Willenserklärung der Beteiligten, zustande kommen. So geht das Eigentum über bei der Erbfolge mit dem Tod des Erblassers, bei der ehelichen Gütergemeinschaft mit dem Abschluß der Ehe, bei der Enteignung mit der Zustellung der Enteignungsurkunde, bei der Zwangsversteigerung mit dem Zuschlag, bei der natürlichen allmählichen Ausbreitung eines Flußufers mit der Bildung der festen Pflanzendecke, bei der Baulandumlegung mit der Vollziehbarkeitserklärung, bei der Umlegung bzw. der Flurbereinigung mit der Rechtskraft des Umlegungsplanes. In allen derartigen Fällen wird das GB in dem Augenblick unrichtig, in dem die Rechtsänderung eintritt, und bedarf somit der „Berichtigung" (s. § 22, Abschn. I, S. 109 ff.).

3. Arten der Eintragungen

Nach dem Besprochenen hat man zu unterscheiden zwischen den rechtsändernden und den nur beurkundenden Eintragungen.

a) Rechtsändernde Eintragungen sind jene, die nach den Vorschriften des materiellen Rechts erforderlich sind, eine auf Rechtsgeschäft beruhende Aenderung in den Rechtsverhältnissen an einem Gst herbeizuführen; man nennt sie deshalb auch rechtsbegründende oder konstitutive Eintragungen. Hierher gehören vor allem die Eintragung eines neuen Eigentümers infolge von Kauf oder Uebergabe, die Bestellung einer Hypothek oder einer sonstigen Belastung und die Löschung eines von dem Berechtigten aufgegebenen Rechtes.

b) Nur beurkundende Eintragungen sind die, die nur der Berichtigung des GBs dienen und damit nur den Widerspruch, der zwischen dem wirklichen Rechtszustand und dem Buchinhalt eingetreten war, beseitigen.

Diese beiden Arten der Eintragungen sind im allgemeinen endgültiger Natur. Daneben gibt es auch solche vorläufiger Art, nämlich die Vormerkung und den Widerspruch, wobei die erste zu den rechtsändernden, der andere zu den beurkundenden Eintragungen zu zählen sind.

Vormerkungen dienen dazu, einen persönlichen Anspruch auf ein Recht sicherzustellen in einem Zeitpunkt, in dem dieses selbst noch nicht eingetragen werden kann, z. B. den Anspruch auf Uebertragung des Eigentums oder auf die Einräumung eines Rechts an einem Gst (§ 883 BGB).

Bezüglich des Widerspruchs siehe Abschn. V, Nr. 3, S. 24.

III. Antragsprinzip

Gleichviel, um was für eine Art von Eintragungen in das GB es sich handelt, so gilt der durch § 13 GBO festgelegte Grundsatz, daß das GBA in der Regel nur auf Antrag tätig werden soll. Darin besteht das Antragsprinzip.

Grundsätzlich setzt also jede Eintragung den Antrag eines Berechtigten voraus; grundsätzlich sind die Partei-Interessen in Sachen des GBs nicht von Amts wegen zu wahren. Nur im Anlegungsverfahren ist das GbBlatt für jedes Gst von Amts wegen anzulegen (§ 3 Abs. 1).

Aber schon die GBO von 1897 sah Ausnahmen von diesem Grundsatz vor zugunsten der Erhaltung der Uebereinstimmung des GBs mit der Rechtslage und mit dem Grundsteuerkataster. Das erste gilt insbesondere für offensichtliche Versehen und für unzulässige Eintragungen, die von Amts wegen zu berichtigen bzw. zu löschen sind, und für fehlerhafte Eintragungen, gegen die ein Widerspruch einzutragen ist. Es handelt sich hier vor allem um Vorkehrungen gegen schädliche Folgen unrichtiger Buchführung (§ 53, S. 181).

Die neu eingefügten §§ 84 ff. (S. 186) haben den Kreis dieser Tätigkeiten beträchtlich erweitert, indem sie dem GBA die Möglichkeit einräumen, nun auch gegenstandslose Eintragungen von Amts wegen zu löschen.

Die Tätigkeit von Amts wegen zur Erhaltung der Uebereinstimmung mit dem Kataster erstreckt sich vor allem auf die Unterrichtung der KatBehörde über die für das Kat wichtigen Aenderungen im GB über das Eigentum der Gste einerseits, und auf die Uebernahme der im Kat vollzogenen Aenderungen im Bestand, in der Lage-Bezeichnung, der Nutzungsart und in den Flächenangaben der Gste in das GB anderseits (§§ 327 ff., 578 ff. bayDA und § 6 Abs. 2 AusfVO.).

Das Antragsprinzip ist ein Ordnungsprinzip. Das heißt: Die Rechtsgültigkeit der Eintragung ist unabhängig von seiner Erfüllung; eine Eintragung ist auch dann rechtskräftig, wenn sie trotz der Vorschrift, daß ein Antrag entgegenzunehmen war, von Amts wegen zustande kam.

Eine besondere Grundlage für die Vornahme von Eintragungen ist im § 38 gegeben. Danach hat das GBA in den Fällen, in denen nach gesetzlicher Vorschrift eine Behörde befugt ist, es um eine Eintragung zu ersuchen, die Eintragung auf Grund eines solchen Ersuchens durchzuführen (s. Ausführungen zu § 38, S. 176).

IV. Legalitätsprinzip

Unter dem Legalitätsprinzip versteht man das Prüfungsrecht und die Prüfungspflicht des GBAs gegenüber den eingehenden Anträgen auf GbEintragungen. In Rücksicht auf das formelle Konsensprinzip ist es nur in beschränktem Umfang zur Geltung gebracht. Der GbRichter soll Eintragungen verhüten, die eine Unrichtigkeit des GBs bewirken könnten; jedoch erstreckt sich seine Prüfungspflicht nicht auf den obligatorischen Erwerbstitel, d. h. auf den kausalen Vertrag (z. B. die Kaufurkunde des Notars); es genügt grundsätzlich die Prüfung der Willenseinigung der Beteiligten, die eben schon im „dinglichen Vertrag" zum Ausdruck kommt. Weiter erstreckt sich die Prüfungspflicht darauf, ob die Eintragung rechtlich zulässig ist — unsittliche und gesetzwidrige Rechtsgeschäfte sind es nicht, das einzutragende Recht muß „grundbuchfähig" sein (s. Vorbem. zu §§ 13 ff., S. 93) —; sodann, ob die allgemeinen Voraussetzungen gegeben sind, vor allem in Hinsicht auf die Personenübereinstimmung, auf die Geschäftsfähigkeit der Personen, die Legitimation der Vertreter, usw.

V. Oeffentlichkeitsprinzip

Besondere Bedeutung für den Vermessungsdienst kommt dem Oeffentlichkeitsprinzip (Publizitätsprinzip) zu. Es beruht auf der positiven Wirkung, der „konstitutiven Kraft" der Bucheinträge. „Erst die Buchung ruft das Recht ins Leben" (wirkt also positiv, konstitutiv)[20]).

1. Vermutung, Oeffentlicher Glaube

Es war schon früher (II. Teil, II, 1, S. 17) die Rede von der Vermutung für die Richtigkeit des GBs hinsichtlich seiner Bestandsangaben, die sich auf § 891 BGB gründet. Es wird auch später Anlaß bestehen, noch eingehender darauf zurückzukommen (§ 22, II A, S. 112).

Von ihr unterscheidet sich das Prinzip des „öffentlichen Glaubens" des GBs, das im § 892 BGB festgelegt ist und besagt, daß für den redlichen Erwerber die zufolge eines Rechtsgeschäftes vollzogene Eintragung im GB schlechthin als wahr zu gelten habe. Diese Unterstellung ist eine Fiktion; der Gesetzgeber war sich natürlich klar bewußt, daß immer mit der Möglichkeit der Unrichtigkeit einer Eintragung gerechnet werden muß, daß also der Inhalt des GBs an sich nur in einem idealen GB immer wahr sein könnte, das es aber nicht gibt. Aber eben gerade deshalb ist es notwendig, daß die Eintragung in das Buch ihn unter bestimmten Voraussetzungen wahr macht, um die Absicht des Gesetzgebers zu verwirklichen, die dahin ging: „Jeder kann sich auf das verlassen, was im Buch steht; es darf ihm nicht, sofern nur er selbst gutgläubig ist, entgegengehalten werden, das Buch sei falsch"[21]).

Um diese positive Rechtskraft des Gutglaubensschutzes herbeizuführen, muß die Eintragung als solche das etwa entgegenstehende alte materielle Recht vernichten und ein neues Recht in Uebereinstimmung mit dem Inhalt der neuen Eintragung erzeugen. Der praktische Kern liegt in dem Satze: „Wer auf das Buch vertraut, erwirbt auch vom Nichtberechtigten". In solch klarer Opferung des bisherigen („wahren") Berechtigten zugunsten des bonae fidei acquisitor erblickt Hedemann „geradezu die Krönung des modernen GbSystems"[22]).

Insoferne trifft die These zu, daß der Gutglaubensschutz nur dann wirksam werde, wenn das GB falsch ist[23]), und daß das ideale, immer richtige GB des Gutglaubensschutzes überhaupt nicht bedürfe,

---

[20]) Hedemann, S. 3.
[21]) Hedemann, S. 4.
[22]) Hedemann, S. 203.
[23]) Blattau, Kat. u. Gb., ZfV. 3/1941, S. 59; Buch, AllgVN. 1931, S. 739.

da für dieses der Schutz des § 891 BGB völlig ausreiche[24]). Mag diese Aussage dogmatisch durchaus zutreffend sein, so wird man in Hinsicht des praktischen Rechtsschutzes ihr doch nicht bedingungslos zustimmen können. Denn wenn auch die Widerlegung einer richtigen Eintragung (wenigstens theoretisch) von vornherein zur Aussichtslosigkeit verurteilt ist, so läßt § 891 BGB der Anfechtung immerhin Raum. Auch der eingetragene wahre Eigentümer muß sich auf die Dauer des Rechtsstreits in seinem Rechte irgendwie bedroht fühlen; er ist mindestens allen Schikanen und Plackereien des Prozesses ausgesetzt.

Demgegenüber befindet sich der gutgläubige Erwerber im Schutze des § 892 BGB in ungleich geborgenerer Lage. Er steht keinen Augenblick der Möglichkeit gegenüber, daß dem Gegner die Beibringung des in Aussicht genommenen Beweises der Unrichtigkeit des GBs etwa doch gelinge; er braucht sich lediglich auf das Buchrecht zu berufen, das als unübersteigbares Bollwerk sein Eigentum jedem Ansturm von vornherein entzieht, indem es einen Gegenbeweis gegen die Richtigkeit des Buchinhalts überhaupt nicht zuläßt. § 892 BGB wird also in seinem Falle nicht aktiv wirksam dahin, daß er ein zuvor rechtswidriges Bucheigentum in echtes Eigentum verwandelt; er bewirkt aber, daß das eingetragene Recht des gutgläubigen Erwerbers jedem Meinungsstreit entzogen und der eingetragene gutgläubige Erwerber auch schon jeder Anfechtung seines vom GB nachgewiesenen Rechts schlechthin entrückt ist.

Nach dem Dargelegten setzt der Gutglaubensschutz voraus:

1. ein Rechtsgeschäft; — hierzu gehört niemals eine Erbschaft, auch nicht der Erwerb durch eheliche oder fortgesetzte Gütergemeinschaft —,
2. daß dieses Rechtsgeschäft seitens des Erwerbers im guten Glauben an die Richtigkeit des GBs abgeschlossen wurde; — es ist dazu nicht einmal nötig, daß er den Inhalt des GBs kennt —,
3. daß das Rechtsgeschäft einwandfrei zum Abschluß gelangt ist — Einigung, Eintragung! — (s. S. 14 ff.).

Der erste Tatbestand läßt sich ohne weiteres aus dem GB und seinen Anlagen entnehmen, der dritte nur hinsichtlich der Eintragung; dagegen ist die Uebereinstimmung der Einigung mit dieser allenfalls Gegenstand des gerichtlichen Beweisverfahrens, ebenso wie die Gut-

[24]) Hesse, Vom ö. Gl. d. Gb, Dtsche. freiwill. Gerichtsbarkeit 8/1941, S. 113.

gläubigkeit des Erwerbers; sofern nicht ein eingetragener Widerspruch die Gutgläubigkeit des Erwerbers von vornherein ausschloß, wird sie ohne weiteres vorausgesetzt, nicht bloß vermutet[25]); im Zweifelsfall obliegt der Nachweis der Kenntnis der Unrichtigkeit des GBs dem Gegner, der die Absicht hat, die Gutgläubigkeit zu bestreiten; nicht der Erwerber hat seine bona fide zu erweisen. Einmal geschehener gutgläubiger Erwerb schafft dauerndes Recht. Es bleibt bestehen, auch wenn das Recht später auf einen schlechtgläubigen Erwerber übergeht[26]).

Für den Vermessungsbeamten sind die Rechtsvermutung und der öffentliche Glaube des GBs deshalb wichtig, weil nach der Rechtsprechung des Reichsgerichts (Entsch. vom 12. 2. 1910, ZS. Bd. 73, 125)[27]) der Katasterplan, d. i. nach heutiger Bezeichnung die Flurkarte, an ihnen teilnehmen[28]). Das bedeutet, daß das Gst nicht nur als Gegenstand nach seiner Nummer, sondern auch hinsichtlich seines Bestandes, seiner Begrenzung, unter dem Gutglaubensschutz steht. Danach gilt auch die kartenmäßige Grenze als richtig, die im Zeitpunkt des Rechtsgeschäfts falsch eingetragen war, sofern nur die Einigung sich auf das Gst in seinem gbmäßigen Umfang erstreckte und der Erwerber auf die Richtigkeit dessen, was in das GB eingetragen war, vertraut hatte (§ 22, Abschn. V, S. 116 ff.).

2. Zuschlag in der Zwangsversteigerung

Die unrichtige Eintragung im GB kann auch durch einen Zuschlag in der Zwangsversteigerung zu einem rechtskräftigen Erwerb führen. Nach dem Zwangsversteigerungsgesetz (ZVG) kommt diejenige Grundfläche zur Versteigerung, die als belastetes Eigentum des Schuldners im GB eingetragen ist. Dieses muß genau bezeichnet sein und nach § 37 (5) ZVG als zur Zwangsversteigerung stehend öffentlich bekanntgemacht werden. Die so beschriebene und bekanntgemachte Fläche wird nach §§ 90, 91 ZVG ohne Rücksicht auf den guten Glauben des Erwerbers durch den Zuschlag dessen Eigentum, auch wenn es nicht oder nicht so, wie eingetragen, dem Schuldner zu Eigentum zustand[29]) (s. § 22, Abschn. VI B, Nr. 6, S. 158).

---

[25]) Staudinger, § 892, Anm. 59.

[26]) Meisner, S. 71, Fußnote 3.

[27]) Abdruck in Suckow, Die Grenzanerkennungsverhandlungen, Verl. Reiß, 2. Aufl., S. 35.

[28]) Ergebnis übernommen in der Entscheidung des OLG. München vom 4. 11. 1914. Nr. I 924/12, ZfRechtspflege in Bay. 1915, S. 246.

[29]) Schefold, Rechtsfragen, ZFV., 1924, S. 345 ff.

3. Widerspruch

Aus dem Dargelegten erhellt, daß aus dem Oeffentlichkeitsprinzip, dessen Sinn es doch ist, einen besonders wirksamen Schutz der redlich erworbenen Rechte zu gewährleisten, gleichzeitig solches redlich erworbene Eigentum, wenn es der richtigen Darstellung im Buche ermangelt, ständig von der Gefahr der Vernichtung bedroht ist. Es ist deshalb notwendig, daß das GB gegen diese Gefahr auch ein wirksames Schutzmittel zur Verfügung stellt; als solches bietet es den bereits erwähnten Widerspruch an (§ 899 BGB).

Der Widerspruch ist als provisorische Maßnahme zugunsten desjenigen gedacht, dem im Sinne des § 894 BGB ein Anspruch auf Berichtigung des GBs zusteht. Ein solcher kommt immer in Betracht, wenn ein Gegensatz zwischen dem Inhalt des GBs und der wirklichen Rechtslage vorliegt. Die Geltendmachung des Anspruchs setzt natürlich voraus, daß der Inhalt des GBs als falsch nachgewiesen wird. Da aber ein solcher Nachweis und somit die Durchführung der Berichtigung oft viel Zeit erfordert, war die Einführung eines rasch wirkenden Sicherungsmittels geboten. Der Widerspruch ist somit in erster Linie ein Warnungszeichen für jeden Erwerber, daß das eingetragene Recht angefochten ist, sodann aber auch die Verhinderung für ihn, sich später auf die bona fides zu berufen. Jedoch bewirkt ein eingetragener Widerspruch noch nicht, daß die Eintragung schlechthin als unrichtig gilt[30]).

Die Eintragung des Widerspruchs kann eine freiwillige sein, d. h. mit Zustimmung desjenigen, dessen Recht durch die GbBerichtigung betroffen wird (formelles Konsensprinzip), — sie kann sich bei einseitigem Antrag aber auch auf richterliche Verfügung begründen; diese setzt voraus, daß die Unrichtigkeit des GBs dem Richter glaubhaft gemacht ist.

In bestimmten gesetzlich vorgeschriebenen Fällen hat die Eintragung eines Widerspruchs auch zufolge behördlichen Antrags zu geschehen. Z. B. sind nach Art. 91 (IV) FlurbGes. die Flurbereinigungsämter zu solchen Verlangen befugt, wenn die Eintragung einer Rechtsänderung unter Verletzung der gesetzlichen Teilungsbeschränkungen der vorausgehenden Absätze I und II zustande gekommen ist. Von dieser Ermächtigung wird die Befugnis der GBAemter, den Widerspruch (gem. § 53 [I]) von sich aus von

---

[30]) Staudinger, § 891, Anm. 24.

Amts wegen einzutragen, nicht berührt. Weil diese aber nicht immer in der Lage sein werden, das Fehlen der Voraussetzungen für eine Teilung von Flurbereinigungsersatzgrundstücken festzustellen, wurde auch den Flurbereinigungsämtern selbst ein unmittelbarer Einfluß auf die Eintragung eines Widerspruchs nach § 899 BGB eingeräumt[31]).

Ebenso verhält es sich, wenn bei land- und bei forstwirtschaftlichen Gsten, die unter die Grundstücksverkehrsbekanntmachung (vom 26. 1. 1937, RGBl. I, S. 35) fielen, eine Eintragung zustande kam, ohne daß die nach § 2 a. a. O. vorgeschriebene Genehmigung der Auflassung seitens der zuständigen Verwaltungsstelle erteilt worden wäre. Hier ist diese zum Ersuchen um Eintragung eines solchen Widerspruchs wie auch hernach um dessen Löschung berechtigt. (Siehe auch die Ausführungen zu § 53, S. 181 f.)

4. Buchersitzung

Ist jemand 30 Jahre lang als Eigentümer eines Gsts im GB eingetragen, ohne in Wirklichkeit das Eigentum erlangt zu haben, also zu Unrecht eingetragen, hat er aber während dieser Zeit das Gst auch in Eigenbesitz gehabt, d. h. mit dem Willen, es als Eigentümer zu haben, und war kein Widerspruch im GB eingetragen, dann erwirbt er kraft der falschen Eintragung das Eigentum an diesem Gst. Guter Glaube wird nicht gefordert. Es ist dies die Tabular- oder Buchersitzung — § 900 BGB —.

Sie wird vor allem wirksam in solchen Fällen, in denen die zum Eigentumsübergang erforderliche Einigung an einem ihre Rechtswirksamkeit ausschließenden Mangel leidet (z. B. wegen Geschäftsunfähigkeit eines Beteiligten) oder wenn der Besitzer auf Grund eines ungültigen Testaments den früheren Eigentümer beerbt hatte[32]).

Die Buchersitzung vermag auch eine zur Zeit der Anlegung des GBs im Werden begriffen gewesene Ersitzung zu vollenden. Die Zeit, während welcher ein Rechtsvorgänger eingetragen war und den Besitz ausgeübt hat, kommt dem Rechtsnachfolger zugute[33]).

Nach Abs. 2 des § 900 BGB kann auf diese Weise auch sonst ein im GB eingetragenes Recht, das zum Besitz des Gsts berechtigt oder dessen Ausübung durch die Besitzvorschriften geschützt ist, erworben werden, nämlich einerseits Erbbaurecht, Nießbrauch und

[31]) Seubelt, FlurbGes., 2. Aufl., 1934, S. 282.
[32]) Staudinger, § 900, Anm. 2.
[33]) Reiß, S. 88.

Wohnungsrecht, anderseits die Grunddienstbarkeiten und die beschränkten persönlichen Dienstbarkeiten.

(Siehe auch die Ausführungen zu § 22 Abschn. VI A, Nr. 2, S. 132.)

IV. Das Bestimmtheitsprinzip

(Spezialitätsprinzip) verlangt, daß die Eintragung im GB das ihren Gegenstand bildende Rechtsverhältnis seinem ganzen Inhalt nach ausweise; in das GB gehört somit alles, was für die Erkennbarkeit des Rechtes nach Inhalt und Umfang von Bedeutung ist, und es muß somit zunächst das Gst selbst bestimmt bezeichnet sein, um eingetragen werden zu können, sodann muß auch das Recht, das sich auf das Gst bezieht, ein bestimmtes sein[34]).

Die Durchführung dieses Grundsatzes setzt gerade so wie das Oeffentlichkeitsprinzip ein Vermessungswerk voraus, das jedes einzelne Gst mit Nummern oder Buchstaben bezeichnet und seinen Umfang zuverlässig erkennen läßt, mit anderen Worten, das es ermöglicht, jedes Gst im GB so genau zu beschreiben, daß es auf Grund dieser Angaben in der Oertlichkeit aufzufinden ist, ohne das ja der ganze GbApparat zwecklos wäre. In der Erkenntnis dieser Notwendigkeit ging bereits der Entwurf zum Sachenrecht des BGB von dem Grundsatz aus, daß ein jedes Gst gegen das Nachbargst eine geometrische Grenze haben und daß diese Grenze stets objektiv gewiß und in Fällen subjektiver Unsicherheit stets auffindbar sein müsse. Jedoch fand dieses Prinzip in der GBO von 1897 äußerlich kaum Ausdruck. Darum sah sich damals der Reichstag veranlaßt, in einer Entschließung zur Erledigung der GBO den Wunsch auszusprechen, daß bei der Neuanlegung von Gbüchern das Verzeichnis auf eine Flurkarte gestützt werde, in der die Gste in Uebereinstimmung mit dem Verzeichnis bezeichnet sind. Diesem Wunsch ist verordnungsmäßig allgemein erst durch die Neufassung der GBO von 1935 Rechnung getragen worden.

Die neue GBO baut in § 2, Abs. 3 die Katasterkarte in das Gb-Recht ein, indem sie nun wenigstens verlangt, daß, sofern überhaupt eine behördliche Karte geführt wird, bei Abschreibung eines Gststeiles eine solche vorzulegen ist, die die Lage und die Größe des Teils ersichtlich macht. Im übrigen war bereits die oben (S. 23) schon erwähnte RGEntsch, vom 12. 2. 1910 für die Geltendmachung des Bestimmtheitsprinzips auf Grund der Katasterkarte von ausschlaggebender Bedeutung.

---

[34]) Staudinger, Vorbem. zu § 873 BGB, Anm. 17.

Dem Bestimmtheitsprinzip entspricht es, daß nur ganze Gste in das GB eingetragen werden, nicht auch Teile von solchen. Als Teile gelten auch solche einzelne ganze Flurstücke, also selbständige Katastergrundstücke, die für sich allein keine selbständigen Grundbuchgrundstücke bilden, sondern im Verband mit anderen Flurstücken zusammen stehen. Man spricht hier von „realen Teilen" von GbGsten, in Unterscheidung von ideellen Anteilen nach Bruchteilen des Grundeigentums. Der GBSchutz kann immer nur das Gst in seiner Gesamtheit erfassen; eine Grenze zwischen zwei Flurstücken, die zusammen ein Gst bilden, kann somit nicht vom öffentlichen Glauben erfaßt werden. Die Grenzen der KatGste (Flurstücke) nehmen somit nur insoweit an der Vermutung und am öffentlichen Glauben des GBs teil, als sie Grundbuchgrundstücksgrenzen sind. Soll irgendein realer Teil, sei er nun bereits durch eine eigene Flurstücksnummer bezeichnet oder nicht, für sich selbständig im GB eingetragen werden, so muß er zuvor vom Ganzen abgeschrieben werden; das Gst muß „geteilt" werden.

In Bayern ist diesem Erfordernis nur unvollkommen Rechnung getragen worden, insofern hier im Anlegungsverfahren vereinzelt auch nur mit Buchstaben ausgeschiedene Teile von Plannummern, sogenannte Buchstabenplannummern[35]), selbständig eingetragen wurden. Freilich gedachte man, damit nur einen kurzlebigen vorübergehenden Zustand herbeizuführen, indem durch die FMBek. vom 24. 10. 1901 (FMBl. S. 22) angeordnet worden war, daß die katastermäßige Teilung der betreffenden Gste alsbald durchzuführen sei. Leider ist dies aber bis heute noch nicht überall gelungen. Der Gegenstand ist immer noch nicht bedeutungslos.

Der nachträglichen Vermessung ist hier in der Regel die Besitzgrenze zwischen den einzelnen Besitzständen zugrunde zu legen, und die KatGrenze zwischen den bisherigen Ausscheidungsflächen ist im Falle der Abweichung von der Plannummerngrenze in der Karte und hinsichtlich der Flächenangabe zu berichtigen. Dabei wird, die Einigkeit der Beteiligten vorausgesetzt, unterstellt, daß die Besitzgrenze dem seinerzeitigen Vertragswillen entspreche und darum die wahre Eigentumsgrenze darstelle. Die bisher mit Buchstaben bezeichneten Teile erhalten eigene Flurstücksnummern. Bis zu deren Eintragung in das BG kann dieses über die Grenze zwischen dem beiderseitigen Eigentum nichts aussagen. Erst durch die anschließende GbBerichtigung auf Grund des vom VermA anzufertigenden Auszuges aus dem Messungsverzeichnis bzw. Veränderungsnachweis wird der bestehende Mangel behoben.

[35]) s. § 7, Nr. 2, S. 83.

Nach dem materiellen Liegenschaftsrecht des BGB bestehen keine Einschränkungen für die reale Teilung von Gsten, d. h. für eine Teilung nach vertikalen Flächen (Wänden). Ueber Teilungsbeschränkungen nach Landesrecht siehe die Ausführungen zu § 2, Nr. 8, S. 44. Eine Teilung im horizontalen Sinne nach übereinanderliegenden Schichten, wie sie dem bayerischen und französischen[36]) Stockwerkseigentum entsprach, kennt das BGB nicht.

Das zur Zeit des Inkrafttretens des BGB bestandene Stockwerkseigentum gilt seit diesem Zeitpunkt zufolge Art. 42 UebergGes. im rechtsrheinischen Bayern als Miteigentum am Gste, wobei jedem Eigentümer die ausschließliche Benutzung jener Gebäudeteile zusteht, die ihm damals gehörten.

Dem Stockwerkseigentum gleichartig geregelt wurden die ihm verwandten Herbergsrechte (§ 17 der VO vom 23. 7. 1898; § 73 der JMBek. vom 1. 10. 1898)[37]).

Nach Art. 20 LiegGes. gilt die gleiche Regelung für das Gebiet der Pfalz unter der Voraussetzung, daß die Stockwerksberechtigten auch Miteigentümer des Grundstücks sind, auf dem das im geteilten Eigentum befindliche Gebäude steht. Ist aber ein einzelner Stockwerkseigentümer allein oder ist ein Dritter Eigentümer des Gsts, dann gilt nach Art. 19 LiegGes. das Sondereigentum an einzelnen Räumen eines fremden Gebäudes nun als das veräußerliche und vererbliche Recht an dem fremden Gst, auf diesem einen Gebäudeteil zu haben (dingliches Nutzungsrecht). Entsprechend dieser Umwandlung in Erbbaurecht finden dann auch die §§ 1016, 1017 BGB entsprechende Anwendung.

Für das rechtsrheinische Bayern wurde eine dementsprechende gesetzliche Regelung nicht getroffen. Es können beim Sondereigentum an einzelnen Räumen neben dem im vorigen genannten Erbbaurecht sowohl Rechte superfiziarischer Art (ähnlich dem Erbbaurecht), wie auch solche servitutarischer Art vorliegen[38]). Das erste trifft zu, wenn es sich um ein selbständiges Vermögensstück, aber ohne irgendwelches Miteigentumsrecht an den übrigen Gststeilen, also immer um ein Bauwerk als Ganzes über oder unter der Oberfläche eines fremden Gsts[39]), handelt; das zweite dann, wenn der in Sonderbenutzung stehende Gebäudeteil nur ein Appendix, ein Bestandteil einer sonstigen eigenen Anlage des

[36]) code civil Art. 664.
[37]) Henle, Anm. 1 zu § 73 JMBek. v. 1. 10. 1898, S. 296.
[38]) RGEntsch. 56, 260.
[39]) Schneider, S. 203.

Berechtigten darstellt, wenn z. B. ein Zimmer vom Gst selbst aus keinen Zugang besitzt, sondern nur vom Nachbarhaus aus, etwa durch eine in der Hausmauer eingelassene Tür oder durch einen Steg, von dort aus betreten werden kann, oder wenn ein Keller eines Gsts unter ein Nachbargrundstück hinüberreicht und dort ohne weiteren Ausgang endigt. Alle diese am 1. 1. 1900 bestandenen Rechtsverhältnisse sind vom BGB und den bayerischen Uebergangs- und Ausführungsbestimmungen unberührt geblieben (EG. BGB. Art. 184). Ihr Inhalt bestimmt sich somit auch unter der Geltung des BGB im rechtsrheinischen Bayern ausschließlich nach altem Recht[40]).

VII. Prioritätsprinzip

Das BGB knüpft das Rangverhältnis der eingetragenen Rechte nicht an deren Alter, sondern an die Reihenfolge ihrer Eintragung in das GB. Bei Eintragungen in verschiedenen Abteilungen des Buches gewährt das ältere Datum den Vorrang; Rechte, die unter gleichem Datum eingetragen wurden, haben gleichen Rang. § 879 BGB, § 45 GBO.

Für den Katastervermessungsdienst hat das Prioritätsprinzip (der Vorrangsgrundsatz) kaum eine Bedeutung.

Die Grundbuchordnung

Erster Abschnitt

Allgemeine Vorschriften

Sachliche und örtliche Zuständigkeit; Einrichtung der Grundbücher

§ 1

1. Zuständigkeit

Die GBO von 1897 hatte nur bestimmt, daß die GBücher von den Grundbuchämtern zu führen seien. Die Vorschriften über Einrichtung und Zuständigkeit der GbAemter waren der Regelung durch Landesrecht überlassen geblieben.

In Bayern waren die Hypothekenbücher von den Amtsgerichten geführt und zu Grundbüchern ausgebaut worden und wurden nun von diesen als solche weitergeführt.

Die neue GBO erklärte allgemein für das ganze Reich die Amtsgerichte als zuständig. Die Bezeichnung der Dienststelle ist „Amtsgericht"; die Beifügung „Grundbuchamt" geschieht aus Zweckmäßigkeitsgründen.

---

[40]) Henle, Anm. 1 zu § 3 JMBek. vom 11. 7. 1901, S. 337; Meisner, S. 32.

§ 1

Das Amtsgericht ist für die in seinem Bezirk liegenden Gste zuständig. Da sich jedoch ein Gst aus Flurstücken (in Bayern früher als „Plannummern" bezeichnet) mehrerer Gemarkungen (in Bayern früher „Steuergemeinden" genannt) zusammensetzen kann, und zwar auch dann, wenn diese in verschiedenen Amtsgerichtsbezirken liegen, und da die Flurstücke dann unter einer Nummer von einem Amtsgericht geführt werden müssen, so muß in solchen Fällen ein Flurstück auch im GB eines fremden Amtsgerichts geführt werden können. Ueber die Zuständigkeit zur Führung derart zusammengesetzter Gste entscheidet das den beteiligten Amtsgerichten gemeinsame obere Gericht, wo ein solches nicht vorhanden ist, in Bayern das Oberlandesgericht München (VO vom 23. 3. 1936 über die Zuständigkeit der Oberlandesgerichte, RGBl. I, S. 903).

Eine noch weitergehende Ausnahme, nämlich die Buchung bezirksfremder selbständiger Gste, beschränkt sich nach dem Wegfall der Fideikommisse auf Gste, die zu Reichsheimstätten gehören; solche müssen mit der Heimstätte zusammen auf dem gleichen GbBlatte eingetragen werden (s. §§ 3, 4, Nr. 3, S. 55).

Abs. 1 ist in den Ländern Württemberg und Baden und zum Teil in Mecklenburg nicht in Kraft getreten (Art. 8 der AendVO). In beiden süddeutschen Ländern bzw. deren Nachfolgestaaten werden die GBücher nach wie vor durch beamtete Notare geführt.

Die sachliche Zuständigkeit der GbBeamten, die Einrichtung und die Führung der GBücher sind nun einheitlich durch die AusfVO des RJM vom 8. 8. 1935 geregelt. Die sachlichen Zuständigkeiten umfassen u. a. die Führung der GBücher, der Grundakten, die Entscheidung über Einsicht in das GB, die Erteilung von Abschriften und die vorgeschriebenen Beurkundungen. Als GbBeamter gilt nun nicht nur der GbRichter, sondern auch der Urkundsbeamte. Die Dienstaufsicht und die Entscheidung über Dienstaufsichtsbeschwerden obliegen dem dienstaufsichtführenden Richter des Amtsgerichts, bei Einzelrichtern dem Landesgerichtspräsidenten.

2. Einrichtung der Grundbücher

Das GB eines GbBezirks kann aus mehreren Bänden bestehen; die Bände erhalten fortlaufende Nummern. Jedes Gst erhält im GB eine „besondere Stelle", das GbBlatt. Dieses Blatt gilt für das Gst als „das Grundbuch" im Sinne des BGB. Es muß deshalb selbst alle wesentlichen Angaben eines eingetragenen Rechtes enthalten, was nicht ausschließt, daß es sich in Einzelheiten auf die GbAkten bezieht. Die einzelnen GbBlätter werden gleichfalls fortlaufend numeriert, und zwar ist aus praktischen Gründen, insbesondere um Verwechslungen vorzubeugen, bestimmt, daß die Nummern durch alle Bände eines GbBezirks hindurch fortlaufen.

Die Eintragung in das GB soll der Richter verfügen und der Urkundsbeamte veranlassen; sie ist von beiden zu unterzeichnen.

Ueber die Ausgestaltung der Blätter im einzelnen s. die Ausf. zu §§ 3, 4, S. 52 ff.

Grundbuchbezirke, Bezeichnung der Grundstücke

§ 2

1. Grundbuchbezirke

a) Die GBücher sind für Bezirke einzurichten; diese heißen Grundbuchbezirke. Als solche gelten im allgemeinen die Gemeindebezirke. Uebereinstimmend hiermit ist bestimmt, daß das RKat nach Gemeindebezirken aufgestellt wird (Nr. 4 BodSchätzUebernErl). Doch können die Gemeindebezirke auf Anordnung des RJM auch in mehrere GbBezirke geteilt werden; ebenso können auch mehrere Gemeinden zu einem GbBezirk zusammengefaßt sein (§ 1 GbVerf).

b) Nach bayer. Recht bildeten die Steuergemeinden, jetzt Gemarkungen genannt, die GbBezirke, ohne Rücksicht darauf, ob ihre Grenzen mit jenen der politischen Gemeinden zusammenfielen oder nicht (§ 211 bayDA). Aenderte sich die Steuergemeindegrenze, so änderte sich damit ohne weiteres die GbBezirksgrenze. Darum war vorweg die Zustimmung der Justizbehörden zur Steuergemeindegrenzänderungsverfügung sicherzustellen.

§ 65 GbVerf räumte die Möglichkeit ein, die seitherigen GbBezirke nach Gemarkungen zu belassen, machte jedoch jede künftige Aenderung dieser Bezirke von der besonderen Anordnung des RJM[1a]) abhängig.

Meistens deckten sich in Bayern die Gemeindebezirks- mit den Gemarkungsgrenzen; jedoch gab es auch vielfach Abweichungen, besonders in Mittel- und Unterfranken, in der Pfalz und in einigen schwäbischen Gebieten. Deren Beseitigung wurde durch die bayer. Staatsregierung angeordnet, und für unbebaute Gebiete wurde die Angleichung durch ein vereinfachtes Verfahren wesentlich erleichtert (Entschl. d. StMin. d. Inn. u. d. Fin. vom 7. 12. 1937 Nr. 3003 a 44). Damit blieben die alten GbBezirksgrenzen im allgemeinen unverändert bestehen. Müssen jedoch umgekehrt Gemarkungsgrenzen den Gemeindegrenzen angepaßt werden, dann zieht dies notwendig auch eine Aenderung der GbBezirksgrenzen nach sich.

[1a]) jetzt Bundesjustizminister (Art. 129 GG).

c) Häufig umschließt in Bayern eine Gemarkung die Bezirke mehrerer politischer Gemeinden, die dann zusammen einen GbBezirk bilden; umfaßt umgekehrt ein Gemeindebezirk mehrere Gemarkungen, so bildete jede Gemarkung einen eigenen GbBezirk (§ 211 bayDA). In sinngemäßer Anwendung des § 1 GbVerf kann diese Einteilung beibehalten werden.

d) Die gemeindefreien Gste (§ 2 der VO vom 15. 11. 1938, RGBl. I, S. 1631) sind in der Regel in den sie umschließenden Gemarkungen inbegriffen und gehören mit diesen zum gleichen Gb-Bezirk.

e) Den Gemeinden gleichartig zu behandeln sind die Gutsbezirke (§ 3 a. a. O.), in Bayern auch die sog. „ausmärkischen Bezirke" (Forstbezirke, Seebezirke), wenn sie als selbständige Gemarkungen eingerichtet sind (§ 211 bayDA), desgleichen in der Rheinpfalz die „Waldgemeinden"[1]).

2. Aenderung der Grundbuchbezirke

a) Der nach früherem bayerischen Recht erforderlichen Zustimmung der Justizbehörden zu Gemarkungsänderungen bedarf es jetzt grundsätzlich nicht mehr, und da sich nun der GbBezirk nicht mehr ohne weiteres durch die Aenderung der Gemarkung ändert, bedarf es zur Herbeiführung der GbBezirksänderung in jedem Einzelfall der besonderen Anordnung des RJM (§ 65, 2. Halbsatz der GbVerf)[1a]). Soweit die Aenderung der GbBezirke aus Anlaß der Anpassung der Gemarkungen an die Gemeindebezirke durchgeführt wird, ist diese Befugnis den Oberlandesgerichtspräsidenten übertragen (Verf. d. RJM vom 10. 2. 1937 Nr. 3851—IV 3034, Verf. d. OLGPräs. München v. 4. 8. 1937, Nr. 3851—I 12136[2]).

b) Wo sich die Gemeindegrenzen mit den Gemarkungsgrenzen decken, ist mit jedem Fall einer Gemeindegrenzänderung auch die entsprechende GbBezirksänderung verbunden. Deshalb haben die Verwaltungsbehörden schon bei der Vorbereitung einer Aenderung des Gemeindebezirks mit den zuständigen Landgerichtspräsidenten Fühlung zu nehmen (Nr. 3 a „Zu § 15" der Ersten AusfAnweisung zur Deutschen Gemeindeordnung vom 22. 3. 1935, GVBl. S. 127). Diese werden stets die Amtsgerichte hören, ob vom Standpunkt des GbAs Bedenken gegen die geplante Aenderung bestehen (Verf. des OLGPräs. München vom 4. 8. 1937 Nr. 3851—I 12136[1]).

---

[1]) Schneider, § 1 pfälzGbAO., Anm. 3, S. 295.
[1a]) jetzt Bundesjustizminister (Art. 129 GG).
[2]) bei FME. v. 2. 9. 1937, Nr. 25, 189.

c) Besteht der Gemeindebezirk aus mehreren Gemarkungen, von denen jede selbst einen GbBezirk bildet, und wird die Gemarkungsgrenze innerhalb des Gemeindebezirks geändert, dann ist zur Anordnung der entsprechenden Aenderung der GbBezirksgrenze der RJM zuständig, an dessen Stelle die Präsidenten der Oberlandesgerichte ermächtigt sind (AV. des RJM vom 21. 5. 1937, 3851—IV b 4008, DJ. S. 799; abgedr. in RöKu S. 261; FME. vom 5. 7. 1937 Nr. IV 20418).

d) Bildet aber der aus mehreren Gemarkungen bestehende Gemeindebezirk einen einzigen GbBezirk, dann bedarf es zur Gemarkungsänderung innerhalb des Gemeindebezirks weder einer Verfügung noch der Zustimmung der Justizbehörden. Trotzdem ist angeordnet, daß der Oberfinanzpräsident (Zweigstelle) schon vor jeder Gemarkungsänderung den zuständigen Landgerichtspräsidenten hört, der seinerseits die Aeußerungen der beteiligten Amtsgerichte einholt, ob vom Standpunkt der GbAemter Bedenken gegen die geplante Gemarkungsänderung nicht vorliegen.

e) Durch AusfVO des RJM vom 22. 4. 1939 (DJ. S. 701) sind die GbAemter angewiesen, sich bei Vereinigung von Gemeinden mit den Vermessungsbehörden über die künftige Gestaltung der GbBezirke in Verbindung zu setzen, und wenn die Entscheidung des RJM über eine etwaige Beibehaltung der bisherigen GbBezirke nach § 1, Abs. 2 GbVerf eingeholt wird, über das Ergebnis dieser Erörterungen zu berichten (Schr. des RMdI vom 15. 5. 1939 an die Obersten Behörden f. d. Kat-u-VermessWesen, betr. Uebernahme der Bodenschätzungsergebnisse in die Liegenschaftskataster usw.).

f) In der Ersten AusfAnw. z. DGO („Zu § 15", Nr. 4) ist angeordnet, daß die Verwaltungsbehörden von jeder Verfügung über Gemeindegrenzänderungen dem zuständigen Landgericht Kenntnis zu geben haben. Diese Bestimmung wurde durch die Entschl. des bay. StMin. d. Inn. vom 3. 11. 1938 Nr. 3003 a 23 über das Verfahren bei Aenderung des Gemeindegebiets (RegAnz. 309, 311) dahin ergänzt, daß auch den beteiligten Amtsgerichten je ein Abdruck solcher Verfügungen zu übersenden ist.

g) Gleichwie in Buchst. a bis f ist bei den gemeindefreien Grundstücken und bei den Gutsbezirken (ausmärkischen Bezirken) zu verfahren.

Wird ein Gemeindeteil zu gemeindefreien Grundstücken erklärt, so bleibt die GbBezirkseinteilung bestehen. Wird ein Gemeindeteil zum selbständigen Gutsbezirk, so kann er auch zum selbständigen GbBezirk erklärt werden, es kann aber auch die GbBezirkseinteilung bestehen bleiben. Werden Teile mehrerer Gemarkungen zu einem Gutsbezirk vereinigt, so wird dieser auch zum Grundbuchbezirk. Werden gemeindefreie Grundstücke oder Gutsbezirke ganz oder teilweise in Gemeinden eingegliedert oder zu Gemeinden erklärt, dann ist nach § 1 GbVerf zu verfahren[3]).

3. Das Grundstück

Der Begriff „Grundstück" ist weder dem BGB noch der GBO zu entnehmen. Nach den Motiven zum Entwurf I des BGB Bd. 3, S. 48[4]) sind die Grundstücke „mathematisch begrenzte Erdausschnitte"; die Begrenzung des einzelnen Erdausschnittes sei so zu denken, daß sie durch Flächen bewirkt wird, die von den auf der Erdoberfläche befindlichen Grenzlinien in lotrechter Richtung nach dem Mittelpunkt der Erde zu sich erstrecken, der in dieser Weise begrenzte Raum bilde ein Grundstück. Man wird diese Begriffsbestimmung dahin erweitern müssen, daß nicht nur der Erdteil unter, sondern auch der entsprechende Luftraum über der Erdoberfläche Bestandteil des Gsts ist[5]). In diesem Sinne haben wir im folgenden den Begriff „Grundstück" allgemein zu verstehen, auch dann, wenn vom Gst kurzerhand als von einer Grundfläche gesprochen wird[6]).

Die GBO gebraucht den Begriff „Grundstück" in zweierlei Sinn; erstens im Sinne von Grundstücken im Verkehrssinne, zweitens im Sinne von Grundstücken im Rechtssinne. Dies wird sofort klar, da sie von Grundstücken im Anlegungsverfahren, also vor der Eintragung, und von gebuchten Grundstücken, also nach der Eintragung im GB, zu handeln hat[7]).

Ein Grundstück im Verkehrssinne ist eine beliebige räumlich zusammenhängende und in sich begrenzte Bodenfläche, die als Verkehrseinheit in Erscheinung tritt.

Grundstücke im Rechtssinne dagegen sind Abschnitte der Erdoberfläche, die selbständige Rechtseinheiten darstellen.

Ein Grundstück im Verkehrssinne kann aus einem oder mehreren Grundstücken im Rechtssinne bestehen wie auch umgekehrt. Beim Gst im Rechtssinne kommt es darauf an, was im GB mit dem

---

[3]) AV. d. RJM. vom 8. 2. 1939 (3851 — IVb[2] 241), DJ., S. 264.
[4]) Henle-Schmitt, § 2, Anm. 2, S. 4.
[5]) Meisner, S. 16; ders., Verschiebungen der Erdoberfläche, ZfV. 23/1922, S. 711.
[6]) Staudinger, § 905 BGB, Anm. 1, 2.
[7]) Hesse-S.-F., § 1, Anm. I 2, S. 11.

Willen des Eigentümers als selbständiges Grundstück gebucht wurde[8]). Es ist belanglos, ob die einzelnen Teile räumlich beisammen oder getrennt liegen. Sie können auch in verschiedenen Grundbuchbezirken, ja in verschiedenen Amtsbezirken gelegen sein; unerläßlich aber ist, daß die Teile zufolge eines Rechtsaktes, nämlich durch die gemeinsame Eintragung im GB gemäß dem beurkundeten Willen des Eigentümers entweder auf einem eigenen Grundbuchblatt oder unter einer besonderen Nummer auf gemeinsamem Grundbuchblatt, immer aber auf einer „besonderen Stelle" des GBs, als eine GstsEinheit in Erscheinung treten. Das Gst im Rechtssinne ist die buchungstechnische Einheit des GBs.

An und für sich bildet nach § 2ff. die Regel, daß jedes Gst, das im amtlichen Verzeichnis (s. unten, Nr. 4) eine besondere Nummer (oder einen besonderen Buchstaben) hat, ein selbständiges Gst mit einem eigenen GbBlatt bildet[9]). In diesem Sinne galt in Bayern bis zur Neufassung der GBO im Jahre 1935 das Gst allgemein als „eine auf dem Katasterplan mit ausgezogenen (im Gegensatz zu gestrichelten) Linien abgegrenzte, mit eigener Plannummer versehene Grundfläche[10]), Vereinigungen im Sinne des § 890, Abs. 1 BGB ohne gleichzeitige Verschmelzung der Flurstücke waren Ausnahmen.

4. Amtliches Verzeichnis

a) Wesen

Die Gste werden in den Büchern nach einem „amtlichen Verzeichnis" benannt, in dem sie unter Nummern (oder Buchstaben) aufzuführen sind. Diese Forderung entspricht dem Bestimmtheitsprinzip. Eine Eintragung soll also nicht etwa summarisch lauten: „Das Anwesen HsNr. 25 in Anhausen", sondern jedes einzelne Grundstück, aus dem sich das Anwesen zusammensetzt, und jedes einzelne Flurstück, aus dem ein Gst besteht, sind in Uebereinstimmung mit dem amtlichen Verzeichnis vorzutragen (s. §§ 5, 6, Nr. 4, S. 73 ff.).

Ein Gst kann somit grundsätzlich erst dann eingetragen werden, wenn die Flurstücke, aus denen es besteht, zuvor in das amtliche Verzeichnis aufgenommen sind. Eine Ausnahme ist nur für Siedlungsgrundstücke im Sinne des RSiedlGesetzes zugelassen; für solche genügen vorübergehend die Feststellungen der Siedlungsbehörde über Lage und Größe der Gste und eine nach der Kataster-

[8]) Staudinger, Vorbem. I 1 zu § 873 BGB, S. 86; ebenso Meisner, § 1, I, S. 1 ff., 15 ff.

[9]) Staudinger, § 890, Anm. 1.

[10]) Henle-Schmitt, § 2, Anm. a 2, S. 4.

karte angefertigte Zeichnung (§ 2, Abs. 1, 2 des Ges. vom 4. 1. 1935 zur Ergänzung des RSiedlGes., RGBl. I, S. 1); nachträglich müssen aber die Bestandsangaben der Gste im GB von Amts wegen mit den Katasterangaben in Uebereinstimmung gebracht werden. Diese Bestimmungen waren als Entgegenkommen zur Beschleunigung der Eintragungen umfangreicher Siedlungsanlagen gedacht.

b) Sachregister in Bayern

Für Bayern waren durch VO vom 25. 2. 1905 (GVBl. S. 57) die schon bestehenden Sachregister[11]) der bayerischen Hypothekenbücher als amtliche Verzeichnisse für das GB bestimmt worden, die bereits auf der Grundlage der Grundsteuerkataster hergestellt und im wesentlichen nur noch hinsichtlich der unbelasteten Plannummern zu ergänzen gewesen waren. Die Einrichtung und die Führung der Sachregister ist in der bayDA (§§ 179 ff.) festgelegt.

Die den Grundstücken gleichstehenden Rechte (s. S. 4) und die Anteile an den in der Gemeinschaft eines größeren Personenkreises stehenden Gste (§§ 3, 4, Nr. 5, S. 64) wurden in einem besonderen Anhang zum Sachregister verzeichnet. Als Grundlage für die Bezeichnung dieser Rechte dienten für die realen Gewerberechte die von den unteren Verwaltungsbehörden geführten Gewerbekataster, hinsichtlich der Fischereirechte die von den Rentämtern geführten Fischwassersteuerkataster, bezüglich der übrigen Rechte das GrStKat, soweit sie dort vorgetragen waren.

Ebenso war bzw. ist noch im Gebiet der Pfalz die Führung der Sachregister den GBAemtern übertragen; sie ist in den Nummern 300—310 der GBAnlO Pfalz und durch § 36 pfälzDA geregelt. Auch hier ist die Bezeichnung der Gste dem GrStKat bzw. den Flurbüchern entnommen (§ 2 der VO vom 28. 8. 1898 betr. die Anlegung des GB in der Pfalz, GVBl. S. 561).

c) Einheitliche Reichsregelung

Dagegen waren in Preußen schon seither die von den KatAemtern geführten Grund- und Gebäude-Steuerbücher unmittelbar als amtliches Verzeichnis in Gebrauch gewesen, seitdem auf Grund der pr. GBO vom 5. 5. 1872 das GB auf das Kataster zurückgeführt worden war.

In Nr. 1 des Bodenschätzungs-Uebernahme-Erlasses vom 23. 9. 1936[12]) wurde durch den RMdI. bestimmt, daß das Reichska-

---

[11]) Angelegt auf Grund der JME. vom 20. 8. 1863 (JMBl. S. 85).
[12]) RöKu, S. 155.

taster den Anforderungen zu entsprechen habe, die an das amtliche Verzeichnis zu stellen sind. In der gleichen Verordnung und im nachfolgenden Teil II[13]) wurden die Einrichtung und die Aufstellung des Reichskat geregelt. Sodann bestimmte der RJM in der VO vom 23. 1. 1940 (RGBl. I, S. 240[14]), daß in den Bezirken, in denen das Reichskat fertiggestellt ist, dieses als amtliches Verzeichnis im Sinne des § 2, Abs. 2 GBO an die Stelle der bisherigen amtlichen Verzeichnisse zu treten habe. Der Zeitpunkt wurde zunächst in der „Deutschen Justiz" von Fall zu Fall verkündet. In der AV. vom 28. 4. 1941 (DJ. S. 548[15]) wurde er allgemein auf den auf das Ende der für das Reichskataster ausgeschriebenen Offenlegungsfrist folgenden Tag festgelegt. Dieser Zeitpunkt wurde vom RMdI im MBliV. bekanntgegeben.

Zu diesem Zeitpunkt tritt somit das Reichskataster auch in Bayern als amtliches Verzeichnis an die Stelle des bisherigen Sachregisters.

d) Fortführung des amtlichen Verzeichnisses

Nach § 36 der JMBek. vom 17. 7. 1900 und § 63 bayDA ist das Sachregister stets „in Verbindung mit der Eintragung" in das GB zu ergänzen bzw. zu berichtigen. Aenderungen der Flurstücksnummern, des Flächeninhalts, der Beschreibung und der Kulturart (jetzt der Lagebezeichnung und der Nutzungsart) von Flurstücken dürfen nur nachgetragen werden, wenn die Voraussetzungen erfüllt sind, unter denen nach § 72 bayGrStGes. die Eintragung der Aenderung in das Grundsteuerkataster zulässig ist. Danach muß die Aenderung in einem vom Vermessungsamt angefertigten Auszug aus einem Messungsverzeichnisse ausgewiesen und in einer Karte ersichtlich gemacht sein (§§ 4, 26 KatBek; § 193, Abs. I bayDA).

Soweit solche Aenderungen im Bestande der Flurstücke erst durch die Eintragung im GB Rechtskraft erlangen, konnte bei der früheren Form der Messungsverzeichnisse das Sachregister erst nach der GbEintragung berichtigt werden. Wenn nun zwar schon in allen diesen Fällen die Ergänzung „des Sachregisters im unmittelbaren Anschluß an die GbEintragung" zu geschehen hatte, so war dabei doch die grundsätzliche Forderung des § 2, daß die Gste im GB in Uebereinstimmung mit dem amtlichen Verzeichnis zu benennen sind, wenn auch nur vorübergehend, verletzt.

---

13) RöKu, S. 213.
14) RöKu, S. 275.
15) RöKu, S. 280; MBliV. 22/41, S. 971.

Dieser Unregelmäßigkeit ist nun durch zwei verschiedenartige Maßnahmen aus jüngerer Zeit abgeholfen worden. Die eine Maßnahme ist die Verselbständigung der Trennstücke als sog. „Zuflurstücke", (Nr. 21 FortfErl. s. unten Nr. 9, S. 49); die andere die Erklärung der geprüften Veränderungsnachweise (die im Bereiche des Reichskatasters an die Stelle der bisherigen bayerischen Messungsverzeichnisse getreten sind) zu Bestandteilen des Reichskatasters (Nr. 33 FortfErl.) und damit zugleich des amtlichen Verzeichnisses. Entsprechend bestimmt auch § 86 RUO, daß bis zur Berichtigung des Katasters der Umlegungsplan als amtliches Verzeichnis zu gelten habe. Durch § 10 der I. VO zur RUO vom 27. 4. 1938, RGBl. I, S. 425, sind die Verm.(Kat.)Aemter zur Fortführung des Umlegungsplanes verpflichtet bis zum Abschluß seiner Umschreibung im Reichskataster. Die näheren Anordnungen hierzu an die Umlegungsbehörden finden sich im RdErl. d. RMfErn. u. Lw. vom 5. 10. 1938, an die Amtsgerichte in der Allg. Verf. Nr. 331 des RJM, beide bekannntgegeben durch die AV. des RJM vom 5. 10. 1938 — 8240 — IV b[2] 1842, DJ, S. 1576 (vgl. Nr. 8, F, a, S. 48).

Diese Bestimmungen haben jedoch alle nur auf das Reichskataster Bezug. Für den Bereich des bayer. Grundsteuerkatasters sind die Zuflurstücke durch § 62 DAfVAe (neue Fassung) übernommen worden. Außerdem bestimmt der neue Abs. 3 c des § 2 GBO, daß in den Ländern, wo das amtliche Verzeichnis vom GBA selbst geführt wird (wie in Bayern das Sachregister), an die Stelle des Auszuges aus dem amtlichen Verzeichnis „ein von der zuständigen Behörde beglaubigter, zur Berichtigung des amtlichen Verzeichnisses geeigneter Auszug" zu treten habe. Damit treten praktisch die Messungsverzeichnisse der VermAe und — im Rahmen des bay. FlurbGes. — die Ausarbeitungen der Flurbereinigungsämter an die Stelle des Sachregisters. Es ist deshalb nicht erforderlich, die Zuflurstücke in das Sachregister einzutragen.

Es stehen so in jedem Falle und zu jeder Zeit die Bezeichnungen der Gste im GB in Uebereinstimmung mit dem amtlichen Verzeichnisse.

Solange das Reichskat innerhalb eines GbBezirks nicht angelegt ist und somit als amtliches Verzeichnis nicht zur Verfügung steht, sind die Sachregister nicht entbehrlich. Sie werden deshalb auch nach der Umschreibung der alten Gbücher auf Reichsform bis dahin weitergeführt.

5. Anlegung des Reichskatasters

Bereits vor der Neufassung der GBO war in § 11 des Bodenschätzungsgesetzes vom 16. 10. 1934 (RGBl. I, S. 1050) bestimmt worden, daß die rechtskräftig festgestellten Ergebnisse der Reichsbodenschätzung in die Liegenschaftskataster zu übernehmen seien; die Ausführung dieses Programms setzte eine durchgreifende Veränderung und Vereinheitlichung der deutschen KatBücher voraus. Nachdem das RGes. vom 3. 7. 1934 (RGBl. I, S. 534) über die Neuordnung des Vermessungswesens auch dieses selbst als Reichsangelegenheit und die Aufstellung und Fortführung des Liegenschaftskatasters als Teilgebiet der in Aussicht gestellten Reichsvermessungsordnung erklärt hatte, beeilte sich der RMdI, die Gestalt und die Aufstellung des „Reichskatasters" im BodSchätzUebernErl. vom 23. 9. 1936 (s. oben Nr. 4, S. 36), dem außer einem II. Teil auch Ergänzungen nachfolgten[16]), vorzuschreiben.

Zurückführung des GBs auf das Reichskataster

Damit waren die GBAemter und die KatBehörden gleichzeitig der Aufgabe gegenübergestellt, ihre Bücher zu erneuern. Die GB-Aemter wurden angewiesen, das GB, sobald ihnen seitens der Vermessungsbehörden die Durchschriften der neuen Kataster-Bestandsblätter (Nr. 23 BodSchätzUebernErl., Tl. II, RöKu S. 213/220) zugingen, mit diesen in Hinsicht der Bezeichnung und der Größe der Flurstücke in Uebereinstimmung zu bringen, es „auf das Reichskataster zurückzuführen". Dies galt auch für solche Bücher, die im Vollzug der neuen GBO, in Bayern und in der Pfalz in Ausführung der DchfVerfBay vom 30. 3. 1936, soeben schon neu umgeschrieben worden waren.

Dem gedachten Zweck diente die AV. des RJM vom 20. 1. 1940 (DJ, S. 212, abgedr. in MBLiV. 11/1940[17]) und in RöKu S. 277). Die Bestandsangaben sind in der Weise zu berichtigen, daß die Gste mit den neuen Angaben unter einer neuen laufenden Nummer (s. §§ 3, 4, Nr. 3, S. 56) eingetragen werden (§ 13, Abs. 1 GbVerf). Wenn es die Uebersichtlichkeit im GB nicht gefährdet, können in vereinfachtem Verfahren die neuen Angaben auch unter oder über den alten Einträgen, die rot zu unterstreichen sind, eingeschrieben werden. Stimmen die neuen Angaben mit den alten überein, dann braucht lediglich vermerkt zu werden „Das GB ist auf das Reichskataster zurückgeführt." — Die Durchschriften der Bestandsblätter sind zu den Grundakten zu nehmen (s. § 10, S. 89).

---

[16]) RöKu, S. 155 ff.
[17]) Sonderabdruck Nr. 33.

In Bayern ist das Reichskataster in 92 Gemeinden der Regierungsbezirke Schwaben, Ober-, Mittel- und Unterfranken angelegt[18]). Dagegen waren die ReichskatArbeiten in der Rheinpfalz bis zum Frühjahr 1945 noch nirgends wesentlich über die Bodenschätzungsarbeiten hinaus gediehen. Die Anlegungsarbeiten ruhten seit diesem Zeitpunkt hier wie dort. In Bayern wurden sie Ende des Jahres 1948 wieder aufgenommen.

6. Erhaltung der Uebereinstimmung

Die durch die AusfVO vom 8. 8. 1935 aufrechterhalten gebliebenen Landes-Vorschriften über die Erhaltung der Uebereinstimmung des GBs mit dem amtlichen Verzeichnis finden sich für Bayern in der bayDA §§ 578—585 für GBAemter einerseits, in der KatBek §§ 18 ff. für die Finanzämter und die Vermessungsämter anderseits, deren beider Wirksamkeit sich auch auf das Gebiet der Pfalz erstreckt (JME. vom 12. 4. 1905 Nr. 14899).

Die GbAemter benachrichtigen die Finanzämter als die Katasterumschreibbehörden allmonatlich mittels Umschreibverzeichnissen über die in das GB eingetragenen Aenderungen im Eigentum und im Bestand und in der Bezeichnung der Gste und grundstücksgleichen Rechte, wogegen die Finanzämter von Fall zu Fall durch Uebersendung der Umschreibnachweise, insbesondere der Auszüge aus den Messungsverzeichnissen, unmittelbar nach vollzogener Katasterumschreibung die GBAemter zu verständigen haben.

Für den Bereich des fertiggestellten Reichskatasters wurden die Vorschriften zur Erhaltung der Uebereinstimmung mit dem GB durch eine zweite AV vom 20. 1. 1940 (DJ, S. 214; abgedr. im Anhang 1 zum FortfErl., S. 90) neu geordnet. Nun haben diesem Zweck zu dienen: einerseits die Veränderungslisten, die der Sache nach ungefähr den bayer. Umschreibverzeichnissen, anderseits die Veränderungsnachweise, die den bayerischen Messungsverzeichnissen entsprechen.

Durch die Veränderungslisten (s. Nr. 23, 101 und Anl. 3, 3 a zum FortfErl.; S. 29/31 und §§ 2—4 AV, s. oben) unterrichten die GbAemter die VermAe (KatAe) laufend über alle für das Liegenschaftskat wichtigen Eintragungen, Veränderungen und Ausbuchungen, die in den GBüchern zustande gekommen sind. Als solche kommen in Betracht:

---

[18]) Nr. 10 der FME. v. 20. 3. 48 Nr. IV 16493/H 207 (unveröffentlicht).

a) die Eintragung eines Eigentümers und eines Erbbauberechtigten; die Neuanlegung eines GbBlattes;

b) Veränderungen der gb.mäßigen Bezeichnung der Gste durch Zusammenschreibung (§ 4), Vereinigung (§ 5), Zuschreibung als Bestandteil (§ 6), Teilung, Aufhebung einer Zusammenschreibung oder Uebertragung eines Gsts oder GstsTeils auf ein anderes Blatt;

c) die Löschung von Miteigentumsanteilen (§ 17 AusfVO);

d) die Ausbuchung eines Gsts oder GstsTeils.

Bei der Neuanlegung eines Blattes fügt das VermA der Veränderungsliste eine Durchschrift des neu aufgestellten Bestandsblattes des Kat bei, die zu den Grundakten des neuen GbBlattes zu nehmen ist. Die bei den Grundakten befindlichen Durchschriften der Bestandsblätter sind von den GBAemtern auf dem laufenden zu halten (§§ 5, 6 AV).

Von den Veränderungslisten ist schon dann Gebrauch zu machen, wenn das Reichskat im Entstehen ist, und zwar sobald für einen GbBezirk der Auszug aus dem Sachregister aufgestellt ist, wovon das VermA das GBA zu benachrichtigen hat (FME. v. 3. 2. 1942 Nr. IV 1872, RegAnz. 42/46).

Ueber alle Veränderungen und Berichtigungen am Bestand, an der Lagebezeichnung und der Nutzungsart der Gste sind von den Vermessungsämtern (KatAe) Veränderungsnachweise anzufertigen (Nr. 25, 63, 102 FortfErl. und § 7 ff. AV., s. oben) und den GBAemtern beglaubigte Auszüge hieraus laufend zuzuleiten; bei Formänderungen (mit Ausnahme von Flurstücksverschmelzungen) sind den Auszügen Abzeichnungen aus der Flurkarte beizugeben (Abs. 3 a; Nr. 64 FortfErl). Soweit solche Veränderungen mit Rechtsgeschäften verbunden sind, werden die Auszüge aus den Veränderungsnachweisen von den VermessAe in der Regel dem von den Beteiligten benannten Notar und von diesem mit den Urkunden dem GBA übersandt (Erste DurchfBest. „Zu Nr. 62 FortfErl"; s. unten).

Die Form der Veränderungsnachweise wurde für das Land Bayern durch die „Ersten Durchführungsbestimmungen" des BayStaatsministers der Finanzen vom 21. 8. 1941 zum FortfErl vom 30. 9. 1940 endgültig festgelegt.

Diese Formvorschrift findet keine Anwendung in Hinsicht der Aenderungen von Straßenbezeichnungen, Hausnummern u. dgl., die auf Grund der Mitteilungen der zuständigen Behörden im GB berichtigt werden können (Nr. 26 Abs. 4 FortfErl). Die gleichartige Regelung war bereits für den Bereich des bay. Grundsteuerkatasters durch die gemeinsame Bek. der StMinisterien der Justiz, des Innern und der Finanzen vom 17. 2. 1933 Nr. VII 56782, StAnz. 42, getroffen. Die Mitteilungen sind von den Vermessungsämtern zusammen mit den Auszügen der übrigen Veränderungsnachweise laufend den GB-Aemtern zuzuleiten.

Die Form der Messungsverzeichnisse, die für den Bereich des bay. GrStKat weiterhin erhalten bleiben, solange dieses weiterbesteht, ist den Veränderungsnachweisen weitgehendst angepaßt worden (Anl. 12 a, b zur 7. Aenderung der DAfVAe, Bek. vom 10. 5. 1943, GVBl. S. 83; FME. vom 20. 3. 1948 Nr. IV 16493 — H 207; nicht veröffentlicht).

Auf der Titelseite des Auszugs aus dem Messungsverzeichnis hat das GBA die Eintragung im GB, bei buchungsfreien Gsten die Ergänzung des Sachregisters zu bestätigen, ehe es den Auszug dem Finanzamt zur KatUmschreibung und zur dauernden Aufbewahrung zuleitet (§ 583 bayDA). Das FinA trägt sowohl den Zeitpunkt der GbEintragung wie den der KatUmschreibung in die „Hauptübersicht" der Messungsverzeichnisse ein (§ 46 KatBek und § 90 Abs. III DAfAe), die sie alljährlich bis zum 10. Januar dem VermA übergibt, das danach seine eigenen Hauptübersichten ergänzt, den GB- und Kat-Vollzug auf den Urschriften der Messungsverzeichnisse vermerkt, die Flächenverzeichnisse (Repertorien) ergänzt und die Aenderungen in den von den Gemeinden geführten „Umschreibplänen" nachträgt (§ 93 ff. DAfMAe).

Ueber die Eintragungen solcher Flurstücksteilungen und Verschmelzungen im GB, die in Veränderungsnachweisen ausgewiesen sind, erhält das VermA auf dem Wege über die oben erwähnten Veränderungslisten Kenntnis. Diese sind von ihm zu sammeln und in einem eigenen „Veränderungslisten-Eingangsbuch" einzutragen (Nr. 24 FortfErl).

Soweit die Veränderung nicht schon vor der GbEintragung in das Reichskat übernommen werden konnte und übernommen wurde, hat dies nun zu geschehen; im Anschluß hieran sind auch die KatKarten fortzuführen (Nr. 67 ff. u. 85 FortfErl).

In Bayern wurde auch für die Bezeichnung der Fischereirechte im GB die Mitwirkung der VermAe aufrechterhalten. Jede Teilung eines solchen ist in einem Messungsverzeichnisse mit Karte auszuweisen. Die entsprechende Sachbehandlung in den Veränderungsnachweisen ist in FME. vom 8. 1. 1942 Nr. IV 122 geregelt.

S. auch Verfügungen der OLGPräsidenten von München vom 9. 12. 1941 und von Nürnberg vom 16. 12. 1941. Die Fortführung der früher von den bayer. Finanzämtern geführten Fischwassersteuerkataster hingegen wurde durch Bek. vom 13. 11. 1941, GVBl. S. 168 eingestellt; sie werden seitdem von den VermAe verwahrt.

7. Bezeichnung der Grundstücke

Die Bezeichnung der Gste im GB stützt sich auf die Bezeichnung der Katastergrundstücke. Diese führten früher in Bayern die Bezeichnung „Plannummern"; heute heißen sie (nach sächsischem Vorbild) allgemein „Flurstücke".

Das Flurstück ist ein Teil der Erdoberfläche, der von einer in sich zurücklaufenden Linie umschlossen ist und in der Flurkarte unter einer besonderen Nummer, Flurstücksnummer genannt, aufgeführt wird. Es kann nur in einer Gemarkung und soll nur in einem Gemeindebezirk liegen. Es ist die buchungstechnische Einheit des Katasters.

Die Bezeichnungsweise der Flurstücke in den verschiedenen Ländern wurde zunächst von Reichs wegen nicht geändert. Es ist hier nicht der Ort, das bayerische Plannummern-System im einzelnen zu besprechen. Die §§ 58—62 DAfMAe vom 8. 11. 1918, die §§ 168—174 bayDA und die FMBek. vom 13. 7. 1926 betr. N-Plannummern (Nachbar-Plannummern) (GVBl. S. 373) geben übersichtlichen Aufschluß. Von den Stern-Plannummern und den Buchstaben-Plannummern wird später zu sprechen sein.

Einige Aenderungen erwiesen sich aber im Vollzug der GbUmschreibung (s. DchfVerf. Bay., Abschn. I) und der Uebernahme der Bodenschätzungsergebnisse in das Reichskataster doch schon recht bald als unverschieblich; durch die FME. vom 14. 5. 1938, FMBl. S. 71, 72 wurde deshalb angeordnet, daß und in welcher Weise die Stern-Plannummern (s. §§ 3, 4, Nr. 5, S. 63; Nr. 6, S. 66) und die Buchstaben-Plannummern (s. § 7, Nr. 2, S. 83) von Fall zu Fall zu beseitigen seien.

Inzwischen brachte der RdErl. des RMdI vom 30. 9. 1940 über die Fortführung des Reichskatasters, Fortführungs-Erlaß genannt, in seinen Nummern 15—20, offensichtlich in Anlehnung an die württembergischen[19]) und österreichischen[20]) Vorbilder, die grundlegende allgemeine Neuregelung der Numerierung der KatGste. Inhaltlich sei

[19]) Schefold, ZfV. 1924, S. 392/93.

[20]) § 151 der Instruktion z. Ausführg. v. Vermessungen, herausgegeb. vom K. K. Finanzministerium, Wien 1907.

davon hier nur vermerkt, daß von der in § 2 GBO gegebenen Möglichkeit, die Gste durch Nummern oder durch Buchstaben zu bezeichnen, allein zugunsten von Flurstücks-Nummern" Gebrauch gemacht wurde (ganze Nummern, Bruchnummern). Die Buchstaben dienen von nun an nur noch zur Bezeichnung der Abschnittsflächen innerhalb der Nutzungsarten eines Flurstücks.

Die sich im Interesse der einheitlichen Numerierung der Flurstücke im bayerischen Landesgebiet ergebenden Folgerungen für die Numerierung auch im Grundsteuerkataster wurden in der 7. Aenderung der DAfVAe vom 10. 5. 1943 (GVBl. S. 83/96) durch die Neufassung der §§ 60 und 61 gezogen. Dieses System hat allerdings bereits wieder durch die FME. vom 9. 9. 1945 Nr. IV 6924 I — H 206 an entscheidender Stelle eine Durchbrechung erfahren, indem dort (für den Bereich des GrStKat) der Grundsatz preisgegeben wurde, daß ein Flurstück bei jeder Aenderung seiner Form eine neue Bruch-Nummer erhalten müsse. Die dadurch bedingte erneute Aenderung der §§ 61 Abs. II, IV und 79 Abs. III DAfVAe wurde durch Nr. 16 der „Ergänzenden Anweisungen zur DAfVAe" vom 20. 3. 1948 Nr. IV 16493 — H 207 (nicht veröffentlicht) nachgeholt.

Im Zuge dieser allgemeinen Neuregelung wurde auch die Einrichtung der N-Plannummern durch die Bek. vom 30. 6. 1943, GVbl. S. 134, beseitigt.

8. Grundstücksteilungen

A. Das BGB regelt den Vorgang der Grundstücksteilung nicht; seine rechtliche Möglichkeit und Zulässigkeit ergibt sich aber ohne weiteres aus § 903 BGB, wonach der Eigentümer einer Sache, soweit nicht im besonderen Fall das Gesetz oder Rechte Dritter entgegenstehen, mit der Sache nach Belieben verfahren kann.

§ 2 Abs. 3 behandelt die formellen Voraussetzungen für die Abschreibung eines Grundstücksteiles vom Gst. Materiell-rechtlich kennt das BGB keine Einschränkungen für reale Teilungen. Jedoch hält das EG.BGB (Art. 119) entgegenstehende landesgesetzliche Vorschriften aufrecht.

Eine solche ist z. B. gegeben in Art. 91 bay. FlurbGes., der auch unter der Herrschaft der Reichsumlegungsordnung vom 16. 6. 1937 (zufolge § 155) in Kraft geblieben war. GbEintragungen, die unter Verletzung dieser Bestimmungen zustande kommen sollten, sind nichtig.

Auch Verteilungen von gemeinschaftlichen Privatwaldungen und von Körperschaftswaldungen in gesondertes Eigentum zur weiteren Forstnutzung bedürfen der Genehmigung der zuständigen Stellen (Art. 20 des bay. Forstges. in der Fassung vom 4. 7. 1896, GVBl. S. 325).

Auch das jüngere Reichsrecht selbst ging mehrfach dazu über, die Freizügigkeit in der Grundstücksteilung zu beschränken. So kann nach § 9 Abs. 1 RHeimstGes. eine Heimstätte nur mit Zustimmung des Heimstättenausgebers, nach § 4 WohnsiedlGes. ein Gst im Bereich von Wohnsiedlungsgebieten nur mit Genehmigung der zuständigen Verwaltungsbehörde geteilt werden. Gegen GbEintragungen, die unter Verletzung dieser Bestimmungen zustande kamen, steht der Genehmigungsbehörde der Anspruch auf Eintragung eines Widerspruchs nach § 899 BGB zu, dessen Löschung wiederum der Genehmigung dieser Behörde bedarf.

B. Die bay. DAfMAe hatte in § 73 bestimmt, daß die Vereinigung eines Grundstücksteils mit einem Gst oder einem anderen Gsts-Teil, wenn sie durch eine Rechtsänderung veranlaßt ist, in der Regel im Messungsverzeichnis ohne weiteres durchgeführt werden dürfe, wobei davon ausgegangen war, daß die Parteien die der Vereinigung etwa entgegenstehenden Hindernisse beseitigen werden. Es fällt auf, daß hier, wo ein GstsTeil Gegenstand der Satzaussage war, nur von Vereinigungen gesprochen wurde, wiewohl doch der zur Vereinigung bestimmte Teil zuvor entstehen mußte, ehe an seine Vereinigung herangegangen werden konnte. Denn in § 890 I BGB ist nur von der Vereinigung von ganzen Grundstücken die Rede, nicht von Grundstücksteilen. GstsTeile müssen danach zuvor vom alten Gst abgeschrieben und zu selbständigen Grundstücken erhoben werden. Die Abschreibung oder Teilung ist Gegenstand des Unterabs. 3 a.

Materiell-rechtlich erfordert jede Teilung als actus contrarius zur Vereinigung (s. §§ 5, 6, Nr. 2, S. 69) eine dem GBA gegenüber abzugebende Trennungserklärung des Eigentümers und die Eintragung der Teilung im GB[21]); bei Heimstätten auch noch die Zustimmung des Ausgebers (§ 9 RHeimstGes.). Die Wirkung ist, daß die Teile selbständige Grundstücke werden. Rechte, die am Gesamtgrundstück bestanden, leben in den Teilen fort.

Grundbuchrechtlich erfordert die Teilung nach allgemeinen Grundsätzen Antrag und Bewilligung des Eigentümers[22]), bei Heimstätten außerdem die Zustimmung des Ausgebers. Die Erklärungen bedürfen der Form des § 29.

---

[21]) Hesse-S.-F., § 5, Anm. II, S. 34, u. Henke-Mönch, § 5, Anm. 7.
[22]) Hesse-S.-F., § 13, Anm. I 1.

Durch das Gesetz über die Beurkundungs- und Beglaubigungsbefugnis der Vermessungsbehörden vom 15. 11. 1937 (RGBl. I, S. 1257) nehmen die Vorstände der Vermessungs- (Kataster-) ämter an der Befugnis, Anträge auf Teilung zu beurkunden und zu beglaubigen in begrenztem Umfang teil. Näheres hierüber siehe später bei §§ 5, 6, Nr. 3, S. 71 ff.

C. Als weitere formrechtliche Voraussetzung für die Teilung wird zuf. Abs. 3 Bchst. a gefordert:

a) Dem GBA ist ein beglaubigter Auszug aus dem amtlichen Verzeichnis vorzulegen. Diese Fassung geht von außerbayerischen Verhältnissen aus und ist deshalb aus alter bayerischer Verwaltungsschau betrachtet nicht ohne weiteres verständlich. Sie hat jene Umstände im Auge, wo eben das amtliche Verzeichnis schon seit langer Zeit nicht vom GBA, sondern von der Katasterbehörde geführt wurde. Die Nutzanwendung für Bayern in Hinsicht des von den GbAemtern selbst geführten Sachregisters (§ 2 Nr. 4, S. 35) ist die, daß diesen die erforderliche Unterlage zur Ergänzung bzw. Berichtigung des Sachregisters erbracht werden muß, d. i. der Auszug aus dem Messungsverzeichnis. Nur, wenn der „Teil" im Sachregister mit eigener Nummer, d. h. erst dann, wenn er auf Grund katastermäßiger Verselbständigung im amtlichen Verzeichnis als eigenes Flurstück eingetragen ist, könnte er nach diesem Wortlaut vom Gesamtgrundstück abgeschrieben und nun auch gbmäßig verselbständigt werden. Da aber eine katastermäßige Verselbständigung der Flurstücksteile nach bayerischer DAfMAe keineswegs zur Regel erhoben war (§ 73 II a. a. O.), mußte sich die GbFührung in zahlreichen Fällen damit begnügen, das Sachregister erst im unmittelbaren Anschluß an die Eintragungen richtigzustellen (§ 193 Abs. I, Ziff. 1 bayDA).

Abs. 3 setzt voraus, daß ein einheitliches Gst auch aus mehreren mit eigenen Nummern bezeichneten Teilen, d. i. Katastergrundstücken, bestehen kann.

Ist der abzuschreibende Teil ein ganzes Flurstück, so steht der Abschreibung vom amtlichen Verzeichnis her nichts im Wege, denn es ist ja dort schon eingetragen. Ist der Gsts-Teil aber nur der Teil auch eines Flurstücks, und muß also das amtliche Verzeichnis erst berichtigt werden, dann dient nun als Unterlage hierfür im Bereich des Reichskatasters der beglaubigte Auszug aus dem geprüften Veränderungsnachweis, so wie weiterhin im Bereich des Grundsteuerkatasters der Auszug aus dem geprüften Messungsverzeichnis. Praktisch werden also die Messungsverzeichnisse gleichwie die Veränderungsnachweise und die Flurbereinigungsausarbeitungen als Bestandteile des amtlichen Verzeichnisses verwertet (s. oben Nr. 4, S. 38).

b) Wo eine amtliche Karte (Flurkarte) geführt wird, ist dem GBA ein beglaubigter Auszug auch aus dieser vorzulegen; aus ihm müssen die Lage und die Größe des Teiles ersehen werden können. Für Bayern und die Pfalz trifft diese Voraussetzung natürlich überall zu. Dem Erfordernis wird durch Beigabe eines Kartenausschnittes oder einer Pause oder Handzeichnung zu dem Auszug des Messungsverzeichnisses bzw. des Veränderungsnachweises entsprochen. Hier wie dort werden die Veränderungen im Kartenbild mit roter Farbe kenntlich gemacht.

D. Ausnahmsweise dürfen bei glaubhaft gemachter Dringlichkeit Teilungen (und andere Veränderungen an Gsten) auch schon auf Grund ungeprüfter Auszüge aus den Messungsverzeichnissen in das Sachregister und in das GB eingetragen werden, nicht jedoch auf Grund von Auszügen, die für den Privatgebrauch der Parteien abgegeben wurden (§ 29 KatBek.; §§ 326 II, 584 III bayDA). Das GBA hat in solchen Fällen den Auszug sofort nach der Eintragung unmittelbar an das Vermessungsamt zurückzugeben, das nach vordringlich herbeigeführter Prüfung ihn erneut dem GBA zuleitet. Im Falle einer wesentlichen Prüfungsänderung hat das GBA die Eintragung von Amts wegen zu berichtigen oder, soweit erforderlich, die Beteiligten zur Stellung der Anträge oder Beibringung der Eintragungsbewilligungen zu veranlassen.

E. Nicht selten besteht für den Erwerber eines GstsTeiles das Bedürfnis, seine Ansprüche auf den Eigentumserwerb schon zu einem Zeitpunkt zu sichern, in dem die Vermessung noch nicht ausgeführt oder noch nicht abgeschlossen ist, der GstsTeil somit noch nicht in das GB eingetragen werden kann, der Erwerber aber genötigt ist, weitere Maßnahmen, z. B. wegen Baubeginns, zu treffen. In solchem Falle kann der aus dem Kaufvertrag erwachsene Anspruch auf die Uebertragung des Eigentums durch eine Vormerkung gemäß § 883 BGB (II. Tl., II, Nr. 3, S. 19) sichergestellt werden. Das pr. Kammergericht hat sich in einer Entscheidung vom 12. 11. 1936 — 1W. X. 537/36 — dahin ausgesprochen, daß es nach der Rechtsprechung des Reichsgerichts bei der Belastung eines GstsTeils mit einer Vormerkung genüge, daß die Fläche in der Bewilligung so genau beschrieben sei, daß sich ihre Lage und Größe in einer dem Verkehrsbedürfnis genügenden Weise ergibt; es bedürfe dazu nicht notwendigerweise der Angabe des Flächenmaßes des GstsTeils; es werde sich aber in vielen Fällen empfehlen, sich der Zeichnung eines öffentlich bestellten Vermessungsingenieurs bzw. einer Vermessungsdienststelle als Eintragungsunterlage zu bedienen[23]).

F. a) Nach § 86 RUO dient bei Umlegungen der Umlegungsplan bis zur Berichtigung des Reichs-Katasters als amtliches Verzeichnis. Auch schon vor der Uebernahme in das Kataster kann ein Teil eines im Umlegungsplan ausgewiesenen neuen Gsts abgeschrieben werden. Die Teilungsmessung ist entweder durch die Umlegungsbehörde selbst auszuführen, oder diese kann die Unterlagen zur Teilung dem Vermessungsamt liefern. Die durch diese Aenderungen entstehenden Teilgrundstücke sind im Umlegungsplan mit ihrer Größe und ihrem Wertverhältnis in rot zu vermerken. Dem Eigentümer als Antragsteller sind ein beglaubigter Auszug aus dem Teilnehmerverzeichnis und eine beglaubigte Kartenabzeichnung auszuhändigen; sie dienen als Unterlagen für die Auflassung und die GbEintragung (AV des RJM u. RdErl. d. RMfErn.u.Lw. vom 5. 10. 1938, DJ. S. 1576). In Bayern wird das Flurbereinigungsamt bzw. das VermA den Auszug aus dem Veränderungsnachweis (bzw. dem Messungsverzeichnis) mit der Karte dem von den Beteiligten bezeichneten Notar zuleiten.

b) In dem Zeitabschnitt zwischen der vorläufigen Besitzeinweisung und der Vollziehbarkeitserklärung (im FlurbVerfahren) bzw. der Ausführungsanordnung (im Verfahren nach der RUO) wird es zur Beschleunigung der Sicherung der Rechtsansprüche des Erwerbers meist notwendig werden, ein geeignetes Einlagegrundstück zu teilen; dies kann natürlich nicht mehr in der Oertlichkeit, sondern nur noch buchmäßig geschehen, während auf dem Felde bereits das Ersatzgrundstück der Teilung unterzogen wird. Zur Vermeidung jeder Verwirrung und als Grundlage für die etwa erforderliche Vormerkung im GB ergeben sich als Notwendigkeiten:

1. in dem die Teilung des Einlagegrundstücks behandelnden Messungsverzeichnis bzw. Veränderungsnachweis durch eine Anmerkung das Ersatzgrundstück zu benennen, das dem Erwerber örtlich eingewiesen worden ist,
2. dem Messungsverzeichnis bzw. Veränderungsnachweis neben der Karte über die Teilung des Einlagegrundstücks eine zweite Karte mit der Darstellung des im Zeitpunkt der Vollziehbarkeitserklärung (Art. 79 FlurbGes.) bzw. der Ausführungsanordnung (§§ 65, 66 RUO) an die Stelle des Teilungsgrundstücks tretenden Ersatzgrundstücks beizugeben.

[23]) Nagel, AllgVN. 22/1937, S. 382.

9. Zuflurstücke

Die in Abs. 3 Bchst. a in Hinsicht der selbständigen Numerierung der GstsTeile getroffene Einschränkung: „es sei denn, daß nach dem Ermessen der zur Führung der Karte zuständigen Behörde die Nummer in der Karte nicht deutlich dargestellt werden kann" — ist durch die inzwischen allgemein eingeführten „Zuflurstücke" überholt. Die Zuflurstücke gehen auf die in Preußen geführten „Zuparzellen" zurück. Durch sie wird die gedachte Einschränkung gegenstandslos. Für die Größe der Zuflurstücke ist eine Grenze nicht gesetzt.

Zuflurstücke kommen nach Nr. 21 FortfErl. und § 62 DAfVAe beim Zusammentreffen folgender Umstände zur Verwendung:

1. es liegt ein Rechtsgeschäft vor;
2. es handelt sich um die Vereinigung von GstsTeilen mit Gsten oder GstsTeilen bisher verschiedenen Eigentums;
3. Flurstücksteilung und Flurstücksverschmelzung werden im gleichen Vortrag des Messungsverzeichnisses bzw. im selben Veränderungsnachweis durchgeführt.

Nicht veranlaßt ist die Bildung von Zuflurstücken bei der Behandlung von Formveränderungen, die in das Reichskataster auch ohne vorherige Eintragung im GB übernommen werden können; sie ist deshalb hier zu unterlassen (Erste DchfBest. zu Nr. 21 FortfErl; s. auch oben Nr. 4, S. 38).

In der Form der Zuflurstücke werden die Teilflächen nun zwar mit eigenen Bezeichnungen versehen, aber gleichwohl nur beschränkt verselbständigt. Die Zuflurstücksnummer setzt sich zusammen aus:

a) der Nummer des Bestimmungsflurstücks, z. B. „Zu 26",
b) den Nummern der Herkunftsflurstücke, z. B. „(aus 26)" oder „(aus 66, 67, 68)", wobei die Angabe in Klammern gesetzt wird.

Die Zuflurstücksnummer heißt dann: „Zu 26 (aus 26)" oder „Zu 26 (aus 66, 67, 68)". Die auf das künftige Flurstück hinweisende Bezeichnung ist allen Teilen des künftigen Bestimmungsflurstücks gemeinsam. Die die Herkunft bezeichnende Angabe muß alle Flurstücke benennen, aus denen sich die der Teilung unterstellte Flurstücksmasse bisher zusammengesetzt hat. Bestand diese beipielsweise aus den Flurstücken 10, 12, 13, 21 und geht eine einzelne Teilfläche räumlich nur aus den Flurstücken 10 und 12 weg, so müssen gleichwohl alle 4 Flurstücke aufgeführt werden. Dagegen ist es nicht notwendig, Flurstücke desselben Grundbuch grundstücks, die nicht zur Verteilungsmasse gehören, im Messungsverzeichnis bzw. im Veränderungsnachweis aufzuführen. Daraus ergibt sich allerdings für die GbAemter die Notwendigkeit, den neuen GstsBestand selbst zu errechnen, was zweifellos leicht zu Rechenfehlern führen kann (Schrb. des RMJ vom 12. 10. 38, VI a 6160 — 38/6826, RdE. des bay. StM.d.F. vom 18. 10. 38/IV 28975).

Die Zuflurstücke sind nicht als selbständige Grundstücke ins GB zu übernehmen, es genügt, daß sie in dem Auszug aus dem Messungsverzeichnis bzw. aus dem Veränderungsnachweis, der an die Stelle des amtlichen Verzeichnisses tritt, ausgewiesen sind. Ist damit zu rechnen, daß die Auflassung einzelner Teilflächen Schwierigkeiten bereiten wird, dann sind die sämtlichen für den Erwerber bestimmten Teilflächen nicht als Zuflur-, sondern als selbständige Flurstücke auszuweisen und erst in einem nachfolgenden besonderen Messungsverzeichnis-Vortrag bzw. Veränderungsnachweis zu verschmelzen (§§ 62, 73a DAfVAe; Nr. 21 Abs. 2 FortfErl; Erste DchfBest. hierzu).

10. Vorlage der Karte. Bescheinigung

Nach dieser Abschweifung kehren wir zurück zu den Bestimmungen über die Vorlage einer Karte. Auch sie ist nicht schlechthin in jedem Fall verlangt. Sie ist nicht erforderlich, wenn von einem Gst ein ganzes Flurstück abzuschreiben ist, das von dem übrigen getrennt liegt. In solchen Fällen ist weder ein Auszug aus dem Messungsverzeichnis (Veränderungsnachweis) noch eine Karte benötigt. Es genügt die Bescheinigung des Vermessungsamts, daß die Grundstücke getrennt liegen. Liegen die Flurstücke aber beisammen, und soll eines oder sollen mehrere dieser Flurstücke im ganzen abgeschrieben werden, dann ändert sich zwar die Karte auch nicht, aber, und das bedeutet hinsichtlich der Rechtssicherheit einen begrüßenswerten Fortschritt, es soll eine Gewähr geboten werden, daß die örtliche Trennung, daß die „Auflassung" in völliger Uebereinstimmung mit der buchmäßigen Teilung geschieht; zu diesem Zweck soll jetzt der Antragsteller eine Bescheinigung der Kataster- bzw. Vermessungsbehörde erbringen, daß die kartenmäßige und die örtliche Grenze zwischen dem abzuschreibenden und dem übrigen Teil des Gsts übereinstimmen (Abs. 3 Bchst. a).

Eine solche Bescheinigung darf das Vermessungsamt nur ausstellen, wenn es sich an Ort und Stelle vom Tatbestand überzeugt hat. Dabei wird es davon auszugehen haben, daß § 2 nichts weiter als die Feststellung der Tatsache der Uebereinstimmung fordert. Ergibt sich diese schon aus dem bloßen Vergleich der

Aufnahme der örtlichen Grenze mit der Kartengrenze, dann wird es kaum einer weiteren Amtshandlung des Vermessungsamtes bedürfen, um die angeforderte Bescheinigung ausstellen zu dürfen. Nur dann, wenn Abweichung vorliegt oder wenn eine örtliche Grenze gar nicht erkennbar ist, bedarf es dazu der Uebertragung der Kartengrenze in das Feld und ihrer Anerkennung durch die Beteiligten. In diesen Fällen erwächst dann aus Art. 1 Abs. 1 Ziff. 2 Abm.Ges. die Abmarkungspflicht für diese Grenze (nicht etwa auch für die übrigen Grenzen des Trennstücks). Für die anderen Fälle empfiehlt es sich von selbst, auf eine freiwillige Abmarkung der Teilungsgrenze hinzuwirken.

Die Bescheinigung ist auf einem Flurkartenabschnitt oder auf einer Pause unter Angabe der Nummern und der Flächengröße der abzutrennenden Flurstücke zu erteilen (§ 73 Abs. VI DAfVAe.). Fahrlässige fehlerhafte Bescheinigungen haben die Schadenhaftung des Staates und allenfalls Ersatzansprüche an den schuldigen Beamten zur Folge (s. Ausführungen zu § 12 alt, S. 193 ff.). Grundsätzlich sind Bescheinigungen neuesten Datums erforderlich. Das GBA kann Bescheinigungen der VermAs als unzureichend ablehnen, wenn ihr Datum oder das Datum der Feststellung schon längere Zeit zurückliegt[24]).

Der Vorlage der Karte bedarf es nicht in den Fällen der Umlegung, der Flurbereinigung, der Baulandumlegung; hier genügt überall die Vorlage des Umlegungsplanes bzw. der Flurbereinigungsausarbeitungen bzw. der Umlegungsübersicht bzw. von beglaubigten Auszügen aus diesen.

Auch das Ersuchen der zuständigen Behörde um Abschreibung eines Flurstückes auf Grund eines Enteignungsbeschlusses und um Eintragung auf Grund einer Zwangsversteigerung machen die Vorlage einer vermessungsamtlichen Karte nicht notwendig (Abs. 3 Bchst. b).

Die Vorschriften in Absatz 3 sind nur Ordnungsvorschriften. Ihre Nichtbeachtung zieht keine sachlich-rechtlichen Folgen nach sich, sofern die Abschreibung mit dem Auflassungswillen der Beteiligten übereinstimmt. Ist jedoch die Folge des Versäumnisses der angeordneten Sicherungsmaßnahmen die, daß die GBEintragung dem Inhalt der Einigung widerspricht, führt die Unterlassung zu einer „Divergenz der Eintragung", dann ist das GB falsch geworden, die Eintragung ungültig und der Eintragungsantrag nicht vollzogen (s. §§ 19—21, 28, Nr. 5, S. 103 f.).

---

[24]) Hencke-Mönch, § 2, Anm. 7 B e.

Freilich wird auch jetzt noch der durch die besprochenen Bestimmungen erstrebte Zweck nur unvollkommen erreicht, weil die vermessungsamtlichen Bescheinigungen nur für die Teilung von Grundbuchgrundstücken vorgesehen sind. Wird aber aus einem umfassenderen Verkehrsgrundstück ein einzelnes Grundbuchgrundstück abveräußert, so besteht keinerlei Sicherungsvorkehrung gegen das Entstehen einer Divergenz. Das GBA ist im allgemeinen gar nicht in der Lage, die Gefahr einer solchen zu erkennen, da es — mit alleiniger Ausnahme von Württemberg und einigen gemeindlichen GB-Aemtern in Baden und Mecklenburg[25]) — nicht selbst über Karten verfügt. Jede allgemeine Anweisung an die Notare und an die GB-Aemter, hierüber regelmäßig mit den Vermessungsämtern ins Benehmen zu treten, müßte für alle beteiligten Behörden eine untragbare Belastung mit sich führen, deren praktische Bedeutung im Laufe der Zeit in dem Maße abnehmen würde, als die angestrebte Vereinigung benachbarter Gste fortschreitet.

Das Grundbuchblatt

§§ 3, 4

1. Allgemeines

A. Aeußere Gestaltung

„Jedes Grundstück erhält im GB eine besondere Stelle." Diese Stelle heißt: das „Grundbuchblatt" (§ 3 Abs. 1).

Betrachten wir zunächst die äußere Gestaltung des Grundbuchblattes. Es besteht in jedem Falle aus mehreren Abteilungen.

Die GBO von 1897 hatte seine Gestaltung im wesentlichen den Bundesstaaten überlassen. In Bayern rechts des Rheins wurde mit den alten Hypothekenbüchern auch deren Form übernommen. Muster XIX der bayDA zeigt neben dem „Titel" drei Abteilungen. Der Titel dient zur Eintragung der Grundstücke, die Abteilung I zur Eintragung des Eigentümers; in die Abteilungen II und III werden die Lasten und die Rechte an den Grundstücken eingetragen, und zwar Dienstbarkeiten und Reallasten in Abteilung II, Hypotheken, Grund- und Rentenschulden in Abteilung III.

Abweichend hiervon ist die Regelung in der Pfalz getroffen worden, wo der Eigentümer in den Titel, die Grundstücke in die Abteilung I eingetragen wurden.

---

[25]) Hause, Grundstücksvereinheitlichungen im GB und Kat.; ZfV. 14/1933, S. 345.

Die neue GBO hat die Einrichtung des GBBlattes dem RJM übertragen, der sie in § 4 GbVerf einheitlich für das Reichsgebiet geregelt hat. Es besteht nun aus der „Aufschrift", dem „Bestandsverzeichnis" und einer Ersten, Zweiten und Dritten Abteilung. In der Aufschrift werden der Amtsbezirk, der GbBezirk und die Nummern des Bandes und des Blattes aufgeführt, im Bestandsverzeichnis die Gste eingetragen. Die übrigen Abteilungen entsprechen den Abteilungen I bis III des bayerischen GbBlattes. Auf die inneren Gründe dieser Mannigfaltigkeit in der Erscheinung werden wir alsbald zurückkommen.

B. Wesen des Blattes

„Das GbBlatt ist für das Gst als GB im Sinne des BGB anzusehen." (§ 3 Abs. 1.)

Als GB im Sinne des BGB gilt für jedes Gst dasjenige Blatt, das ihm im GB eröffnet ist, somit nicht das ganze Buch; der Inhalt des GBs als solcher bestimmt sich dabei nicht nach der Eintragung in einer einzelnen Abteilung oder Spalte, sondern nach dem Zusammenhang der Eintragungen in allen Abteilungen. Auf diesem GbBlatt müssen die Rechtsänderungen eingetragen sein, wenn sie materiell wirksam sein sollen.

§ 874 BGB läßt zu, daß zur näheren Bezeichnung des Inhalts eines Rechtes auch auf die Eintragungsbewilligung Bezug genommen wird; damit will das GB vor einer Ueberfüllung durch zu umfangreiche Eintragungen bewahrt werden. Insoweit davon Gebrauch gemacht wird, gehört dann auch der Inhalt der Eintragungsbewilligung zum Inhalt des GbBlatts.

Folgerichtig darf ein Gst nicht auf mehreren Blättern eingetragen oder auf einem und demselben Blatt mehrfach gebucht sein. Solche Doppelbuchungen sind von Amts wegen zu beseitigen (§ 38 GbVerf). Widersprechen sich beide Eintragungen, z. B. in Hinsicht des Eigentümers, dann kann keine dieser Angaben öffentlichen Glauben beanspruchen; die Vermutungen des § 891 BGB heben sich auf, ein Gutglaubensschutz ist nicht möglich. In solchen Fällen weiß das Gb nichts auszusagen (RGerEntsch., Bd. 11, 278). Der wahre Eigentümer muß sein Eigentum ausschließlich aus den Vorschriften des materiellen Rechts beweisen[26]).

Siehe auch § 22, Abschn. V, E, Nr. 2, S. 121 ff.

[26]) Staudinger, § 891, Anm. 16, S. 224 u. § 892, Anm. 6, S. 228.

2. Buchungszwang

In § 3, Abs. 1, Satz 1 ist zunächst allgemein der Grundsatz des Buchungszwanges ausgesprochen, demzufolge bei der GbAnlegung für jedes Gst von Amts wegen ein GbBlatt anzulegen war. Wurde dies damals aus irgendeinem Grunde unterlassen, so ist es jetzt bei der Umschreibung der alten Bücher in die neue Form von Amts wegen nachzuholen; es obliegt dem GBA, das Eigentum zu ermitteln. §§ 7, 9 AusfVO.

Der Buchungszwang erstreckt sich auch auf die gstsgleichen Rechte; das sind solche, auf die kraft Gesetzes die für die Gste geltenden Bestimmungen anzuwenden sind. Es kommen hier in Betracht:

nach Reichsrecht: das Erbbaurecht neuer Art;

nach Landesrecht in Bayern: die Bergwerke und die unbeweglichen Kuxe (Art. 67 EG.BGB, Art. 17 Abs. 1 AG).

Bezüglich der buchungsfreien Gste und der gstsgleichen Rechte s. Nr. 4, S. 57 ff.

3. Grundbuchsysteme

Die Aufstellung des Grundsatzes: „Für jedes Grundstück ein eigenes GbBlatt" bedeutet die grundsätzliche Geltung des

a) Realfoliums.

Bestimmend für dieses war der Gedanke, daß das Gst das Beharrende, Bleibende, der Eigentümer dagegen das Wechselnde, Unbeständige sei, und daß deshalb das GB vom Gst, nicht vom Eigentümer auszugehen habe[27]). Das reine Realfolium war hauptsächlich in Sachsen beheimatet.

b) Das Personalfolium

ist das Gegenstück zum Realfolium; bei ihm werden grundsätzlich alle Grundstücke eines Eigentümers zusammengeschrieben; als seine Typen haben das württembergische und das pfälzische GbBlatt zu gelten.

In Gegenden mit starker Bodenzersplitterung müßte die folgerichtige Durchführung des Grundsatzes des Realfoliums zu einer so starken Anschwellung des äußeren Umfanges der GBücher führen, daß das zur Unübersichtlichkeit des Buches führen müßte. Diese Ueberlegung führte zu der in § 4 ausgesprochenen Lockerung des Systems des Realfoliums zugunsten des

[27]) Hesse-S.-F., § 3, Anm. I, 1.

c) gemischten Systems,

bei dem die Zusammenschreibung mehrerer Gste auf einem gemeinschaftlichen Blatte nur vereinzelt angewandt wird. Auf ihm können sogar alle Gste des gleichen Eigentümers „zusammengeschrieben" werden, soweit sie vom gleichen GBA geführt werden und sofern keine Verwirrung zu befürchten ist.

Auch Bayern hatte sich grundsätzlich für das Realfolium entschlossen, jedoch zu erheblichen Zugeständnissen an das Personalfolium verstanden; diesen zufolge dürfen auch mehrere Gste des gleichen Amtsbezirks auf einem GbBlatt zusammengeschrieben werden, wenn sie entweder überhaupt nicht mit Hypotheken, Grundschulden und Rentenschulden oder doch nur mit den gleichen Hypotheken usw. belastet sind (§ 219 bayDA). Diese Einschränkungen sind durch die Neufassung der GBO weggefallen, was bei der Umschreibung der GBücher auf Reichsform besonders zu beachten ist (Abschn. IV Nr. 1 DchfVOBay).

Wesentlich maßgebend für die Ausdehnung des gemischten Systems von Preußen, Bayern, Baden und einigen anderen Bundesstaaten auf das übrige Reichsgebiet war der Umstand, daß seine einheitliche Uebernahme im Hinblick auf diese seine bisherige Verbreitung den geringsten Kostenaufwand befürchten ließ[28]).

Unter

Zusammenschreibung

ist nach dem Gesagten nichts weiter zu verstehen, als die Buchung mehrerer selbständiger, selbständig bleibender Gste auf dem gleichen Blatt, was natürlich streng zu unterscheiden ist sowohl von der „Vereinigung" wie von der ähnlich benannten „Zuschreibung" (§§ 5, 6, S. 68 ff.). Sie ist ein lediglich aus praktischen Gesichtspunkten bestimmter, rein buchtechnischer Vorgang, dem keinerlei Rechtsbedeutung innewohnt.

Während im allgemeinen die Zusammenschreibung nur hinsichtlich der bei dem gleichen GBA geführten Gste zulässig ist, wird sie durch § 4 Abs. 2 in Hinsicht der zu einer Reichsheimstätte gehörenden Gste ausnahmslos, auch über die Ländergrenzen hinweg, gestattet und durch § 4 RHeimstGes. sogar zum Zwang erhoben. (Gleichartige Bestimmungen bestanden für die jüngstens beseitigten Familienfideikommisse und Erbhöfe.)

Um das unverkümmert eigenständige Dasein jeder Buchungseinheit auch schon rein äußerlich erkennbar zu machen, um „Ver-

---

[28]) Hedemann, Die neue GBO, Deutsche Juristenzeitung 19/1935.

wirrung zu vermeiden", wird jedes der auf dem gleichen Blatt zusammengeschriebenen Gste unter einer eigenen

laufenden Nummer

vorgetragen. Werden z. B. die im Kat und im Sachregister mit Flurst. 312/43, 77 Gemarkung Schwarzenbach und 66 Gemarkung Pechhof bezeichneten selbständigen Grundstücke auf einem Blatt zusammengeschrieben, dann erhalten sie im Bestandsverzeichnis etwa die laufenden Nummern 1, 2, 3. (Vgl. Anl. 2 b, S. 75.) Laufende Nummern und Flurstücksnummern gehen also nebeneinander her. Die Flurstücksnummern sind die Bezeichnung der Gste gemäß § 2 Abs. 2, d. i. nach dem amtlichen Verzeichnis, die laufenden Nummern aber ihre eigentlichen Grundstücksnummern.

Uebrigens werden unter eigenen laufenden Nummern nicht nur ganze Gste, sondern auch Miteigentumsanteile (§ 8) und auch subjektiv-dingliche Rechte (§ 7) eingetragen (s. Anl. 2 b, lfde. Nr. 6 / zu 4, S. 75[29]).

Nicht dasselbe wie die laufende Nummer des Bestandsverzeichnisses im Reichsgrundbuchblatt ist die

fortlaufende Nummer

im Titel des bayerischen GbBlattes. Diese Nummern beziehen sich nicht auf die Gste, sondern allein auf die sich zeitlich folgenden Einträge, wobei jede einzelne Eintragung sehr viele selbständige Gste umfassen kann. Im bayerischen GB führt also das Gst neben seiner Katasternummer nicht auch noch eine GstNummer.

Das pfälzische GB dagegen kennt neben den laufenden Nummern der einzelnen Eintragungen gleichzeitig die durchgehenden fortlaufenden Nummern für die einzelnen Grundstücke, die „Grundstücksnummern" (pfälz. GbAO Nr. 223).

Im Bestandsverzeichnis des ReichsGBs werden unter jeder laufenden Nummer aufgeführt (s. Anl. 2 b):

in Spalte 2: die bisherigen laufenden Nummern der Gste, aus denen das gebuchte Gst entstanden ist,

in Spalte 3: a) der Name der Gemarkung, in der das Gst liegt,
b) die Nummer bzw. die Nummern der Flurstücke, die das Gst bilden,
c) die Nummer des Bestandsblattes des Reichskat,

[29]) Hesse-S.-F., § 6, GbVerf, I, 2b.

d) gegebenenfalls die Nummer des Gebäudebestandsblattes des RKat,

e) die Lagebezeichnungen und die Nutzungsarten der Flurstücke,

in Spalte 4: die Flächengröße des Gesamtgrundstücks, nicht der einzelnen Flurstücke, in ha-, a- und qm-Angabe (GbVerf § 6).

Die Quadratmeter-Angabe machte es notwendig, die im bayerischen Grundsteuerkataster vordem mit nur 3 Dezimalstellen geführten Hektar-Angaben durch Anfügung einer Null in der 4. Dezimalstelle zu ergänzen. Diesem Umstand wurde in der Bek. vom 4. 5. 1937 (FMBl. S. 11) durch die Neufassung der §§ 72, 84 und 87 DAfMAe Rechnung getragen. Auch die Katasterflächen werden somit nun nicht mehr in Hektaren mit Dezimalstellen, sondern in ganzen Hektaren, Aren und Quadratmetern angegeben.

Der in Anlage 1 der GbVerf (zu § 22 GbVerf) beigegebene Vordruck des Bestandsverzeichnisses ist durch § 6 der AusfVO vom 20. 1. 1940 — 3856 — IV b², 181 (DJ, S. 214, RöKu, S. 277) hinsichtlich mehrerer Ueberschriften entsprechend geändert worden. Vgl. Anl. 2 b, zu §§ 5, 6, S. 75.

4. Buchungsfreie Grundstücke

A. Grundsätzliches

Ausgenommen vom Buchungszwang (s. Nr. 2, S. 54) sind die „buchungsfreien Grundstücke“. Es handelt sich hier um Gste, die nach ihrer Art nicht dazu bestimmt sind, am GstsVerkehr teilzunehmen und deren Eigentumsverhältnisse in der Regel ohnedies klarliegen. Für sie wurde das Buchungs recht als ausreichend angesehen. Ein Blatt wird für sie nur auf Antrag des Eigentümers oder eines Berechtigten angelegt, oder wenn das Gst veräußert oder belastet werden soll. Doch geschieht auch da die Anlegung des Blattes von Amts wegen[30]).

In Betracht kommen:

die Gste des Reichs[30a]), der Länder, der Gemeinden und Kommunalverbände, die Gste der Kirchen, sodann der Klöster und Schulen, weiter die Wasserläufe und öffentlichen Wege und die zu öffentlichen Bahnen gehörigen Gste.

In Bayern sind in Anwendung des Antragsrechtes die unter der Verwaltung des StMin.d.F. stehenden buchungsfreien Gste,

---

[30]) Brand-Schnitzler, § 22, S. 56.

[30a]) nun der Bundesrepublik; s. S. 111.

insbesondere auch die Staatsstraßen, die öffentlichen Flüsse (Art. 1 WassGes.) und die Staatsprivatflüsse (Art. 23 a. a. O.) in der Regel in das GB eingetragen worden[31]).

Vom Buchungszwang ausgenommen sind auch die grundstücksgleichen Rechte mit Ausnahme der neueren Erbbaurechte und — nach bayer. Landesrecht — der Bergwerke und unbeweglichen Kuxe (s. Nr. 2); nämlich:

nach Reichsrecht: die älteren Erbbaurechte (§ 1017 BGB, § 8 GBO);

nach bayer. Landesrecht: die Fischereirechte (FischGes. § 14, Abs. 2, 5, Bek. dazu vom 15. 3. 1909, § 6, JMBl. S. 136);

die Realgewerbeberechtigungen (Wirtschafts-, Apotheker-, Kaminkehrergerechtsame);

jene Nutzungsrechte, für welche die sich auf Gste beziehenden Vorschriften gelten, z. B. die Nutzungsrechte der Mitglieder von Realgemeinden (Wald-, Weide-, Mühlen-, Brauerei- und ähnlichen Verbänden) an deren Grundbesitz, wie Holzbezugsrecht in bestimmter Höhe und Güte, Auftriebsrecht mit einer bestimmten Viehstückzahl[32]).

Auch diese Rechte erhalten ein GbBlatt nur auf Antrag oder wenn das Recht veräußert oder belastet wird (Art. 17 [2] AG.).

Für buchungsfreie Gste, die auf Antrag im GB eingetragen sind, besteht die Möglichkeit ihrer „Ausbuchung".

Auch die nicht gebuchten Gste traten mit der Anlegung des GBs unter GbRecht. Von diesem Zeitpunkt an war deshalb eine Ersitzung oder die Vollendung einer Ersitzung an einem Rechte auch an einem solchen Gst nicht mehr möglich.

B. Erfordernis der Eintragung

a) Unvermeidlich wird die Anlegung eines GbBlatts auch für die buchungsfreien Gste zuf. § 873 BGB dann, wenn Uebertragung des Eigentums oder die Belastung mit einem Recht an ihnen beabsichtigt wird. Doch läßt Art. 127 EG.BGB Ausnahmen zugunsten des Landesrechts für den Fall zu, daß das Gst auch in der Hand des neuen Eigentümers buchungsfrei bleibt. Bayern hat diese Ausnahme in den Art. 83 und 84 AG.

[31]) Entschl. des StMin.d.F. vom 5. 6. 1901 Nr. 15180 I, betr. Anlegung des Gbs usw. u. des StMin.d.I. vom 27. 11. 1901 Nr. 25386, betr. Anlegung des Gbs usw.

[32]) Henle-Schmitt, Anm. zu Art. 17. (2) AG.

BGB geregelt. Nach diesen ist in Hinsicht der ungebuchten buchungsfreien Gste erforderlich bzw. ausreichend: bei der Uebertragung von Eigentum am Gst die Einigung des Veräußerers und des Erwerbers und die öffentliche Beurkundung ihrer Erklärungen, bei der Begründung einer Dienstbarkeit die Einigung des Bestellers und des Erwerbers und die öffentliche Beglaubigung der Erklärung des Bestellers, bei der Aufhebung einer Dienstbarkeit die einseitige, öffentlich beglaubigte Erklärung des Berechtigten. Die Belastung des Gsts mit einer Hypothek, Rentenschuld, Reallast, einem Vorkaufsrecht erfordert aber in jedem Fall, auch bei buchungsfreien Gsten, die Eintragung zunächst des Gsts, sodann der Belastung in das GB.

b) Natürlich sind alle diese Bestimmungen bei der Durchführung von Teilungen buchungsfreier Gste von Belang. Bei Verlegungen von Straßen, Wegen, Wasserläufen werden abgehende Teilflächen in der Regel buchungspflichtig werden; soweit solche Gste noch nicht gebucht sein sollten, empfiehlt es sich deshalb stets, sie schon vor Inangriffnahme der Vermessung in das GB eintragen und, wenn zu dem Zweck nötig, den Eigentümer durch das GBA feststellen zu lassen. Der Antrag ist vom Unternehmer zu stellen; auch das Vermessungsamt kann um die Anlegung des GbBlatts ersuchen, die das GBA von Amts wegen zu bewirken hat. (§§ 7, 9 AusfVO.)[33])

Wertvolle Behelfe für die Eigentumsfeststellung sind in Bayern und in der Pfalz die Liquidationsprotokolle, die Liquidationspläne, das Urkataster und allenfalls die Grundakten der Landesvermessung[34]). Die ersten sind in der Regel bei den Oberfinanzpräsidenten-Zweigstellen, ausnahmsweise auch beim Staatsarchiv (Pfalz) oder bei den Vermessungsämtern (Oberpfalz), die Liquidationspläne bei den Oberfinanzpräsidenten-Zweigstellen, die Urkataster bei den Finanzämtern oder den Staatsarchiven, im Bereich des RKat auch bei den Vermessungsämtern, die Grundakten endlich beim Landesvermessungsamt verwahrt[35]).

Mit größter Vorsicht muß den Angaben in renovierten Katastern begegnet werden, wenn dort die „Gemeinde" als Eigentümerin buchungsfreier Gste vorgetragen ist. Ursprüngliche Sammelbezeichnungen wie „½ Steuergemeinde", „Unsteuerbare Gegen-

[33]) Hesse-S.-F., § 7 AusfVO, Anm. I u. II, S. 389.

[34]) Schopf, s. Fußn. 36.

[35]) Amann, Die bay. Landesvermessung zu ihrer geschichtl. Entwicklung, S. 192 ff.

stände" oder „Gemeinde nebst unsteuerbaren Gegenständen" sind nämlich in Verbindung mit Katasterrenovationen vielfach ohne jede sachliche Berechtigung kurzweg in die Eigentümerbezeichnung „Gemeinde" geändert worden. Man wird deshalb bei einer solchen Angabe des Katasters in jedem Fall im Liquidationsprotokoll bzw. im Urkataster, das in fortgeschrittenerem Stadium der Landesvermessung, z. B. auch in der Rheinpfalz, häufig zugleich als Liquidationsprotokoll gedient hat, Nachschau halten müssen, ob dieses für das in Frage stehende Flurstück nicht etwa abweichende Angaben enthält[36]).

C. Buchungsunfähige Flurstücke

a) Ueberhaupt nicht gebucht können solche Weg- und Wasserflächen werden, die, obwohl sie Bestandteile verschiedener Grundstücke bilden (wobei es sich nicht um Gemeinschaftsanteile, sondern um reale Teile der Grundstücke handelt), unter einer Flurstücknummer zusammengefaßt sind[37]). Das sind:

1. die Privatflüsse und -bäche, die Bestandteile der Ufergrundstücke bilden,

2. jene Gräben und Wege, die zu den Grundstücken gehören, über die sie führen.

Bei den in Bayern gelegenen ungebuchten Weg- und Wasserflächen wird es sich zumeist um solche handeln. Doch läßt sich aus diesem Umstand nicht sicher schließen, daß im Zeitpunkt der GbAnlegung das Eigentumsverhältnis wirklich ermittelt worden ist. In Anbetracht der gänzlich unterschiedlichen technischen Sachbehandlung ist es darum von größter Wichtigkeit, die Feststellung des Eigentums ungebuchter Weg- und Wasserflächen bereits vor Inangriffnahme irgendeiner Vermessungstätigkeit, ebenso schon zu Beginn einer Flurbereinigung in die Wege zu leiten.

Auch die Angrenzerflüsse und -bäche, -wege und -gräben sind im Sachregister zu führen, wobei in der Bemerkungsspalte je nachdem beizufügen ist: „Privatfluß (Privatbach), Bestandteil der Ufergrundstücke" bzw. „Bestandteil der Grundstücke, über die der Weg (Graben) führt" (§ 189 bayDA).

---

[36]) Ueber die „Feststellung des Eigentums an Wegen" für die Zwecke der GbAnlegung s. Schmitt, Ztschr. f. Rechtspflge i. Bay., 1911, Nr. 3 bis 5, teilweise ergänzt abgedruckt in der bayZfV 1912, Nr. 3, S. 94 ff.; — für die Zwecke des Katasters: s. Schopf, „Ueber die Behandlung der Wege und Gewässer in der bay. Landesvermessung", ZfV. 1930, S. 274, 378, 441, 474, 508 ff.

[37]) Im Widerspruch zu Nr. 10 BodSchätzUebernErl.

In Hinsicht der unter Ziff. 2 bezeichneten Wege und Gräben hat das Schreiben des RuPrMdI vom 10. 3. 1938 Nr. VI A 13 847/6833 an das StMin.d.F. betr. Uebernahme der Bodenschätzungsergebnisse in das Liegenschaftskataster, Behandlung von Angrenzerwegen, bestimmt, daß in die Beschreibung der Grundstücke, zu denen Teile eines Weges gehören, stets die Anmerkung: „Hierzu die zum Weg (Graben) Flurst. . . . . . gezogene Teilfläche" aufzunehmen ist[38]).

Die als Weg oder als Graben benutzten Teilflächen sind lediglich mit Grunddienstbarkeiten zugunsten der anderen vom Weg oder vom Graben berührten Grundstücke belastet; im übrigen ist der einzelne Eigentümer als Alleineigentümer in der Benutzung seiner Teilfläche nicht beschränkt; er darf sie z. B. auch überackern.

Die Teilflächen sind aber keine wesentlichen Bestandteile dieser Grundstücke; sie oder auch beliebige Teile von ihnen können auf Antrag der Eigentümer wie irgendwelche sonstigen Teile der Gste jederzeit als selbständige Grundstücke abgetrennt und im GB eingetragen werden; dies wird sich freilich nur unter ganz besonderen Umständen empfehlen bzw., z. B. bei der katastertechnischen Behandlung von Weg- und Grabenverlegungen, als notwendig erweisen.

Daß derartige Wege als öffentliche Wege im Sinne des § 3 Abs. 2 a zu gelten haben, wird nur in Ausnahmefällen bejaht werden können[39]). In allen anderen Fällen läge allerdings Buchungszwang vor[40]).

In dem Buchungszwang für die nichtöffentlichen Wege und die Gräben ist es auch begründet, daß die Neubildung von Angrenzerweg- und -graben-Flurstücken durch § 72 Abs. III DAfVAe. (n. F.) den bay. VermessAe. untersagt wurde. In bezug auf die Angrenzerflüsse und -bäche wird sich das Verbot nicht auf den gleichen Umstand berufen können, da § 3 Abs. 1 der GBO von 1935 die Wasserläufe ganz allgemein vom Buchungszwang ausnimmt (im Gegensatz zu § 90 GBO von 1897, der die Buchungsfreiheit allein der öffentlichen Gewässer auf Grund landesherrlicher VO zuließ).

Sollen also auf Antrag der Beteiligten neuerlich Angrenzerwege und -gräben gebildet werden, dann ist das nur auf dem Wege zulässig, daß die Teilflächen bei den Gstn verbleiben, zu denen sie ge-

---

[38]) „Teilfläche", nicht etwa „Anteil"!, um das Mißverständnis zu vermeiden, daß es sich um ein Miteigentumsverhältnis im Sinne des § 1008 BGB handle (Henle-Schmitt, § 300 bayDA, Anm. 131).

[39]) Schmitt, s. Fußnote 1, S. 40a, bay.ZfV., S. 116 f.

[40]) Im Widerspruch hierzu: Abschn. I, 1 des oben angezogenen Schreibens des RuPrMdI.

hören bzw. zu gehören bestimmt sind. Es müssen dann diese Teilflächen einzeln mit Grunddienstbarkeiten zugunsten der berechtigten Gste belastet werden; da eine Verwirrung hiervon nicht zu befürchten ist, bedarf es nicht der Abschreibung von den Stammgrundstücken und der gesonderten Buchung. Weg und Graben sind lediglich als Nutzungsflächenausscheidung mittels gestrichelter Linien in der Karte darzustellen. Jedoch ist nun eine Karte, aus der die Ausscheidung ersichtlich ist, zur Grundakte beim GBA einzureichen (s. § 7 Nr. 1, S. 82).

Angrenzerflüsse und -bäche werden ohnedies kaum mehr neu entstehen; praktisch kommen wohl nur noch Verlegungen solcher Wasserläufe vor; dabei behalten diese kraft Gesetzes ihre bisherige Eigenschaft bei[41]).

b) Für die Wege und Gräben, die zu den Grundstücken gehören, über die sie führen, sind nach § 300 Abs. II bayDA die sog. Schutzblätter eingerichtet, auf denen das bestehende Rechtsverhältnis durch eine Eintragung etwa folgenden Inhalts dargestellt ist: „Eigentümer des Weges sind nach Maßgabe der den Weg bildenden Teilflächen die jeweiligen Eigentümer der Flurstücke 315, 317, 321, 322, über die der Weg führt."

Solche Schutzblätter stellen kein Grundbuchblatt dar, sondern sollen nur verhindern, daß in Hinsicht dieser Flurstücke der Rechtslage widersprechende oder sie verdunkelnde Einträge in das GB gelangen. (Auf den gleichen Zweck beschränken sich die oben genannten Zusätze zu den katastermäßigen Beschreibungen der Flurstücke.)

Bezüglich der Angrenzerflüsse und -bäche ist eine gleichartige Einrichtung nicht getroffen und in Hinsicht der wasserrechtrechtlichen Bestimmungen auch nicht notwendig.

Die neue GBO hat sie auch bezüglich der Wege und Gräben nicht übernommen. Die bestehenden Schutzblätter werden geschlossen, sobald die Grundbuchblätter für die Grundstücke, über die der Weg oder Graben führt, umgeschrieben sind (§ 4 DchfVerf. Bay.), dagegen wird in den neuen Blättern den Beschreibungen der einzelnen Flurstücke der oben erwähnte Zusatz beigefügt.

5. Grundstücke im Miteigentum (Gemeinschaftsgrundstücke)

Der sachlich ganz neue Absatz 3 des § 3 bringt in Anlehnung an einzelne Landesrechte, im besonderen an das bayerische und das bre-

[41]) Eymann-Schubert, Die bay. WassGesetze, 2. Aufl., II. Bd. 1928, S. 720, Anm. 2 (2).

mische, einen neuen Fall von Buchungsfreiheit. Er betrifft gewisse Gste, die im Miteigentum mehrerer (mindestens zweier) Personen stehen und die für sich allein geringe wirtschaftliche Bedeutung haben. Sie müssen den wirtschaftlichen Zwecken mehrerer anderer Grundstücke zu dienen bestimmt sein und zu ihnen in einem entsprechenden räumlichen Verhältnis stehen; es ist aber nicht notwendig, daß sie unmittelbar an jedes der herrschenden Gste anstoßen, z. B. müssen bei einem Feldweg nicht alle Grundstücke, denen er dient, unmittelbar anliegen.

Unter Miteigentum ist das Bruchteilseigentum des § 1008 BGB, z. B. $1/2$, $1/4$, $3/5$ zu verstehen. Dabei ist Bruchteilseigentum nicht etwa Eigentum am Bruchteil des Gsts, sondern Bruchteil vom Gesamteigentum am Grundstück. In Betracht kommen vor allem Zufahrtswege, Hofflächen, schmale Gänge, Backöfen, Keller u. dgl.

Für solche Grundstücke kann — nach dem Ermessen des GBAs — von der Führung eines GbBlattes abgesehen werden, erstens: wenn es zur Erleichterung des Rechtsverkehrs nützlich ist, zweitens: wenn keine Verwirrung zu besorgen ist. Es muß dann jeder einzelne Anteil auf den Blättern jener Gste vorgetragen werden, denen das gemeinschaftliche Gst „dient". Dies erleichtert den Rechtsverkehr insofern, als der Anteil bei einem Eigentumswechsel seines „herrschenden" Grundstücks nicht mehr leicht übersehen werden kann; es erleichtert ihn auch bei verschiedener Belastung der Anteile. Umgekehrt würde bei einheitlicher Belastung des dienenden oder bei verschiedener Belastung der herrschenden Gste und des Anteils leicht Verwirrung eintreten; in solchen Fällen müßte das ganze Gst ein eigenes GbBlatt erhalten.

§ 220 bayDA, der die getrennte Buchung der Anteile in weitergehendem Maße gestattet hatte, ist außer Kraft gesetzt. Auch die Form der Eintragung ist geändert.

Nach b a y e r i s c h e m Recht führten die Anteile selbständige Nummern in Form der S t e r n - P l a n n u m m e r n, und der Anteil wurde nur mit dem auf ihn errechneten B r u c h t e i l des ganzen Flächenmaßes auf dem GbBlatt des Eigentümers gebucht. Die Anwendung der Stern-Plannummern war jedoch nicht Beschränkungen unterworfen, wie sie von § 3 Abs. 3 GBO aufgestellt wurden. Die bayer. Bestimmungen[42]) kannten nur zweierlei Einschränkungen:

1. wenn das Miteigentumsverhältnis nicht für die Dauer bestimmt war, wie z. B. bei Erbengemeinschaften,

---

[42]) FMBek. v. 4. 12. 1902, FMBl. S. 415, JMBl. S. 2/1903.

2. wenn die Zahl der Miteigentümer so groß war, daß durch die gesonderte Aufführung der Anteile im Sachregister dessen Uebersichtlichkeit gefährdet worden wäre, was insbesondere für Körperschaftswaldungen und -weiden, Käsküchen, Flachsbrechstuben, Kommunalbräuhäusern und ähnlichen Gemeinschaftsverhältnissen leicht zutraf. In diesen Fällen wurde als Anhang zum Sachregister ein eigenes Verzeichnis der Anteile und der Anteilsberechtigten angefertigt (s. §§ 190 II, 196 und Muster XVI z. bayDA.). Diese Verzeichnisse werden bis zur Umschreibung des GBs auf Reichsform fortgeführt.

Die Bezeichnung der Miteigentumsanteile im bayerischen und im rheinpfälzischen GrStKat durch Stern-Plannummern wird zufolge FME. vom 14. 5. 1938 (FMBl. S. 71) allmählich beseitigt, insbesondere aus Anlaß der Umschreibung der GBücher (Abs. I DchfVerf. Bay.) und der Anlegung des Reichskat, aber auch bei der Fortführung des Grundsteuerkatasters. Außerdem sind die GBAemter angewiesen, bei den VermAemtern die Beseitigung anzuregen, wenn die Anteile in der Hand eines Eigentümers vereinigt und die sonstigen Voraussetzungen zur Vereinigung der Anteile gegeben sind.

Für die Pfalz war diese Form nicht in das GB übernommen worden. Hier wurde für Gste, die im Miteigentum stehen, nur ein sog. „Gemeinschaftsblatt" angelegt, auf dem die sämtlichen Anteile der Berechtigten aufgeführt waren, z. B.: Miteigentümer zu je ½, oder: A Miteigentümer zu $^1/_3$, B zu $^2/_3$. Die im GrStKat getroffenen Flächenausscheidungen wurden im GB nicht eingetragen. Auf dem Titel des Gemeinschaftsblattes konnte auf die anderen GbBlätter der Berechtigten verwiesen werden und umgekehrt (Nr. 196, 214, 229 Abs. II GbAnlO.Pf.).

Soweit nun nach neuem Recht von der Führung eines gemeinschaftlichen Blattes Abstand genommen werden kann bzw. genommen wird, wird fortan einheitlich auf dem Blatt jedes herrschenden Gsts unter eigener laufender Nummer das ganze gemeinschaftliche Gst mit ganzer Katfläche und unter Vorausschickung des Anteilsverhältnisses eingetragen; z. B.:

$\frac{7}{\text{zu } 2}$: $^1/_{25}$ (ein fünfundzwanzigstel) Miteigentumsanteil an dem Grundstück:

Schwarzenbach $\frac{75}{2}$ Bei den Fichten 2 a 06 qm.
Gemeinschaftlicher Weg

(Vgl. § 8, Anl. 1; 2. Seite zur GbVerf; Anl. 2 b Nr. 7, S. 75 hier.)

Die Eintragung des Miteigentums ist rechtlich als Anlegung eines neuen GbBlattes anzusprechen; sie gilt für diesen Anteil als das GB im Sinne des BGB. Der Anteil ist weder mit dem herrschenden Gst vereinigt (§ 5) noch ihm zugeschrieben (§ 6), sondern nur mit ihm zusammengeschrieben.

Von der Gemeinschaft nach Bruchteilen zu unterscheiden ist die Gesamthandsgemeinschaft älteren Rechts. In Frage kommen hier insbesondere die Erbengemeinschaften, sodann sog. Dorfgemeinschaften u. ähnl., sofern sie nicht als rechtsfähige Vereine eingeschrieben sind. Rechte eines solchen Vereins werden im GB auf eigenem Batt auf den Namen der einzelnen Vereinsmitglieder mit dem Zusatz: „als Vereinsmitglieder zur gesamten Hand" eingetragen[43]).

Die Zulässigkeit der Vereinigung der einzelnen Anteile mit den herrschenden Gsten und der Zuschreibung zu diesen ist nicht unbestritten[44]). Nach Schmitt[45]) stand das BGB ihr für den Bereich der bayerischen GbEinrichtung jedenfalls nicht im Wege, da die Bezeichnung der Anteile nach der (damaligen) Form des bayer. GdStKat und des bay. Sachregisters jede Verwechslung ausschloß. Eine solche Gefahr der Verwechslung dürfte aber auch wohl nach der neuen Reichsform nicht bestehen, so daß die Frage nach der Zulässigkeit von Vereinigung und Zuschreibung wohl grundsätzlich wird bejaht werden dürfen, soweit im Einzelfall die übrigen Voraussetzungen hierfür gegeben sind (s. §§ 5, 6, S. 68 ff.). Jedoch dürfte sich im Hinblick auf die Möglichkeit eines späteren Erfordernisses, für das Gst ein eigenes Blatt anzulegen, wenn nämlich über dieses als Ganzes verfügt werden soll (Abs. 3 Bchst. c), Zurückhaltung empfehlen.

6. Gebäude

Die GbVerf verlangt keinen Einzelnachweis der Gebäude, die auf dem Gst errichtet sind. Solche sind deshalb im GB nur aus der Angabe der Nutzungsart und der Beschreibung der Flurstücke zu ersehen. Dabei handelt es sich nur um Angaben tatsächlicher Art, die am öffentlichen Glauben des GBs nicht teilnehmen. Dieser Umstand berührt aber nicht die Haftpflicht des Staates und die Ersatzpflicht des Vermessungsbeamten für den Fall, daß sich falsche Angaben auf schuldhaftes Verhalten der Vermessungsdienststelle zurück-

[43]) Hesse-S.-F., Anm. III 2 zu § 47, S. 208.
[44]) Staudinger, § 890, Anm. 10c, S. 216.
[45]) Ztschr. f. Rechtspflege in Bayern 13, 117.

führen. (RGerEntsch. vom 14. 10. 1935, III 10/35[46]). Siehe Haftpflicht des Staates usw. S. 193 ff.)

Auch die Tatsache, daß ein Gebäude, sei es nur zu vorübergehendem Zweck (auf Ruf und Widerruf), sei es in Ausübung eines Rechtes (Vertrags, Grunddienstbarkeit, Erbbaurechts) auf fremdem Grund und Boden errichtet ist (§ 95 BGB), ebenso, daß ein Ueberbau im Sinne des § 912 BGB vorliegt, ist im GB nur aus der Nutzungsart und aus der Beschreibung des Flurstücks zu ersehen; z. B.: „Hof- und Gebäudefläche (3a 51 qm, darauf Landhaus HsNr. 31 mit Vorgarten des Fahr Fritz, Nürnberg, Burgstraße 12), Gebäudefläche (1,2 qm, darauf Teil der Waschküche von HsNr. 3), Garten (11 a 10 qm)". Der Umstand, daß im GB eine Grunddienstbarkeit zugunsten der Errichtung eines Bauwerks auf fremdem Grund und Boden oder ein Erbbaurecht eingetragen ist, an sich allein, läßt noch nicht erkennen, daß und in welcher Art dieses Recht ausgeübt wird oder daß errichtete Gebäude noch bestehen, da solche Rechte nicht erst mit der Errichtung der Gebäude entstehen noch mit deren Vernichtung untergehen.

Im bayerischen GrStKat wurden auch diese Fälle durch Stern-Plannummern, der zweiten Art dieser Form, ausgedrückt (FMBek. vom 4. 12. 1902, FMBl. S. 415, JMBl. S. 2/1903). In dieser Gestalt ist der Gebäudenachweis auch in das Sachregister übernommen worden; im GB durfte jedoch für das Bauwerk nur dann ein eigenes Blatt angelegt werden, wenn es auf Grund eines superfiziarischen Rechtes oder eines Erbbaurechtes bestand (§ 191 II bayDA). Maßgebend für die Form der Stern-Plannummern waren allein steuerliche Gründe. Nach deren Wegfall am 1. 4. 1938 infolge des Reichs-Grundsteuergesetzes wurde in der erwähnten FMBek. vom 14. 5. 1938 (FMBl. S. 71) sofort die Beseitigung auch dieser anderen Art von Stern-Plannummern, und zwar bei den gleichen Anlässen, angeordnet (s. oben Nr. 5, S. 64). Wenn das GBA Stern-Plannummern beseitigen lassen will oder sie selbst beseitigt hat, hat es das VermA hiervon in Kenntnis zu setzen, das dann das erforderliche Messungsverzeichnis anfertigt und den Auszug hieraus dem GBA zur Berichtigung des GBs zuleitet.

Im rechtsbayerischen und im rheinpfälzischen GbBlatt enthält die Beschreibung der Flurstücke in jedem Fall die genaue Angabe der Gebäude, sei es auf, sei es unter der Erde, soweit sie katastermäßig erfaßt sind. Daran hat sich auch seither nichts geändert, da sie nach

[46]) Timm, Eine neue Entscheidung usw., ZfV. 13/1937, S. 89; Richter, KatAngaben und Gutglaubensschutz, ZfV. 14/1939, S. 438.

wie vor in den Messungsverzeichnissen in vollem Umfang ausgewiesen werden.

Dagegen brauchen die Gebäude in der Reichsform des Bestandsverzeichnisses nicht mehr einzeln aufgeführt zu werden[47]). Um die Möglichkeit geradezu zu verhindern, daß die Bezeichnungen für die Gebäude in das Bestandsverzeichnis übernommen werden, ist vielmehr in der FME. vom 1. 11. 1941 Nr. IV 20531 II (betr. Fortführung des Reichskat usw.) ausdrücklich bestimmt worden, daß die Gebäudebenennungen auch nicht mehr in die Veränderungsnachweise aufzunehmen sind, außer wenn eine Gebäudebesitzung durch die Teilung des Flurstücks betroffen wird. Infolgedessen werden künftig im Reichskat die Gebäulichkeiten in der Regel nicht mehr aus dem Liegenschaftsbuch (Bestandsblatt; BodSchätzUebernErl. II, Nr. 4, 13, RöKu S. 214/17), sondern nur mehr aus dem Gebäudebuch (Gebäudebestandsblatt; a. a. O. Nr. 25 ff., RöKu S. 222 ff.) zuverlässig zu ersehen sein.

Man wird nicht fehlgehen mit der Annahme, daß diese Maßnahme der KatVerwaltung nicht nur mit Raumsparsamkeit, sondern auch mit dem Bestreben zusammenhängt, allenfallsigen Schadenersatzansprüchen aus fehlerhaften Gebäudebeschreibungen im GB nach Möglichkeit vorzubeugen.

Somit werden also im GB im Bereich des Reichskatasters künftig in der Regel nur mehr die Angaben der Nutzungsarten: „Gebäudefläche" und „Hof- und Gebäudefläche" die Tatsache der Bebauung eines Flurstücks bekunden.

Veränderungsnachweise über reine Bauveränderungen sind nur dann noch anzufertigen, wenn sich in deren Folge zugleich Aenderungen im Flurstücksbestand oder in den Nutzungsflächen ergeben (Anl. 4 a zu d. Ersten DchfBest. z. FortfErl); alle übrigen Bauänderungen werden nur im Gebäudeveränderungsnachweis ausgewiesen (FortfErl Nr. 36 ff.).

Auf die Nummer des Gebäudebuchs wird in der Spalte 3 d des Bestandsblattes hingewiesen; im Falle des Erbbaurechts geschieht dies nicht auf dem Blatt des belasteten Gsts, sondern auf dem Erbbaugrundbuchblatt.

7. Bergwerksgrundbuch

Für das Bergwerkseigentum und die unbeweglichen Kuxe des älteren Rechts wird in Bayern und in der Rheinpfalz ein besonderes

---

[47]) Bartels, Der Eigentümernachweis der auf Fremdgrundstücken errichteten Gebäude im Reichskataster, ZfV. 6/44, S. 143 f.

GB, das Bergwerksgrundbuch (§ 6 der VO vom 25. 2. 1905, GVBl. S. 57), geführt. Für diese Einrichtung gelten die besonderen Vorschriften der §§ 213, 591 ff. bayDA bzw. Nr. 369—382 pfälzGB-AnlO. Diese örtlichen Vorschriften werden durch die neue GBO nicht berührt (§ 117, § 72 GbVerf und Abschn. V DchfVerf.Bay).

Auch die landesrechtlichen Vorschriften über Bahngrundbücher werden durch die GBO nicht betroffen. In Bayern u. Pfalz werden solche GBücher nicht geführt.

Für das Bergwerksgrundbuch ist ein gesondertes Sachregister angelegt (§ 593 bayDA).

Vereinigung, Zuschreibung

§§ 5, 6

1. Begriffe

Handelt es sich bei der Zusammenschreibung der Gste um einen rein buchtechnischen Vorgang, so sind dagegen die Vereinigung und die Zuschreibung nach § 890 BGB materiell-rechtliche Vorgänge, durch die die Grundstücke ihre Selbständigkeit vollständig verlieren.

Vereinigung bedeutet: Der Eigentümer läßt mehrere Grundstücke als ein Grundstück in das GB eintragen.

Zuschreibung bedeutet: Der Eigentümer läßt ein Gst zu einem andern im GB als dessen Bestandteil zuschreiben.

Die eine wie die andere dieser verschiedenartigen Gstsverbindungen verfolgt den Zweck, die einheitliche Belastung und Uebertragung zu ermöglichen[48]). In jüngster Zeit wird durch die Vereinigung der Gste der weitere Zweck verfolgt, das GB vor Ueberlastung und vor Unübersichtlichkeit durch eine allzu große Anzahl von Gsten zu bewahren.

Der Unterschied zwischen Vereinigung und Zuschreibung liegt ausschließlich auf hypothekenrechtlichem Gebiet. Die Zuschreibung bewirkt automatisch, daß die auf dem Hauptgst schon lastenden Hypotheken sich auch auf das zugeschriebene Gst erstrecken. Umgekehrt erstrecken sich aber Hypotheken des zugeschriebenen Gsts nicht auf das Hauptgst, sondern gehen den Hypotheken, die auf diesem ruhen, im Range vor. Dagegen tritt durch die Vereinigung keinerlei Aenderung der bereits bestehenden Belastungen, auch der hypothekarischen, ein; jeder Gsts-

48) Staudinger, § 890 BGB, Anm. 2, 9, 10.

teil haftet nur für die vordem begründeten Lasten[49]). Darum bestimmt § 5, daß ein Gst mit einem andern nur dann vereinigt werden soll, wenn hiervon Verwirrung nicht zu besorgen ist. Ein solcher Umstand wäre insbesondere verschiedenartige Belastung mit Hypotheken, Grund- und Rentenschulden.

Die Vereinigung von Gsten macht nicht auch deren Verschmelzung notwendig; bei der Zuschreibung ist die Verschmelzung überhaupt nicht zulässig. Gste, die durch Vereinigung mehrerer Gste ohne gleichzeitige Verschmelzung entstanden sind, nennt man „zusammengesetzte Grundstücke". Nach bayerischer GbFührung bildeten solche verhältnismäßig seltene Ausnahmen; die Regel war, daß jede Plannummer ein selbständiges Gst bildete. Die pfälzische DA (§ 15 Abs. 2) verlangte für die Eintragung der Vereinigung von Gsten sogar, daß die Gste im gleichen Amtsbezirk liegen und aneinandergrenzen; sie stand damit offensichtlich noch ganz im Banne des Begriffs des Katastergrundstücks. Die gesetzliche Bestimmung, daß die Gste im gleichen Amtsbezirk gelegen sein sollen, bezieht sich nur auf die Zusammenschreibung[50]).

2. Antrag

a) Der schriftliche Antrag des Eigentümers ist in den beiden Fällen der Vereinigung und der Zuschreibung nicht nur eine formrechtliche Voraussetzung im Sinne des Antragsprinzips (§ 13), sondern auch eine materiell-rechtliche Vorbedingung; er ist die rechtsgeschäftliche Willenserklärung des Eigentümers mit dem Ziel, ein neues und erweitertes Rechtsobjekt entstehen zu lassen. Ebenso wie die rechtsgeschäftliche Uebertragung von Eigentum und anderen Rechten an Gsten immer nur durch das Zusammenwirken von Einigung und Eintragung zustande kommen kann, ebenso müssen zur rechtskräftigen Vereinigung und Zuschreibung wie auch Teilung beide Elemente: Antrag des Eigentümers und Eintragung im Buche zusammenwirken. (Bei Heimstätten bedarf es außerdem der Zustimmung des Ausgebers; § 10 Abs. 2 RHeimst.Ges.). Eine ohne Antrag zustande gekommene Vereinheitlichung muß deshalb ohne Rechtsfolgen bleiben; Eintragung ohne Antrag macht das GB falsch[51]).

---

[49]) Staudinger, § 890 BGB, Anm. 9b, 10b.

[50]) Auch sonst stößt man zuweilen noch auf die Verwischung der Begriffe Zusammenschreibung und Vereinigung; so bei Staudinger, § 890 BGB, Anm. 9; anders in Anm. 1; so auch in der Verf. des OLGPräs. München vom 14. 8. 1942 an die LGPräs. usw.

[51]) Staudinger, § 890 BGB, Anm. 4, ebenso Hesse-S.-F., § 5, Anm. I, 1 u. Hencke-Mönch, § 5, Anm. 1a u. 2Ba.

Aus diesem Grunde konnte § 316 bayDA nicht aufrechterhalten werden, der die Vereinigung von Plannummern (es ist dort ausdrücklich von „Vereinigung" die Rede) lediglich kraft „Vermessung", nämlich allein durch Verschmelzung von Flurstücken in einem Messungsverzeichnisse, ohne Antrag im Sinne des § 890 I BGB gelten lassen wollte. Die Bestimmung hatte übrigens schon einen Vorläufer in Nr. 244 pfälz. GbAnlO. Wenn man bedenkt, welche Unzahl selbständiger Gste im Verlaufe von 37 bzw. 40 Jahren nur auf diesem freilich viel bequemerem Wege in das GB als neue Plannummern, insbesondere als Buchstaben-Plannummern, eingegangen sind und solchermaßen nun vereinigte Gste vortäuschen, die sie von Rechts wegen doch nicht sind, so haben dieser und der nachfolgende § 318 ein solch reichliches Maß an „Verwirrung" erzeugt, daß die Außerkraftsetzung dieser Bestimmungen vom 1. April 1936 an fraglos sachlich unvermeidbar war, wenn nicht § 890 I BGB selbst einer Aenderung unterworfen werden wollte. Rechtskraft können diese scheinbaren Vereinigungen nur durch nachträgliche Antragstellungen erlangen[52]).

Der Präsident des Oberlandesgerichts München hat mit Schreiben vom 14. 8. 1942 Nr. 3856-I 6821, der bay. Staatsminister der Finanzen durch Entschl. vom 29. 8. 1942 Nr. IV 13 083 I die nachgeordneten Gerichte bzw. Vermessungsdienststellen entsprechend angewiesen, und in der 7. Aenderung der DAfVAe vom 10. 5. 1943 wurden die gemäßen Folgerungen gezogen.

b) Eine bestimmte Form für den Antrag ist zwar weder aus § 13 GBO noch aus § 890 BGB abzuleiten; da er jedoch regelmäßig auch die Bewilligung des Eigentümers — Konsensprinzip! — zu ersetzen hat, so ist die Wahrung der Form des § 29 geboten. Nach dieser Vorschrift soll jeder Eintragung, so auch dieser, die Eintragungsbewilligung zugrunde liegen, die vor dem GBA zur

[52]) Nach Henle-Schmitt (§ 2, Anm. 2, S. 4) ist Gst im Sinne des bay. GbRechts eine auf dem Katasterplan mit ausgezogenen Linien abgegrenzte, mit eigener Plannummer versehene Grundfläche. In der Praxis wurden aber auch häufig Grundflächen, die nur durch gestrichelte Linien getrennt waren, im Kataster durch eigene Plannummern, zuweilen auch durch Bruchplannummern, bezeichnet, wo sie richtig durch Buchstaben-Plannummern (s. § 7, Nr. 3, S. 58) hätten bezeichnet werden müssen, wodurch sie dann der Absicht gemäß als ein einheitliches Gst gekennzeichnet gewesen wären. Wo solche Gste im späteren Verlauf unter einer einzigen Plannummer, allenfalls auch durch Buchstaben-Plannummern, zuzusammen-„vermessen" wurden, wird man diesen Vorgang wohl als die Berichtigung einer ursprünglich falschen Bezeichnung gelten lassen dürfen, durch die das GB nun richtig geworden ist.

Niederschrift des GbRichters abzugeben oder durch öffentliche oder öffentlich beglaubigte Urkunden nachzuweisen ist.

3. Beurkundungsbefugnis der Vermessungsbehörden

Nun legt die neue GBO, wie oben bereits erwähnt, aus Gründen der Vereinfachung des Schreibwerks, der Uebersichtlichkeit des Buchs und der Vermeidung von Irrtümern im Gstsverkehr großes Gewicht auf umfangreiche Vereinigung der Gste. Aus diesem Grunde hat die Reichsregierung es für nützlich erachtet, neben den Gerichten und Notaren auch die Katasterämter an der Tätigkeit der Beurkundung von Vereinigungen und Teilungen zu beteiligen. Dazu erging das Gesetz über die Beurkundungs- und Beglaubigungsbefugnis der Vermessungsbehörden vom 15. 11. 1937 (RGBl. I, S. 1257)[53], dem vermutlich das badische AG. GBO v. 19. 6. 1899 i. d. F. v. 13. 10. 1925[54]) Pate stand.

Hier wurde nun auch den Vorständen derjenigen Vermessungsbehörden, die das amtliche Verzeichnis im Sinne des § 2 Abs. 2 führen, und den von ihnen beauftragten Beamten und Angestellten dieser Behörden die Befugnis erteilt, Anträge auf Vereinigung und Teilung von Gsten ihres Amtsbezirks öffentlich zu beurkunden und zu beglaubigen.

Wiewohl das amtliche Verzeichnis gegenwärtig erst von einem Bruchteil der bayerischen Vermessungsämter geführt wird, da das Reichskat. hier erst in sehr beschränkten Gebieten (s. S. 39) angelegt ist, wurde ihnen doch ausnahmslos die Ermächtigung erteilt (FME. vom 4. 3. 1938 Nr. IV 3370 I), da andernfalls der Zweck des Gesetzes nicht erreichbar wäre. Andere Vermessungsdienststellen nehmen an dieser Ermächtigung nicht teil (FME. v. 7. 8. 1943 Nr. IV 9757).

Die den Vermessungsämtern eingeräumte Befugnis erstreckt sich nicht auf die Zuschreibung, sondern nur auf die Vereinigung von Grundstücken; anderseits umfaßt sie aber auch den „actus contrarius" der Vereinigung, nämlich die Teilung der Grundstücke (§ 2 Abs. 3), da in sehr vielen Fällen eine den örtlichen und wirtschaftlichen Verhältnissen entsprechende Neugestaltung von Gsten die vorhergehende Teilung von Gsten voraussetzt.

Die Ausführungsbestimmungen zum Gesetz sind im RdErl. des RMdI vom 13. 1. 1938 (MBliV, S. 137, RöKu, S. 251) ergangen. Sind die zu vereinigenden Gste beiderseits von Amtsgrenzen

[53]) abgedr. in RöKu, S. 249.
[54]) Hause, ZfV. 14/1933, S. 356.

gelegen, dann ist jenes Vermessungsamt zuständig, das die veranlassende Vermessung ausführt; hängt der Antrag mit einer Vermessung nicht zusammen, dann jenes, in dessen Bezirk der wertvollere Teil der Vereinigungsmasse gelegen ist. Zuständig zur Antragstellung ist der gbmäßige Eigentümer; ist dieser nachweislich falsch, dann der legitimierte wahre Eigentümer (z. B. der Erbe). Vollmachten zur Vertretung des Eigentümers bedürfen der gerichtlichen oder notarischen Beglaubigung. Die Niederschriften sind auf vorgeschriebenen Vordrucken nach den für die gerichtliche Beurkundung von Rechtsgeschäften geltenden Vorschriften auszuführen. (Vgl. die einschlägigen Ausführungen zu § 22, VI, B, 4, c, S. 144.)

Von der Befugnis sollen die Vermessungsämter nur Gebrauch machen, wenn die zu vereinigenden Gste örtlich und wirtschaftlich ein einheitliches Gst ergeben, oder wenn die Teilung dazu erforderlich wird, örtlich und wirtschaftlich einheitliche Gste herzustellen. Ein Vereinigungsantrag soll also vor allem dann nicht beurkundet oder beglaubigt werden, wenn die seitherigen Gste getrennt liegen, auch wenn die Trennung nur in festen Straßen oder breiten Wasserläufen besteht; außerdem nicht, wenn die Gste nicht eine wirtschaftliche Einheit bilden; dies gilt z. B. für eine öffentliche Verkehrsstraße und ein anliegendes Verwaltungs- oder Wirtschaftsgebäude, obwohl des gleichen Eigentümers.

Die Beurkundung von Teilungsanträgen kommt nach dem Gesagten für die Vermessungsämter im allgemeinen nur dann in Betracht, wenn die bisher als ein Gst gebuchte Gesamtfläche keine örtliche und wirtschaftliche Einheit darstellt (z. B. weil sie durch eine Straße, einen Eisenbahnkörper, einen Bach — nicht aber durch einen Feldweg — getrennt ist) und wenn Teile in der Absicht abgetrennt werden sollen, sie mit anderen Gsten oder Gststeilen des gleichen Eigentümers, mit denen sie künftig eine solche Einheit bilden können, zu einem neuen Gst zu vereinigen. Dagegen liegt die Beurkundung von Anträgen auf Teilung für andere Zwecke, z. B. für Verkauf, Erbauseinandersetzung, Teilung ohne Eigentumswechsel, Bestellung von Erbbaurechten nicht im Tätigkeitsfeld der Vermessungsämter; von ihnen gleichwohl beurkundete oder beglaubigte Anträge dieser Art sind aber nicht rechtsungültig.

Die Regel wird sein, daß die VermAe die Anträge, die sie selbst anregen, beurkunden. Der Grund, der vorübergehend zur ausschließlichen Anwendung der Beglaubigung geführt hatte, ist durch die Beseitigung der Urkundensteuer weggefallen. Dadurch ist auch der einschlägige RdErl. des RMdI vom 27. 12. 1938[55]) (RöKu, S. 257) gegenstandslos geworden.

Das Vermessungsamt soll die Anträge spätestens gelegentlich der Feldvermessungstätigkeit beurkunden; es soll aber die Beurkundung unvollziehbarer Anträge vermeiden. Schon aus diesen Gründen ist es unerläßlich, daß das Vermessungsamt sich stets schon vor dem Felddienst durch Einsichtnahme in das GB bzw. durch Anfrage beim GBA nicht nur über die Eigentums-, sondern auch über die Vereinigungs- und Belastungsverhältnisse der zu vermessenden Flurstücke soweit unterrichtet, als davon das Erfordernis der Beurkundung und die Vollziehbarkeit der Urkunde bedingt sind.

In Wohnsiedlungsgebieten ist bei der Beurkundung und Beglaubigung von Teilungsanträgen § 4 des WohnsiedlGes. insoweit zu beachten, als die Teilungen von der Genehmigung der Verwaltungsbehörden abhängen; und nur insoweit kommt dieses Gesetz für die Beurkundung von Vereinigungsanträgen in Betracht, als es sich um die Vereinigung von Teilflächen handelt, für die die Teilungsgenehmigung erforderlich ist. Vgl. Ausführungen zu § 2 Abs. 3, Nr. 8, S. 45.

Gebühren werden für die mit der Beurkundungs- und Beglaubigungstätigkeit der Vermessungsämter verbundenen Leistungen in keinem Falle erhoben (§ 3 des Ges.). Nach § 63 Abs. 1, Nr. 4 KostO bleibt auch die Beurkundung und Beglaubigung der Anträge seitens der GBAemter, sowie auch die Eintragung der Vereinigung selbst gebührenfrei, sofern die VermBehörde bescheinigt, daß die Gste örtlich und wirtschaftlich eine Einheit bilden; andernfalls sind für die Tätigkeit der Gerichte und in jedem Falle für jene der Notare Gebühren zu erheben.

4. Eintragungsform

Die Gestaltung der Eintragung der Vereinigung und der Zuschreibung im GB ist unterschiedlich, je nachdem es sich um das bayerische oder das Reichsgrundbuch handelt.

a) Im rechtsbayerischen GB wird die Vereinigung durch eine Buchung im Titel des GbBlattes unter einer neuen fortlaufenden Nummer etwa in folgender Form vollzogen:

„Flurst. 315 und Flurst. 317 werden als ein Grundstück eingetragen."

[55]) FME. v. 24. 1. 1939, Nr. IV 431.

Anlage 2a
(Zu S. 73 u. 76)

Grundstücksvereinigung
(ohne Verschmelzung)

I. Grundbuch in Bayern r. d. Rh.
(§ 315 bayDA.)

Titelblatt

Fortl. Nummer	Blatt Nr. 125	Anmerkungen
1	PlNr. 159 Wohnhaus usw. 0.098 ha	Vereinigung s. 6
2	PlNr. 315 Garten am Haus 0.231 ha	Vereinigung s. 5
3	PlNr. 317 Wiese in der Leiten 0.169 ha	Vereinigung s. 5
4	PlNr. 621 Acker am Berg 1.000 ha	
5	Flurst. 315 und Flurst. 317 werden als ein Grundstück eingetragen.	Vereinigung zu 2, 3
6	Flurst. 413 Am Graben, Wiese, zu 1 a 40 qm wird aus III 127 hierher übertragen und mit Flurst. 159 als ein Grundstück eingetragen.	Zu 1
7	Als ein Grundstück werden eingetragen: Flurst. 512 An der Ländstraße Bauplatz (Acker) zu 3a 70 qm, übertragen aus II 17 Flurst. 215 An der Leiten Acker zu 9a 40 qm, übertragen aus III 49	

II. Reichsgrundbuch

Anlage 2b (Zu S. 76)

(§§ 6, 13 GbVerf.)

(2. Seite) **Bestandsverzeichnis** (3. Seite)

Lfd. Nr.	Bish. lfd. Nr.	Gemarkung	Karte	Karte: Flurst.	Katasterbücher: Lieg. buch	Katasterbücher: Gebde. buch		Größe: ha	Größe: a	Größe: qm	Bestand und Zuschreibungen	
1	2	3						4			5	6
1	—	Schwarzenbach		312/43	96	38	Wohnhaus mit Hausgarten, Friedensstr. 8	—	6	95		
2	—	Schwarzenbach		77	96	—	Bei den Fichten, Garten	—	4	12		
3	—	Pechhof		66	18	—	Am Krottensee, Wiese	—	6	28		
4	1, 3	Schwarzenbach Pechhof		312/43 66	96 18	38 —	Friedensstraße 8, Wohnhaus m. Garten Am Krottensee, Wiese	—	13	23	1, 3, 4	Nr. 1 und Nr. 3 vereinigt und als Nr. 4 neu eingetragen am 14. 11. 1945 Schwarz Weiß
5	—	s Auszug aus dem Liegenschaftsbuch vom 15. Januar 1915					Pürklgut	15	28	30	5	Von Band 1 Blatt 24 hierher übertragen 25. 1. 1945 Schwarz Weiß
6/zu 4	—	Wegrecht am Grundstück Flurst. 67 der Gemarkung Pechhof eingetragen im Grundbuch von Schwarzenbach in Band 1 Blatt 8 Abt. II Nr. 1.									6	Vermerkt am 1. Oktober 1946 Maier Huber
7/zu 2	—	1/25 (ein fünfundzwanzigstel) Miteigentumsanteil an dem Grundstück: Schwarzenbach		75/2	28	—	Bei den Fichten, Gemeinschaftlicher Weg	—	2	06	7	Von Band 1 Blatt 24 hierher übertragen am 1. Dezember 1947 Heil Trost

Anmerkung: Die Gemarkungen Schwarzenbach und Pechhof bilden zusammen den Gemeindebezirk Schwarzenbach. Es ist unterstellt, daß der Gemeindebezirk zugleich Grundbuchbezirk sei.

(§ 315 bayDA). — Dabei können die auf dem Blatt bereits selbständig gebuchten Flurstücke 315 und 317 unter ihren seitherigen fortlaufenden Nummern mit eigenen Flächenangaben stehenbleiben. — Aehnlich wird bei Zuschreibungen verfahren. S. Anl. 2 a, fortlaufende Nummern 2, 3, 5 bis 7, S. 74.

Bei Anlage eines neuen Blattes kann aber auch die Form angewandt werden, wie sie in der fortlaufenden Nummer 7 a. a. O. bei gleichzeitiger Zusammenschreibung mit anderen Gsten dargestellt ist:

„Als ein Grundstück werden eingetragen:
Flurst. 512 An der Ländstraße, Bauplatz, zu 3 a 70 qm,
Flurst. 215 An der Leiten, Acker, zu 9 a 40 qm".

b) Diese Form, die insbesondere bei Neuerwerbungen in Betracht kommt, entspricht auch der für das Reichsgrundbuch vorgeschriebenen (§ 13 Abs. 1 und Anl. 2 a, lfde. Nr. 5, 9 GbVerf.; s. Anl. 2 b, lfde. Nrn. 1, 3, 4, S. 75). — Doch wird hier sowohl bei Vereinigung wie bei Zuschreibung nur die Gesamtflächengröße der ganzen Grundstücksmasse eingetragen, nicht mehr die Katasterfläche jedes einzelnen Flurstücks.

Besteht nun aber ein Grundstück aus so zahlreichen Flurstücken, daß durch ihre Einschreibung die Uebersichtlichkeit des GBs gefährdet würde, dann können die Flurstücke in einem besonderen, bei den Grundakten zu verwahrenden beglaubigten Auszug aus dem amtlichen Verzeichnis der Gste nachgewiesen werden. In der 3. Spalte des Bestandsverzeichnisses wird dann statt der Angabe der einzelnen Flurstücke nur eine Gesamtbezeichnung (z. B. Pürklgut) eingetragen[58]).

Ist das Reichskat angelegt und gilt somit dieses bereits als amtliches Verzeichnis der Gste, dann obliegt dem zuständigen Vermessungsamt die Aufgabe, auf Ersuchen des GBAs diesen Auszug herzustellen und auf dem laufenden zu halten (§ 6 Abs. 4 und Anl. 2 a, lfde. Nr. 1 der GbVerf; Anl. 2 b, lfde. Nr. 5, S. 75 hier).

Die erwähnte Grundakte dient zur Aufnahme aller Urkunden, deren Aufbewahrung durch § 10 (s. dort, S. 88) angeordnet ist.

5. Verschmelzung der Flurstücke

Die Verschmelzung der Flurstücke ist ein rein katastermäßiger Vorgang. Hier können wir uns deshalb nur insoweit mit ihr befassen, als sie vom GB her bestimmt oder verhindert wird,

[58]) Kurandt, Die Vereinigung und Verschmelzung von Flurstücken usw., ZfV. 1938, S. 225.

und soweit sie ihrerseits auf den Inhalt des GBs bestimmend einzuwirken vermag.

So wie es um der Uebersichtlichkeit und um der Vereinfachung der Führung des GBs willen erwünscht ist, die Zahl der Grundstücke möglichst niedrig zu halten, genau so liegt es im Interesse sowohl des GBs wie auch des Kats, die Anzahl der Flurstücke im Rahmen des Möglichen zu beschränken. In Hinsicht des GBs ist dies bereits im vorigen im Falle des Landgutes deutlich geworden, wo die Aufzählung der einzelnen Flurstücke ihrer großen Zahl wegen im Blatte selbst zu unterlassen und in ein eigenes Verzeichnis bei den Grundakten zu verweisen war.

Darum sind die Vermessungsämter nun angewiesen, aneinandergrenzende Flurstücke, wenn sie zugleich wirtschaftlich eine Einheit bilden bzw. künftig zu bilden bestimmt sind, in weitestgehendem Umfang zu verschmelzen. Beide Voraussetzungen müssen erfüllt sein, damit eine Verschmelzung in Betracht kommen kann. Das Bild der Flurstücke soll ein klares Abbild der zusammenhängenden Wirtschaftseinheiten des Bodens vermitteln (§ 73 a DAfVAe).

Sind die hiernach zu verschmelzenden Flurstücke im GB bereits als ein Gst eingetragen, und bestehen keine grundbücherlichen Hindernisse gegen die Verschmelzung, wie solche trotz der Vereinigung, etwa durch verschiedenartige Belastung mit Dienstbarkeiten oder Reallasten, gegeben sein könnten, dann kann das Vermessungsamt diese in der Regel ohne weiteres, d. h. ohne Antrag und ohne Zustimmung des Eigentümers vollziehen. Sind dagegen die zu verschmelzenden Flurstücke noch als selbständige Gste oder als Teile anderer Gste gebucht, dann können sie nur verschmolzen werden, wenn auch die im vorigen besprochenen Voraussetzungen für die gleichzeitige Vereinigung gegeben sind bzw. wenn sie herbeigeführt werden.

Darum muß vom Vermessungsamt auch vor jeder Verschmelzung festgestellt werden, ob nach dem Inhalt des GBs einem etwaigen Antrag auf Vereinigung entsprochen werden könnte und ob in diesem Falle auch keine Hindernisse gegen eine Verschmelzung bestehen. Um den zweckmäßigen Umfang der Vereinigungen gleich an Ort und Stelle feststellen und die allenfalls noch erforderlichen Anträge beurkunden zu können, ist es unerläßlich, diese Erhebungen schon in Verbindung mit der Vermessungsvorbereitung zu treffen.

Die unterschiedliche Belastung mit Dienstbarkeiten und Reallasten wird dann kaum jemals ein Hindernis gegen die Vereinigung der Gste sein, wenn die belasteten Teilflächen auch noch nach der Vereinigung durch Flurstücksnummern unterschieden sind, und darum auch keine Verwirrung zu besorgen ist. Wenn aber die Flurstücke gleichzeitig verschmolzen werden, dann kann eine solche Verwirrung zu befürchten sein, und das GBA wird die Eintragung der Verschmelzung in das GB ablehnen. Aber auch in diesem Fall kann eine derartige Besorgnis recht wohl ausgeräumt werden, nämlich durch die Vorlage einer Karte zu den Grundakten des GBAs, in der die belasteten Flurstücksteile und ihre Flächeninhalte ersichtlich gemacht sind. Die Möglichkeit eines solchen Vorgehens leitet sich zwingend ab aus § 7 Abs. 2, worauf im nächsten Kapitel zurückzukommen sein wird[57]. Wird — nach Beurteilung des GBAs — die Verschmelzung damit möglich gemacht, dann ist die Karte zusammen mit dem Auszug aus dem Messungsverzeichnis (Veränderungsnachweis) dem GBA zu übergeben.

Wie schon ausgesprochen, bedarf die Verschmelzung der Flurstücke als reine Amtshandlung weder des Antrags noch der Zustimmung des Eigentümers. Die bay. DAfVAe sieht davon nur wenige Ausnahmen vor. In Hinsicht des GBs sind an dieser Stelle lediglich die Forstgrundstücke zu erwähnen, soweit solche durch Forstberechtigungen belastet sind. In Bayern sind diese zufolge Anweisung der Forstverwaltung in der Regel in das GB eingetragen worden. Beim Vorliegen solcher Belastungen hat sich das VermA für eine beabsichtigte Verschmelzung der Zustimmung des zuständigen Forstamtes zu versichern (FME, vom 30. 1. 1931 Nr. IV 659).

Eine weitgehende Verschmelzung der Flurstücke liegt aber nicht nur im Interesse der beteiligten Verwaltungen, sondern auch und in erster Linie in dem der Grundeigentümer selbst. Wenn nämlich mehrere oder gar sehr viele Flurstücke zusammen ein Verkehrsgst bilden, ohne zu einem GbGrundstück vereinigt zu sein, dann besteht bei Abveräußerungen — auch noch angesichts der Sollvorschrift des § 2 Abs. 3 a — jedesmal die Gefahr der Verwechslung oder des Uebersehens des einen oder anderen Flurstücks und weiterhin einer Divergenz der Eintragung, die späterhin langwierige Prozesse zur Folge haben kann. Daraus erhellt zur Genüge, daß die Vermessungs-

[57]) Der LGPräsident Nürnberg-Fürth hat in einem Schreiben vom 26. 3. 1943, Nr. 385 E an den OberfinPräs. München, Zweigstelle Landshut, dieser Auffassung beigepflichtet.

beamten es sich angelegen sein lassen müssen, bei der Durchführung der Vermessungen die Beteiligten von diesen Gefahren zu unterrichten und ihnen die Stellung der für die Verschmelzung notwendigen Vereinigungsanträge nahezulegen.

6. Flurstücksteilung (Flurstücksscheidung)

Das Gegenstück der Flurstücksverschmelzung ist die Flurstücksteilung. Auch sie ist eine rein katastertechnische Maßnahme, der gegenüber eine gleichzeitige oder nachfolgende Grundstücksteilung (s. zu § 2, Nr. 8, S. 44 ff.) ein rein rechtlicher und ganz selbständiger Vorgang ist.

Nach Hesse-S.-F.[58]) dürfte das Wort „teilen" nur bei gbmäßiger Teilung eines GbGrundstücks Anwendung finden. In der Tat ist die Anwendung dieses Wortes auf die Trennung von Flurstücken geeignet, Mißverständnisse zu erzeugen. Es ist deshalb bedauerlich, daß es bis jetzt im amtlichen Sprachgebrauch versäumt wurde, die sinngemäße Unterscheidung der Begriffe „Vereinigung" und „Verschmelzung" auch hier zu treffen. Man würde statt von Flurstücksteilung besser von Flurstücks„scheidung", -„spaltung" oder -„trennung" sprechen. Wir wollen hier vorsichtshalber das Wort „Scheidung" (vgl. „Markscheidung") gebrauchen.

Aus der Forderung, die Zahl der Flurstücke möglichst niedrig zu halten, ergibt sich von selbst die Folgerung, auch die Scheidungen an Flurstücken auf das Notwendigste einzuschränken. Auch wenn materiell- und formrechtlich dort gegen eine Flurstücksscheidung nichts einzuwenden wäre, wo die gleichartige Grundstücksteilung materiell-rechtlich verhindert ist, wird darum doch auch die Flurstücksscheidung in der Regel zu vermeiden sein.

Außer zur GstsTeilung infolge von Rechtsgeschäften oder wegen sonstigen Vermessungsantrags des Eigentümers ist sie nur insoweit veranlaßt, als sie der Bildung von Flurstücken dient, die wieder eine „örtliche und wirtschaftliche Einheit" bilden, was vor allem dort zutreffen wird, wo das Flurstück, dem der Teil zugehört, eine solche Einheit nicht bildet (s. Nr. 3, S. 72). Nur in solchem Fall ist das VermA auch zur Beurkundung oder Beglaubigung des Antrags auf Teilung des entsprechenden Grundstücks berufen. In allen anderen Fällen der Flurstücksscheidung sind die Beurkundung und die Beglaubigung der Anträge auf entsprechende Teilung der Grundstücke Aufgabe des Notars.

---

[58]) Anm. zu § 13 GbVerf., Abs. 3, S. 459.

Wo das VermA in einem Messungsverzeichnis (Veränderungsnachweis) eine Flurstücksscheidung durchführt, die nicht dazu bestimmt ist, eine Gsts-Teilung vorzubereiten, empfiehlt es sich hiernach, einen Vermerk des Inhalts anzubringen: „Die Flurstücke x, y sollen als ein Grundstück in das Grundbuch eingetragen werden", da andernfalls die Gefahr besteht, daß der Notar in Unkenntnis der Sachlage von sich aus einen Teilungsantrag beurkundet und dem GBA überreicht. Ausdrücklich angeordnet ist dies in § 78 Abs. VII DAfVAe, wenn die Scheidung lediglich nach der Karte ohne örtliche Vermessung ausgeführt wurde.

Umgekehrt besteht die Notwendigkeit, durch einen entsprechenden Vermerk die Beurkundung eines Vereinigungsantrages durch den Notar anzuregen, wenn ein aus einer Flurstücksscheidung hervorgehendes Teilgrundstück in einem nachfolgenden Vortrag des Messungsverzeichnisses oder in einem gesonderten Veränderungsnachweis mit einem Nachbargrundstück verschmolzen werden soll; dies ist insbesondere bei Gemeindegrenzänderungen wichtig, um deren ungehinderten Vollzug sicherzustellen.

7. „Zusammenmessung"

Genau wie auf die Unterscheidung des Begriffs „Zusammenschreibung" und „Zuschreibung" geachtet werden muß (s. §§ 3, 4, Nr. 3, S. 55), ebenso muß — für Bayern und Rheinpfalz — auf die Unterscheidung der Begriffe „Zusammenschreibung" und „Zusammenmessung" Bedacht genommen werden, wiewohl dem letzten heute nur noch historische Bedeutung zukommt.

Die Zusammenmessung war Gegenstand des § 318 bayDA und der Nr. 244 GbAnlO.Pf. und eine Zwillingsschwester der oben besprochenen „Vermessung" im Sinne des § 316 bayDA (s. Nr. 2, S. 70). Handelte es sich bei jener um die Verschmelzung von ganzen Flurstücken unter dem trügerischen Gewande einer Vereinigung, so begnügte sich § 318 mit der Verschmelzung von Flurstücksteilen untereinander oder mit ganzen Flurstücken, jedoch ebenfalls mit dem unbegründeten Anspruch einer andersgearteten „Vereinigung" als jener des § 890 Abs. 1 BGB.

Jetzt ist die „Zusammenmessung" genau wie die „Vermessung" nur mehr statthaft, wenn die Verschmelzungsmasse bereits zu einem Gst vereinigt ist; sie ist dann eben nichts anderes als eine sonstige „Verschmelzung".

Bei dieser Sachlage konnte natürlich der Wortlaut auch des § 73 DAfMAe nicht mehr aufrechterhalten werden, der gleichfalls schlankweg von „Vereinigung" sprach, wo nur „Vermessung" und „Zusammenmessung" gemeint waren. Irreführend rechnen auch jetzt noch § 178 Abs. II Ziff. 1 u. 2 bayDA und ebenso § 6 KatBek.

1. die Teilung von Grundstücken des nämlichen Eigentümers,
2. die Vereinigung aneinandergrenzender Grundstücke oder Grundstücksteile des nämlichen Eigentümers unter einer Plannummer

zu den Katasterumschreibfällen, die ohne vorausgehende Eintragung in das Grundbuch in das Kataster übernommen werden dürfen. Da aber die Finanzämter bereits seit langem angewiesen sind, die Umschreibungen von Messungsverzeichnissen ausnahmslos erst nach deren Eintragung im GB zu vollziehen, besteht in dieser Hinsicht praktisch kaum mehr eine Gefahr.

Belastung von Grundstücksteilen

§ 7

1. Abschreibung

a) Es entspricht sowohl dem Oeffentlichkeits- wie dem Bestimmtheitsprinzip, daß auch eine Bodenfläche, die mit irgendeinem anderen Rechte als dem des Eigentums belastet ist oder belastet werden soll, klar und eindeutig im GB nachgewiesen sein bzw. werden muß. Deshalb bestimmt § 7, daß in dem Fall, in dem nur ein Teil eines Gsts mit einem Rechte belastet werden soll, dieser Teil vom Gst abzuschreiben und als eigenes Gst einzutragen ist. Es kann sich dabei nur um einen realen Teil des Gsts handeln, niemals um einen ideellen Anteil am Eigentum des Gsts.

Die Vorschrift hat praktisch grundsätzliche Bedeutung bei Belastung von Gststeilen mit Erbbaurechten und Vorkaufsrechten, Hypotheken, Grund- und Rentenschulden. Sie ist aber nicht anzuwenden, wenn das ganze Gst mit dem Recht belastet werden soll und die Ausübung des Rechtes auf einen Teil beschränkt wird, was häufig für Fahrtrechte, Wohnungsrechte und auch Erbbaurechte zutrifft. Natürlich muß in solchen Fällen der Teil des Gsts in der Eintragungsbewilligung genau genug beschrieben sein, um als „nachgewiesen" gelten zu können.

Dagegen ist bei Dienstbarkeiten und Reallasten eine Abschreibung auch dann nicht erforderlich, wenn nur ein Teil des Gsts mit ihnen belastet werden soll, sofern nicht zu befürchten ist, daß daraus Verwirrung entsteht.

Bis hierher entspricht der Inhalt des § 7 dem des alten § 6. Es war also vorher auch für diesen Zweck als ausreichend erachtet, daß die zu belastende Fläche in der Eintragungsbewilligung deutlich beschrieben war, z. B.: „ein drei Meter breiter Streifen entlang der Nordgrenze". Die neue Fassung geht nun einen beachtlichen Schritt weiter, indem sie verlangt, daß zur Grundakte auch eine Karte eingereicht werden soll, aus der die Größe und die Lage des zu belastenden Teiles ersichtlich sind. Die Karte ist vom Vermessungsamt zu beglaubigen.

b) Zusammen mit dem Grundsatz, daß die Zahl der Grundstücke und der Flurstücke so niedrig wie möglich zu halten sei, ergibt sich für die Praxis der Vermessungsämter die Folgerung, daß auch Flurstücksscheidungen aus solchen Anlässen möglichst zu vermeiden sind (vgl. §§ 5, 6, Nr. 6, S. 79). Ihre Aufgabe erschöpft sich darin, notwendigenfalls die Ausscheidungslinie der Belastungsfläche einzumessen und in das Kartenblatt bzw. in eine Pause für das GBA einzutragen. In die amtlichen Karten (Fortführungskarte, Kartenbeilage zum Messungsverzeichnis und zum Auszug aus diesem bzw. aus dem Veränderungsnachweis) wird die Ausscheidungslinie indes nur dann eingetragen, wenn sie zugleich eine Ausscheidung der Nutzungsarten (z. B. einer Fahrt) bedeutet.

Wenn danach Grundeigentümer aus Anlaß von Belastungen von Gststeilen mit Dienstbarkeiten oder mit Reallasten Anträge auf Teilung solcher Grundstücke stellen, werden sie über die Zwecklosigkeit solcher Maßnahmen und über die Vermeidbarkeit der aus einer gleichwohl beantragten Teilung entstehenden Kosten aufzuklären sein. Allerdings ist es nicht das VermA, sondern der GbRichter, dem die Entscheidung obliegt, ob eine Verwirrung zu besorgen sei oder nicht; durch die zusätzliche Vorlage der Karte werden jedoch Meinungsverschiedenheiten zwischen den beiden Dienststellen kaum mehr zu befürchten sein.

c) Die Anordnungen des § 7 sind Ordnungsvorschriften, deren Beachtung dem GbBeamten obliegen. Ihre Nichtbefolgung, also z. B. die Eintragung einer Hypothek auf einem Gststeil ohne vorherige Vermessung und Abschreibung vom Blatte des einheitlich gebuchten Gsts, hat aber für sich allein nicht die Unwirksamkeit der Eintragung zur Folge, sofern wenigstens der belastete Teil genügend erkennbar bezeichnet ist[59]).

[59]) Henle-Schmitt, § 6, Anm. 4 u. 6, S. 15 f.

2. Buchstaben-Plannummern

Im bay. Grundsteuerkataster spielen die sog. „Buchstaben-Plannummern" — trotz der FME vom 14. 5. 1938, FMBl. S. 71, wonach sie von Amts wegen zu beseitigen sind (vgl. § 2, Nr. 7, S. 43) — voraussichtlich noch für geraume Zeit eine bedeutsame Rolle. Es handelt sich um Flurstücksnummern, denen ein kleiner lateinischer Buchstabe angefügt ist. Eine solche Anfügung bedeutet, daß das an sich einheitliche, im Eigentum einer Person stehende Gst in seinen einzelnen Teilen von verschiedener Bodengüte oder von verschiedener Nutzungsart ist (§ 59 Abs. I DAfMAe). Die Beifügung hatte also nur steuertechnische Zwecke. Die einzelnen durch Buchstaben kenntlich gemachten Teile bilden, obwohl auch ihr Flächeninhalt gesondert ausgewiesen ist, keine selbständigen Grundstücke. Gleichwohl hatten sie für das GBA eine ganz ähnliche Bedeutung wie die heutigen Flurstücke innerhalb eines zusammengesetzten Grundstücks, insofern sie eben immerhin einen karten- und flächenmäßig kennbar gemachten Teil eines Gsts bezeichneten. Darum bestand nach den Bestimmungen des § 6 alt nichts im Wege, sie ohne weiteres mit Dienstbarkeiten und Reallasten einzeln oder verschieden zu belasten. Namentlich die Belastung von Buchstaben-Plannummern mit Fahrtrechten war ziemlich häufig.

Wenn nun aber im Vollzug der oben genannten FME. vom 14. 5. 1938 solcherart belastete Buchstaben-Plannummern beseitigt werden, so wird in den meisten Fällen die Gefahr der Verwirrung auftreten. Denn es genügt dem Oeffentlichkeits- und dem Spezialitätsprinzip keineswegs, daß an Hand des vermessungsamtlichen Urkundenmaterials nach wie vor der Umfang der ehemaligen Buchstaben-Plannummern historisch festgestellt werden könnte; sondern das GB muß nach dem gegenwärtigen Stand die belastete Teilfläche nachweisen.

Daraus ergab sich die Veranlassung zur FME. vom 4. 7. 1942 Nr. IV 10 794, durch die zusätzlich angeordnet wurde, daß im Falle ungleicher Belastung oder der Belastung einzelner Buchstaben-Plannummern mit Dienstbarkeiten oder mit Reallasten § 7 Abs. 2 dahin anzuwenden sei, daß außer dem Auszug aus dem Messungsverzeichnis, darin die Beseitigung der Buchstaben-Plannummern behandelt ist, auch eine Karte zu den Grundakten auf Verlangen des GBAs zu übergeben sei, in der die Abgrenzung des belasteten Grundstücksteils ersichtlich gemacht und dessen Flächeninhalt angegeben ist. In der amtlichen Flurkarte bleibt die Ausscheidungslinie nur dann aufrechterhalten, wenn sie zugleich als Nutzungsgrenze weiterbesteht.

Auf vorstehende Bestimmung stützt sich auch die Möglichkeit der Vereinigung ganzer Grundstücke mit verschiedenartiger Belastung durch Dienstbarkeiten und Reallasten, worüber bereits vorweg zu §§ 5, 6 unter Nr. 5 (S. 78) gesprochen wurde.

Erbbaurecht

§ 8

1. Wesen. Altes Erbbaurecht

Das Erbbaurecht ist das grundbuchmäßige (dingliche) Recht zur Nutzung fremden Baugrundes. Es stehen sich zwei Berechtigte gegenüber: Der Eigentümer des Erbbaugrundstücks und der Erbbauberechtigte. Dem ersten verbleibt das formale Recht am Grund und Boden ohne Verfügungsgewalt; der andere besitzt und nützt ihn als Baugrund kraft eigenen grundbuchmäßigen veräußerlichen und vererblichen Rechts. Das Erbbaurecht gilt als grundstücksgleiches Recht; es gleicht praktisch dem Eigentum.

Altes Erbbaurecht: § 7 der alten Fassung hatte die buchrechtliche Behandlung des Erbbaurechts im Sinne des BGB zum Gegenstand. Er begegnet uns in der neuen Fassung unverändert als § 8, obwohl er schon durch § 35 der Erbbaurechts-VO, vom 15. 1. 1909 (RGBl. S. 72) zusammen mit den §§ 1012—1017 BGB „außer Kraft gesetzt" (was nicht das gleiche bedeutet wie: aufgehoben) worden war. Nach § 38 ErbbVO bleiben die bisherigen Gesetze für jene Erbbaurechte maßgebend, mit denen Gste im Zeitpunkt ihres Inkrafttretens dieser Verordnung belastet waren. Ebenso wie die §§ 1012 bis 1017 BGB behielt somit § 7, jetzt 8, Geltung und Wirksamkeit für jene alten Erbbaurechte und nur für sie.

2. Neues Erbbaurecht

Dagegen finden sich die maßgebenden Bestimmungen für die neuen Erbbaurechte in der ErbbVO, und im besonderen jene gb.rechtlichen Charakters in den §§ 14—17, deren erster noch eine geringfügige Ergänzung in § 35 des RGes. über die Bereinigung der Grundbücher vom 18. 7. 1930 (RGBl. I, S. 305) erfahren hat.

Die Hauptpunkte der Neuregelung in Hinsicht des GbRechts liegen darin, daß

1. jetzt für jedes Erbbaurecht von Amts wegen ein besonderes GbBlatt — neben dem GbBlatt für das dienende Gst — anzulegen ist, wogegen dies für die alten Rechte im allgemeinen nur auf Antrag, und von Amts wegen nur bei Veräußerung oder Belastung des Rechts zu geschehen hatte bzw. hat, und
2. dieses als „Erbbaugrundbuch" benannte besondere Blatt nun gesetzlich eindeutig als das GB im Sinne des BGB erklärt worden ist.

Grundlage der GbEintragung bleibt dabei die Eintragung des Rechtes auf dem Blatte des zu belastenden Gsts gemäß dem materiell-rechtlichen Grundsatz des § 873 BGB. Dieser Eintragung wohnt die konstitutive Wirkung für die Entstehung und den rechtlichen Weiterbestand des Erbbaurechts inne. Sie ist maßgebend für die Feststellung der Existenz des Rechtes im Rahmen des damit belasteten Gsts, sowie für das Rangverhältnis des Erbbaurechts zu den anderen Rechten am Gst (§ 10 ErbbVO). Das gleiche gilt für die Löschung und für Aenderungen in der Dauer des Erbbaurechts. Zur Eintragung dient die „Zweite Abteilung" im ReichsGB (bzw. Abt. II im rechtsbayerischen und im pfälzischen GB). Es genügt dabei, das Erbbaurecht hier nur ganz allgemein zu bezeichnen; z. B.: „Erbbaurecht an Flurst. 81/2 für N. N. auf die Dauer von 30 Jahren nach der näheren Bezeichnung im Erbbaugrundbuch". (§ 14 ErbbVO. i. d. F. des Ges. vom 18. 7. 1930, s. oben.)

Die Notwendigkeit der Anlegung des ErbbauGBs ergibt sich aus § 11 ErbbVO, nach welchem die sich auf Gste beziehenden Vorschriften des § 925 ff. BGB auf die Erbbaurechte anzuwenden sind. Das Erbbaurecht ist hier im Bestandsblatt, im bayerischen GB im Titel, im pfälzischen in der ersten Abteilung einzutragen. Der Erbbauberechtigte wird in die „Erste Abteilung" (bayerisch „Abteilung I") eingetragen. Das ErbbauGB ist das besondere Blatt für alle jene Rechtsakte, die das Recht in seinem Bestand unberührt lassen, also für Veräußerungen und Belastungen des Erbbaurechts.

Jedoch besteht Meinungsverschiedenheit darüber, welche der beiden Eintragungen für den genauen Inhalt des Erbbaurechts, d. h. seiner Ausgestaltung im einzelnen mit Einschluß der Aenderungen des ursprünglichen Inhalts, ausschlaggebend sei. Während sich z. B. Staudingers Kommentar z. BGB[60]) entschlossen für das

[60]) Staudinger, § 14 ErbbVO., Anm. 10.

ErbbauGB ausspricht, weil dieses nun doch schon einmal das „besondere Blatt" für das Erbbaurecht sei, — sprechen sich Hesse-Saage-Fischer[61]) für das GstsBlatt aus, sowohl im Hinblick auf die Entstehung des Gesetzes, wie auch vor allem, weil für das besondere Blatt das Erbbaurecht nicht in seiner Eigenschaft als Gsts-Belastung, sondern nur als Objekt von Belastungen in Frage komme. Solch unterschiedliche Betrachtung läßt die Wichtigkeit der Uebereinstimmung der Eintragungen in beiden Blättern ersehen. Es ist außerdem zugelassen, sich bei der näheren Bezeichnung des Inhalts des Erbbaurechts im ErbbauGB auf die Eintragungsbewilligung zu beziehen.

In der vorderen Aufschrift ist unter die Blattnummer das Wort „Erbbaugrundbuch" zu setzen (§ 55 GbVerf, Anl. 9 zur GbVerf), bei dem besonderen Blatt für ein Erbbaurecht alten Stils das Wort „Erbbaurecht" (§ 60 GbVerf).

Ein Muster für die Anlegung des Erbbaugrundbuchs findet sich in Anlage 9 zur GbVerf.

Im bayerischen GB ist das Erbbaurecht auch in das sog. „Verzeichnis der Rechte" (Anhang zum Sachregister; JME. vom 16. 11. 1909 Nr. 48 693; bayDA § 195) einzutragen.

Zur Stellung des Antrags nach § 13 Abs. 2 ist nur der Erbbauberechtigte befugt.

Ueber die Belastung eines realen Gsts T e i l s mit einem Erbbaurecht wurde bereits zu § 7 gesprochen (S. 81).

3. Gebäude

Die auf Grund eines Erbbaurechts e r r i c h t e t e n Gebäude gelten als w e s e n t l i c h e Bestandteile des E r b b a u r e c h t s, nicht des Gsts, sowohl bei altem wie bei neuem Erbbaurecht.

Bei neuem Erbbaurecht gilt das gleiche für ein Bauwerk, das bei der Bestellung des Rechts s c h o n v o r h a n d e n ist. Es hört auf, Bestandteil des Gsts zu sein (§ 12 ErbbVO). Bezüglich des E i g e n t u m s eines solchen Bauwerks besteht Meinungsverschiedenheit. Staudinger verneint den Uebergang des Eigentums auf den Erbbauberechtigten, im Gegensatz zu anderen. Der Erbbauberechtigte ist aber B e s i t z e r des Bauwerks wie des Baugrundes[62]).

Zur Eintragung eines Erbbaurechts im GB bedarf es im allgemeinen nur dann eines M e s s u n g s v e r z e i c h n i s s e s oder

[61]) Hesse-Saage-Fischer, § 8, Anm. III.
[62]) Staudinger, § 1, Anm. 5d, g, S. 717 u. § 12, Anm. 12, S. 765.

eines Veränderungsnachweises, wenn der Bestellung eine Flurstücksteilung vorausgehen muß, außerdem eines Messungsverzeichnisses dann, wenn bereits bestehende Gebäude in das Eigentum des Erbbauberechtigten übergeführt werden sollen. In den übrigen Fällen wird die Anfertigung eines Messungsverzeichnisses immer erst nach der Errichtung der neuen bzw. nach der Aenderung der übernommenen Gebäude, die Anfertigung eines Veränderungsnachweises aber nur dann, wenn damit eine Aenderung der Nutzungsart bzw. der Nutzungsartflächen verbunden ist, erforderlich. Siehe auch §§ 3, 4, Nr. 6, S. 67.

Subjektiv-dingliche Rechte

§ 9

§ 9 hat die Eintragung der subjektiv-dinglichen Rechte, auch Realrechte genannt, auf dem Blatt des berechtigten Gsts zum Inhalt.

Zu diesen Rechten gehören nach Reichsrecht: Grunddienstbarkeiten stets (§ 1018 BGB), Vorkaufsrechte und Reallasten nur dann, wenn sie zugunsten eines anderen (herrschenden) Grundstücks bestellt werden (§§ 1094 Abs. 2, 1105 Abs. 2 BGB), ferner vertraglich festgestellte Ueberbau- und Notwegrenten. Diese beiden letzteren bedürfen zwar an sich zu ihrer Entstehung nicht des Eintrags im BG, denn sie entstehen kraft Gesetzes (§§ 912 Abs. 2 und 917 BGB); soll aber ihre Höhe vertraglich mit dinglicher Wirkung festgestellt werden, dann ist die Eintragung notwendig, und zwar natürlich auf dem Blatt des mit der Rente belasteten Gsts.

Weiter gehören zu den Rechten die nach Landesrecht bestehenden Nutzungsrechte an fremden Gsten, sofern die Berechtigung mit dem Eigentum bestimmter Gste oder Anwesen verbunden ist, wie dies insbesondere bei Fischereirechten, Forstrechten, Weiderechten, Kellerrechten u. dgl. häufig der Fall ist.

Da ein solches Recht als Bestandteil des berechtigten Gsts gilt, darf es auf Antrag auch auf dem Blatt des berechtigten Gsts vermerkt werden. Die Eintragung auf dem Blatt des belasteten Grundstücks ist aber in jedem Fall Voraussetzung. Nur bei Fischereirechten, die zugunsten des jeweiligen Eigentümers eines Gsts bestehen, hat die Eintragung des Vermerks auf dem Blatt dieses Gsts auch dann zu geschehen, wenn für das Gewässer ein Blatt nicht angelegt werden kann, weil eben hier die Eintragung als Belastung des Gsts nicht möglich ist[63]) (s. §§ 3, 4, Nr. 4 C, S. 60).

Antragsberechtigt ist nicht nur der Eigentümer des herrschenden Gsts, sondern auch — über § 13 (s. S. 97 f.) hinaus — jeder, für den ein dingliches Recht am herrschenden Gst eingetragen ist, also insbesondere der Hypothekgläubiger.

Aufbewahrung von Urkunden

§ 10

§ 10 regelt die Aufbewahrungspflicht des GBAs hinsichtlich überreichter Urkunden und bestimmt, inwieweit sie durch beglaubigte Abschriften oder durch Hinweise auf andere Gerichtsakten ersetzt werden dürfen.

Die Anordnung, daß zur Aufbewahrung die sog.

Grundakten

zu dienen haben, findet sich in § 24 GbVerf. Die Grundakte ist die Sammlung aller Aktenstücke, die aus Anlaß der Behandlung einer GbSache anfallen, sich auf ein einzelnes Blatt beziehen und vom GBA zu verwahren sind.

In Bayern wurden bisher solche Grundakten nicht geführt. Hier wurden die zu sammelnden Urkunden in der Regel nach Gb-Bezirken geordnet, als sog. „Grundbuchanlagen" aufbewahrt. § 24 GbVerf ist aber jetzt bindende Vorschrift für das Reichsgebiet, soweit das GB umgeschrieben ist.

In die Grundakten aufzunehmen sind alle jene Urkunden, auf die sich die Eintragung im GbBlatt gründet; d. s. insbesondere der Eintragungsantrag, die Eintragungsbewilligung, die Einigung des Berechtigten und des anderen Teiles; sodann Ersuchen von Behörden und Legitimationsurkunden. Weiter kommen in Betracht jene Urkunden, auf die zur Entlastung des Schreibwerks im Buche Bezug genommen werden kann, wie z. B. die Flurstücksverzeichnisse zu ausgedehnten zusammengesetzten Gsten (s. §§ 5, 6, Nr. 4, S. 76), sodann solche Belege, die behelfsweise dazu dienen, die Ausdehnung von Rechten nachzuweisen, wie die nach § 2 Abs. 3 oder nach § 7 Abs. 2 vorgeschriebenen Auszüge aus den Veränderungsnachweisen, Karten und Bescheinigungen der Vermessungsämter (s. S. 46 ff. und S. 78, 81 ff.), samt den Verfügungen des GbRichters über die Uebernahme der dort ausgewiesenen Veränderungen und Berichtigungen in das GB (§ 10 der AV vom 20. 1. 1940, DJ, S. 214, FortfErl, S. 90), und endlich die

[63]) Henle-Schmitt, § 8, Anm. 3, S. 18.

Durchschriften der Bestandsblätter des RKat bei der Zurückführung des GBs auf dieses (§ 7 Abs. 2 der AusfVorschr. vom 20. 1. 1940, DJ, S. 212, abgedr. in RöKu, S. 277).

Es können auf Antrag der Beteiligten auch jene Urkunden zu den Grundakten genommen werden, die das kausale Grundgeschäft betreffen, also z. B. der notarische Kaufvertrag. Nach Art. 12 AG sind die Beteiligten nur zur Vorlage der nach § 313 BGB erforderlichen Urkunden gehalten, nicht aber zu deren dauernden Uebergabe an das Gericht. Den Urkunden gleich zu behandeln sind rechtskräftige Urteile und Prozeßvergleiche.

Urkunden, auf die eine Eintragung Bezug nimmt, sind dadurch Teile der Eintragung im Buche selbst geworden. Sie sind für den Inhalt des GBs maßgebend. Ist die Urkunde eine Abschrift und weicht die Abschrift von der Urkunde ab, ist also falsch, dann ist das GB falsch, das auf sie Bezug nimmt.

Endlich haben die Grundakten das sog. Handblatt zu enthalten, das ist eine genaue wörtliche Wiedergabe des GbBlattes.

Die Einsicht in die Grundakten ist jedem gestattet, der ein berechtigtes Interesse darlegt (§ 12, s. unten, § 46 GbVerf).

Grundbucheinsicht

§ 12

1. Einsicht in das Grundbuch

Das Grundbuch und die Grundakten sind nicht öffentlich. Oeffentlicher Glaube des GBs bedeutet nicht zugleich „Oeffentlichkeit des GBs". Allerdings beruht der öffentliche Glaube außer auf dem in der Auflassung ausgedrückten Willenserklärung der Vertragsparteien und der Bucheintragung nicht zum geringsten Teil auf der Offenlegung des Buches, durch welche Dritten die Möglichkeit gegeben ist, Einblick zum Anlaß einer Richtigstellung zu nehmen[64]).

Die Offenlegung ist durch § 12 formrechtlich geregelt. Sie erstreckt sich außer auf das Buch auch auf die Urkunden, auf die in der Eintragung Bezug genommen ist (Grundakten, s. § 10, S. 89). Jedoch beschränkt sie sich auf solche Personen, die ein berechtigtes Interesse daran geltend machen können. Es genügt grundsätzlich, dieses Interesse dem GbBeamten darzulegen; doch ist dieser bei begründeten Bedenken zu dem Verlangen berechtigt, das Interesse glaubhaft zu machen oder auch nachzuweisen. Die öffentlichen Behörden und Notare sind befugt, das GB einzusehen, ohne

---

[64]) Brand-Schnitzler, § 24, S. 61.

daß es der Darlegung des berechtigten Interesses bedarf. Soweit die Einsicht gestattet ist, kann auch eine Abschrift gefordert werden, die auf Verlangen zu beglaubigen ist (§ 12 Abs. 2).

Durch § 49 KatBek sind die Finanz- und die VermAemter in Bayern angewiesen, um schriftlichen Aufschluß nur dann nachzusuchen, wenn sich das Amtsgericht an einem andern Sitz befindet. Umgekehrt sollen sich die GBAemter Aufschlüsse aus den Katastern und Karten der am gleichen Sitz befindlichen Finanz- und VermAemter möglichst mündlich und durch unmittelbare Einsicht erholen (§ 585 bayDA).

Die Landgerichtspräsidenten können Anträgen von Privatpersonen, ihnen für besondere unterstützungswürdige Zwecke, z. B. für volkswirtschaftliche oder geschichtliche Studien, Einblick in das GB und die Akten zu gewähren, entsprechen, wenn davon die Interessen der Grundeigentümer und der sonstigen Berechtigten nicht gefährdet werden (§ 535 bayDA; § 68 Geschäftsordnung).

2. Einsicht in das Kataster

Da das Kataster am öffentlichen Glauben des GBs teilnimmt, müssen folgerichtig die Bestimmungen des § 12 über die Offenhaltung des GBs auch auf das Kataster und seine Unterlagen Anwendung finden. In Nr. 1 des RdErl. d. RMdI vom 1. 8. 1942 — VI a 8505/42—6831 III[65]) ist die Einsichtgewährung in das Reichskataster grundsätzlich in gleicher Weise geregelt wie für das GB. Außer den Behörden und Notaren kommt auch den öffentlich bestellten Vermessungsingenieuren das Recht unbeschränkter Einsichtnahme zu; diese Bestimmung ist für Bayern, wo die Einrichtung der öff. best. VermIngenieure nicht besteht, gegenstandslos.

Nr. 6 a. a. O. besagt, daß auf mündlichen oder schriftlichen Antrag Abzeichnungen und Abschriften aus dem Reichskat und seinen Unterlagen erteilt werden können. Die in Nr. 34 ff. folgenden Gebührenbestimmungen beschränken sich jedoch auf Abschriften aus den Katasterbüchern und Abzeichnungen aus den Karten; sie treffen keine einheitlichen Bestimmungen über Gebühren für Vervielfältigungen von Rissen, wiewohl diese doch zweifellos zu den Unterlagen des Katasters zu rechnen sind, stellen vielmehr in Nr. 49 Abs. 2 ausdrücklich fest, daß für Abschriften aus dem Messungszahlenwerk die bisherigen Vorschriften die Geltung behalten.

---

[65]) Nachr. aus dem Reichsvermessungsdienst Nr. 4/1942, S. 197.

Die bay. DAfVAe übt in Hinsicht der Abgabe von Rißvervielfältigungen bemerkenswerte Zurückhaltung. Zwar ist in § 105 III a. a. O. die Einsichtnahme in die Messungsverzeichnisse, Abmarkungsprotokolle, Handrisse und Niederschriften über Vermessungsverhandlungen jedem gestattet, der ein berechtigtes Interesse darlegt. Dagegen untersagt § 53 II a. a. O. die dauernde Abgabe von Handrißabdrucken an Behörden und an Private; auch vorübergehend dürfen Handrisse nur an staatliche Behörden und nur in dringendsten Fällen abgegeben werden. Nochmals betont § 98 III, daß auch Auszüge aus den Handrissen mit Maßangaben für den privaten Gebrauch nur in besonders begründeten Fällen erteilt werden dürfen. Dem Umstand, daß die Offenhaltung des Katasters zwingend mit der Offenlegung des GBs verbunden ist, dürfte mit diesen Bestimmungen nicht voll Rechnung getragen sein.

Die Erteilung von Abzeichnungen und Abschriften aus dem Kataster und seinen Unterlagen ist als Amtshandlung in Ausübung staatlicher Hoheitsrechte grundsätzlich Sache der Behörden, welche die Katasterkarten und -bücher führen, d. s. in Bayern die staatlichen Vermessungsämter für alle Karten und für die Bücher des RKat sowie für die außer Gebrauch gestellten Grundsteuerkat (FinMinBek. vom 13. 11. 1941, GVBl. S. 168), sodann die Finanzämter für Abschriften aus den Büchern des Grundsteuerkats, soweit dieses noch geführt wird. Die Mitwirkung von Behörden und Privaten bei der Herstellung ist unter gewissen Beschränkungen zugelassen (Nr. 34 ff.).

Auch Behörden kommt in Bayern Gebührenfreiheit nur auf Grund ausdrücklicher Sonderregelung zu (Nr. 2 des RdErl. vom 10. 9. 1940, s. Anlage 7 zum RdErl. vom 1. 8. 1942). Anträgen der Behörden auf vorübergehende Ueberlassung der alten Kataster haben die Vermessungsämter ohne Aufrechnung von Gebühren zu entsprechen (FME vom 13. 11. 1941, GVBl. S. 168).

An Sonderregelungen für Gebührenfreiheit kommen namentlich in Betracht:

1. nach Landesrecht:
   a) § 19 bay. GrStGes., bezüglich der Ergänzung der gemeindlichen Umschreibpläne,
   b) § 74 Abs. 2 bay. GrStGes., bezüglich Richtigstellung fehlerhafter Vermessungen,
   c) Bek. vom 25. 10. 1911, betr. Vollzug des Wasser- und Fischereiges., FMBl. S. 600, bezügl. Abgabe von Karten,

2. nach Reichsrecht:

d) § 188 Abs. 3 Reichsabgabenordnung vom 22. 3. 1931, RGBl. I, S. 161, bezügl. Feststellung der Einheitswerte,

e) Nr. 100 und 104 des FortfErl, bezügl. Amtshilfe für die GB-Aemter und Finanzämter hinsichtlich Erhaltung der Uebereinstimmung zwischen GB und Kat,

f) § 29 RSiedlGes. i. d. F. vom 7. 6. 1923, RGBl. I, S. 364, bezügl. gemeinnütziger Siedlungsunternehmungen nach § 1 des Gesetzes, einschl. der Gebäude,

g) § 34 RHeimstGes., bezügl. RHeimstätten einschl. der Gebäude,

h) § 18 Abs. 4 und § 25 des Reichsnaturschutzges. vom 26. 6. 1935, RGBl. I, S. 821, bezügl. der Naturschutzgebiete,

i) § 39 Abs. 2 und § 172 Abs. 2 der Ersten Wasserverbands-VO vom 3. 9. 1937, RGBl. I, S. 933, bezügl. der Aufgaben der Wasser- und Bodenverbände.

3. nach Besatzungsrecht:

k) Art. XII GSB, §§ 56, 57 AusfVO. GSB, bezügl. Bereitstellung von Land nach Art. I des Gesetzes durch Vermessung oder durch Flurbereinigung.

Die Bestimmungen des RdErlasses sind laut FME. vom 2. 12. 1942 — IV 15 884/III auf das bayerische Grundsteuerkat. anzuwenden.

3. Geheimhaltung

Im Verfolg des RGes. vom 30. 9. 1936 über die Einsicht in gerichtliche öffentliche Bücher und Register (RGBl. I, S. 853), das den RMdI. ermächtigte, die Einsicht in das GB und in die GbAkten einschneidenden Beschränkungen zu unterwerfen, wurde seitens des RMdI durch eine Flut von Anordnungen auch die Einsicht in das Kat und seine Behelfe in stetig wachsendem Umfang eingeengt, so daß dadurch nicht nur der Gebrauch des Kat für die Oeffentlichkeit sehr erheblich berührt, sondern selbst die Geschäftsführung der Vermessungs- und Katasterbehörden in zuletzt nahezu unerträglichem Maße gehemmt und der Wert der KatKarten geschmälert wurden. Diese Vorschriften können heute sämtlich als überholt übergangen werden. Es wird jedoch eine der dringendsten Aufgaben der nächsten Zukunft sein, die Katasterkarten, insbesondere auch hinsichtlich der trigonometrischen Punkte, wieder in den früheren Stand zu setzen.

Zweiter Abschnitt
Eintragungen in das Grundbuch
Vorbemerkungen

I. Diesen Abschnitt enthält das Kernstück der GBO, indem er die Bestimmungen über das Antragsverfahren, über die Vornahme der Eintragungen in das GB und über die Amtseintragungen zusammenfaßt.

Voraussetzung der Eintragung ist in jedem Falle, daß das in das GB einzutragende Recht gb-fähig ist. Grundsätzlich sind allein solche gesetzlich zulässigen dinglichen Rechte am Gst gb-fähig, die dem öffentlichen Glauben unterliegen; doch kennt auch dieser Grundsatz zahlreiche Ausnahmen.

Grundbuchfähig sind insbesondere:

1. nach Reichsrecht:
   a) Rechte am Gst: Eigentum, Miteigentum, Erbbaurecht, Grunddienstbarkeit, beschränkte persönliche Dienstbarkeit, Nießbrauch, dingliches Vorkaufsrecht, Reallasten, Hypotheken, Grund- und Rentenschulden, Heimstättenvermerk, Wiederkaufsrecht im RSiedlungsverfahren;
   b) Rechte an beschränkten Grundstücksrechten: Pfandrecht und Nießbrauch, mit dem ein in das GB eingetragenes Recht belastet ist;
   c) Vormerkungen, Widersprüche; relative Verfügungsbeschränkungen, d. s. solche, die den Schutz bestimmter Personen bezwecken; vgl. § 892 Abs. 1, Satz 2 BGB;
   d) — als Ausnahmen von der oben genannten Regel — die durch §§ 6 und 15 GbVerf zur Bezeichnung der Gste und der berechtigten Personen vorgeschriebenen Angaben tatsächlicher Art;
2. nach Landesrecht in Bayern:
   a) Bergwerkseigentum, Fischereirechte, Realgewerbeberechtigungen, wie Wirtschafts-, Apotheker- und Kaminkehrergerechtsame;
   b) sodann die Nutzungsrechte, für die nach altem Recht die sich auf Gste bziehenden Vorschriften gelten (s. §§ 3, 4, Nr. 4, Abschn. A, S. 58).

II. Grundsätzlich nicht eintragungsfähig sind:

1. der Besitz;
2. persönliche Rechte (Miete, Pacht) oder Rechte familienrechtlicher Art (z. B. Nutzungsrechte des Ehemanns);
3. gesetzlich unzulässig dingliche Rechte, z. B. Bruchteils-Grunddienstbarkeiten, eine Grunddienstbarkeit an einem Gst zugunsten eines dem gleichen Eigentümer gehörigen Gsts oder das Erbpachtrecht, wenn es nicht durch landesgesetzliche Regelung zugelassen ist (vgl. §§ 117, 118, Nr. 2, S. 191);
4. Rechte, die dem öffentlichen Glauben des GBs nicht unterliegen, z. B. öffentliche Lasten, absolute Verfügungsbeschränkungen und solche, die sich ohne weiteres aus dem Gesetz ergeben:
   a) Der Begriff der öffentlichen Last (§ 54) ist nicht scharf umgrenzt. Er ergibt sich von Fall zu Fall aus dem Reichs- oder Landesrecht, auf dem die Last ruht. So können z. B. die Grundsteuerpflicht des Gsts oder die Eigenschaft des Gsts als öffentlicher Weg oder die Abmarkungspflicht, die auf einem Gst lastet, nicht eingetragen werden; s. hierzu § 123 Ziff. 6 bayDA;
   b) Verfügungsbeschränkungen bedeuten den Entzug oder die Beschränkung der Verfügungsbefugnis des Rechtsinhabers, ohne daß sie einem anderen Berechtigten übertragen wäre. Wenn sie gegen jedermann wirken, bezeichnet man sie als absolute Verfügungsbeschränkungen. Dazu zählen u. a. die Beschränkungen des § 4 RWohnsGes., der §§ 9 Abs. 1 und 10 Abs. 2 RHeimstGes. und § 9 Abs. 1 und 2 FlurbGes.; nicht hierher gehören die relativen Verfügungsbeschränkungen (s. oben I 1 c);
   c) Rechte, die sich unmittelbar aus den Gesetzen ergeben, sind u. a.: das Ueberbau- und das Notwegrecht (nicht aber die vertragsmäßige Festsetzung der Rente); die aus den gesetzlichen Vorschriften über das Nachbarrecht sich ergebenden Befugnisse und Beschränkungen (vgl. Art. 62 ff. AG. BGB).

Alle diese Rechte bestehen außerhalb des GBs.

Nicht als öffentliche Lasten, sondern als Reallasten gelten die Grundgefälle des bay. Staates und der Ablösungskasse, sowie die an deren Stelle getretenen Lasten; diese bedürfen gemäß Art. 128 AG.BGB nicht der Eintragung.

Die Eintragung eines der Eintragung nicht fähigen Rechtes, die gleichwohl stattgefunden hätte, müßte von Amts wegen gelöscht werden.

Eintragungsantrag

§§ 13—17

1. Eintragungsgrundsatz

§ 13 stellt eine der Hauptregeln des GbRechtes auf: Grundsätzlich setzt jede Eintragung in das GB einen Antrag voraus (Antragsgrundsatz; s. S. 19). Diese Bestimmung ist jedoch nur ein Ordnungsprinzip ohne Einfluß auf die Rechtswirksamkeit einer Eintragung. Diese ist vielmehr an die Eintragungsbewilligung gebunden. Außerdem sehen auch die Vorschriften selbst zahlreiche Ausnahmen vor.

2. Ausnahmen

Die wichtigsten dieser Ausnahmen, wonach Eintragungen von Amts wegen zu betätigen sind, ist die Anlegung des Gb-Blattes selbst. Wir hörten außerdem bereits von der Löschung unzulässiger Eintragungen (s. oben), von der Eintragung eines Widerspruchs im Falle der Unrichtigkeit des GBs (S. 17 f. u. 24 f.; s. hierzu auch § 53, S. 181), endlich von der Berichtigung offensichtlicher Versehen und zur Erhaltung der Uebereinstimmung des GBs mit dem Kat (S. 19 f.). Von der Löschung gegenstandsloser Eintragungen wird erst später zu sprechen sein (§ 84, S. 186 ff.).

Besonders zu betonen ist hier die Amtstätigkeit des GBAs zur Erhaltung der Uebereinstimmung des GBs mit dem amtlichen Verzeichnis, d. i. mit dem Reichsliegenschaftskataster, und, wo dieses in Bayern und in der Pfalz noch nicht angelegt ist, mit dem Sachregister, und bezüglich dieses wiederum mit dem Grundsteuerkataster. „GBA und VermA sind verpflichtet, von Amts wegen alle Maßnahmen zu treffen, die zur ordnungsmäßigen Bezeichnung des Gsts und zur Erhaltung der Uebereinstimmung zwischen GB und Kat dienen und von Amts wegen etwaige Irrtümer und Zweifel zu klären. GBA und VermA sollten dazu eng zusammenarbeiten"[1]). Bei solcher Zusammenarbeit wird also das GBA nicht etwa „auf Antrag" des VermAs, sondern stets „von Amts wegen", d. h. von sich aus tätig (s. § 38, S. 178 betr. Behördenersuchen).

---

[1]) Hesse-S.-F., § 6 AusfVO., III, 4, S. 387.

Von Amts wegen hat das GBA hiernach die Bezeichnung der Flurstücke durch die Flurstücksnummern in Uebereinstimmung mit dem Kat und mit den Messungsverzeichnissen und Veränderungsnachweisen zu übernehmen, ebenso die rechtlich bedeutungslosen rein tatsächlichen Angaben über die Größe der Flurstücke, ihre Nutzungsart und Lagebezeichnung, weil diese in keiner Weise die Grundlage für einen gutgläubigen Erwerb bilden können. Auch irrtümliche Namensangaben, dann offensichtliche Schreibfehler, die den Sinn der Eintragung stören, sind von Amts wegen zu berichtigen.

Weiter hat das GBA von Amts wegen tätig zu werden, wenn das GB durch eine Eintragung durch Rechtsübergang außerhalb des GBs unrichtig geworden ist. Hier beschränkt sich diese Tätigkeit jedoch im allgemeinen darauf, die Stellung des Eintragungsantrags herbeizuführen. Hierüber das Nähere bei §§ 82 und 82 a, S. 184 f.

3. Antragsform

Der Antrag kann schriftlich eingereicht oder zur Niederschrift durch den GbBeamten gestellt werden; es genügt privatschriftliche Form, wenn er nicht gleichzeitig die Eintragungsbewilligung ersetzen soll (§ 29); er hat die Gste übereinstimmend mit dem GB oder durch Hinweisung auf das GbBlatt zu bezeichnen (§§ 28, 30).

Die Anträge sind vom GBA der Reihenfolge nach zu erledigen (§ 17); deshalb muß auf jedem Antrag sofort bei Eingang der Zeitpunkt des Einlaufs, auf Tag, Stunde und Minute genau, vermerkt werden.

4. Antragsberechtigung

Antragsberechtigt sind bei rechtsändernden Eintragungen nur die Beteiligten (Abs. 2), zwischen denen sich die Rechtsänderung unmittelbar vollzieht, das sind sowohl der „verlierende" wie der „gewinnende" Teil. Der, dessen Recht von der Eintragung „betroffen" wird, ist der verlierende, z. B. der bisherige Eigentümer des Gsts, der dieses verkauft; er muß der wahre Berechtigte sein; ist das GB falsch, dann ist es also nicht der Bucheigentümer, sondern der wirkliche Eigentümer, z. B. der Erbe des Bucheigentümers. Den, „zu dessen Gunsten" die Eintragung erfolgen soll, bezeichnet man als den gewinnenden Teil, z. B. den Erwerber des Gsts oder den Eigentümer eines Gsts, auf dem ein Recht lastet, das aufgehoben werden soll, oder den Hypothekgläubiger, oder denjenigen, an den eine schon bestehende Hypothek abgetreten werden soll.

In Hinsicht der nicht im GB eingetragenen buchungsfreien Gste kann außer dem Eigentümer auch jeder, dem ein eintragungsfähiges Recht am Gst zusteht, z. B. eine Grunddienstbarkeit, die Eintragung des Gsts verlangen, da die Eintragung des Rechtes die Eintragung des Gsts zur Voraussetzung hat (UebergGes. Art. 44, EG.BGB Art. 187 Abs. 1, Satz 1[2]). Insbesondere die Eintragung von Rechten, die nicht auf Urkunden und rechtsgeschäftlichen Erwerb, sondern auf rechtsverjährenden und unvordenklichen Besitz gestützt werden, ist vom Standpunkt des Berechtigten aus von Bedeutung; denn je längere Zeit vom Inkrafttreten des BGB an verstreicht, desto schwerer wird der Nachweis werden, daß sie am 1. 1. 1900 ersessen waren. Auch wenn über das Bestehen eines Rechtes an sich Uebereinstimmung besteht, so können doch Inhalt und Umfang des Rechtes bestritten sein, zumal die in der Zeit nach dem 1. 1. 1900 fallenden Handlungen für den Erwerb des Rechts durch Verjährung nicht mehr in Betracht kommen[3]). So kann beispielsweise der Eigentümer eines Gsts, mit dem ein Fischereirecht verbunden ist, die Eintragung des noch nicht gebuchten Gewässers beantragen (vgl. Ausf. zu § 9, Abs. 4, S. 87).

Der Eintragungsantrag kann durch einen Vertreter gestellt werden; zum Nachweis der Vollmacht genügt privatschriftliche Form, doch kann der GbBeamte öffentliche Beglaubigung fordern (§ 13 Satz 3 FGG). Der Notar kann kraft seines Amtes Antrag stellen in Hinsicht auf Erklärungen, die er selbst beurkundet oder beglaubigt hat (§ 15).

Dem Antrag steht gleich das Ersuchen einer Behörde im Rahmen ihrer gesetzlichen Zuständigkeit (§ 38, S. 176 f.).

5. Erweiterung der Antragsberechtigung

a) Ueber die weitergehende Antragsberechtigung zur Stellung des Antrags auf Eintragung subjektiv-dinglicher Rechte auf dem Blatte des berechtigten Gsts, z. B. durch den Hypothekgläubiger des herrschenden Gsts, siehe § 9, S. 87.

b) Eine Erweiterung der Antragstellung in Hinsicht auf § 39 Abs. 1 stellt § 14 dar, indem er ausnahmsweise einem nur mittelbar Begünstigten das Antragsrecht einräumt. Nach § 39 soll nämlich eine Eintragung nur dann geschehen, wenn die Person, deren

[2]) Henle, Anm. 2 zu Art. 2 des Ges. v. 18. 6. 1898, S. 134; das., Anm. 3 zu § 1 der JMBek. v. 1. 7. 1898, S. 167; das., Anm. 6b zu § 1 der JMBek. v. 11. 7. 1901, S. 335.

[3]) das., Anm. 1 zu § 4 der JMBek. v. 11. 7. 1901, S. 347.

Recht durch die Eintragung betroffen wird, als der Berechtigte eingetragen ist. Wir hörten schon, daß dies nicht immer ohne weiteres zutrifft, insbesondere bei Eigentumsübergang im Erbweg. Hat nun z. B. ein Gläubiger gegen den Sohn und einzigen Erben eines im GB noch eingetragenen verstorbenen GstsEigentümers, d. i. gegen den wirklichen Eigentümer, ein vollstreckbares Urteil auf 400 DM erwirkt, dann ist die Eintragung so lange behindert, bis dieser Erbe selbst im GB eingetragen ist. Darum bestimmt § 14, daß auch derjenige, der im Besitz eines vollstreckbaren Titels ist, auf Grund dessen er eine Eintragung ins GB gegen einen solchen Berechtigten verlangen kann, der noch nicht eingetragen ist, die Berichtigung des GBs durch Eintragung dieses Berechtigten beantragen darf (§ 124 IV bayDA).

Vollstreckbare Titel sind vornehmlich die nach den §§ 704, 794 und 801 ZPO, also insbesondere rechtskräftige oder vorläufig vollstreckbare Endurteile und Schiedssprüche, vor Gericht oder einer Gütestelle abgeschlossene Vergleiche.

Prüfung der Anträge

§ 18

Wenn zwar nicht die Rechtswirksamkeit des dem Eintragungsantrag zugrunde liegenden Rechtsgeschäfts, so hat das GBA doch die Zulässigkeit und Vollständigkeit des Antrags in formeller und sachlicher Hinsicht zu prüfen, und es darf dem Antrag nur dann durch Eintragung stattgeben, wenn alle Voraussetzungen des Gesetzes und der Vollzugsvorschriften erfüllt sind (§ 53 bayDA).

1. Eintragungshindernisse

An Hindernissen gegen die Eintragung kommen z. B. in Betracht:

a) die beantragte Eintragung ist gesetzlich nicht zulässig, z. B. wegen Eintragungsunfähigkeit des zur Eintragung beantragten Rechts (Vorbem. zu §§ 13 ff., S. 94);

b) der die Eintragung bewilligt hat, ist nicht fähig oder nicht berechtigt, über das Recht zu verfügen, oder der Vertreter des Berechtigten ist nicht ausreichend bevollmächtigt;

c) das behördliche Ersuchen ist von einer nicht zuständigen Behörde gestellt (§ 38, S. 176 f.);

d) die erforderlichen Erklärungen und Nachweise sind nicht vollzählig beigebracht (§ 29, S. 173 f.);

e) derjenige, dessen Recht betroffen wird, ist noch nicht eingetragen (§§ 13—17, Nr. 5 b, S. 97 f.; §§ 39, 40, S. 179 f.).

Uebersendet also z. B. ein Vermessungsamt einen Auszug aus dem Veränderungsnachweis an das GBA mit dem Antrag des Grundeigentümers auf Vereinigung von Gsten, ohne daß die Voraussetzungen zur Vereinigung alle erfüllt sind, z. B. weil verschiedenartige Belastung mit Hypotheken vorliegt, oder ist der Vereinigungsantrag in Hinsicht eines Gsts, das in allgemeiner Gütergemeinschaft stehenden Eheleuten gehört, von der Ehefrau nicht unterzeichnet, so darf das GBA dem Antrag nicht entsprechen; es wird ihn und den Auszug aus dem Messungsverzeichnis bzw. dem Veränderungsnachweis, der die Verschmelzung der Flurstücke ausweist, an das VermA unvollzogen zurückgeben.

2. Zurückweisung und Zwischenverfügung

In den Fällen der Verhinderung kann das GBA den Antrag entweder sofort zurückweisen oder durch eine Zwischenverfügung dem Antragsteller eine Frist zur Behebung der Mängel stellen und gegebenenfalls erst nach fruchtlosem Ablauf der Frist den Antrag zurückweisen.

Die Zwischenverfügung mit der Friststellung soll einerseits dazu dienen, dem Antrag seinen Vorrang vor späteren Anträgen zu wahren, anderseits den Vollzug solcher späteren Anträge nicht über Gebühr zu verzögern.

3. Schutzvermerk

Soll jedoch ein späterer Antrag auf eine Eintragung, durch die das gleiche Recht betroffen wird, erledigt werden, ohne erst den Ablauf der Frist abzuwarten, dann bedarf es zur Rangsicherung der zuerst beantragten Eintragung der Eintragung eines Schutzvermerks in das GB. Dieser Schutzvermerk wird als „Vormerkung" bezeichnet, wenn der erste Antrag auf eine Rechtsänderung ausgeht; als „Widerspruch", wenn er auf eine Berichtigung zielt. Beide dürfen nicht verwechselt werden mit der Vormerkung des § 883 BGB (s. S. 19) und dem Widerspruch des § 899 BGB (s. S. 24), wenn sie auch als jenen verwandte Einrichtungen anzusehen sind.

Eintragungsbewilligung

§§ 19—21, 28

1. Wesen

§ 19 besagt: „Eine Eintragung erfolgt, wenn derjenige sie bewilligt, dessen Recht von ihr betroffen wird." Diese Bestimmung bildet den Kern des GbRechts. Sie benennt das grundlegende Erfordernis für die Eintragung, nämlich die „Eintragungsbewilligung". Sie stellt damit den Grundsatz des „formellen Konsensprinzips" auf, d. h. den Grundsatz, daß für die Eintragung in der Regel die einseitige Bewilligung des von der Eintragung Betroffenen, des „leidenden Teils", genügt und daß sonach der Nachweis der Zustimmung desjenigen, der das Recht erwerben soll, nicht erforderlich ist, und zwar dies, obwohl das materielle Recht zum Eintritt der Rechtsänderung die Einigung der Beteiligten verlangt (II. Teil, Abschn. I, Nr. 1, S. 14). Das darf jedoch nicht so verstanden werden, als ob die einseitige Eintragungsbewilligung auch materiell-rechtlich die zweiseitige Einigung ersetzen könnte; der Begünstigte muß in jedem Falle mit der Rechtsänderung einverstanden sein, wenn das Rechtsgeschäft Gültigkeit erlangen soll; nur soll das GBA der Aufgabe enthoben sein, nach dem Einverständnis des Begünstigten forschen zu müssen[4]). Damit nimmt § 19 freilich die Gefahr in Kauf, daß das GB möglicherweise unrichtig wird. Es geschieht dies um des Vorteils der Erleichterung des Gstsverkehrs willen.

2. Auflassung

Es folgen in § 20 sogleich die recht bedeutsamen Einschränkungen dieser Regelung, nun zugunsten des materiellen Konsensprinzips. Für die besonders wichtigen Fälle des Erwerbs des Eigentums an Gsten (s. S. 15) und der Bestellung, der Aenderung des Inhalts und der Uebertragung von Erbbaurechten (alten wie neuen Stils)[5]) bedarf es der ausdrücklichen Erklärung der Einigung des Berechtigten und des anderen Teils; ebenso nach Landesrecht in Bayern und in der Pfalz für die Fälle der Uebertragung des Eigentums an Bergwerken, unbeweglichen Kuxen, Fischereirechten, Realgewerbeberechtigungen und einer Reihe von Nutzungsrechten (Art. 17 AG.BGB), zu denen auch die Rechte an einzelnen Räumen eines fremden Gebäudes in der Pfalz zählen (pfälz. LiegenschGes. Art. 19 Abs. 2)[6]).

In diesen Fällen muß also eine Auflassung vorliegen, die inhaltlich und in der Form den Anforderungen des materiellen Rechts voll entspricht. Hinsichtlich der Form gilt (nur mit Ausnahme der neueren Erbbaurechte — § 11 ErbbVO) die Forderung, daß der Berechtigte und der andere Teil bei gleichzeitiger Anwesenheit vor

[4]) Staudinger, § 873, Anm. 55, S. 112; § 854, Einl. 29.

[5]) Staudinger, § 11 ErbbVO., Anm. 10, S. 759; § 1015 BGB.

[6]) Henle-Schneider, Art. 81, Anm. 2; Henle-Schmitt, Anm. 5 zu AG Art. 17 (2), S. 339.

dem GBA die Erklärung abgeben (§ 925 BGB). Jedoch waren für die in Bayern gelegenen Gste auch die bayerischen Notariate zur Beurkundung der Auflassungserklärungen zuständig (Art. 81 AG. BGB). Auch in Preußen galt die gleiche Einrichtung auf Grund der Gesetze vom 13. 5. 1918 und 11. 1. 1929 schon allgemein[7]), ehe sie durch die VO vom 11. 5. 1934 über Auflassung usw. (RGBl. I, S. 378) auf das Reich übernommen wurde; für Bayern ergab sich nun die Neuerung, daß auch außerbayerische Notare für bayerische Gste wie umgekehrt bayerische Notare für außerbayerische Gste innerhalb des Reiches zuständig wurden.

Durch die zweite VO über Auflassung usw. vom 9. 1. 1940 (RGBl. I, S. 46) ging die Beurkundung der Auflassung von Gsten außerdem auch in die Zuständigkeit der Gerichte über; dies ist vor allem bei der Auseinandersetzung eines Nachlasses, einer ehelichen Gütergemeinschaft oder einer fortgesetzten Gütergemeinschaft von Belang. Auch in gerichtlichen Vergleichen kann die Auflassung erklärt werden, so wie schon zuvor zufolge §§ 894 mit 896 ZPO eine rechtskräftige Verurteilung zur Auflassung die Erklärung der Auflassung ersetzte[8]).

Im Zwangsversteigerungsverfahren kann die Auflassung von der Kreisverwaltungsbehörde (Landrat) erklärt werden (Art. 26 AG.ZPO), im Falle des Gesetzes zur Beschaffung von Siedlungsland und zur Bodenreform (GSB) auch durch die obere Siedlungsbehörde (§ 29 Abs. 1 der 1. AusfVO.GSB); diese ist auch zur Auflassung von Gsten bei der freiwilligen Landabgabe (§ 29 Abs. 1 a. a. O.) zuständig. Im Falle des § 8 der VO vom 10. 3. 1937 (RGBl. I, S. 292) zur beschleunigten Förderung des Baues von Heuerlings- und Werkwohnungen sowie von Eigenheimen für ländliche Arbeiter und Handwerker ist die Durchführungsbehörde zuständig. Endlich ist durch § 37 der Ersten VO über die Wasser- und Bodenverbände vom 3. 9. 1937 (RGBl. I, S. 933) auch diesen Verbänden die Zuständigkeit eingeräumt, für den freiwilligen Erwerb von Eigentum und anderen Rechten an den zum Verband gehörigen Gsten Auflassungen entgegenzunehmen.

Eine sonstige Formbindung für die Einigung besteht nicht; es genügt die Erklärung des Veräußerers, daß er die Eintragung ins GB bewillige und die Erklärung des Erwerbers, daß er die

---

[7]) Hause, Die GbUmschreibungen usw., ZfV. 18/1936, S. 580.
[8]) Staudinger, § 873, Anm. 61; Brand-Schnitzler, § 53, S. 109, 112.

Eintragung beantrage. § 28 bestimmt noch ergänzend, daß die Eintragungsbewilligung das Gst übereinstimmend mit dem GB oder durch Hinweis auf das GbBlatt bezeichnen muß.

3. Buchungsfreie Grundstücke

Eine besondere Ausnahme läßt Art. 127 EG.BGB zu für die Uebertragung des Eigentums an einem ungebuchten buchungsfreien Gst für den Fall, daß es auch nach der Uebertragung buchungsfrei bleibt, nämlich wenn es an eine der in § 3 Abs. 2 a bezeichneten Personen veräußert werden soll oder wenn es einer der dort bezeichneten Zweckbestimmungen gewidmet ist. Nach Art. 83 AG.BGB ist hier zur Uebertragung des Eigentums nur die Einigung der Veräußerers und des Erwerbers darüber, daß das Eigentum übergehen soll, und die öffentliche Beurkundung der Erklärungen der beiden Teile erforderlich; für diese Auflassung bedarf es keiner notarischen oder gerichtlichen Beurkundung, wenn den von dem Eigentümer und von dem Erwerber abzugebenden Erklärungen die Eigenschaft öffentlicher Urkunden zukommt (§ 29, S. 173 ff.).

Es kann also z. B. das Eigentum an einem Gst, das nicht gebucht ist, und auch nach der Uebertragung nicht gebucht zu werden braucht, dadurch vom Staat auf eine Gemeinde übertragen werden, daß von der zuständigen Staatsbehörde die Uebertragung und von der Gemeindeverwaltung die Annahme in amtlichen Schreiben erklärt wird. Ist das Gst aber auf Antrag des bisherigen Eigentümers im GB eingetragen, oder wird es an einen buchungs**pflichtigen** Eigentümer aufgelassen, dann kann Art. 83 keine Anwendung finden. Im letzten Fall ist es zunächst im GB einzutragen und dann nach den allgemeinen Vorschriften aufzulassen (s. auch Ausf. zu §§ 3, 4, Nr. 4, B, a, S. 58). Zur Vermeidung von Mißverständnissen sei angefügt, daß Art. 83 nur vom **dinglichen** Vertrag handelt. Der obligatorische Vertrag, durch den der Eigentümer sich zur Uebertragung des Eigentums verpflichtet (s. II. Teil, Abschn. I, Nr. 3, S. 15), bedarf in jedem Fall der notarischen Beurkundung (EG.BGB, Art. 141; AG.GVG, Art. 15, Abs. 2)[9]).

4. Ausnahmen

a) **Ohne Eintragungsbewilligung** findet die Eintragung u. a. statt: zur Berichtigung einer nachgewiesenen Unrichtigkeit des GBs (§ 22, S. 109 ff.),

[9]) Henle-Schneider, AusfGesetze Art. 83, Vorbem. 3, S. 147 und Anm. 3c, S. 149.

bei den Eintragungen auf Ersuchen einer zuständigen Behörde (§ 38, S. 176 f.),

bei der Eintragung einer Vormerkung und eines Widerspruchs (§§ 883, 899 BGB, S. 19 und 24),

bei der Eintragung einer Sicherungshypothek (§§ 867, 932 ZPO).

Die Eintragungsbewilligung der Hypothek-, Grund- und Rentenschuldgläubiger und Reallast-Berechtigten bei der Abveräußerung von Teilflächen von Gsten kann in gewissen Fällen durch die Ausstellung eines Unschädlichkeitszeugnisses ersetzt werden (Ges. vom 18. 6. 1898, das Unschädl.-Zeugnis betreffend, GVBl. S. 301). In dem vom Amtsgericht auszufertigenden Zeugnis ist festzustellen, daß die Veräußerung für die Berechtigten unschädlich ist. Dadurch werden die Enthaftungs- und Entpfändungserklärungen der eingetragenen Berechtigten, insbesondere bei Abtretungen geringfügiger Flächenteile zu Weg- und Eisenbahnbauten, Flußregulierungen, Grenzberichtigungen, Siedlungen ländlicher Arbeiter u. dgl., entbehrlich gemacht[10]).

b) Entbehrlich ist die Eintragungsbewilligung außerdem nach § 21. Hier handelt es sich um subjektiv-dingliche Rechte. Von ihnen wurde bereits zu § 9 (S. 87) gesagt, daß sie auch auf dem Blatte des herrschenden Gsts vermerkt werden dürfen. Wird ein solches Recht durch die Eintragung betroffen, z. B. durch die Aufhebung oder Aenderung seines Inhalts oder durch eine Teilung des herrschenden Gsts und daraus folgender Inhaltsänderung einer Reallast, dann bedarf es zwar nach § 876 Satz 2 BGB der Zustimmung derjenigen, die Rechte an dem Gst haben — wenn diese Rechte von der Aenderung berührt werden —; § 21 läßt aber von der Eintragungsbewilligung dieser mittelbar Beteiligten absehen, wenn das Recht auf dem Blatt des herrschenden Gsts nicht vermerkt ist. Bei diesem Vorgehen wird unterstellt, daß diese an dem Recht nicht interessiert seien, weil sie es nicht kennen.

Auch hier wird also die Möglichkeit, daß das GB unrichtig wird, um der Verkehrserleichterung willen in Kauf genommen[11]).

5. Falsa demonstratio; Flurstücksnummern-Verwechslung

Meinen bei Abschluß eines Vertrags beide Vertragsteile das gleiche, bedienen sich aber beide übereinstimmend einer unzutreffenden Bezeichnung des Vertragsgegenstandes, so liegt eine falsa

[10]) Henle-Schmitt, § 19, Anm. 1, Abs. 2, S. 69; Ges. betr. Unsch.Zgn., S. 348 ff.; Brand-Schnitzler, § 74, S. 184 f.
[11]) Hesse-S.-F., Anm. zu § 21, S. 106 f.

demonstratio vor[12]). In Hinsicht des GBs ist ihre Wirkung eine unterschiedliche, je nachdem sie vor der Anlegung des GBs oder erst unter der Herrschaft des GbRechts unterlaufen ist.

1. Nach bay. Landrecht kam der Erwerb von Grund und Boden lediglich durch Vertrag und Uebergabe zustande. Dabei wurde wohl regelmäßig jene Grundfläche übergeben, die dem übereinstimmenden Willen der Vertragsteile entsprach. Mit der Uebergabe auf Grund des vorausgegangenen Vertrags war das Eigentum auf den Erwerber übergegangen.

Unter französischem Recht, z. B. in der Rheinpfalz, ist das Eigentum des Erwerbers am Gst schon allein durch die im Vertrag zum Ausdruck gebrachte Verpflichtung des Verkäufers zur Uebergabe des Gsts begründet worden. (Art. 1138 c. c.). Mündliches Uebereinkommen war ausreichend[13]).

Litt der Vertrag an einer falsa demonstratio, hatten z. B. beide die PlNr. 37 gemeint, ihre Erklärungen aber bezüglich der PlNr. 38 abgegeben, und ging der Fehler der Urkunde in das Kataster und später von hier bei der GbAnlegung in das GB über, dann ist das GB von Anfang an falsch gewesen. Das materielle Recht wurde davon nicht berührt. Der Erwerber war und blieb rechtmäßiger Eigentümer der Erwerbsfläche PlNr. 37. Wird der Fehler aufgedeckt, so bedarf es nur der Berichtigung des GBs auf Grund des § 894 BGB und gemäß § 22 GBO, ohne Rücksicht auf Zeitablauf. Es bedarf dazu weder eines neuen Kaufvertrags noch einer neuen Auflassung als Voraussetzung[14]). Der GbRichter wird im Einzelfall prüfen, ob der Aenderung eine rechtliche Bedeutung für den Umfang des Rechtes des Eigentümers oder dritter Personen (z. B. der Hypothekgläubiger) zukommt. Verneint er die Frage, was in diesen Fällen die Regel sein wird, dann kann er selbst die Erklärung der Beteiligten beurkunden, sofern er nicht von Amts wegen vorzugehen berechtigt oder verpflichtet ist[15]). Die Frage wird aber zu bejahen sein, wenn in der Zeit nach der GbAnlegung das irrig eingetragene Gst das Eigentum durch gutgläubiges Rechtsgeschäft oder durch einen Zuschlag in der Zwangsversteigerung gewechselt hat; in diesem Fall hat der nicht eingetragene Erwerber sein Eigentum an dem Gst oder Gststeil verloren, und die Eintragung im GB besteht zu Recht. Vgl. § 22, Abschn. IV, S. 105.

---

[12]) Meisner, S. 71.

[13]) Sirey et Gilbert, Code civil, Verl. Marchal et Godde, Paris, Band 4, 1920, S. 2, Anm. 11 zu Art. 1582/83.

[14]) Schefold, Rechtsfragen usw., ZfV. 1924, S. 377.

[15]) H. Schmitt, GB u. Wirklichkeit in Bayern, ZfRechtspflege in Bayern 19/1912; bay.ZfV. 2/1913, S. 58/64.

2. Anders beim Erwerb unter der Herrschaft des GbRechts. Zwar wird auch die Wirksamkeit einer Auflassung an sich nicht dadurch beeinträchtigt, daß das Gst mit einer falschen Flurstücksnummer bezeichnet ist, wenn dabei der Veräußerer und der Erwerber dasselbe meinten und sich nur einer unzutreffenden Bezeichnung des Vertragsgegenstandes bedienten. (Dies gilt auch, wenn die Vertragsteile oder einer von ihnen ihrem Willen eine unrichtige Vorstellung vom Flächenmaß zugrunde gelegt haben.) Wesentlich ist, daß die Uebereinstimmung der Parteien hinsichtlich des Vertragsgegenstandes selbst feststeht. In einem solchen Falle gibt es auch nichts anzufechten im Sinne von § 119 BGB, da ja beide über den Vertragsgegenstand völlig einig sind[16]).

Da aber die Eintragung im GB ein völlig selbständiger Rechtsakt ist, durch den der Vertragswille der Beteiligten verwirklicht werden sollte, so vermochte die irrige Eintragung dies nicht und wird dadurch wirkungslos; denn sie widerspricht dem wahren Willen der Beteiligten. Hier hat sich der falsa demonstratio eine „Divergenz der Eintragung" angeschlossen. Einer Eintragung, durch die etwas „anderes" eingetragen ist, als was gewollt war, ist die Rechtswirkung grundsätzlich zu versagen. Die vereinbarte Aenderung konnte nicht eintreten, weil sie nicht eingetragen wurde, die eingetragene aber nicht, weil sie nicht vereinbart war[17]).

Für den Fall, daß „mehr" eingetragen wurde, als worüber die Beteiligten sich geeinigt hatten, kann die Rechtswirkung insoweit eintreten, als Einigung und Eintragung sich decken; hinsichtlich der Mehreintragung ist das GB falsch geworden; die Berichtigung kann auf Grund des Anspruchs des Veräußerers aus § 894 BGB beantragt und durchgeführt werden.

Für den Fall aber, daß „weniger" eingetragen wurde, wird § 139 BGB dahin maßgebend, ob das „Weniger" gleichwohl gelten soll oder ob die Eintragung als völlig ungültig zu bewerten ist. Das eine wird zutreffen, wenn das Rechtsgeschäft ohne den nichtigen Teil auch herbeigeführt worden sein würde, das andere, wenn das nicht angenommen werden kann. Im ersten Fall hat der Erwerber aus § 313 BGB Anspruch auf Vervollständigung der Eintragung[18]); es bedarf weder eines ergänzenden Kaufvertrags noch einer neuen Einigung, sondern nur der Nachholung der ausstehenden Teileintragung,

---

[16]) Meisner, S. 71; OLG. München 40, 260; Brand-Schnitzler, § 74, S. 184, Fußnote 2.

[17]) Staudinger, § 873, Anm. 85, S. 122; § 925, Anm. 23 α, δ, S. 422.

[18]) ebenda, § 873, Anm. 75, 75a, S. 118, § 925, Anm. 98, S. 450.

um den ursprünglichen Kaufvertrag zu erfüllen. Im anderen Fall ist das GB durch die geschehene Teileintragung unrichtig geworden; Veräußerer und Erwerber haben Anspruch auf Berichtigung gemäß § 894 BGB zugunsten des ersten, der Erwerber aus § 313 BGB auf Erfüllung des Vertrags zu seinen Gunsten. Die erste Berichtigung kann auf Grund des § 22 GBO herbeigeführt werden, sobald die Unrichtigkeit des GBs durch eine Niederschrift von dem GbRichter festgestellt ist.

Meinungsverschiedenheit besteht darüber, ob vorausgehend der Veräußerer wieder eingetragen werden müsse (§§ 13—17, Nr. 5 b, S. 97 f.; §§ 39, 40, S. 179) oder ob die Berichtigung unmittelbar zugunsten des Erwerbers herbeigeführt werden könne. Das Reichsgericht hat der ersten Auffassung den Vorzug gegeben; doch hat das zweite Verfahren den Vorzug der Kürze[19]).

Natürlich ist auch hier das GB richtig geworden, wenn in der Zeit zwischen der fälschlichen Eintragung und der Aufdeckung des Irrtums ein gutgläubiges Rechtsgeschäft oder ein Erwerb durch Zuschlag in der Zwangsversteigerung eingetreten ist.

Durch fehlerhafte Teilungsmessung kann eine falsa demonstratio auf verschiedenartigste Weise unterlaufen:

Beispiel 1: A und B hatten sich über den Eigentumsübergang des westlichen Teils des Flurstücks 215 bis zur Linie f—g geeinigt. In-

Fig. 1

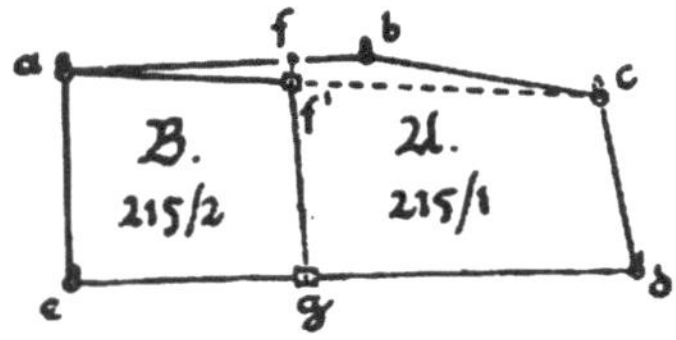

folge des Uebersehens des verdeckten Grenzsteins b wurde jedoch statt des richtigen Grenzpunktes f in der Grenze a—b irrtümlich der Grenzpunkt f' in der geraden Verbindungslinie a—c eingeschaltet. So entstand statt des gewollten Trennstücks a—e—g—f das Teilgrundstück a—e—g—f'. Die Fläche a—f—f' gelangte nicht zur Eintragung in das GB. Wird der einfachere der beiden oben bezeichneten Wege gewählt, so bedarf es zur Berichtigung des GBs außer der Erklärung der Beteiligten nur eines Berichtigungsmessungsverzeichnisses, in dem die richtigen Katasterflächen, und einer Kartenbeilage, in der die

[19]) Staudinger, § 925, Anm. 23 a, S. 421.

berichtigte Grenze ausgewiesen ist. Die Größe der Fläche a—f—f' ist dabei völlig belanglos; es kommt nur darauf an, ob der Punkt f' soviel aus der Grenze a—b abweicht, daß die Strecke f—f' praktisch feststellbar ist, d. h. die Fehlergrenze überschreitet. Siehe Figur 1.

Beispiel 2: Der gemeinsame Vertragswille der Beteiligten ging dahin, vom Gst 350 die Hälfte (350/2)[20]) zu übereignen. Bei der Teilung wurde aber infolge eines Rechenfehlers statt der Halbierungslinie h—h' eine abweichende Linie, sei es m—m', durch die der Erwerber mehr, sei es w—w', durch die er weniger erhielt, festgelegt und im Messungsverzeichnis (Veränderungsnachweis) ausgewiesen.

fig. 2

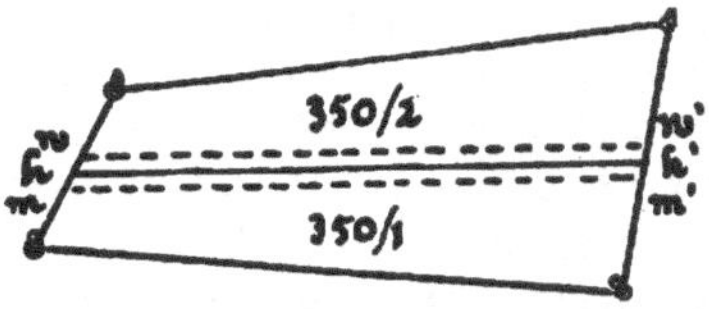

Auf diesem Wege ist, je nachdem zu seinem Vorteil oder Schaden, für den Erwerber ein Mehr oder ein Weniger in das GB eingetragen worden, als dem Vertragswillen entsprach. Demgegenüber hat es nichts zu besagen, daß sich die fehlerhafte Eintragung auf die fälschlich gleich großen Flächenangaben des MessVerzs. (VerändNachws.) zurückführte; denn für den GbNachweis sind nicht die Katasterflächen, sondern die in der Karte dargestellten Grenzlinien maßgebend, die ihrerseits im Fortführungsriß festgelegt sind. Dem Berichtigungsanspruch des geschädigten Teils kann nun nicht damit Genüge getan werden, daß die örtliche Grenze m—m' oder w—w' nach h—h' verlegt und nur die Vermessungsunterlagen von Amts wegen berichtigt werden; unerläßlich erscheint uns auch die Berichtigung im Buche selbst, auch hier, wo sich eine Aenderung der Katasterflächen infolge des gewählten vereinfachten Berichtigungsverfahrens nur deshalb scheinbar nicht ergibt, weil die bisher eingetragenen Flächengrößen falsch waren. Im neuen Bestand des Vortrags des MessVerz. erscheinen wieder die bisherigen, nun richtigen Katasterflächen, nur die Karte weist eine andere Grenze aus. Dabei ist es völlig belanglos, wie groß die lineare Abweichung ist, etwa ob sie in der Karte üblichen Maßstabs noch erkennbar ist oder nicht,

[20]) In Bayern ist neuerdings im Bereich des GrStrKat statt der Bezeichnung 350/1 für das Restflurstück 350, statt der Bezeichnung 350/2 aber 350/1 zu setzen.

entscheidend kann nur sein, ob überhaupt eine Verlegung der Grenze geboten war, m. a. W. ob die Fehlerhaftigkeit der ersten Vermessung die amtlichen Fehlergrenzen überschritt. Siehe Figur 2.

3. Den Beteiligten steht es auch frei, sich der Form der Auflassung zu bedienen, obwohl es sich nicht um eine Eigentumsänderung, sondern um eine Berichtigung des GBs handelt. Dieses Verfahren kann sich nur dann empfehlen, wenn sich die Beteiligten den Nachweis der Unrichtigkeit des GBs ersparen wollen[21]); denn es ist nur um den Preis erhöhter Kosten ausführbar.

4. Als Gegenstück zur falsa demonstratio soll hier noch der „Dissens der Parteien" erwähnt sein. Während dort beide Vertragsteile das übereinstimmend Gewollte übereinstimmend falsch bezeichneten, verbirgt sich hier unter gleichfalls übereinstimmender Bezeichnung ein versteckter Mangel der Einigung, sei es, daß unter den Beteiligten widersprechende Vorstellungen über den Vertragsgegenstand bestanden, sei es, daß über einen Punkt, über den eine Vereinbarung hätte getroffen werden sollen, diese unterblieben ist. Der zweite Fall ist nach § 155 BGB zu behandeln[22]).

Im übrigen kommt Anfechtung des Vertrags wegen Irrtums auf Grund des § 119 BGB in Betracht. Die Anfechtung muß unverzüglich erfolgen, sobald der Berechtigte vom Anfechtungsgrund Kenntnis erlangt hat; sie ist ausgeschlossen, wenn seit der Abgabe der Willenserklärung 30 Jahre verstrichen sind (§ 121 BGB). In allen Fällen ist der Anspruch auf Anfechtung verlorengegangen, wenn in der Zwischenzeit ein Dritter durch gutgläubiges Rechtsgeschäft oder durch Zuschlag in der Zwangsversteigerung das Eigentum an dem irrtümlich gebuchten Gst oder Gststeil erworben hat. Für den geschädigten Erwerber besteht dann nur ein persönlicher Anspruch wegen ungerechtfertigter Bereicherung gegenüber dem Veräußerer (§ 812 BGB); gegenüber dem dritten gutgläubigen Erwerber oder dem Ersteigerer aber ist er mangels eines dinglichen Anspruchs machtlos[23]).

Die GbBerichtigung wird in allen diesen Fällen die Berichtigung bzw. Ergänzung der Auflassung, wenn nicht gerichtlichen Entscheid oder Vergleich, zur Voraussetzung haben.

---

[21]) Staudinger, § 894, Anm. 24, S. 272.
[22]) Staudinger, § 873, Anm. 67, S. 117.
[23]) Staudinger, § 873, Anm. 66, S. 116.

Berichtigung zufolge Unrichtigkeitsnachweises
§ 22
I. Allgemeines

§ 894 BGB spricht aus, daß derjenige, dessen Recht nicht oder nicht richtig eingetragen ist oder dessen Recht durch die Eintragung einer nicht bestehenden Belastung oder Beschränkung beeinträchtigt ist, die Zustimmung zur Berichtigung des GBs von demjenigen verlangen kann, dessen Recht durch die Eintragung der Berichtigung betroffen wird. Die Zuerkennung dieses Anspruchs bedeutet den notwendigen Schutz des wahren Berechtigten gegenüber der aus dem Oeffentlichkeitsprinzip erwachsenden Gefahr des Rechtsverlustes. Macht der Geschädigte von diesem seinem Anspruch Gebrauch, dann fordert § 894 BGB grundsätzlich die „Zustimmung", übereinstimmend damit § 19 GbO die „Bewilligung" des „Berechtigten". Als Berechtigter erscheint zunächst der nach dem Buch Berechtigte. Dessen Zustimmung bzw. Bewilligung kann es aber nicht bedürfen, sobald nachgewiesen ist, daß er, der Buchberechtigte, in Wirklichkeit nur der Scheinberechtigte, der Nichtberechtigte, der Antragsteller selbst aber der Berechtigte ist.

Diesem Tatbestand trägt § 22 Rechnung, indem er ausspricht, daß es in solchem Falle der Bewilligung nach § 19 nicht bedarf, und hiermit die Ausnahme vom Konsensprinzip ausdrücklich herausstellt. Dies gilt auch in Hinsicht des Eigentums und des Erbbaurechts.

§ 22 Abs. 2 spricht nicht gegen diese Deutung, und zwar auch ohne die neuerliche Einschaltung: „sofern . . . . die Unrichtigkeit nachgewiesen ist"[24]), da er ja vom „Eigentümer" und vom „Erbbauberechtigten" redet, worunter eben nur der wahre Eigentümer und der wahre Erbbauberechtigte verstanden werden können[25]).

Unrichtig ist das GB nach § 894 BGB, wenn sein Inhalt in Ansehung eines Rechtes am Gst, eines Rechtes an einem solchen Recht oder an einer relativen Verfügungsbeschränkung oder an einer Vormerkung mit der wirklichen Rechtslage nicht übereinstimmt. Eine solche Unrichtigkeit kann sein:

1. eine Unrichtigkeit im engeren Sinne; d. h. die Eintragung ist von vornherein unrichtig gewesen;

---

[24]) VO. vom 5. 10. 1947 (RGBl. I, S. 573).
[25]) Reiß, S. 111; Henle-Schmitt, Anm. 8 zu § 22.

2. eine Unvollständigkeit, d. h. die Eintragung war von vornherein richtig, ist aber durch Rechtsvorgänge außerhalb des GBs nachträglich unrichtig geworden.

Zu den ersten gehören beispielsweise:

a) Flurstücksnummern-Verwechslungen bei der Auflassung;
b) die Teilung eines Gsts ohne schriftlichen Antrag des Eigentümers;
c) die Teilung und die Abveräußerung einzelner Gste oder Gststeile von Reichsheimstätten ohne die schriftliche Zustimmung des Ausgebers;
d) die Teilung von Ersatzgrundstücken aus der Flurbereinigung (Umlegung) unter Außerachtlassung der Teilungsbeschränkungen des Art. 91 FlurbGes.;
e) die Eintragung eines Eigentumswechsels an einem innerhalb eines Wohnsiedlungsgebietes gelegenen Gst oder Gststeil ohne die Genehmigung der Verfügung durch die zuständige untere Verwaltungsbehörde (§ 4 WohnsiedlGes.);
f) die Vereinigung von Gsten ohne die Erfüllung der gesetzlichen Voraussetzungen (schriftlicher Antrag des Eigentümers, bei Heimstätten Zustimmung des Ausgebers).

Von der zweiten Art, den Unvollständigkeiten, interessieren uns insbesondere folgende Rechtsänderungen:

a) der Erbgang (gesetzlich oder nach Testament); hierzu gehört auch der Erwerb des Eigentums an einer Heimstätte durch Erbfall (§ 29 Abs. 1 RHeimstGes.);
b) der Eintritt der ehelichen Gütergemeinschaft in Ansehung der zum Gesamtgut gehörigen Gste (§ 1438 BGB);
c) der Zuschlag im Zwangsversteigerungsverfahren (§§ 90, 91 ZVG);
d) die Zwangsenteignung;
e) die wasserrechtlichen Eigentumsübergänge aus Anlaß von natürlichen Anlandungen und Abrissen von Uferstreifen und der Neubildung von Inseln (Art. 8, 21, 23 f. Wassges.), von künstlich bewirkten Verlandungen und Abrissen an öffentlichen Flüssen (Art. 10, 12 a. a. O.) und der Verfügungen der Staatsregierung über die Verwendung verlandeter Flächen (Art. 11 Abs. 3, Art. 12 Abs. 2 a. a. O.);
f) die Vollziehbarkeitserklärungen im Vollzug der Flurbereinigungen und der Baulandumlegungen und die Aus-

führungsanordnungen im Reichsumlegungsverfahren (Art. 79 FlurbGes., Art. 37 BaulGes.; §§ 64, 90 RUO.);

g) die Verschmelzung von Gemeindevermögen bei der Zusammenlegung von Gemeinden und sonstigen Aenderungen des Gemeindegebiets (§ 15 Abs. 2 DGO);

h) der Uebergang des Eigentums an den Gsten der früheren Ortschaften (Ortsgemeinden) an die politischen Gemeinden durch das Inkrafttreten der DGO (vgl. § 1 Ziff. 2 der Ersten DchfVO zur DGO vom 22. 3. 1935, RGBl. I, S. 127; § 1 UeberleitVO vom 30. 3. 1935, GVBl. S. 179);

i) der Uebergang des Eigentums an den Gstn des Deutschen Reiches an die Bundesrepublik Deutschland (Art. 134 GG) und

der Uebergang des Eigentums an Gstn aus Landesvermögen und aus Vermögen nicht mehr bestehender Körperschaften und Anstalten des öffentlichen Rechts in das Vermögen eines anderen Landes bzw. anderer Körperschaften und Anstalten des öffentlichen Rechts der Bundesrepublik Deutschland (Art. 135 GG) gemäß noch zu erwartender gesetzlicher Regelung.

In diesen und ähnlichen Vorgängen gingen die Rechte an den Gsten kraft Gesetzes über; nachweislich erwuchs gleichzeitig die Unrichtigkeit des GBs, und darum bedarf es nur des Berichtigungsantrags, nicht aber der Eintragungsbewilligung.

Der Berichtigungsantrag kann vom Berechtigten und auch vom fälschlich als berechtigt Eingetragenen gestellt werden.

Keine Zuständigkeit zum Antrag kommt den Finanz-, den Vermessungs- und den Flurbereinigungsämtern zu, jedoch sind die beiden ersten und auch die Vermessungsabteilungen des Landesvermessungsamts zur Aufdeckung irriger Eintragungen herangezogen, indem die FMBek. vom 18. 4. 1912 (FMBl. S. 103) ihnen zur Pflicht macht, den GBAemtern von solchen Mängeln Kenntnis zu geben, die sie im Dienstvollzug wahrnehmen[26]). Sie sind außerdem zu vorbeugenden Maßnahmen gegen die Entstehung falscher Buchungen angehalten, und zwar im besonderen:

1. durch mündliche Aufschlüsse und durch Kartenausfertigungen an die Notare und an die Beteiligten zur Vermeidung von

[26]) Bezüglich der Flurber.Aemter s. Hillebrandt-E.-G., Anm. 1 zu § 84; ferner: Schröder, ZfV. 1938, S. 86; Haffke, 1938, S. 508, a. a. O.

Flurstücksnummern-Verwechslungen bei notarischen Beurkundungen und Auflassungen,

2. durch Rückfragen bei den GBAemtern und bei den Beteiligten vor der Zurückvermessung unvollzogener Teilungsvermessungen, und
3. durch Aufklärung der Beteiligten über die Abhängigkeit des Zustandekommens rechtsgültiger Eigentumswechsel von der Eintragung im GB.

II. Rechtsvermutung

A. § 891 BGB lautet:

„1. Ist im GB für jemand ein Recht eingetragen, so wird vermutet, daß ihm das Recht zustehe.

2. Ist im GB ein eingetragenes Recht gelöscht, so wird vermutet, daß das Recht nicht bestehe."

In beiden Sätzen heißt es: Es wird vermutet. Es heißt nicht: Es steht geschrieben, darum ist es wirklich so; sondern: Was geschrieben steht, gilt solange, als es nicht als unrichtig erwiesen ist. Wer im Buche, also nur formell, als Berechtigter eingetragen ist, gilt zwar auch in materieller Hinsicht als berechtigt; ein Recht, das im Buche, also formell, gelöscht ist, gilt zwar auch materiell als erloschen, — beides aber nur bis zum Beweis seiner Unrichtigkeit.

Mit dieser Fassung hat das BGB das Prinzip der sog. formalen Rechtskraft oder rechtsbegründenden (konstitutiven) Wirkung der Eintragung, wonach die Eintragung im GB schlechthin als richtig zu gelten hätte, abgelehnt. Der Inhalt des GBs bleibt somit grundsätzlich widerlegbar.

Die Rechtsvermutung erstreckt sich auf alle eingetragenen und gelöschten Rechte ohne Unterschied. Infolge der verstärkten Schutzbestimmungen des § 892 BGB (s. II. Teil, Abschn. V, Nr. 1, S. 21 ff. und § 22, Abschn. IV, S. 114) und der §§ 90, 91 ZVG (s. II. Teil, Abschn. V, Nr. 2, S. 23) ist sie aber praktisch nur in den Fällen von Bedeutung, wo nach Anlegung des GBs nicht ein gutgläubiger Erwerb durch Auflassung oder ein Erwerb aus der Zwangsversteigerung inzwischenliegt. Für sie kommen also insbesondere in Betracht die Fälle:

a) der Erbfolge, und zwar sowohl durch Testamentserben wie durch gesetzliche Erben;

b) des Eintritts der ehelichen Gütergemeinschaft durch Ehevertrag (§ 1438 Abs. 2 BGB);

c) der Erbauseinandersetzung;

nicht aber des Erwerbs durch Vermächtnis (§ 1939 BGB) und durch Anwesensübergabe[27]).

B. Lange Zeit umstritten war die Frage nach der Teilnahme der tatsächlichen Angaben an der Vermutung des § 891 BGB. Sie gilt heute infolge der RGerEntsch. vom 12. 2. 1910[28]) als dahin entschieden, daß die Angaben über Nutzungsart, Lage und Flächenmaß der Gste an der Vermutung nicht teilnehmen, daß jedoch die Angaben über die zum Bestand der Gste gehörige Grundfläche, m. a. W. über die Begrenzung der Gste, so wie diese aus dem Kataster übernommen worden sind, unter die Vermutung fallen. Denn, so sagt die Begründung zur RGerEntscheidung,

„soll das Rechtsverhältnis des Eigentums an einem Gste Gegenstand des öffentlichen Glaubens sein, so muß aus diesem ersehen werden können, auf welchen abgegrenzten Teil der Erdoberfläche sich das Eigentum bezieht, und das Ersichtliche muß maßgebend sein, weil sonst der öffentliche Glaube gegenstandslos sein würde".

Indem das GB das Kat insoweit am öffentlichen Glauben beteiligt, muß es dieses folgerichtig auch an der Vermutung des § 891 BGB teilnehmen lassen[29]).

III. Widerlegung der Rechtsvermutung

Die Widerlegung der Rechtsvermutung des § 891 BGB steht jedem zu, der durch die Eintragung in seinem Recht beeinträchtigt wird. Wer sie durchführen will, muß selbst die Tatsachen angeben, die das Gegenteil beweisen. Bloße Vermutungen und gedachte Möglichkeiten reichen zur Widerlegung nicht aus[30]).

Die Unrichtigkeit muß also, soweit sie dem GBA nicht ohnehin bekannt ist, durch öffentliche oder öffentlich beglaubigte Urkunden lückenlos bewiesen werden (§ 29 [1]); das GBA ist einerseits nicht verpflichtet, selbst Nachforschungen zu veranstalten; es wird anderseits den Anträgen auf Berichtigungen im Rahmen des § 22 mit einer

---

[27]) Reiß, S. 44 ff.; Staudinger, § 892, Anm. 24, S. 235.

[28]) s. Fußnote 27, Seite 23.

[29]) s. Entscheidungsgründe zum Teilurteil des Pr.KGer. v. 11. 7. 24; 26 U 2222. 24/72; abgedr. in Leipz. Ztschr. f. Deutsches Recht 13/25 u. ZfV 18/26, S. 560/566, mitgeteilt von Rau; ferner Reiß, S. 15 f.

[30]) Staudinger, § 891, Anm. 15.

gewissen Vorsicht, ja Strenge begegnen müssen[30]). Glaubt das GBA den Nachweis der Unrichtigkeit nicht erbracht, so kann und wird es verlangen, daß die Eintragungsbewilligung des von der Eintragung Betroffenen beigebracht wird; wird er erbracht, ist es zur Nachprüfung der Frage, ob das GB tatsächlich unrichtig ist, nicht weiter verpflichtet. Aber auch angesichts der Bewilligung muß der GbRichter die Eintragung ablehnen, wenn er weiß, daß die Angaben der Parteien unrichtig sind und somit das GB durch die Berichtigung erst unrichtig werden würde; bloße Zweifel jedoch rechtfertigen die Ablehnung des Berichtigungsantrags nicht[31]).

IV. Gutglaubensschutz

1. Der öffentliche Glaube, der sich auf § 892 BGB gründet, bedeutet die Fiktion, daß zugunsten desjenigen, der ein Recht an einem Gst oder ein Recht an einem solchen Recht durch Rechtsgeschäft erwirbt, der Inhalt des GBs schlechthin richtig sei, nur mit der Einschränkung, daß eine gleichwohl vorhandene Unrichtigkeit des GBs dem Erwerber nicht bekannt sein darf, m. a. W., daß der Erwerber „gutgläubig" erwerbe. § 892 schafft also eine Ausnahme von § 891 BGB zu verstärktem Schutz des gutgläubigen Erwerbers. Ihm gegenüber kommt eine Widerlegung des GbInhalts auch dann nicht mehr in Frage, wenn dieser nachweislich unrichtig war (s. II. Teil, Abschn. V, Nr. 1, S. 20 ff.[32]).

Bei dieser Sachlage braucht sich der Erwerber gar nicht darum zu kümmern, ob der Inhalt des GBs mit der materiellen Rechtslage übereinstimmt oder nicht; seine Gutgläubigkeit ist nach der gegenwärtigen Rechtsprechung gänzlich unabhängig davon, ob er das GB eingesehen hat oder nicht; es besteht für ihn keine Verpflichtung zur tatsächlichen Nachforschung oder rechtlichen Nachprüfung gegenüber dem GbInhalt[33]).

Gutgläubiger Erwerb im Sinne des BGB setzt hiernach voraus, daß im Zeitpunkt des Erwerbs das GB bereits angelegt und damit das GbRecht voll in Kraft getreten war, weiter, daß im GB ein Widerspruch nicht eingetragen

---

[30]) Staudinger, § 891, Anm. 15.

[31]) Brand-Schnitzler, § 67, S. 150.

[32]) s. S. 113, Fußnote 29 und RGerEntsch. v. 6. 6. 1925, 474/24 ebenda; ZfV. 18/26, S. 568.

[33]) Staudinger, § 892, Anm. 42 u. 63, S. 243, 247.

war. Bei Erwerbungen in der Zeit vor der Anlegung des GBs kann er niemals in Betracht kommen.

2. Gutgläubiger Erwerb liegt aber dann nicht vor, wenn sich die Einigung zwischen Veräußerer und Erwerber über den Eigentumsübergang, d. i. die Auflassung, der übereinstimmende Wille, das Eigentum zu übertragen und zu erwerben, nicht auf das gbmäßige Gst, sondern nur auf einen den Beteiligten nach seinem Umfang örtlich genau bekannten Teil eines solchen bezog[34]); dann kann das Eigentum trotz der Eintragung des ganzen Gsts auf den Erwerber nur hinsichtlich dieser Teilfläche übergegangen sein. Hinsichtlich der anderen Teilfläche ist das GB falsch geworden. Für ihn fällt die Sachlage unter den Geltungsbereich des § 891 BGB, der die Widerlegung des buchmäßigen Eigentums zugunsten des verbliebenen ursprünglichen Eigentümers ermöglicht (vgl. §§ 19—21, 28, Nr. 5, S. 103 f.)[35]).

Spätere Rechtsgeschäfte an solchermaßen fälschlich eingetragenen GstsTeilen stehen jedoch durchweg unter dem Oeffentlichkeitsprinzip. Z. B.: A hatte von seinem Flurstück die Hälfte = 60 a an B veräußert; versehentlich waren aber um 6 a mehr abgeschrieben und auf das Blatt für B eingetragen worden. Erwirbt nun ein Dritter C von B auf Grund dieser GbEintragung gutgläubig, dann erwirbt C auf Grund des § 892 BGB das Eigentum an der ganzen Fläche zu 66 a[36]). (Vgl. §§ 19—21, 28, Nr. 5, Beispiel 2, S. 107.) — Oder: A verkaufte aus seinem Gst die Flurstücke 100, 101 an B; irrtümlich wurden aber die Flurstücke 100, 101, 102 aufgelassen und im GB übertragen. B wurde trotzdem nur Eigentümer von 100 und 101. Ein gutgläubiger späterer Käufer C (Dritter!) wird aber mangels rechtzeitiger Berichtigung des GBs auch rechtmäßiger Eigentümer von 102 werden[37]).

3. Es mag hier noch der Hinweis angebracht sein, daß für den Vertragswillen das maßgebend ist, was in der Auflassung gewollt, nicht aber, was im obligatorischen Vertrag, d. i. in der Notariatsurkunde, festgelegt worden war. Bezog sich etwa der Kaufvertrag auf das Gst „wie es steht und liegt", die Auflassung aber auf das Gst im gbmäßigen Umfang, ist also der Kaufvertrag durch die Auflassung, sei es auch nur stillschweigend, geändert worden, dann hat sich der Wille der Beteiligten auf die Uebertragung

---

[34]) das., § 892, Anm. 28, letzter Absatz, S. 238.
[35]) Staudinger, § 873, Anm. 85, S. 122; § 925, Anm. 23 α δ, S. 421.
[36]) das., § 892, Anm. 29, S. 239.
[37]) Reiß, S. 60 ff.

des gbmäßigen Gsts erstreckt. Zufolge § 313 Satz 2 BGB ist das im Sinne der Auflassung vollzogene Rechtsgeschäft rechtsgültig, auch wenn der Kaufvertrag weniger enthielt als die Auflassung (s. auch II. Teil, Abschn. I, Nr. 3, S. 16)[38]).

In Hinsicht der Auflassung ist entscheidend der Auflassungswille, nicht der Wortlaut der Auflassungserklärung.

4. Ueber die gleichartige Wirkung des Erwerbs durch Zuschlag in der Zwangsversteigerung wie durch gutgläubiges Rechtsgeschäft, s. II. Teil, Abschn. V, Nr. 2, S. 23 und § 22 Abschn. VI B, Nr. 6, S. 158.

V. Teilnahme der Flurkarte an der Rechtsvermutung und am öffentlichen Glauben

A. Grundsatz

Da das Kat hinsichtlich des Bestandes der Gste an der Vermutung des § 891 BGB und am öffentlichen Glauben des § 892 BGB teilnimmt, sind alle diese Dinge für den Vermessungsbeamten von besonderer Wichtigkeit:

1. Es wird bis zum Nachweis der Unrichtigkeit der Katastergrenzangaben vermutet, daß die Angaben der Flurkarte richtig sind, d. h. daß diese die wahren Grenzen nachweisen.

2. Es gilt die Grenze der Flurkarte schlechthin als richtig, wenn der öffentliche Glaube des GBs wirksam geworden ist[39]).

B. Begriff der Flurkarte

Im Reichskat werden zufolge § 2 BodSchätzUebernErl zwei Karten nebeneinander geführt: die „Flurkarte" und die „Schätzungskarte". Die Flurkarte unterscheidet sich von der zweiten nur darin, daß sie die Ergebnisse der Bodenschätzung nicht enthält; sie ist die Karte im Sinne des § 2 Abs. 3 GBO, d. i. die „Grundbuchkarte" im Bereiche des Reichskat.

Soweit das RKat noch nicht angelegt ist, wird diese Stelle in Bayern und in der Rheinpfalz nach wie vor durch die Katasterpläne

[38]) RGerEntsch. v. 6. 6. 1925, 474/24; abgedr. in Leipz. Ztschr. f. Deutsches Recht 13/25 u. ZfV. 18/26, S. 560/570.

[39]) Staudinger, § 892 BGB, Anm. 28, S. 237; Meisner, S. 61 ff.; Zeiler, Grenzstreit usw., Nachtrag, bay.ZfV 1913, S. 369 ff.; Reiß, S. 41 ff.

des GrStKat ausgefüllt. Auch sie führen nun die Benennung „Flurkarte" (FME. vom 2. 5. 1939 Nr. IV 11 380/I).

Der Ausdruck Flurkarte ist dem Sprachgebrauch des Nachbarlandes Württemberg entnommen.

Wenn aber die Flurkarte im Sinne des Eigentumsnachweises gemeint ist, dann ist hierunter nicht nur die blanke, auf einen Griff faßbare „Karte" zu verstehen; mit ihr zugleich sind alle ihre Unterlagen, die Meßtischuraufnahme, die Liquidationsverhandlungen, -pläne und -brouillons, die Rechnungsakten, die Neumessungs- und Fortführungsrisse, die Ummessungs- und die Messungsoperate mit ihren Planbeilagen, die Messungsverzeichnisse und die Veränderungsnachweise und deren Auszüge mit den Kartenbeilagen, die Flurbereinigungsausarbeitungen und -absteckungsrisse, der Umschreibatlas, kurz das ganze verfügbare Kataster-Aktenmaterial, erfaßt. Das, was sich auf Grund sorgfältigster Würdigung a l l e r verfügbaren Urkunden der Landes- und der Fortführungs-, der Erneuerungs- und der Flurbereinigungsvermessung als Katastergrenze ergibt, das ist die Grenze der Flurkarte und n u n auch die G r u n d b u c h g r e n z e.

Leider ist dem Landesvermessungsamt München auch die nur vorübergehende Abgabe der Meßtischurkarten zur Einsichtnahme bei den Vermessungsämtern untersagt. Jedoch werden auf Antrag Pausen oder auch Lichtbilder abgegeben; aber nicht in allen Fällen können solche den unmittelbaren Einblick in die Uraufnahme ersetzen. Brouillons der Landesvermessung bzw. Renovationsmessung sind leider fast nur für Ortschaftslagen, und hier nur vereinzelt, vorhanden, im Gebiet der pfälzischen Rektifikationsmessung (ungefähr 1837) und auch in Teilen der späteren Landesvermessung der Pfalz aber auch weiterhin für Feldlagen; sie dürfen seit jüngstem auf Antrag der Vermessungsämter dauernd an diese abgegeben werden. Die Brouillons der Liquidationsgeometer liegen den Rechnungsakten an. Sehr wichtig ist die Heranziehung der Planbeilagen bei den Operaten, insbesondere aus jener Zeit, aus der Brouillons nicht mehr vorliegen (d. i. etwa bis Ende der 60er Jahre), da weder die damaligen Nachträge in die Fortführungspläne noch deren spätere Umgravierung immer mit der gebotenen Sorgfalt ausgeführt wurden. Die pfälz. „Ummessungsakten" enthalten keine Planbeilagen, aber regelmäßig Brouillons-Abzeichnungen (etwa ab 1840). Diese Brouillons sind im allgemeinen zuverlässig; da jedoch mancherorts von einzelnen Bezirksgeometern nicht Naturmaße, sondern aus der Karte abgegriffene Maße eingetragen wurden, bedürfen sie einer individuellen Bewertung.

C. Bewertung der Flurkartengrenze

Unerläßlich ist die sachverständige Bewertung der Zuverlässigkeit und der Genauigkeit der Flurkarte für die richtige Auslegung und Würdigung der Katastergrenze[40]). Deren Grad ist natürlich sehr verschieden, je nachdem die Grenze auf Grund einer Meßtischkarte der ersten Landesvermessung oder der Renovationsmessung oder eines Risses der Fortführungs- oder der Erneuerungsvermessung festgestellt werden kann bzw. muß. Handelt es sich um die Ermittlung nach der Meßtischkarte, so ist zu unterscheiden, ob die Grenze schon im Zuge der Uraufnahme der Landes- bzw. Renovationsmessung vorgefunden und vermessen wurde oder ob sie erst im Wege der Liquidationsverhandlungen oder der späteren Fortführung (ehedem in Bayern als „Ummessung", in Preußen als „Fortschreibung" bezeichnet) nachgetragen worden ist; wurde sie nachgetragen, so ist wichtig, ob sie von zuverlässigen Ausgangspunkten her eingemessen wurde; in jedem Falle ist es von Belang, wie viele der alten Kartenpunkte uns für die Uebertragung des verdunkelten oder strittigen Grenzzugs in der Natur jetzt noch zur Verfügung stehen, und ob die Messungslinien, mittels deren die Nachträge s. Z. ausgeführt worden sind, zuverlässig wieder aufgestellt oder ersetzt werden können. In Hinsicht der Brouillons und Fortführungsrisse ist zu unterscheiden, ob sie Maßangaben in ganzen, halben oder Zehntelsfußen, Dezi- oder Zentimetern enthalten; endlich ist auch nicht zu übersehen, mit welcher Genauigkeit die gegenwärtig noch verfügbaren Ausgangspunkte unter sich übereinstimmen. Nur in dem Ausmaße der von all diesen Umständen abhängigen Zuverlässigkeit vermag die Flurkarte die Grundbuchgrenze „nachzuweisen". So leichtfertig es wäre, irgendeine der verfügbaren technischen Urkunden zu vernachlässigen, ebenso mißbräuchlich wäre es, deren Gebrauch durch schablonenhafte Anwendung zu überspitzen, indem man ihnen eine Unbedingtheit oder Ausschließlichkeit zuerkennen würde, die ihnen nach Entstehung und Wesen nicht innewohnen würde.

Anderseits ist es zum „Nachweis" der Grenze — gewiß sehr nützlich und wünschenswert, aber — keineswegs unerläßlich, daß sie durch überschüssige Maße erhärtet werden kann; im Sinne des öffentlichen Glaubens ist ein Grenzpunkt nachgewiesen, wenn seine Lage graphisch oder durch Maßzahlen eindeutig,

---

[40]) Richter, Von der Meßtischkarte und dem Buchrecht, ZfV. 9/42, S. 245.

wennschon mit den in jedem Falle unvermeidlichen, aber stets sachlich begrenzten Ungenauigkeiten behaftet, in die Natur übertragen werden kann.

D. Fehlergrenzen

Innerhalb der Grenzen dieser Ungenauigkeiten — Fehlergrenzen — wird man auch die Natur selbst, d. i. die Besitzgrenzen, denen § 920 BGB ja auch eine Rechtsvermutung in beschränktem Maße einräumt, berücksichtigen müssen. Grundsätzlich werden wir an folgenden Erkenntnissen festhalten dürfen[41]:

1. Der natürliche Grenzpunkt entspricht dem Katastergrenzpunkt durchaus, und er kann ohne weiteres als mit ihm übereinstimmend gelten, solange die lineare Abweichung nicht mehr als den wahrscheinlichen Fehler (= ²/₃ des mittleren Punktfehlers) beträgt.

2. Der natürliche Grenzpunkt braucht dem Kartengrenzpunkt auch dann noch nicht unter allen Umständen zu widersprechen, wenn die lineare Abweichung den Grenzfehler (das dreifache des mittleren Fehlers) erreicht. Dabei muß uns freilich stets gegenwärtig bleiben, daß nach den Gaußschen Gesetzen der Wahrscheinlichkeit dieser Fehler unter 1000 Fällen nur noch dreimal zu erwarten ist; man wird deshalb bei nicht vermarkten oder auch sonst nicht (durch Zäune, Hecken, Raine) befestigten Grenzen über den mittleren Fehler hinaus immer weniger geneigt sein dürfen, die Abweichung als Kartenmangel gelten zu lassen.

3. Dies gilt insbesondere für Grenzzüge in Meßtischkarten. Die linearen Abweichungen der einzelnen Kartenpunkte verteilen sich gesetzmäßig auf alle Richtungen der Windrose. Infolgedessen wird es bei Neueinträgen in die Karte, die sich nicht auf Landeskoordinaten, sondern nur lokal auf die nächste Umgebung stützen, nur vereinzelt vorkommen, daß sich die Punktfehler eines gebrochenen Zuges sämtlich einseitig auswirken; vielmehr ist zu erwarten, daß die Kartengrenze um den identischen wahren und richtig einkartierten Grenzzug sich herumwinde wie die Rebe um den Stock. Parallelverschiebungen ganzer gebrochener Grenzzüge um mehr als den mittleren Punktfehler werden uns Anlaß sein zur sorgfältigsten Prüfung, ob nicht eine Grenzverschiebung oder aber eine falsche Einkartierung die Ursache sind.

[41]) Richter, Genauigkeitsermittlung in der bayer. Flurkarte (Meßtischkarte), ZfV. 12/1942, S. 31.

4. In mannigfachen Untersuchungen von Vermessungen aus der Praxis in Gebieten der *5000-teiligen Meßtischkarte* Ober- und Niederbayerns und der Oberpfalz habe ich als mittlere Fehler der Punktkoordinaten folgende Werte gewonnen:

± 0,4 bis ± 1,0 m in jüngeren guten Karten,
± 1,0 bis ± 1,3 m in älteren, weniger guten Karten.

Da die Untersuchung leider nicht immer auf alt-vermarkte Grenzpunkte und kartenursprüngliche Gebäudepunkte beschränkt werden konnte, muß damit gerechnet werden, daß manche der größeren Widersprüche sich auf Veränderungen der Besitzgrenzen im Laufe der Zeit (z. T. über hundert Jahre!) zurückführen. Das berechtigt zu dem Schluß, daß die wahren mittleren Koordinatenfehler der Kartenpunkte etwas niedriger als die errechneten liegen.

5. Zur Veranschaulichung mögen zwei Fälle aus der Praxis dienen.

a) Zwei konvergierende Grenzzüge treffen sich an ihrem Ende auf der Gewannengrenze im Abstand von 2 m; beide Punkte sind durch uralte Grenzsteine bezeichnet. Auch in der Flurkarte (Meßtischkarte 1 : 5000 vom Jahre 1854) sind diese Steine schon ausgewiesen, jedoch im Abstand von 4 m. Der Umstand der Abweichung von 2 m für sich allein genügt keinesfalls, einen Widerspruch der Grenzzeichen gegenüber der Kartenzeichnung zu behaupten; denn es muß jedem der beiden rein graphischen Kartenpunkte eine Unsicherheit von ± 0,02 mm = ± 1 m zugebilligt werden. Die Besitzgrenzen entsprechen somit in ihren Endpunkten den Kartengrenzen.

b) Anläßlich eines Eisenbahnbaues entstand im Jahre 1871 die Teilungsgrenze 33 — B'. In der Flurkarte 1 : 5000 wie auch in dem

Fig. 3

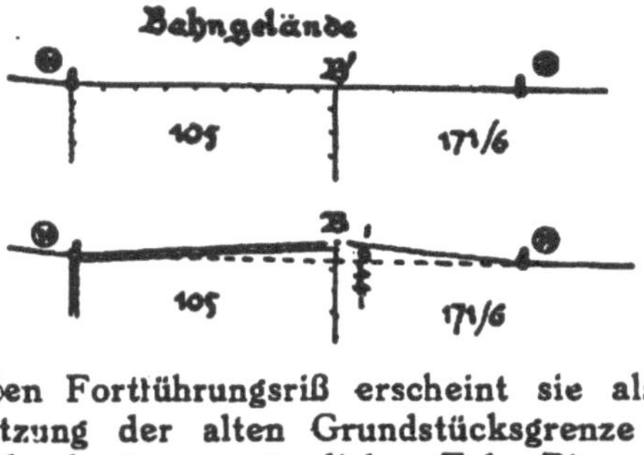

sehr mangelhaften Fortführungsriß erscheint sie als *geradlinige* Fortsetzung der alten Grundstücksgrenze des Pfarrhofes Flurst. 105 von der kartenursprünglichen Ecke B' nach Bahnstein 34, die bereits im Meßtischblatt des Jahres 1817 durch einen Zaun bezeichnet war. Das derzeitige Grenzmäuerchen besteht zufolge den bauamtlichen Akten mindestens seit dem Jahre 1865. Eine Abtrennung aus dem Flurst. 105 hat niemals stattgefunden; es liegt auch keine Grenzverhandlung im Zusammenhang mit den Erwerbungen zum Bahnbau vor. Die jetzt angetroffene Besitzgrenze verläuft jedoch nicht geradlinig zwischen den Eisenbahnsteinen 33 und 34, vielmehr liegt Eckpunkt B 44 cm außerhalb gegen den Bahnkörper. — Bei dieser Sachlage wäre es durchaus unberechtigt, die Flurkarte für die Behauptung in Anspruch zu nehmen, die Grenze verlaufe zwischen den Bahnsteinen 33 und 34 streng geradlinig; Brechpunkt B ist individuell, unabhängig von den Bahnsteinen zu beurteilen. Die in B leicht gebrochene Besitzgrenze widerspricht keineswegs der Flurkarte, ist vielmehr als ihr gemäß anzusehen.

E. Versagen der Grundbuchgrenze, Bedeutung der Flurkarte als öffentliche Urkunde

1. Allgemeines

Eine ebenso berechtigte wie umstrittene Frage ist die, ob die Flurkarte auch dann noch am öffentlichen Glauben des Gbs teilnehmen dürfe, wenn die Grenzangabe nachweisbar auf materiellem Irrtum beruht.

Man wird diese Frage nicht abseits des allgemein gültigen Grundsatzes behandeln dürfen, daß ein vom GB nachgewiesenes Recht, sobald es unter die Rechtswirkung des § 892 BGB fällt, in jedem Falle der Anfechtung entrückt ist (s. Abschn. II B, S. 113 u. Abschn. IV, S. 114).

Unbestreitbar ist das Eigentum an einer Grundfläche immer dann durch das GB „nachgewiesen", wenn aus dem Kat „ersehen werden kann, auf welchen abgegrenzten Teil der Erdoberfläche sich das Eigentum bezieht", technisch ausgedrückt: wenn das Kat einen klaren und eindeutigen Nachweis über die Begrenzung des Objekts enthält und wenn dieser innerhalb gewisser Fehlergrenzen in die Natur übertragen werden kann. Ohne jedwede Einschränkung sagen die Gründe der Reichsgerichtsentscheidung vom 12. 2. 1910 hiervon: „Das Ersichtliche muß maßgebend sein".

Der negativen Seite dieses Gedankengangs ist in der Entscheidung des Oberlandesgerichtes Breslau vom 22. 12. 1910[42])

[42]) Wiedergegeben in: Plähn, Die Mängel des pr. Kat. u. der Rechtsprechung, S. 116; s. auch Richter, Sollen die KatAngaben am GutglSchutz des GB nicht teilnehmen?, ZfV. 14/1939, S. 446.

Rechnung getragen, indem es feststellte, daß „für den besonderen Fall" der Hinweis auf den öffentlichen Glauben des Gbs versagte, weil die Karte nach dem Gutachten Unrichtigkeiten in solch erkennbarem Umfang enthielt, daß diese ihm die Beweiskraft raubten.

Wenn es also schlechterdings nicht mehr möglich ist, aus der Karte eine eindeutige Grenze zu ersehen, sei es wegen allgemeiner Unzuverlässigkeit der Karte oder wegen inneren Widerspruchs der Karte bzw. ihrer Unterlagen im Einzelfall, sei es, weil die Maßzahlen des Risses zerstört oder doch nicht mehr eindeutig lesbar sind, oder wegen sonstiger grober technischen Mängel, oder ist es mangels geeigneter Festpunkte nicht mehr möglich, die von der Karte einwandfrei nachgewiesene Grenze mit einiger Sicherheit in das Gelände zu übertragen, dann gibt es keinen GBNachweis, gibt es weder eine Vermutung nach § 891 BGB noch eine Fiktion nach § 892 BGB: eine GbGrenze ist nicht vorhanden.

Ein solches Versagen kann auch in der allerbesten Karte vereinzelt einmal vorkommen. Kann man aber auch von einem „Versagen der Karte" sprechen bei einem Aufnahmefehler, der sich in sie eingeschlichen hat? Hier können wir nicht darüber hinwegkommen, daß sie eben „die" Grenze, wenn auch die falsche Grenze, ganz „einwandfrei" ersichtlich macht, nachweist, und daß deshalb diese Grenze des Schutzes des öffentlichen Glaubens teilhaftig geworden ist. Wir werden an späterer Stelle (Abschn. VII B, S. 163 ff.) darauf zurückzukommen haben; doch sei schon hier folgendes ausgesprochen:

So beklagenswert es in jedem einzelnen Falle ist, wenn eben dieses GB, das doch allein zur Sicherung des redlich erworbenen Rechtes bestimmt ist, nun gerade selbst wegen irgendwelcher technischen Mängel Ursache wird, die gegenteilige Wirkung zu erzeugen, so muß eben solch ein Schaden mit echter, d. h. bejahender Resignation in Kauf genommen werden in dem Bewußtsein, daß anders das Buch überhaupt nicht imstande wäre, seine im großen und allgemeinen wohltätige Aufgabe zu erfüllen. Nicht falsche Resignation soll sich mit der Unvollkommenheit alles Menschenwerks abfinden und beruhigen oder unfruchtbarem Pessimismus Raum machen. Vielmehr ist gerade hier der Punkt, an dem sich das Berufsethos als aktivistisches Element zur heißen Flamme entfachen muß, nämlich in der Erkenntnis des Vermessungsingenieurs, daß es von seiner Gewissenhaftigkeit und Sorgfalt abhängt, die Zahl und die Größe solcher Schäden aufs äußerste zu beschränken.

Seelenloser „Vollzug" der dazu aus generationenlanger Erfahrung erwachsenen technischen Anweisungen vermag nie und nimmer allen Anfechtungen der äußeren Widerstände, als da sind: Wind und Wetter, Hitze und Kälte, Schwächen und Gebrechen der menschlichen Organe, die eilende und drängende Zeit, der eiserne Zwang zur Einbringung von Gebühren (sei es der Staats-, sei es der Privatkasse) — siegreich zu trotzen. Nur die Macht der Wahrheit und des Geistes über die Natur vermag diese Rachegeister zu bannen. Hier wie immer sind es die moralischen, rein menschlichen Eigenschaften, nicht die intellektuellen Gaben, bei denen die letzte Entscheidung über die Erfüllung unserer Aufgabe ruht.

Auch halte ich es für durchaus falsch und verwerflich, die Sachlage eines materiellen Irrtums der Karte den Beteiligten irgendwie zu verschleiern. Die bisweilen bemerkbare Besorgnis, eine solche Offenheit vermöchte das Vertrauen der Beteiligten, wenn nicht zur persönlichen Fähigkeit und Wirksamkeit des Beamten, so doch zum allgemeinen Wert der Flurkarte zu schmälern, habe ich in meinen langjährigen Erfahrungen nie als begründet empfunden. Wahres Vertrauen läßt sich nicht erschleichen. Es ist stets die natürliche Frucht der Vertrauens*würdigkeit* des *Menschen*, seiner Wahrhaftigkeit, Offenheit, Fähigkeit und Dienstbereitschaft.

2. Doppelbuchung; Niemandsland

a) Ein typischer Fall des Versagens der GbGrenze ist der der *Doppelbuchung* (s. §§ 3, 4, Nr. 1 B, S. 53).

Eine Doppelbuchung in Hinsicht der Grenze kann vorkommen, erstens wenn eine gewisse Grundfläche von Hause aus in verschiedenen Karten zu verschiedenen Grundstücken gezogen ist; eine solche Gefahr besteht besonders an den Rändern sog. Inselpläne, d. s. Karten, die nur eine bestimmte Gebietseinheit, z. B. einen Gemeindebezirk oder eine Gemarkung, umfassen[43]). In den bayer. Gitternetzkarten dagegen, die bekanntlich das ganze Land zusammenhängend darstellen, sind derartige Fälle natürlich seltener möglich; immerhin kommen sie unter folgenden Umständen in Betracht:

α) an den Rändern *verschiedenzeitlicher* Vermessungswerke, z. B. der sog. Renovationsmessung gegen die erste Landesvermessung, desgleichen der jüngeren Erneuerungsvermessungen gegen Karten der Landesvermessung und der Renovationsmessung;

[43]) Buch, Nr. 106 ff.

β) an den Randgebieten verschiedenmaßstäblicher Karten, z. B. von Flurkarten im Maßstab 1 : 2500 gegen solche in 1 : 5000, die namentlich in Unterfranken und in der Pfalz in starker Gemenglage anzutreffen sind, im übrigen bei den Ortschaftspolygonen;

γ) bei widersprechender Darstellung innerhalb von Ortskarten 1 : 2500 gegenüber einer zweiten Darstellung der gleichen Gste auch in der Flurkarte 1 : 5000, die aber nur sehr vereinzelt anzutreffen ist;

δ) bei widersprechenden Abgrenzungen der Gemarkungen durch rote Farbbänder in den numerierten Karten der Gemarkungen, den Liquidationsplänen und den sog. Extraditionsplänen der Rentämter[44]), hauptsächlich entlang von Wegen und Wasserläufen.

Hier wie dort kann ein und dieselbe Grundfläche bei verschiedenen Gsten anzutreffen sein; damit ist sie auch im GB doppelt gebucht.

Die andere Möglichkeit ist die, daß bei der Fortführungsvermessung eines Gsts irrtümlich ein Teil eines Nachbargrundstücks zu dem neuvermessenen hinzugezogen und bei der Neueintragung des Gsts ins GB fälschlich bei diesem Gst eingetragen wurde, ohne gleichzeitig vom Nachbargrundstück abgeschrieben worden zu sein; auch dann ist der Gststeil bei beiden Gsten, also doppelt, gebucht. Es bestehen zwei sich widersprechende GbGrenzen. Für die sich überdeckenden Flächenteile fehlt der buchmäßige Eigentumsnachweis[45]).

Beispiel: Würde in dem unter Abschn. D 5 b (S. 120) behandelten Falle die Bahnfläche unter Zugrundelegung der geraden Verbindungslinie 33—34 aus Feldmaßen berechnet worden sein, dann läge offensichtlich eine Doppelbuchung für das Flächendreieck entlang der Strecke B—34 mit der Höhe 0,44 m vor, für die der Grundbuchnachweis fehlt.

b) Umgekehrt kann es natürlich ebenso vorkommen, daß zwischen zwei Gsten grundbuchmäßig ein Niemandsland gelegen ist, das bei der Katasterliquidation oder bei einer späteren Fortführungsvermessung weder zum einen noch zum anderen Anliegergrundstück gezogen wurde. Wieder bestehen zwei verschie-

---

[44]) Jetzt von den Vermessungsämtern verwahrt; die Extraditionspläne der Bezirksgeometer sind spätere Abschriften und nicht maßgeblich.

[45]) Meisner, S. 62, Fußnote 2.

dene Kartengrenzen, von denen jede für sich einwandfrei festliegen kann; aber über die dazwischengelegene Grundfläche vermag das GB nichts auszusagen.

In diesen wie in den vorigen Fällen wird die Besitzgrenze meist mit einer der beiden, in der Regel mit der zuletzt vermessenen, übereinstimmen, gleichwohl kann von einer Buchgrenze zwischen den beiden Gsten nicht gesprochen werden.

Für beide besprochenen Grenzstreifen kommt zunächst nur der Versuch in Betracht, die historische Grenze zu ermitteln (s. Buchst. B, Nr. 2, S. 135); dazu werden die Flurkarten vielfach noch in ihrer Eigenschaft als öffentliche Urkunden im Sinne des § 418 ZPO[46]) als sehr wertvolle Beweismittel herangezogen werden können; so kommt z. B. den Karten der Renovationsmessung in jedem Falle eine stärkere Beweiskraft zu als jenen der ersten Landesvermessung, weil sie technisch wie urkundlich qualitativ erheblich überlegen sind; erst recht wohnt solche Ueberlegenheit den Karten der Erneuerungsvermessung inne, auch aus dem Grunde, weil sie in der Regel durch schriftliche Grenzanerkennungen der Eigentümer der beidseitigen Grundstücke belegt sind.

3. Besonderer Fall von Waldgrenzen

Hier mag ein weiterer, wenn auch nicht gerade sehr häufiger Fall des Versagens der GbGrenze besprochen werden, der in der Praxis schon manche Schwierigkeit verursacht hat und der mir außer im bayerischen Hoch- und Vorgebirge auch in den Donaubergen begegnet ist. In gebirgigen Waldlagen trifft man zuweilen auf alte Holzteile ehemaliger Almenden, die auf der Karte durch sehr lange, schnurgerade Linien geschieden sind, wogegen sich in der Oertlichkeit seit alters vermarkte, dazu oft auch durch verschiedenartigen Waldbestand gekennzeichnete Besitzgrenzen vorfinden, die zwar in ihren Anfangs- und Endpunkten mit der Karte übereinstimmen, dazwischen jedoch von ihr abweichend in mehr oder weniger stark ausladenden, annähernd parallel gestalteten Bogenlinien verlaufen. Es muß bei der Sachlage als unmöglich erscheinen, daß alle diese Grenzen im Laufe der Zeit wesentlich verschoben worden seien; mir wurden Ausbiegungen solchen Ausmaßes bekannt, die kartenmäßig über die ganzen Breiten der Nachbargrundstücke hinweg noch in die übernächsten Grundstücke hineinschnitten. Nun kann man aber auf den gleichen Kartenblättern u. U. ganz kurze Waldteile verzeichnet finden, die nicht nur in der Oertlichkeit, sondern auch

---

[46]) Reiß, S. 166.

nach der Karte durchweg von vermarkten, schwach gebrochenen Linien begrenzt sind. Solch eine Sachlage verrät unverkennbar, daß bei der Landesvermessung die Grenzen dieser kurzen Waldteile durchgegangen und im einzelnen vermessen wurden, daß dies aber bei den langen Teilen, etwa der Zeitersparnis oder des dichten Gehölzes wegen, unterblieben ist. Es kann kein Zweifel bestehen, daß sich die Eintragung der geraden Längsgrenzen in die Karte auf die stillschweigend angenommene, wohl auch von den Grundeigentümern bekundete Meinung zurückführte, daß diese geradlinig seien, was ja wohl auch im Zeitpunkt der Aufteilung der Almende der Absicht der Beteiligten entsprochen haben wird, nur daß eben deren Verwirklichung meist der Geschicklichkeit der Genossen selbst überlassen geblieben war. Wo also in der Flurkarte zwischen Bergwäldern sehr lange geradlinige Grenzen vorkommen, die im Gegensatz zu anderen Flurstücken des gleichen Kartenblattes nicht irgendwelche eingetragenen Grenzzeichen (Steine, Pflöcke, Grenzbäume) aufweisen, darf ohne weiteres als bewiesen gelten, daß diese Linien nur fiktiven Charakter besitzen und somit die wirklichen Eigentumsgrenzen innerhalb der Waldgewanne im Zeitpunkt der Katasterliquidation nicht nachzuweisen vermögen. Die Karte vermag dann kraft des Buchrechts in Hinsicht der Teilungsgrenzen nur die Anfangs- und Endpunkte zu bezeugen, dazwischenliegende alte Grenzpunkte aber sowenig zu widerlegen, wie fehlende aufzuzeigen.

Trotzdem ist die Karte nicht etwa wertlos für die Festsetzung der Grenzen. Sie vermag noch immer zu bezeugen, daß die geradlinige Grenzdarstellung der Meinung der Beteiligten im Zeitpunkt der Katasterliquidation gewiß entsprach, die ja in jedem Fall zum mindesten den gemäß § 66 bay. GrStGes. vom 15. 8. 1828 offengelegten Liquidationsplan eingesehen hatten, ehe sie das Liquidationsprotokoll unterschrieben. Besonders für solche Waldteile, für die auch heute noch eine klare Besitzgrenze fehlt — und solche Fälle sind noch immer häufig —, ist sie eben doch nahezu jedesmal der objektivste und zuverlässigste Zeuge aus jener alten Zeit; nur daß sie dann eben nur noch als eine öffentliche Urkunde im allgemeinen Sinne des § 418 ZPO zu bewerten ist. Da aber auch eine solche Anspruch auf vollen Beweis der Richtigkeit ihres Inhalts bis zum Beweis des Gegenteils erheben kann, ist die Wirkung doch die gleiche wie jene aus der Vermutung des § 891 BGB abgeleitete[47]).

[47]) s. auch Abschn. VI, C, Nr. 4, S. 161, Forstvermarkung der bay. Salinenverwaltung.

4. Angrenzerflüsse, -wege und -gräben

Das GB vermag keine Grenze anzugeben bei Angrenzerflüssen, -gräben und -wegen, bei denen Bestandteile einer Mehrzahl von Gsten zu einem einzigen Flurstück zusammengefaßt sind, das ja schon um dieses Umstandes willen im GB nicht gebucht sein kann (§§ 3, 4, Nr. 4 C, S. 60).

a) Für die Angrenzerflüsse und -bäche stellt § 21 WassGes. die Regel auf, daß die Mittellinie die Grenze zwischen den beiderseitigen, die von den Endpunkten der Landgrenzen auf sie gefällten Lotrechten die Grenzen zwischen den zu den einseitig gelegenen Grundstücken gehörigen Bestandteilen darstellen, sofern nichts Gegenteiliges bestimmt ist. In Hinsicht dieser Einschränkung vermag die Flurkarte in vereinzelten Fällen ihren Dienst anzubieten. In gebirgigen Gebieten treffen wir zuweilen auf Wildbäche, die in ihrem früher ungebändigten Verlaufe die Grundstücke sehr wechselvoll quer durchschnitten und für die in den Karten die Grenzen der Anliegergrundstücke durch die Bachfläche geradlinig durchgezogen (gestrichelt) wurden. Damit dürfte deutlich genug zum Ausdruck gebracht sein, daß die Grenzen am Uferrand sich nicht zur Senkrechten gegen die Bachmittellinie brechen, wie das WassGes. vom Jahre 1907 es als Regel aufstellt. Die Flurkarte zeigt hier — lediglich als Urkunde im Sinne des § 418 ZPO — den Verlauf der historischen Grenze an.

Ueber das Versagen von GbEintragungen bei Wasserläufen im allgemeinen s. Abschn. VI B 4 e, S. 150 ff.

b) Für Angrenzerwege und -gräben sind wir im allgemeinen auf die Vermutung angewiesen, daß die Mittellinie die Grenze zwischen den gegenüberliegenden Grundstücken bilde und daß die seitlich einschneidenden Flurstückgrenzen zwischen den Anliegergrundstücken sich geradlinig bis zur Mittellinie fortsetzen. Manche älteren, längst abgelegten (umgravierten) Flurkarten vermögen diese Vermutungen ohne weiteres zu widerlegen, da sie uns ersehen lassen, aus welchen Bestandteilen der Anliegergrundstücke die Wege und Gräben sich bei ihrer Entstehung zusammengesetzt haben. So habe ich zahlreiche pfälzische Liquidationspläne eingesehen, in denen solche Wege erst im sehr verspätet durchgeführten Liquidationsverfahren vorgefunden, aufgenommen und in roter Farbe in die Karte nachgetragen wurden. Aus ihnen ersieht man klar, wie die historischen GstsGrenzen bald am einseitigen Wegrand, bald schräg über den Weg, bald im Bogen oder in Schlangenlinien zwischen den Wegrändern verlaufen. Diese alten Kartengrenzen sind keine Grundbuchgrenzen; aber die Karte tritt in ihrer Eigenschaft als öffentliche Urkunde in ihr Recht.

In typischen Einzelfällen vermag allerdings die (gegenwärtige) Flurkarte ohne weiteres die Zugehörigkeit des Angrenzerwegs allein zu den einseitig gelegenen Gsten ganz eindeutig zu bekunden, nämlich durch die von ihr bezeugten Grenzzeichen. So kann man aus der hier wiedergegebenen Kartendarstellung (Figur 4) deutlich ersehen, daß die Fahrt Bestandteil allein der rechts gelegenen Gste ist; denn warum wären sonst die Grenzsteine oder Grenzpflöcke links der Fahrt gesetzt worden? Doch auch hier versagt der GbNachweis; denn grundsätzlich ergibt sich dieser nicht aus den Grenzzeichen, sondern aus den gebuchten Grundflächen (s. Abschn. VI, S. 131), und in unserem Fall ist ja eben die Wegfläche nicht gebucht.

Wo eine Abmarkung fehlt, kann uns auch der Besitzstand zu Hilfe kommen. Es könnte z. B. sein, daß die rechtsseitige Grenze des Flurstücks 171 durch ein altes nasses Gräbchen bezeichnet ist

Fig. 4

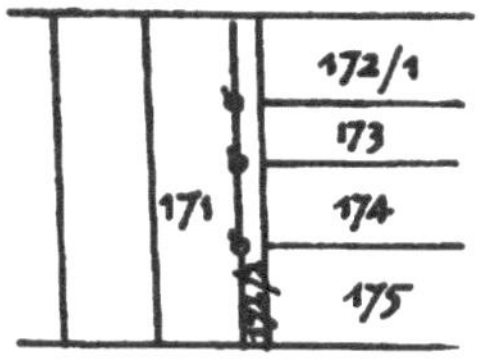

und zwischen diesem und der Fahrt sich ein ½ m breiter Grasstreifen befindet, der seit Menschengedenken von den Eigentümern der Grundstücke Flurst. 172/1—175 genutzt wird. Solch ein schmaler Grundstreifen konnte natürlich in der Meßtischkarte 1 : 5000 unmöglich dargestellt werden. Aber der örtliche Befund spricht eindeutig dafür, daß Weg und Grasstreifen zu den rechts gelegenen Gsten gehören, welchem Tatbestand Karte und Gb nicht zu widersprechen vermögen. Zuweilen kann die Karte ihn sogar bekräftigen, wenn z. B. die Fahrt streckenweise die Grenze so weit verläßt, daß dies in der Karte noch dargestellt werden konnte. In solcher und ähnlicher Weise kann die Karte manchen wertvollen Fingerzeig geben. Siehe Figur 5.

An unserer Schlußfolgerung würde sich auch dann nichts ändern, wenn solch ein Weg (wie das infolge der Unerfahrenheit mancher

GbAnlegungs-Kommissäre häufig geschah) bei der GbAnlegung fälschlicherweise als Eigentum der Gemeinde eingetragen worden wäre. Auch dann steht vom Gb her noch nichts dagegen, die schmalen Grasstreifen entlang der Grenzstrecke a—b als Bestand-

Fig. 5

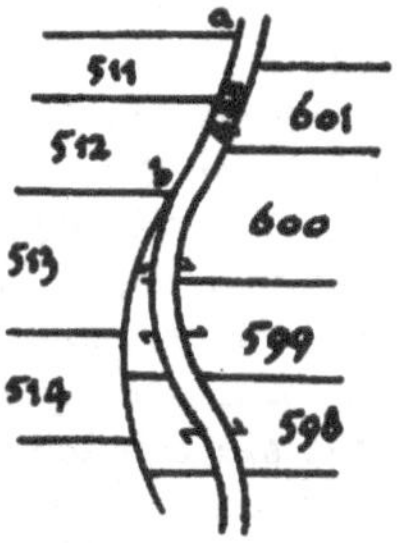

teile der rechts liegenden Gste gelten zu lassen, weil der Genauigkeitsgrad der Karte die Möglichkeit der Existenz eines solch schmalen Grundstreifens offenläßt. (Siehe die vorstehenden Ausführungen unter Abschn. C und D, S. 118 ff.)

5. Rheinisches Traufrecht

Ganz ähnlich wie bei diesen Grasstreifen ist die Sachlage hinsichtlich der Traufstreifen entlang von Gebäuden in jenen Gebieten, die im Laufe des vorigen Jahrhunderts unter französischer Herrschaft gestanden hatten.

Art. 681 c. c.:

„Jeder Grundeigentümer hat die Dächer so einzurichten, daß das Regenwasser auf seinem Grund und Boden oder auf die öffentliche Straße abfließt; er darf es nicht auf den Grund seines Nachbarn abfließen lassen."

Daraus ergeben sich folgende Rechtsfolgerungen:

Der Eigentümer gilt bis zum Beweis des Gegenteils als Eigentümer auch der Bodenfläche, auf die das vorspringende Dach seines Hauses das Regenwasser ergießt. Widersprechender Besitz des Nachbareigentümers vermag diese Vermutung nicht zu widerlegen, sofern er kein ausschließlicher oder durch ein Besitzurteil bestätigt ist, das ohne Einspruch während mehr als 30 Jahren ergangen ist. Art. 681 c. c. bezieht sich aber nicht auf öffentliche oder solche

Wege, die im Privateigentum des Verkäufers des anliegenden Gebäudes verblieben sind[48]).

In den Meßtischkarten der Maßstäbe 1 : 5000 und 1 : 2500, die in der Rheinpfalz die Regel bilden, konnte natürlich der schmale Grundstreifen von 25—30 cm Breite ≙ 0,05—0,1 mm neben dem Gebäude unmöglich dargestellt werden. Infolgedessen erscheint in der Karte jedes Gebäude, dessen Traufe über der Nachbargrenze gelegen ist, fälschlicherweise als unmittelbar an die Grenze stoßend. Selbst die Brouillons, die uns aus den dreißiger Jahren des vorigen Jahrhunderts und auch aus späterer Zeit erhalten geblieben sind, scheinen diesen Irrtum zu bestätigen, weil auch in ihnen niemals ein Traufstreifen eingezeichnet wurde. Doch scheint dies eben nur so; denn die Aufnahmegeometer jener Zeit dachten nie anders als im Kartenbild; sie führten ihre Risse so, wie sie sich hernach im Kartenbild auswirken sollten. Die Zahlenangaben belehren uns aber eines anderen. Die Frontbreiten der Häuser gegen die Straße sind nämlich nicht von der der Grenze zunächstgelegenen Hausecke, sondern von der Trauflinie, d. i. von der Grenze weg gemessen. War beispielsweise die Giebelfront 27 Fuß breit, so werden wir das Maß 28′ verzeichnet finden, und war ihre Entfernung vom Nachbarhaus 50′,5, so wird sie entsprechend mit nur 49′,5 eingetragen sein. Diese Maßwidersprüche führen sich nicht auf Ungenauigkeiten und Nachlässigkeiten, sondern auf den Tatbestand zurück, daß beide Male von der Grenze weg gemessen wurde.

Diese allgemeine Erfahrung lehrt, daß auch dort, wo keine Brouillons erhalten geblieben sind, die Karte so auszulegen ist, daß der Traufstreifen als zum Gebäudegrundstück gehörig zu gelten hat.

Auch für die im Wege der Fortführung nachgetragenen jüngeren Gebäude aus dem 19. Jahrhundert besteht die Vermutung, daß bei ihrer Errichtung der Traufabstand eingehalten wurde, es sei denn, daß das Gegenteil durch einwandfreien Nachweis, insbesondere durch Teilungsrisse, belegt ist.

Hier kann somit nicht von einem Versagen der GbGrenze gesprochen werden; sondern man muß wissen, wie die Karte richtig zu lesen ist.

---

[48]) Sirey, Code civil, 1. Bd., 5. Aufl., Verl. Marchal et Godde, Paris, Anm. 4, 5, 7, 15 zu Art. 681.

VI. Feststellung der Eigentumsgrenzen

„Die Frage: Was heißt ‚Grundstück', wo fängt es an, wo hört es auf? ist vielleicht die allerschwerste aus dem Bereich des technischen Bodenrechts"[49]).

Wenn wir hier von „Eigentumsgrenze" sprechen, so liegt der Nachdruck nicht auf dem zweiten Teil des Wortes, „Grenze", sondern auf dem ersten, „Eigentum". Es handelt sich rechtlich nicht um die Feststellung einer Grenzlinie als solcher, m. a. W.: nicht darum, eigenes Eigentum diesseits und fremdes Eigentum jenseits der Linie zu erweisen, sondern darum, das beiderseitige Eigentum an der Fläche diesseits und jenseits zu ermitteln, woraus sich die Ermittlung der „Grenze" ergibt[50]). „Wo fängt es an, wo hört es auf?

A. Uebereinstimmung von Kataster und Besitz

1. Regel

Stimmt unter den oben dargelegten Verhältnissen und Umständen (Abschn. V, B, C, D) die Kataster- mit der Besitzgrenze überein, dann wird ohne ganz besonderen Grund kein Anlaß bestehen, sie nicht ohne weiteres als Eigentumsgrenze anzusprechen. „Sei im Buch und Besitz, und du bist im Recht!" Es wird von den Beteiligten auch nur selten ein Einwand gegen sie erhoben werden.

Immerhin ist mit der Möglichkeit zu rechnen, daß, den Beteiligten unbewußt, die Kataster- und die Besitzgrenze übereinstimmend von der materiell richtigen Grenze abweichen. Ein solcher Mangel würde früher oder später, wenn nicht bereits geschehen, von selbst geheilt werden:

a) durch Buchersitzung (§ 900 BGB),

b) durch gutgläubigen Erwerb durch Rechtsgeschäft (s. Abschn. VI B, Nr. 4, S. 152 f.),

c) durch Erwerb aus Zuschlag in der Zwangsversteigerung (s. Abschn. VI B, Nr. 6, S. 158).

Abgesehen von diesen Möglichkeiten würde die Katastergrenze durch die übereinstimmende Anerkennung bzw. den Grenzfeststellungsvertrag der beiden Nachbarn, wenn sie dabei in

[49]) J. W. Hedemann, S. 2.

[50]) Reiß, S. 135.

dem Willen handeln, sich auf die tatsächlich bestehende wahre Grenze zu einigen, also in Unkenntnis der abweichenden wirklichen Eigentumsgrenze handeln, ohne weiteres zur rechtmäßigen Eigentumsgrenze erhoben werden (s. Abschn. B, Nr. 4, a, S. 138). Daneben bliebe die Möglichkeit einer nachträglichen Einigung im Sinne des § 873 BGB, da diese ja der Bucheintragung auch nachfolgen kann. Da aber die Abweichung der Kat-Grenze von der Eigentumsgrenze den Beteiligten gänzlich unbekannt ist, fehlt zu einem solch ungewöhnlichen Schritt jeglicher Anstoß.

2. Buchersitzung

a) Bei Buchersitzung (s. II. Teil, Abschn. V, Nr. 4, S. 25) erwirbt nach § 900 BGB derjenige das Eigentum einer Grundfläche, der 30 Jahre lang als deren Eigentümer im GB eingetragen war und sie gleichzeitig im Eigenbesitz gehabt hat, vorausgesetzt, daß im GB kein Widerspruch eingetragen war.

Bei einem aus einer Grundstücksteilung hervorgegangenen Grundstück kann ein solcher Umstand insbesondere dadurch eingetreten sein, daß die kat- und gbmäßigen Grenzen über die wirkliche Eigentumsgrenze hinausgreifen und auch der dreißigjährige Eigenbesitz sich darüber hinaus bis zur katmäßigen Grenze erstreckt (s. oben). Das kann durch fehlerhafte Vermessungen sehr leicht vorkommen. Ist z. B. im Vollzug eines Kaufvertrags über eine Teilfläche von 1,0000 ha infolge eines Rechenfehlers, also im Widerspruch zur Einigung der Beteiligten, eine solche von 1,1000 ha abgetrennt und im GB für den Käufer eingetragen worden (freilich unter der falschen Angabe von 1,0000 ha!), — oder ist bei einer Hälfteteilung der erworbene GstsTeil versehentlich größer als die Hälfte ausgefallen[51]), so wird der Erwerber durch 30jährigen Besitz dieser ganzen Fläche nach der Eintragung gleichwohl deren Eigentümer im ganzen Ausmaße. Trotz seiner ursprünglichen Fehlerhaftigkeit ist dann das GB richtig geworden. Aber solange die Ersitzungszeit läuft, stehen Bucheigentum und Eigenbesitz übereinstimmend im Widerspruch zum materiellen Recht. Selbst durch formloses Uebereinkommen — Grenzfeststellungsvertrag! (s. Abschn. B, Nr. 4, a, S. 138) — könnte die Buch- und Besitzgrenze bewußt und gewollt nicht zur Eigentumsgrenze gemacht werden. Es würde, selbst unter Verstärkung durch einen ausdrücklichen Verzicht auf den Anspruch auf Berichtigung des

[51]) s. auch Beispiele unter Abschn. IV. 2, S. 115 u. §§ 19—21, 28, Nr. 5, Beisp. 2. S. 107.

GBs, nur das bewirken können, daß späteren Grenzprozessen zwischen den gleichen Parteien vorgebeugt würde[52]). Um unmittelbar materielles Eigentum zu schaffen, bedürfte es der Einigung (Auflassung). Durch sie würde die Eintragung im GB nachträglich mit dem materiellen Recht in Einklang gebracht werden[53]).

b) Eine Buchersitzung kommt natürlich dann nicht in Betracht, wenn eine vermessene Erwerbsfläche in die amtlichen Karten eingetragen und in Besitz genommen wurde, ohne aber hernach auch in das GB eingetragen worden zu sein. Zufolge § 56 DAfMAe sind die neuen Eigentumsgrenzen in der Regel schon in Verbindung mit der Ausarbeitung der Messungsverzeichnisse in die Fortführungskarten zu übernehmen und für den Fall des Rückgängigwerdens der Vermessungen wieder zu löschen. Rückgängig zu machen ist die Vermessung spätestens nach Jahresfrist, wenn sie bis dahin nicht zur Eintragung im GB gelangt ist, außer wenn besondere Verhältnisse eine besondere Rücksichtnahme erheischen (§ 28 KatBek.). Solche Rücksicht wird vor allem bei umfangreichen Straßen- und Flußvermessungen geübt. Es kann dann vorkommen, daß Kartenblätter umgraviert werden, ohne daß zuvor die unvollzogenen Einträge gelöscht wurden, und so besteht die Gefahr, daß bei später anschließenden Vermessungen die mit der Karte scheinbar übereinstimmende Besitzgrenze die wahre Rechtslage verdeckt.

Noch gefährlicher ist es, wenn Messungsverzeichnisse (oder gar Einzelvorträge in solchen!) nur teilweise rechtlich vollzogen werden, ohne daß die Auszüge dann sofort an das Vermessungsamt zurückgeleitet werden (§ 30 Abs. II KatBek.). Läßt dann die Eintragung des Finanzamtes in der Hauptübersicht über die Messungsverzeichnisse (Anl. 15 zur DAfMAe) die Unvollständigkeit des Vollzugs nicht erkennen, was nicht selten unterläuft, dann unterbleibt die Löschung des unvollzogenen Teils in den Karten seitens des Vermessungsamtes. Es vergeht oft viel Zeit, ehe solche Irrtümer an den Tag kommen. Bei nur geringfügigen Veränderungen der Grenze besteht sogar die Gefahr, daß spätere Teilungen zwar flächenmäßig an den richtigen GbStand, begrenzungsmäßig aber an den geänderten Kartenstand anschließen und hierdurch Doppelbuchungen oder Ausbuchungen der Erwerbsfläche entstehen.

Der FortführErl. schließt solche Möglichkeiten durch zwei Anordnungen aus: erstens durch die Erteilung einer neuen Flurstücks-

---

[52]) Reiß, S. 99.
[53]) Staudinger, § 873 BGB, Anm. 76b.

nummer an jedes im Bestand veränderte Flurstück (Nr. 18)[54], zweitens durch die Bestimmung, daß die KatKarten hinsichtlich Eigentumsveränderungen erst nach der Eintragung im GB ergänzt werden dürfen (Nr. 85), durch die man wieder zur älteren bayerischen Uebung zurückgekehrt ist.

c) Insbesondere in der Zeit vor der GbAnlegung sind in den Katasterplänen häufig „Berichtigungen" ausgeführt worden, wo es sich keineswegs um Kartenfehler gehandelt hat, sondern wo man nur vermeinte, einen G r u n d t a u s c h auf möglichst einfache, „unbürokratische" Art abmachen zu können. Da ist beispielsweise ein ein Privatgrundstück durchschneidender Gemeindeweg im Laufe der Zeit mehr und mehr begradigt oder absichtlich an den Rand des Grundstücks verlegt worden; oder es hat sich ein Fluß durch allmählichen Uferabriß nach dem Anliegergrundstück zu ausgebreitet und dadurch einen Uferweg in das Grundstück langsam hineingeschoben; oder es ist eine im Bogen verlaufende GstGrenze zum Zweck vereinfachter Abmarkung geradegelegt oder eine gerade Grenze aus irgendwelchen praktischen Gründen um die Mitte gedreht worden. Aus der Ueberlegung, daß damit für keinen der Beteiligten eine flächenmäßige Mehrung oder Minderung des Eigentums verbunden sei, wurde der buchmäßige Ausweis der Uebergangsflächen vernachlässigt und lediglich das Kartenbild nach dem neuen Stand berichtigt. Natürlich war ein solches Verfahren schon von dem Erlaß des bayer. Notariatsgesetzes von 1862 (bzw. in der Rheinpfalz von 1879) an ungesetzlich und nicht geeignet, Eigentum zu übertragen. Es ist sogar bestritten, ob unter der Herrschaft des NotGes. ein solcher Tausch n a c h t r ä g l i c h durch Ersitzung Rechtskraft erlangen konnte (Abschn. VI B, Nr. 3 c, S. 137).

Man wird jedoch zu der Auffassung berechtigt sein, daß das K a t a s t e r im Zeitpunkt der GbAnlegung die Grundstücke in dem durch die K a r t e dargestellten Bestand nachwies und daß die Gste in diesem selben Bestand in das GB übernommen wurden. War eine Ersitzung noch nicht eingetreten, so wurde das GB fehlerhaft angelegt. Da aber seitdem 30 Jahre und darüber verflossen sind, kommt die heilende Wirkung der B u c h e r s i t z u n g nach § 900 BGB zu Hilfe. Der mit der Karte übereinstimmende Bestand hat Rechtskraft erlangt.

---

[54]) dem aber für den Bereich des bay. G r S t K a t die FME. vom 9. 9. 1945, Nr. IV 6924 I — H 206 u. neuerdings § 61, Abs. II, Sätze 5, 6 DAfVAe. in d. F. vom 20. 3. 48 (FME. v. 20. 3. 48, IV 16493 — H 207; Nr. 16, Bchst. a) entgegenstehen; s. § 2, Nr. 7, S. 44.

Kann Buchersitzung aber auch dann in Betracht kommen, wenn die Berichtigung der Karte erst nach der GbAnlegung stattfand? Keinesfalls, da wir den Standpunkt ablehnen, daß durch die Kartenberichtigung allein auch der GbInhalt geändert worden sei. Die Berichtigung war gesetzwidrig und muß rückgängig gemacht werden.

B. Abweichung zwischen Kataster- und Besitzgrenze

Der leider meist viel schwierigere Fall ist der, wenn zwischen Kataster- und Besitzgrenze ein Gegensatz besteht. Dann erwächst in jedem Fall die Frage nach der Eigentumsgrenze.

1. Die Stellung des Vermessungsbeamten

Der Vermessungsbeamte wird sich unter allen Umständen bewußt zu bleiben haben, daß es nicht in seine Zuständigkeit fällt, diese Frage „autoritär" zu entscheiden, vielmehr daß er sich in jedem Falle mit der Stellung des sachverständigen Gutachters und Beraters einerseits, der Urkundsperson anderseits zu bescheiden habe. Die Entscheidung im außerprozessualen Vorgang liegt stets bei den Beteiligten selbst, soweit nicht die Prüfungspflicht des Vermessungsbeamten berührt wird. Der Vermessungsbeamte darf, ja muß sich aber gleichwohl bewußt sein, daß hier gerade seine sachverständige Mitwirkung, wenn auch nicht formell, so doch praktisch, in der Regel die Entscheidung herbeiführt, und daß es fast immer von ihm, seinem Können und seiner Geschicklichkeit abhängt, ob ein Grenzzweifel bzw. ein Grenzstreit im guten, nämlich durch freies Uebereinkommen, beigelegt werden kann, oder im übeln, nämlich durch Prozeß, ausgetragen werden muß. Damit ist ihm an Verantwortung gerade genug auferlegt.

2. Historische Grenze

Hier kann es nicht unsere Aufgabe sein, alle die umfassenden Fragen um die Feststellung der Eigentumsgrenzen zu behandeln. Wir müssen uns die Beschränkung auferlegen, die die Besprechung des Grundbuchrechtes uns gebietet. Jedoch erscheint es angezeigt, ehe wir in die weitere Erörterung eintreten, den Begriff der historischen Grenze klarzustellen. Zu Unrecht wird diese nämlich häufig mit der Besitzgrenze identifiziert.

Die Besitzgrenze ist jene Grenze, die wir auf Grund der gegenwärtigen Bewirtschaftung, der Bebauung, einer vorhandenen Vermarkung, kurz des augenblicklichen Besitzstandes, erkennen können;

die historische aber ist jene, wie sie sich in der Vergangenheit, allein nach materiellem Recht, entwickelt hat; sie ist die schlechthinige — wenn auch vielleicht zeitlich verdeckte und vergessene — „Eigentumsgrenze" im Widerspiel zur „Buchgrenze", solange nicht ihr etwaiger Gegensatz entweder durch Berichtigung des GBs zugunsten der ersten oder durch die Wirkung des öffentlichen Glaubens des GBs oder durch einen Zuschlag in der Zwangsversteigerung zugunsten der anderen überwunden ist[55]). Aber während die Besitzgrenze und die Buchgrenze in den meisten Fällen bekannt sind, besteht leider gerade für die historische Grenze die große Schwierigkeit der Feststellung, und diese Schwierigkeit wird von Tag zu Tag um so größer, als der Zeitpunkt der Anlegung des GBs in die Vergangenheit zurückweicht; denn die Zeugenbeweise für unvordenkliche Verjährungen und Ersitzungen, die dabei eine so gewichtige Rolle spielen, lassen sich jetzt sogar schon in Bayern und den anderen süddeutschen Ländern, wo das GB erst anfangs dieses Jahrhunderts eingeführt wurde, täglich schwieriger erbringen. Man bleibt schon hier mehr und mehr auf alte Vermessungsrisse und andere schriftliche Urkunden angewiesen. Gerade deshalb aber kommt der gütlichen Einigung der Nachbarn vor dem Vermessungsbeamten auf der Grundlage der Katastergrenze die größte praktische, wirtschaftliche und ethische Bedeutung zu.

In Hinsicht der Katastergrenze ist bei der Ermittlung einer strittigen Eigentumsgrenze in erster Linie danach zu fragen, ob die Grundstücke nur unter die Vermutung des § 891 BGB fallen oder ob für sie der öffentliche Glaube des § 892 BGB wirksam geworden ist bzw. ob eine Erwerbung aus der Zwangsversteigerung inmitten liegt, da es von diesen Tatbeständen ja abhängt, ob die KatGrenze widerlegbar geblieben ist oder nicht.

3. Unvordenkliche Verjährung; Ersitzung

Für die Abweichung der historischen Grenze von der Grundbuchgrenze kommen u. a. vor allem die unvordenkliche Verjährung und die Ersitzung in Betracht.

a) Erwerb des Eigentums an einer Grundfläche durch unvordenkliche Verjährung ist dann anzunehmen, wenn der Besitzer und seine Besitzvorgänger nach dem Wissen derjenigen, die im Zeitpunkt der Grundbuchanlegung lebten, die Grundfläche während des letzten Menschenalters ununterbrochen

[55]) Zeiler, bay.ZfV 1913, S. 351/373; Buch, AllgVN 1939, S. 443, 5. Frage.

als Eigenbesitzer (d. i. mit dem Willen, das Eigentumsrecht auszuüben) im Besitz gehabt haben und wenn für das vorhergegangene Menschenalter Gegenteiliges nicht bekannt ist. In den Gebieten des rechtsrheinischen Bayern, die unter der Herrschaft des preußischen Landrechts standen, kommt die unvordenkliche Verjährung nicht in Betracht.

b) Die ordentliche Ersitzung kommt in Bayern für Grenzstreifen nur ausnahmsweise in Betracht.

c) Die außerordentliche Ersitzung war die Erwerbsart, bei der der redliche Besitzer einer Sache oder eines Rechts ausschließlich durch Zeitablauf (d. i. ohne Nachweis eines Titels, im Gegensatz zur ordentlichen Ersitzung) zum Eigentümer wurde. Guter Glaube wurde für die ganze Dauer der Ersitzungszeit gefordert. Diese betrug nach dem gemeinen Recht, dem bayerischen, sowie dem preußischen Landrecht in der Regel 30 Jahre, in gewissen Fällen 40 bzw. 44 Jahre. Die Ersitzung muß im Zeitpunkt der Grundbuchanlegung vollendet gewesen sein, es sei denn, daß sie als „Buchersitzung" (s. S. 131 f.) fortgesetzt wurde.

Bestritten ist, ob nach dem Inkrafttreten des bay. NotGes. (1. 7. 1862) eine Ersitzung des Eigentums noch möglich ist, wenn die notarische Beurkundung der Erwerbung unterblieben war, da die Nichtbefolgung des Art. 14 den guten Glauben des Erwerbers ausschließe; jedoch ist anzunehmen, daß bei späterem Erwerb durch einen Dritten, dem diese Unterlassung unbekannt war (auch im Erbfall!), die Berufung auf Ersitzung Erfolg verspreche[56]).

d) In der Pfalz gilt für Ersitzungen vor der GbAnlegung der code civil. Die „Verjährung" trat nach 30jährigem Besitz ein, ohne daß schlechter Glaube gegen diesen eingeworfen werden konnte (Art. 2262 c. c.). Wer in gutem Glauben und durch einen rechtmäßigen Titel ein Gst erwarb, ersaß das Eigentum in 10 bzw. 20 Jahren; der gute Glaube wurde vermutet; der Nachweis bösen Glaubens oblag dem Gegner; guter Glaube im Zeitpunkt des Erwerbs war ausreichend (Art. 2265—2269 c. c.).

e) Waren durch unvordenkliche Verjährung oder durch Ersitzung an einem Teil eines Gsts Eigentumsverhältnisse herbeigeführt worden, denen der zuvor richtige Inhalt des Katasters und der Flurkarte widersprach, und wurde in der Folge, ehe noch das GB berichtigt worden war, das ganze Flurstück Gegenstand eines gut-

---

[56]) Henle, S. 252.

gläubigen Erwerbs oder eines Zuschlags im Zwangsversteigerungsverfahren, so ist das durch Verjährung oder durch Ersitzung erworbene Eigentum an der Teilfläche untergegangen; es gilt dann die Katastergrenze.

4. 1. Fall: Die Katastergrenzen fallen unter die Vermutung des § 891 BGB

a) Grenzfeststellungsvertrag.

Von dem Gesichtspunkt aus, daß die materiell richtige (historische) Grenze im gegebenen Falle weder genau bekannt noch mit Sicherheit feststellbar ist, genießen die GstsEigentümer die denkbar größte Freiheit in der Ordnung einer nur durch die Vermutung des § 891 BGB gedeckten Grenze; ob sie sich nun auf die Kataster- oder auf die Besitzgrenze oder auf eine beliebige andere Grenzlinie einigen, in jedem Falle gelangen sie damit zur endgültigen Eigentumsgrenze, sofern sie nur in dem redlichen Willen handeln, sich auf die tatsächlich bestehende, wahre Grenze zu einigen; es darf nicht das Bewußtsein unterlaufen, eine neue, vielleicht wirtschaftlich vorteilhaftere Grenze im freien Austausch zu gestalten oder einseitig Eigentum an einem Grenzstreifen zu übertragen. — RGerEntsch. vom 15. 3. 1906[57]).

Mit dieser Beschränkung schafft der formlose Grenzfeststellungsvertrag, dem an sich nur deklaratorische Absicht zukommt, kraft seiner konstitutiven Wirkung neues bindendes Recht für den Fall, daß er — den Beteiligten unbewußt! — vom alten abwiche. Er hat ebenso wie ein gerichtlicher Vergleich dingliche Wirkung; die vereinbarte Grenze wird ohne Auflassung und GbEintragung rechtmäßige Grenze. Alle vorher bestandenen Zweifel und Unsicherheiten sind durch ihn überwunden. Steht diese Grenze dann im Widerspruch zur GbGrenze, dann ist durch den Vertrag das GB falsch geworden[58]).

Reiß, der im Gegensatz zu Zeiler, Meisner und Staudinger dieser Auffassung des Reichsgerichts entschieden widerspricht, mag zugegeben sein, daß die Unterstellung, die im Wege gegenseitigen Nachgebens zustande gekommene Grenze sei die tatsächlich bestehende Grenze, in zahlreichen Fällen nichts anderes als eine Fiktion bedeutet. Wenn aber Reiß fordert, daß der Weg der

[57]) SeuffArch 61, 398; Staudinger, § 920 BGB, Anm. 19. S. 397; Meisner, Seuff.Bl 77, 255 ff.; Reiß, S. 100.

[58]) Zeiler, Grenzstreit usw., BlfRAiB, 18, 19/1913 und bay.ZfV Nr. 8/1913, S. 351, 356 f.; ZfV. 19/1927, S. 615, 619 f.; Meisner, S. 57.

§§ 313, 873 BGB beschritten werde, so ist dem entgegenzuhalten, daß ja eben niemand sagen kann, was für eine Grundfläche nun eigentlich aufgelassen werden müßte, da ja weder die Besitz- noch die Buchgrenze als Eigentumsgrenze erwiesen ist und sich die Parteien gerade darum auf eine dieser beiden oder eine dritte Linie einigten, um aus dem Dilemma ohne Prozeß herauszufinden. Die Auflassung einer konkreten Fläche wäre unter diesen Umständen keine geringere Fiktion als die Einigung auf die konkrete Linie als der wahren bestehenden Grenze. Es könnte nur allzu leicht vorkommen, daß A an B eine Teilfläche auflieBe, während in Wahrheit B an A Grund und Boden abträte.

Mit Recht umstritten erscheint nur noch die Frage, inwieweit ein derartiger Vertrag anfechtbar ist oder durch ein späteres formloses Abkommen außer Kraft gesetzt oder abgeändert werden kann. Mit zunächst bestechender Folgerichtigkeit hält Zeiler[59]) an der absoluten Unanfechtbarkeit des Vertrags — mit alleiniger Ausnahme des Vorliegens von Anwendung von Zwang, arglistiger Täuschung und widerrechtlicher Drohung — selbst dann fest, wenn sich nachträglich durch unanfechtbaren Beweis die Unrichtigkeit der vereinbarten Grenzziehung ergeben sollte; es soll jegliche Anfechtung wegen Irrtums abgeschnitten sein. Zweifellos hätten die Beteiligten davon den unschätzbaren Gewinn, daß jedem ferneren Streit ein für allemal ein Ende gesetzt wäre.

Jedoch sind die gegnerischen Einwände keineswegs unbeachtlich[60]). Sie stützen sich auf § 779 BGB, der den Irrtum bei Abschluß eines Vertrages zum Gegenstand hat. Hierzu ist anzumerken, daß es zur Unwirksamkeit eines Vertrages nicht schon ausreicht, daß er ohne den Irrtum so nicht geschlossen worden wäre, wie er geschlossen worden ist; vielmehr ist erforderlich, daß bei Kenntnis der Sachlage überhaupt kein Streit und keine Unsicherheit aufgekommen wäre[61]). Wird also z. B. nachträglich beim Ausheben einer Baugrube oder bei Meliorationsarbeiten ein vorher unbekannter Grenzstein aufgedeckt, so wird wesentlich sein, ob die Unsicherheit über die Grenze auch dann entstanden wäre, wenn den Beteiligten diese Grenzeinrichtung vorher bekannt gewesen wäre; es wäre wohl möglich, daß auch sie bestritten worden wäre. Die Sachlage könnte aber auch die sein, daß die verdeckt gewesenen Grenzen und Grenz-

---

[59]) Zeiler, bay.ZfV, S. 355, 361 ff./1913; ZfV., S. 624/1927.

[60]) So Reiß, S. 100; Hause, Grenzfeststellungen usw., ZfV. 6/1928. S. 180.

[61]) Fischer-Henle, BGB. § 779, Anm. 10.

zeichen selbst schon Gegenstand eines Vertrags gewesen waren; die Folge wäre, daß ein Grenzfeststellungsvertrag den andern aufheben würde, ja daß formlose Verträge rechtskräftige Auflassungen und Bucheintragungen zunichte machten. Außerdem kann bei der Ermittlung der KatGrenze auch ein Versehen, wenn nicht eine grobe Fahrlässigkeit unterlaufen sein; so können Ablese-, Berechnungs-, Absteckungsfehler vorgekommen, frühere Risse infolge mangelhafter Vormerkung oder Unachtsamkeit in der Vorbereitung oder wegen Verlustes übergangen worden sein; auch können sich unvollzogene Teilungsmessungen in die Flurkarte eingeschlichen haben (s. S. 133 f.). In allen diesen Fällen ist ohne weiteres anzunehmen, daß bei Kenntnis der wahren Sachlage jeder weitere Streit und jede Unsicherheit sofort aus dem Wege geräumt gewesen und ein neuer Vertrag überhaupt nicht abgeschlossen worden wäre. Nach Zeiler hätte aber selbst dann der formlose Weg zurück zur richtigen Eigentumsgrenze als versperrt zu gelten; die Beteiligten müßten auf den Weg der §§ 313, 873 BGB und allenfalls sogar den der Schadenersatzklage gegen den Staat (s. Ausführungen über Ersatzpflicht, S. 193 f.) verwiesen werden. Bei Würdigung auch dieser Umstände wird es wenigstens dem natürlichen Rechtsempfinden doch mehr entsprechen, im Falle des nachweislichen Irrtums die Anfechtung des Grenzfeststellungsvertrags nicht gänzlich auszuschalten. (Siehe auch Abschn. VII C, S. 172.)

Im Streitfall steht es dem Vermessungsbeamten nicht zu, über die Berechtigung zur Anfechtung zu entscheiden; er wird den Beteiligten, der die Anerkennung widerrufen will, auf den Rechtsweg verweisen müssen. Natürlich ist er auch in keinem Falle zu einer eigenmächtigen Entfernung der rechtmäßig gesetzten Grenzzeichen oder gar zu einer solchen gegen den Willen auch nur eines der Beteiligten, d. h. ohne eine neue Einigung der Nachbarn, befugt.

Unter keinen Umständen kann natürlich dann eine formlose Berichtigung noch in Betracht kommen, wenn die unrichtige Grenze durch Aenderung der Flurkarte und Berichtigung des GBs GbInhalt geworden ist und auf Grund der neuen Buchung gutgläubiger Erwerb durch Rechtsgeschäft oder Zuschlag in der Zwangsversteigerung oder Erwerb durch Zeitablauf (§ 900 BGB) eingetreten ist. Jede Aenderung würde in diesen Fällen einen Eigentumswechsel bedingen.

Aus alledem ergibt sich die Wichtigkeit der gewissenhaftesten Mitwirkung des Vermessungsbeamten beim Zustandekommen des Grenzfeststellungsvertrags. Ihm obliegt es: erstens dafür zu sorgen, daß späteren Anfechtungen unter Berufung auf ungenaue Unterrichtung jeder Boden entzogen ist, zweitens die Beteiligten selbst zu einer ganz klaren Stellungnahme zu zwingen und sich keinesfalls auf stillschweigende Zustimmung zu verlassen. Er darf auch ja nicht glauben, daß das Heil immer einzig und allein im Messen gelegen sei; ebenso wie in der Kanzlei als sorgfältiger Archivar, muß er im Felde als fleißiger und gewissenhafter Ausgräber seinen Mann stellen, um den Dingen auf den Grund zu kommen.

Zum Abschluß des Grenzfeststellungsvertrags mit dinglicher Wirkung zuständig sind allein die Eigentümer der Grundstücke.

In einer Abmarkungsanfechtungssache an einem Gst, das im Eigentum von Eheleuten im Stande der allgemeinen Gütergemeinschaft stand, hat der Bay. Verwaltungsgerichtshof in einer Entscheidung vom 5. 2. 1913[62]) festgestellt: „Die Anerkennung der Richtigkeit der bisher nicht feststehenden Grenzen eines Gsts ist eine Verfügung im Sinne des § 1445 BGB. In einem solchen Falle handelt es sich nicht um eine unter Aufrechterhaltung des bisherigen Rechtszustandes zu treffende Verwaltungsmaßnahme, sondern um eine unmittelbare, die Sache selbst ergreifende Rechtsänderung, die darin besteht, daß das bisher in seiner räumlichen Abgrenzung unbestimmt gebliebene Recht an einem Gst eine bis auf weiteres maßgebende Regelung und Festlegung erfährt."

Dieses Urteil weicht in seiner Begründung von dem RGer-Urteil vom 15. 3. 1906[63]) mehrfach ab, u. a. insofern, als jenes in jeglicher Grenzanerkennung Rechtsänderung erblickt, wo dieses grundsätzlich nur Erklärung des bestehenden Rechtszustandes gelten lassen will, wenn auch vereinzelt die unbeabsichtigte Wirkung der Entstehung neuen Rechts mit unterlaufe. Es ist aber offensichtlich, daß beide Urteile zu dem übereinstimmenden Ergebnis führen müssen, daß der Grenzfeststellungsvertrag durch die Eigentümer abzuschließen ist, im Falle der allgemeinen Gütergemeinschaft sonach von den Eheleuten[64]).

Das Recht auf Grenzscheidungsklage steht nach § 920 BGB auch den Realberechtigten, z. B. dem Nießbraucher, zu, und darum wird solchen auch die Wirksamkeit eines von ihnen abgeschlossenen Grenzfeststellungsvertrags zuerkannt, jedoch nur mit der Wirkung persönlicher Bindung.

---

[62]) bay.ZfV 1913, S. 129.

[63]) s. Anm. 57, S. 138, außerdem Gruch.Beitr. 90, 938, JW. 06, 302.

[64]) Anderer Meinung Suckow, Die Grenzverhandlungen usw., 2. Aufl., S. 28.

Diesem Umstand kommt häufig bei Reichs- und Landstraßen Bedeutung zu, da bei solchen auf Grund des § 2 des Ges. über die einstweilige Neuregelung des Straßenwesens und der Straßenverwaltung[65]) Reich oder Land oder Kreis Träger der Straßenbaulast an einer Staats- bzw. Kreis- bzw. Gemeindestraße geworden sind, ohne das Eigentum daran erworben zu haben. Reich bzw. Land[65a]) bzw. Kreis haben damit eine dem Nießbraucher ähnliche Stellung erlangt; sie üben alle Rechte und Pflichten des Eigentümers aus, solange dessen Eigentum ruht. Sie sind also auch zum Abschluß des Grenzfeststellungsvertrags an Stelle des Eigentümers zuständig. Da es sich hier in der Regel um einen Dauerzustand handelt, ist die Wirkung praktisch die gleiche, wie wenn der Eigentümer den Grenzfeststellungsvertrag abgeschlossen haben würde (Entsch. des OLG. Königsberg/Pr. v. 28. 4. 1912, Nr. 3 U 23/37; HRR 42/344, NSBZ. 17/18/1942).

Endlich bleibt noch die Frage zu erörtern, inwieweit einseitige „Grenzanerkennungen" den Grenzfeststellungsvertrag zu ersetzen vermögen. Häufig liegen die Fälle in der Praxis so einfach, daß der Vermessungsbeamte keinen Anlaß gegeben sieht, die Beteiligten zu einem „Vertrag" zu veranlassen, sondern glaubt, sich mit der Anerkennung der vermessenen Grenze begnügen zu können; sehr häufig sind auch nicht beide Beteiligten gleichzeitig zur Stelle, und die Erklärungen des abwesenden Nachbarn müssen erst nachträglich in die Wege geleitet werden. Wenn dabei jeder der Beteiligten sich der Form nach auch nur dem Vermessungsbeamten gegenüber erklärt, so weiß er doch, daß dieser in gleicher Sache auch mit seinem Nachbarn verhandelt hat oder noch verhandeln wird, und ist damit einverstanden, daß dieser den Austausch der beiderseitigen Willenserklärungen herbeiführt. Dies genügt vollauf zur Erklärung eines rechtsgeschäftlichen Willens in Hinsicht eines Grenzfeststellungsvertrags[66]).

b) Prüfungspflicht des Vermessungsbeamten

Der Vermessungsbeamte wird gut tun, die für den Grundbuchrichter bestimmten Weisungen (s. Abschn. III, S. 113 f.) gleichfalls zur Richtschnur für sein Handeln, soweit es sich auf Vorarbeiten für die GbEintragung bezieht, zu nehmen. Seine Prüfungspflicht in Hinsicht

---

[65]) RGes. vom 26. 3. 1934, RGBl. I, S. 243.

[65a]) In Hinsicht des Uebergangs der Rechte des Reiches an die Bundesrepublik Deutschland und von Rechten der Länder an andere Länder des Bundesgebiets s. Art. 134, 135 GG.

[66]) Zeiler. a. a. O.; Meisner, S. 56; Meisner-Stern, Preuß. Nachbarrecht § 5, IV; Staudinger, § 920, Anm. 19.

des GBs ist in der RGerEntsch. vom 4. 10. 1935 ausdrücklich festgelegt worden (s. Haftpflicht der Vermessungsbeamten, S. 194). Weiß er auf Grund seines Aktenbestandes oder aus anderen Quellen, daß eine von den Beteiligten beabsichtigte Vergleichsgrenze falsch ist, oder daß sie gar bewußt eine neue Grenzziehung bezielt, dann muß er seine Mitwirkung am Grenzfeststellungsvertrag versagen und die Beteiligten auf die Erfordernisse der §§ 313 und 873 BGB hinweisen, die die förmliche Uebereignung der übergehenden Grundflächen, und seien sie noch so geringfügig, verlangen.

Eine bewußte Grenzänderung läge z. B. vor, wenn sich die Beteiligten dahin einigen wollten, einen früher in Mäandern verlaufenen, inzwischen künstlich begradigten Grenzbach in diesem seinem neuen Verlauf künftig die Grenze zwischen den beiderseitigen Gsten bilden, oder die Straßenränder einer nachweislich ausgebauten und verbreiterten Straße als Eigentumsgrenzen gegen die anliegenden Gste gelten zu lassen.

Außerdem wird der Vermessungsbeamte bei Abweichungen der Besitz- von der Katastergrenze dort, wo einerseits keine Anhaltspunkte dafür vorliegen, daß die KatGrenzen aus § 892 BGB oder durch einen Zuschlag in der Zwangsversteigerung Eigentumsgrenze geworden ist, und wo anderseits noch Aussicht besteht, die historische Grenze mit Wahrscheinlichkeit aufzufinden, wie z. B. nach Privaturkunden, nach Grenzangaben in notarischen Urkunden und bei Verhältnisteilungen, diesen Versuch im Interesse der Beteiligten nicht unterlassen dürfen. Darüber hinaus aber wird für ihn ebensowenig eine Prüfungspflicht bestehen wie für den Grundbuchrichter. Insbesondere rechtfertigen bloße Zweifel nicht die Ablehnung einer anderweitig vereinbarten Grenze.

Selbstverständlich beziehen sich alle diese Feststellungen ebenso auf die Grenzfeststellung im Erneuerungsvermessungsverfahren wie im Fortführungsdienst.

c) Grenzfeststellungsvertrag als öffentliche Urkunde

1. Der Grenzfeststellungsvertrag ist gültig, auch wenn er von den Beteiligten allein oder mit beliebigen Zeugen abgeschlossen wird. Er ist auch schon gültig, sobald er mündlich abgeschlossen ist. Der Vertrag an sich kann also nicht mehr dadurch umgestoßen werden, daß einer der Beteiligten nachträglich die Unterschrift unter die Niederschrift verweigert. Der Beamte wird

in solchem Falle den Sachverhalt in der Niederschrift nötigenfalls ergänzen und durch seine eigene Unterschrift beglaubigen.

Die Beurkundung des Vertrags durch den VermBeamten oder durch einen öffentlich bestellten Vermessungsingenieur verleiht aber dem Grenzfeststellungsvertrag insofern eine erheblich gesteigerte Bedeutung, als sie ihm die Eigenschaft einer öffentlichen Urkunde im Sinne des § 415 ZPO verschafft (Nr. 46 FortfErl.; RGerEntsch. vom 19. 4. 1937 — 3 D 63/37[67]); neuerdings Entsch. des Pr. Kammerger. vom 29. 3. 1939 — 1 W 111/39)[68]).

In dieser Eigenschaft ist der Grenzfeststellungsvertrag geeignet, gemäß § 29 Abs. 1, Satz 3 als Nachweis der Unrichtigkeit des GBs im Sinne des § 22 zu dienen.

Voraussetzung aber hierfür ist,

α) daß die Beurkundung durch einen zuständigen Beamten (oder Angestellten) des VermA bzw. einer sonstigen mit dessen Aufgaben befaßten Dienststelle (LVA, FlurbAemter, RbahnvermAe) bzw. durch einen öffentlich bestellten Vermessungsingenieur persönlich vollzogen wurde,

β) daß sie der für öffentliche Urkunden vorgeschriebenen Form entspricht.

2. Zur Wahrung der Form der Niederschrift wird der beurkundende Beamte es sich angelegen sein lassen müssen, die §§ 168—180, 182 und 200 des RGes. über die freiwillige Gerichtsbarkeit (FGG) vom 17. 5. 1898 (RGBl. S. 771) sinngemäß zu beachten, und es wird besonders auf folgende Punkte bei der Niederschrift zu achten sein:

α) Ort und Tag der Verhandlung;

β) die Benennung der Beteiligten und der mitwirkenden Personen (Zeugen, Feldgeschworene);

γ) die Erklärung der Beteiligten, d. i. das, was in der Verhandlung als Tatbestand und als Inhalt des Vertrags festgestellt wurde;

δ) den gemeinsamen Antrag beider Beteiligten auf Berichtigung des Grundbuchs;

ε) die Erklärung der Bereitschaft der Beteiligten, ihre Erklärungen vor dem GBA zu wiederholen und allenfalls zu ergänzen;

[67]) Kurandt, ZfV. 13/1937, S. 382.
[68]) Roquette, ZfV. 10/1940, S. 234; Allg.VNachr. 2/1940, S. 34.

ζ) die Feststellung, daß die Niederschrift vorgelesen, von den Beteiligten genehmigt und von ihnen eigenhändig unterschrieben ist; es genügt die Formel: „Vorgelesen, genehmigt, unterschrieben". Das Vorlesen kann weder durch eine Durchsicht der Beteiligten noch durch lautes Diktieren ersetzt werden[68a];

η) die Beteiligten haben in Gegenwart des beurkundenden Beamten (öff. best. VermIng.) mit Vor- und Zunamen zu unterschreiben. Kann ein Beteiligter nicht schreiben, so ersetzen seine Erklärung über die Schreibunfähigkeit und die Aufnahme dieser Erklärung in die Niederschrift die Unterschrift. Die Beifügung des Handzeichens ist zulässig, aber nicht notwendig.

Der Unterschrift des Verhandlungsführers ist die Amtsbezeichnung bzw. die Diensteigenschaft beizufügen (Nr. 46 FortfErl).

Eine beglaubigte Abschrift des Grenzfeststellungsvertrags ist mit dem Auszug aus dem Messungsverzeichnis bzw. aus dem Veränderungsnachweis und mit der Karte, die die Berichtigung ausweist, an das GBA abzugeben.

Siehe die beiden folgenden Muster (Anlage 4 a und 4 b).

Anlage 4 a

Muster eines Grenzfeststellungsvertrags

A. Ohne Aenderung der Katastergrenze

Niederschrift

Anwesend:

Fenchel, Theodor, Kaufmann, Diedesfeld, HsNr. 37,

Senff, Friedrich, Winzer, Diedesfeld, HsNr. 56,

Manz, Jean, Feldgeschworenen-Obmann der Gemeinde Diedesfeld

Durch die heute ausgeführte Feststellung der Grenzen des Grundstückes Flurst. 128/2 der Gemarkung Diedesfeld wurde eine erhebliche Abweichung der unter sich übereinstimmenden Kataster- und Besitzgrenze dieses Grundstückes gegen das Nachbargrundstück Flurst. 128/1 gegenüber dem durch Urkunde des Notars H. in E. vom 15. 1. 1882 beurkundeten Vertragswillen des Verkäufers und der Erwerber festgestellt. Danach war damals beabsichtigt, das Stammflurstück 128 in zwei gleich große Teile zu teilen. Tatsächlich beträgt jedoch Flurst. 128/1, vorher 128: 16,69 a, Flurst. 128/2, vorher 128 1/2: 17,46 a

---

68a) Meikel-Imhof, § 22, Anm. 44.

Die Besitzgrenze ist durch einen zum Grundstück Flurst. 128/2 gehörigen sehr alten Zaun bezeichnet und steht in Uebereinstimmung mit dem Teilungsbrouillon des Bezirksgeometers Y. in N., vom 17. 5. 1882, auf Grund dessen das Messungsoperat 154/1882 angefertigt wurde. Diese Teilung widerspricht sonach dem Inhalt der Urkunde; sie führt sich ersichtlich auf einen Rechenfehler zurück. Nach dem Befund muß als erwiesen gelten, daß die örtliche Teilungsgrenze seit jener Zeit unverändert bestand; sie ist bei der Grundbuchanlegung im Jahre 1902 in das Grundbuch eingegangen.

Die erschienenen Grundeigentümer F e n c h e l und S e n f f erklären:

„Wir wurden darüber unterrichtet, daß die Grenze zwischen unseren Grundstücken Flurst. 128/2 und 128/1 der Gemarkung Diedesfeld dem Inhalt der Urkunde des Notars H. in E. vom 15. 1. 1882 widerspricht, weil im Jahre 1882 das Flurst. 128 statt in zwei gleiche Teile in der Weise geteilt wurde, daß das Flurst. 128, jetzt 128/1, um 77 qm kleiner wurde als das Flurst. 128 1/2, jetzt 128/2. Wir waren uns bis jetzt über den Grenzverlauf, so wie er durch den Zaun bezeichnet ist, stets einig. Fenchel hat Flurst. 128 1/2 im Jahre 1895, Senff das Flurst. 128 im Jahre 1906 käuflich erworben. Wir sind darüber einig, daß die gegenwärtige Besitzgrenze durch Ersitzung und anschließende Buchersitzung rechtsgültig geworden ist. Wir erkennen sie als die nicht nur mit dem Grundbuch, sondern auch als mit der materiellen Rechtslage übereinstimmende Eigentumsgrenze an."

Diedesfeld, 20. September 1945.

Vorgelesen, genehmigt, unterschrieben.

(gez.) Theodor Fenchel
(gez.) Friedrich Senff
(gez.) Jean Manz.

Der Verhandlungsführer:

(gez.) Deutsch, Regierungsvermessungrat.

fig. 6

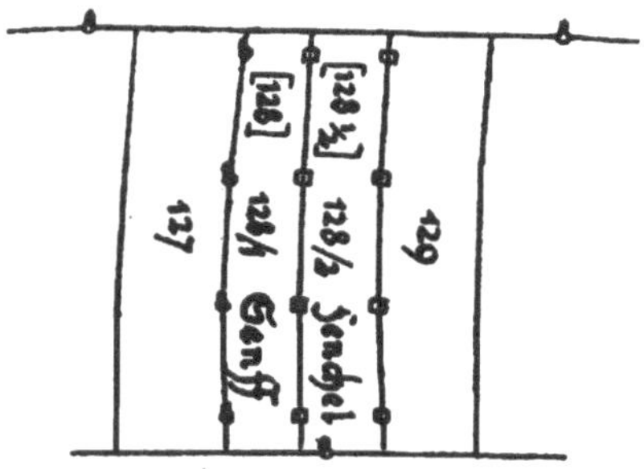

Anlage 4 b

Muster eines Grenzfeststellungsvertrags

B. Mit Aenderung der Katastergrenze

Niederschrift

Anwesend:

Schlosser, Otto, Bauer, Mainburg, HsNr. 129,

Gerber, Adam, Mainburg, HsNr. 81,

Martl, Sebastian, Feldgeschworenen-Obmann des Marktes Mainburg.

Durch die heute ausgeführte Vermessung hat sich ergeben, daß die Besitzgrenze zwischen den beiden Waldgrundstücken Flurst. 1527 und Flurst. 1533 der Gemarkung Mainburg erheblich von der Katastergrenze abweicht, insofern als der nördliche Teil des Schlosserschen Besitzes nicht als Bestandteil seines Grundstücks Flurst. 1527, sondern als Bestandteil des im übrigen jenseits des Weges Flurst. 1527 1/2 gelegenen Grundstücks Flurst. 1533 eingetragen ist. Für eine Fehlerhaftigkeit der im Verfahren der Landesvermessung aufgenommenen Flurkarte bestehen keine Anhaltspunkte. Im Katasterfortführungsdienst wurde die Grenze nie geändert; es liegen auch sonst keine Vermessungsaufzeichungen vor, die die gegenwärtige Besitzgrenze schon in früherem Zeitpunkte bezeugen könnten. Es muß angenommen werden, daß die Besitzgrenze in unbekanntem Zeitpunkt durch formloses Uebereinkommen der früheren Eigentümer der Grundstücke zustande gekommen ist.

Die erschienenen Grundeigentümer Schlosser, Otto, und Gerber, Adam, erklären:

„Uns als den Eigentümern der Grundstücke Flurst. 1527 bzw. Flurst. 1533 ist ein anderer als der gegenwärtige Besitzstand an diesen Grundstücken niemals bekanntgeworden. Wenn er sich auf eine Aenderung nach der Landesvermessung zurückführt, dann muß der Vorgang so weit zurückliegen, daß im Zeitpunkt der Grundbuchanlegung am 1. Mai 1905 bereits vollendete Ersitzung vorlag und daß sonach der Inhalt des Grundbuchs mit der wirklichen Rechtslage nicht übereinstimmt. Wir erkennen deshalb die bestehende Besitzgrenze als Eigentumsgrenze an.

Wir beantragen die Berichtigung des Katasters und des Grundbuchs durch Eintragung der im Schlosserschem Besitz stehenden Teilfläche des Flurst. 1533 als Bestandteil des Schlosserschen Grundstücks Flurst. 1527 der Gemarkung Mainburg, so wie sie durch die heutige Abmarkung mit 4 Grenzsteinen bezeichnet wurde.

Wir sind bereit, diese unsere vorstehenden Erklärungen vor dem Grundbuchamt zu wiederholen bzw. zu ergänzen."

Schlosser, Otto, erklärt:

„Ich beantrage die Anfertigung des erforderlichen Messungsverzeichnisses auf meine Kosten."

Mainburg, 23. Oktober 1946.

Vorgelesen, genehmigt, unterschrieben

(gez.) Otto Schlosser

(gez.) Adam Gerber

(gez.) Sebastian Martl.

Der Verhandlungsführer:

(gez.) Frank, Regierungsvermessungsrat.

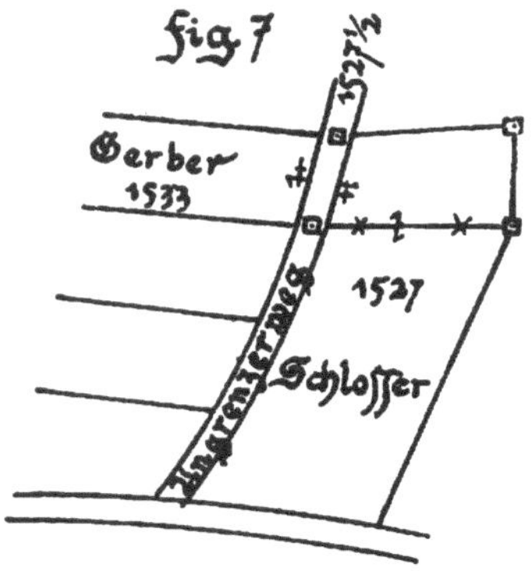

d) Berichtigungsverfahren

1. Weicht der Inhalt des sonach geschlossenen Grenzfeststellungsvertrags von der KatGrenze ab, so ist die Berichtigung des GBs veranlaßt. Diese ist nach dem Dargelegten nicht zu dem Zweck notwendig, dem Vertrag dingliche Wirkung zu verleihen, sondern um der Gefahr zu begegnen, daß durch gutgläubigen Erwerb oder durch Zuschlag in der Zwangsversteigerung auf Grund der Falschbuchung die Vertragswirkung aufgehoben werde, m. a. W. um den Vertrag des Gutglaubensschutzes teilhaftig zu machen.

aa) Nicht hierher gehören die Berichtigungen von:

α) Ungenauigkeiten der Karte, von denen anzunehmen ist, daß sie im Wesen der Karte selbst begründet liegen, soweit sie sich also im Bereich der erfahrungsmäßigen Fehlergrenzen der Kartenpunkte bewegen (§ 34 Abs. I Bchst. e DfAMAe; s. auch Abschn. V, C, D, S. 118 ff.);

β) reinen Kartierungsfehlern (Nr. 49 FortfErl).

Da die GbGrenze hier nicht geändert, sondern gerade übernommen wird, bleibt der GbInhalt hiervon gänzlich unberührt.

bb) Erst, wenn die Abweichungen über dies Maß hinausgehen, ist das GB in Mitleidenschaft gezogen, und dann ist alles, was im vorigen über den Nachweis der Unrichtigkeit des GBs und der dort eingetragenen Rechte allgemein zu sagen war, auch in Hinsicht der Unrichtigkeit der Karte und der dort nachgewiesenen GstsGrenzen zu beherzigen.

Durch den Grenzfeststellungsvertrag steht der richtige Verlauf der Grenze fest; die von ihr abweichende GbGrenze bzw. der eingetragene Eigentümer an dem Grenzstreifen ist von diesem Augenblick an als falsch erwiesen. Der Nachweis der Unrichtigkeit liegt vor (VO vom 5. 10. 1942, RGBl. I, S. 573). Es bedarf grundsätzlich keiner Bewilligung des Grenznachbarn, zu dessen Gunsten die Karte die Grenze unrichtig ausweist, um die Berichtigung auszuführen; der Antrag der Beteiligten muß genügen. Auch jeder einzelne von ihnen ist zur Antragstellung berechtigt.

Die Berichtigung der Katastervorträge der Flurstücke ist stets in Messungsverzeichnissen bzw. Veränderungsnachweisen zu behandeln. Da Erwerbsflächen nicht vorliegen, kommen Uebergangsflächen (Zuflurstücke) nicht in Betracht. Als Muster für den Ausweis können die Beispiele über die Aufnahmefehler dienen (s. Abschn. VII, B, Nr. 1, S. 169). Jedoch ist natürlich abweichend der zutreffende Grund zu benennen: „Berichtigung der Bestandsangaben infolge fehlerhaften Katasternachweises" oder „. . . infolge Doppelbuchung", oder „. . . infolge Nichtbuchung", oder „. . . infolge unvordenklicher Verjährung", oder „. . . infolge Ersitzung".

2. Dies schließt natürlich die Prüfungspflicht des GbRichters nicht aus. § 330 bayDA schreibt vor, daß er im Zweifelsfall sich schlüssig zu machen habe, ob der Aenderung eine Bedeutung für den Umfang des Rechtes des Eigentümers oder dritter Personen zukommt. Steht nach dem Ergebnis der sofortigen Eintragung der Aenderung in das GB ohne Antrag und ohne Bewilligung der Berechtigten ein Bedenken nicht entgegen, so ist er verpflichtet, sie auf Grund des Auszuges aus dem Messungsverzeichnisse ohne weiteres in das GB einzutragen. Andernfalls soll er die Beteiligten zur Stellung der zur Berichtigung des GBs erforderlichen Anträge oder zur Abgabe der Eintragungsbewilligungen und der sonstigen Erklärungen veranlassen.

Aehnlich bestimmt § 9 AV. vom 20. 1. 1940 (DJ. S. 214; FortfErl S. 90): „Kann eine Veränderung oder Berichtigung erst nach Beseitigung von Anständen in das GB übernommen werden, so hat das GBA in Verbindung mit der Vermessungsbehörde die Sache aufzuklären und, soweit erforderlich, die Beteiligten unter Hinweis auf ihr Interesse zur Mitwirkung zu veranlassen."

e) Wasserrecht

1. Die landesgesetzlichen Vorschriften, die dem Wasserrecht angehören, blieben zufolge Art. 65 EG.BGB vom BGB unberührt. Die wasserrechtlichen Bestimmungen für Bayern waren in jenem Zeitpunkt im Gesetz betr. die Benützung des Wassers vom 28. 5. 1852 enthalten; gegenwärtig gilt das Wassergesetz vom 23. 3. 1907. Bei dieser Sachlage nehmen am öffentlichen Glauben des GBs nicht teil die in den Karten dargestellten Uferlinien in ihrer Eigenschaft als Eigentumsgrenzen der Ufergrundstücke und der Inseln an bzw. in den öffentlichen Flüssen und den Privatflüssen und -bächen (Art. 1, 21—24 WassGes.); es besteht auch keine Vermutung im Sinne des § 891 BGB. Vielmehr bestimmen sich hier die Grenzen ausschließlich nach den wasserrechtlichen Vorschriften über die Bestandsveränderungen, d. i. über die Verlandungen und, auch wenn das Gesetz (z. B. das bay. WassGes.) von solchen gar nicht ausdrücklich spricht, über die Uferabrisse als deren gegenteiligem Vorgang.

In der Regel wird die Grenze der Verlandungsfläche durch den bestehenden Pflanzenwuchs hinreichend bestimmt. Soweit Zweifel möglich sind, bedarf die Feststellung der Zuziehung der Beteiligten. Die Uferlinien der öffentlichen Flüsse werden — in Bayern und in der Pfalz gemäß § 2 VollzVorschr. zum WassGes. — zu Beginn von Bauarbeiten auf dem Verwaltungsweg festgesetzt; die Eigenschaft von Eigentumsgrenzen erlangen sie jedoch erst durch die Zustimmung der Angrenzer.

Um den katastermäßigen Verlauf dieser Flußläufe braucht man sich meist überhaupt nicht zu kümmern; er ist fast immer durch gesetzliche Vorgänge außerhalb des GBs überholt. Karte und Grundbuch sind dann unrichtig geworden und bedürfen der Berichtigung.

Auch die Berichtigung der durch wasserrechtliche Vorgänge veränderten Uferlinien und Eigentumsgrenzen ist in Messungsverzeichnissen bzw. Veränderungsnachweisen darzustellen. Als Muster kommt wieder das Beispiel für die Berichtigung von Aufnahmefehlern in Betracht; dabei wird als Grund anzugeben sein etwa: „Berichtigung gemäß natürlicher Uferänderung (Art. 21 und 8 des Wassergesetzes)".

Da die Berichtigung nicht nur tatsächlicher, sondern auch rechtlicher Natur ist, hat der GbRichter über ihre Aufnahme in das Bestandsverzeichnis zu entscheiden (§ 8 AV. vom 20. 1. 1940, DJ. S. 214 und Anhang 2 zum FortfErl, S. 90). Es ist also sachlich keineswegs belanglos, ob man als Ursache der Berichtigung im Messungsverzeichnis (VerändNachweis) nur „Zeichenfehler" (Unrichtigkeit rein tatsächlicher Art) oder der Wirklichkeit gemäß „Uferveränderung" angibt.

2. Diese Ausführungen beziehen sich nicht etwa nur auf die heute noch bestehenden Wasserläufe; bedingt gelten sie auch für solche, die infolge künstlicher Maßnahmen — stellenweise oder vollständig — längst verlandet und mit Gras- und Baumwuchs bestanden sind, also insbesondere für die Altwasserflächen begradigter Flüsse. Wo immer die zur Zeit der Flußkorrektion bestandenen Uferlinien im Gelände noch jetzt erkennbar sind, was sehr häufig zutrifft, oder wo mangels solcher Erkennbarkeit die Beteiligten sich auf eine bestimmte Linie einigen, liegt der Nachweis für die Unrichtigkeit des Gbs vor. Nur ist in derartigen Fällen zu beachten, daß oft schon nicht mehr die Bestimmungen der jüngeren, sondern noch jene der älteren Wasserrechte heranzuziehen sind.

Bedingt nur freilich gelten die vorigen Ausführungen insofern, als durch späteren gutgläubigen Erwerb oder durch Zuschlag in der Zwangsversteigerung die zunächst fälschliche Eintragung im Gb mangels rechtzeitiger Berichtigung des GBs wieder richtig geworden sein kann, weil das verlandende Gst nicht mehr dem Wasserrecht unterstand.

3. Nicht beziehen sich diese Darlegungen auf die Gräben und die geschlossenen Gewässer. Unter Gräben versteht man künstlich angelegte Rinnsale, die nur das Tagwasser abzuführen bestimmt sind. Zu den geschlossenen Gewässern zählen neben den Seen und Teichen die Kanäle, Mühlbäche u. dgl., wovon letztere nicht buchungspflichtig sind. Ihr Bestand bestimmt sich durchweg nach dem allgemeinen Liegenschaftsrecht und ist somit unveränderlich.

Ob es sich um einen Bach oder um einen Graben handelt, kann dem Gb oder dem Kat nicht mit Sicherheit entnommen werden. Häufig wurden im Volksmund Bäche fälschlich als Gräben angesprochen, und solche irreführenden Bezeichnungen haben dann in die öffentlichen Bücher Eingang gefunden; es handelt sich dabei um fehlerhafte rein tatsächliche Angaben. Maßgebend ist hier allein das materielle Recht gemäß dem Tatbestand.

4. Sehr schmale Bachrinnsale konnten in den Katasterkarten der kleineren Maßstäbe 1 : 5000 und 1 : 2500, insbesondere also den Meßtischkarten, nur durch eine einzige Linie dargestellt werden. Es kommt vor, daß sie trotzdem mit eigener Flurstücksnummer versehen und ohne Flächenangabe oder mit einer Angabe von 0,000 ha in das GrStKat eingetragen wurden; in das Reichskat werden solche Flurstücke unter Zugrundelegung von ½ m Breite mit Flächenausweis übernommen. Alle diese rein formalen Umstände sind aber für die Beurteilung des rechtlichen Bestandes völlig belanglos. Entscheidend ist in jedem einzelnen Fall einzig der tatsächliche Charakter und Befund des Gewässers. Handelt es sich um ein noch so schmales Wässerchen, dann werden die wasserrechtlichen Bestimmungen dahin wirksam, daß die Begrenzung, sei es die der Uferlinien, sei es die der Mittellinie, beweglich ist und somit niemals von den Schutzbestimmungen des Gbs erfaßt wird.

Damit wurde schon angedeutet, daß die einzige Linie in der Karte nicht dazu verführen darf, schlechthin zu unterstellen, daß sie einen Angrenzerbach darstelle, was ja wohl die Regel bilden wird; aber auch wenn keine Flurstücksnummer und keine KatFläche vorliegen, infolgedessen auch eine Eintragung im Gb gar nicht möglich war, schließt dies nicht aus, daß es sich um ein lediglich ungebuchtes selbständiges Gst oder um die obere Fortsetzung eines gebuchten Bachlaufes handelt, dessen Nachweis nur wegen des kleinen Kartenmaßstabs unterblieben ist.

Haben wir in den vorausgehenden obigen Fällen nochmals solche kennengelernt, in denen das Gb hinsichtlich der Grenz-, d. i. der Bestandsangaben versagen mußte (vgl. Abschn. E, S. 83 a ff.), so vermag es in dem letzten Fall nicht einmal hinsichtlich des Bestehens oder des Nichtbestehens des Gsts bzw. GstsTeils einen Nachweis zu erbringen.

5. 2. Fall: der Gutglaubensschutz des § 892 BGB ist wirksam geworden

a) Allgemeines

Es ist zu unterscheiden, ob dies nur für eines der beiden Nachbargrundstücke oder ob es für beide zutrifft.

Liegt Gutglaubensschutz für das Gst I vor, dann kann die Eigentumsgrenze niemals innerhalb der KatGrenze von I liegen; liegt Gutglaubensschutz für das Gst II vor, dann kann sie niemals außerhalb der KatGrenze von I liegen; stehen beide Gste unter Gutglaubensschutz, dann kann allein die KatGrenze Eigentumsgrenze sein. (Siehe aber Abschn. V, E, Nr. 2 Buchst. a und b, wegen Doppelbuchung, S. 123 f.)

Wenn nämlich Gutglaubensschutz nur für eines der beiden Gste I und II gegeben ist, dann ist immer noch die Möglichkeit vorhanden, daß zu diesem noch ein Grenzstreifen jenseits der KatGrenze gehört, der dem Gst durch unvordenkliche Verjährung oder durch Ersitzung zugewachsen war, oder weil die Karte einen materiellen Irrtum enthielt; da das GB nur schützt, nicht ausschließt, geben die §§ 891 und 894 BGB seinem Eigentümer die Möglichkeit, durch Nachweis der Unrichtigkeit des GBs sein Eigentum an ihm zu behaupten[69]). Natürlich entfällt diese Möglichkeit sofort, wenn auch das Nachbargst des Gutglaubensschutzes teilhaftig wird; denn auch unvordenkliche Verjährung und Ersitzung werden durch gutgläubigen Erwerb des Nachbargrundstücks vernichtet.

Damit stünde der Vermessungsbeamte einer sehr einfachen Rechtslage gegenüber, die ihn der Aufgabe entheben würde, sich um irgend etwas anderes als um die KatGrenze zu kümmern. Aber auch selbst in diesem Falle bleibt leider ein Häkchen zurück, nämlich die Feststellung des „Falles" selbst, da zur Wirksamwerdung des Gutglaubensschutzes notwendig die Gutgläubigkeit des Erwerbers gehört, an deren Stelle auch die Gutgläubigkeit eines früheren Erwerbers genügt[70]). Diese Feststellungen entziehen sich aber schlechterdings der Beurteilung des Vermessungsbeamten.

Dieser wird aber den widerstrebenden Nachbarn darüber zu belehren haben, daß der gute Glaube des Erwerbers nach gegenwärtiger Rechtsprechung grundsätzlich vorausgesetzt wird, und daß eine Anfechtung der KatGrenze so lange erfolglos bleiben müßte, als es ihm nicht gelingt, den Beweis für das Fehlen der bona fides des Bucheigentümers und allenfalls aller seiner Vorerwerber seit GbAnlegung zu erbringen. Diese Hinweise werden in der Regel genügen, den Unzufriedenen vor unbedachtem Eintritt in einen Rechtsstreit zu bewahren und ihn zu friedlicher Einigung auf die KatGrenze zu bewegen.

---

[69]) Reiß, S. 37/41; Staudinger, § 894, Anm. 32.

[70]) Reiß, S. 53.

b) Oertlicher Besicht

Es war oben (Abschn. IV, B, S. 114) bereits davon die Rede, daß Gutglaubensschutz nicht eintritt, wenn sich die Einigung nicht auf das gbmäßige Gst bezog, und daß bei Kenntnis der örtlichen Begrenzung der Erwerbsfläche die Einigung nur die entsprechende Teilfläche des Gsts erfasse.

Diese Sachlage ist im Schrifttum bisweilen dahin ausgelegt worden, daß der Erwerber eines Gsts, der dieses in seinen Besitzgrenzen eingesehen hatte, in Hinsicht eines etwa außerhalb dieser gelegenen Grenzstreifens, wie er sich aus der Flurkarte ergäbe, keinesfalls den öffentlichen Glauben des GBs in Anspruch nehmen könne[71]). Der vorsichtige Erwerber werde deshalb klüglich handeln, wenn er die Besichtigung vor dem Kauf vermeide[72]). In solcher Verallgemeinerung wird aber diese Auffassung sich nicht behaupten können.

Sie scheint sich vor allem auf die durchaus irrige Unterstellung zurückzuführen, daß die Besitzgrenze schlechthin oder doch in der Regel als die historische Grenze anzusprechen sei[73]). Wenn man davon ausgeht, daß die Besichtigung die Wirkung des § 892 BGB vereitle, dann kann doch wohl nicht die historische, sondern nur die Besitzgrenze als Alternative gegen die GbGrenze ins Feld geführt werden. Die Regel im Streitfall ist nun aber doch, daß man nicht weiß, ob der Besitzgrenze die Eigenschaft der historischen Grenze zukomme, ja daß diese Eigenschaft eben gerade bestritten ist und man deshalb die Katastergrenze zu Rate zieht.

Liegt die KatGrenze innerhalb des Besitzstandes des Nachbargrundstücks, dann ergeben sich sechs Möglichkeiten. Die historische Grenze kann liegen:

in der Besitzgrenze,

in der Katastergrenze,

im Bereich zwischen Besitz- und Katastergrenze,

diesseits der Besitzgrenze, d. i. im Bereich des Besitzes des Erwerbers,

jenseits der Katastergrenze, d. i. im Bereich des Bucheigentums des Nachbarn, und endlich

---

[71]) Schefeld, Rechtsfragen zur Grenzvermessung, ZfV. 1924 S. 345/46, 375/84 ff.; Meisner, S. 66 f. u. 70; Staudinger, § 892, Anm. 41, S. 243.

[72]) Vgl. Reiß. S. 49.

[73]) So auch bei Reiß, S. 64 letzte Zeile, S. 68 f.; ebenso in der FME. vom 11. 1. 1934 Nr. IV 54143/33 betr. Vollzug des AbmarkGes.

in zweien oder auch in dreien dieser Bereiche, indem sie die eine oder die andere dieser Grenzen oder auch alle beide schneidet.

Zusammenfassend wird man etwa sagen dürfen: jene verallgemeinernde Auffassung über die schädigende Wirkung des Besichts setzt notwendig eine der beiden Unterstellungen voraus:

1. entweder, daß die gemeinsame Absicht des Veräußerers und des Erwerbers oder wenigstens die des Erwerbers allein darauf gerichtet gewesen sei, daß etwaige Eigentumsrechte jenseits der Besitzgrenze dem Veräußerer verbleiben sollen, oder aber
2. daß der Veräußerer das Eigentum am Grenzstreifen überhaupt nie oder nicht mehr besaß, und daß dieses deshalb auch nicht veräußert werden wollte.

Die erste Absicht wird aber nur dann vorgelegen haben, wenn dem Veräußerer dort irgendein Besitz aus seinem bisherigen Eigentum verblieben ist, z. B. weil er aus einem größeren Grundkomplex ein Grundstück, z. B. eine Wiese, „abverkaufte"[74], während er ein danebengelegenes Grundstück, Wald oder Acker, zu Eigentum behielt, oder weil das Gst (Flurstück) aus getrenntliegenden Teilen bestand, was insbesondere dann vorkommt, wenn es durch eine feste Straße oder einen Bachlauf durchschnitten wird, die Auflassung sich aber nur auf eines der Teilstücke beschränkte. Dagegen wird man aber nur beim Vorliegen ganz besonderer Umstände die — bewußte oder unbewußte — Absicht unterstellen dürfen, daß eine nicht erkennbare, weil aus irgendwelchem Grunde im Besitz des Nachbarn befindliche Grundfläche vom Erwerb ausgeschlossen sein sollte, in keinem Falle aber, daß eine solche durch das Veräußerungsgeschäft einem Dritten, nämlich dem Nachbarn, erst übereignet werden wollte.

Hat der Veräußerer keinerlei Besitz zurückbehalten, dann spricht alle Erfahrung des Lebens dafür, daß er vielmehr gewillt war, sich seines ganzen Anspruchs am Eigentum des Grund und Bodens und an sonstigen Rechten zugunsten des Erwerbers zu begeben, und daß auch der Erwerbswille des Erwerbers sich damit deckte[75]. Keinesfalls aber könnte aus der gegenteiligen Einigung zwischen Veräußerer und Erwerber ein Eigentum des am Rechtsgeschäft gänzlich unbeteiligten Nachbarn erwach-

---

[74]) Reiß, S. 63.

[75]) ders., S. 67.

sen. Eine so entstandene Grenze würde gb.rechtlich als nichts anderes als eine Teilungsgrenze und also — mindestens zunächst — nicht als Grenze des Erwerbers gegen den Nachbarn, sondern gegen den Veräußerer anzusehen sein. Diese Sachlage wäre aber doch gar zu unpraktisch, als daß man ihr ernstlich allgemeine Geltung einräumen könnte[76]).

Die andere Unterstellung wäre die, daß die Einigung sich aus dem Grunde nicht auf den Grenzstreifen erstreckt haben könne, weil dem Veräußerer das Eigentum an ihm nicht zustand. Sie wird, immer eine brauchbare Karte vorausgesetzt, nur dann überzeugend wirken können, wenn es sich um eine Fläche von solcher Ausdehnung handelt, daß angenommen werden darf, daß eine private Erwerbung aus fern zurückliegender Zeit vorliege, die durch vollendete Ersitzung im Zeitabschnitt vor der GbAnlegung rechtskräftig geworden war. Bei den schmalen Grenzstreifen, um die es sich bei Vermessungen gewöhnlich handelt, ist dies aber durchaus nicht selbstverständlich, sogar sehr unwahrscheinlich, da hier meist unbewußte, wenn nicht böswillige, profitsüchtige Grenzverschiebungen im Spiele sind, über deren Entstehungszeit kaum ein Anhaltspunkt vorliegt. In der Regel spielen sie sich an unvermarkten Grenzen ab, also bei einem Zustand, der im Bewußtsein der Grenznachbarn ohnehin nur als behelfsmäßige Ordnung gilt, deren endgültige Regelung der Zukunft vorbehalten blieb.

Zudem konnte sich der Erwerber selbst bei Anwendung äußerster Sorgfalt, auch bei örtlicher Vergleichung der Besitzgrenze mit der KatKarte, der im Kartenmaßstab doch nur sehr geringen Abweichung kaum bewußt geworden sein; er wird trotz des Besichts in der Regel Besitz- und Kartengrenze für übereinstimmend gehalten und deshalb stillschweigend unterstellt haben, daß das Gst so, wie es lag, den gbmäßigen Grenzen entsprochen habe. Wenn dem Erwerber schon nicht zugemutet werden will, daß er die Richtigkeit des GBs nachprüfe, so würde wohl erst recht das Ansinnen zu weit gehen, daß er die genaue Uebereinstimmung vor der Erwerbung erst durch amtliche Vermessung nachprüfen lasse, um nicht — wegen des Besichts — seines Anspruchs auf die GbGrenze verlustig zu gehen.

Somit bleibt nur jene Auslegung übrig, daß der Erwerber nicht schon allein deshalb, weil er die zeitweiligen Besitzgrenzen, und seien sie auch verzäunt, vor dem GstsKauf eingesehen hatte, notwendig des Vorteils des Gutglaubensschutzes entbehren muß.

---

[76]) vgl. die analogen Ausführungen von Reiß, S. 37.

Anders, wenn der Erwerber selbst erklärt, daß er das Gst nur bis zur Besitzgrenze erwerben wollte, denn damit würde er selbst bekunden, daß er es nicht im Vertrauen auf das GB erwarb[77]). Wozu dann allerdings zur Begründung der Berichtigung der Kartengrenze zugunsten des Nachbargrundstücks noch die Unterstellung notwendig wird, daß die Karte falsch war, oder daß der Grenzstreifen tatsächlich in das Eigentum des Nachbarn bzw. seiner Vorgänger übergegangen und darin verblieben war.

c) Kenntnis der Kartenabweichung

Laut RGerEntsch. 86, 356 versagt § 892 BGB dann seinen Schutz, wenn die Unrichtigkeit aus diesem selbst erhellt[78]). Nun kommt es nicht selten vor, daß Besitz und Karte so beträchtlich voneinanderabweichen, daß auch der einfachste Laie dies erkennen muß. Man wird geneigt sein, wenigstens hier bei Besicht die Gutgläubigkeit zu bezweifeln[79]).

Dem steht jedoch die Rechtsprechung bereits mit dem Einwand entgegen, daß selbst grobe Fahrlässigkeit den guten Glauben nicht ausschließe[80]). Hiernach wird auch das Versäumnis des Einblicks in die Karte und ihrer Vergleichung mit der Besitzgrenze dem Erwerber keinen Rechtsnachteil zufügen können. Sogar wenn ihm die Kenntnis der Abweichung von Besitzstand und Karte nachgewiesen würde, so würde es sich dabei doch nur um die Kenntnis eines tatsächlichen, nicht aber um die des fehlerhaften Rechts-Verhältnisses handeln können. Dieses hätte er nur gekannt, wenn er auch gewußt hätte, daß die Karte materiell fehlerhaft war, sei es weil sie von Hause aus falsch war, sei es weil ein Rechtsvorgang sie falsch gemacht hatte. Zweifel an der Richtigkeit der Karte allein können das Kennen der Unrichtigkeit des GBs nicht ersetzen. Dieses Kennen hätte er sich aber, sofern er es nicht schon aus anderen Quellen besaß, letztlich nur durch gerichtliche Feststellung erwerben können. Eine dahingehende Zumutung wird aber dem Sinne des § 892 BGB, nach dem jedermann dem Buch vertrauen darf, nicht gerecht[80a]). Somit wird der Besicht auch unter solchen besonderen Umständen den Gutglaubensschutz nicht beeinträchtigen können.

---

77) Buch, Fragen und Antworten, AllgVermNachr. 23/1939, S. 531.
78) Staudinger, § 892, Anm. 42, S. 243.
79) Richter, KatAng. u. GtglSchutz, ZfV. 14/39, S. 454.
80) Staudinger, § 892, Anm. 63, S. 247.
80a) EntschGründe des Urteils d. AG. Landshut v. 28. 11. 48, C 79/47.

6. 3. Fall: Erwerb aus der Zwangsversteigerung

Beim Erwerb eines Gsts aus der Zwangsversteigerung[81]) gilt die KatGrenze als die Eigentumsgrenze schlechthin, d. h. es ist ohne Belang, ob der Erwerber eine andere Rechtslage gekannt hat oder nicht[82]). Selbst der Umstand, daß etwa zur Zeit der Versteigerung ein Widerspruch im GB eingetragen war, vermöchte daran nichts zu ändern.

Umstritten ist, ob ein eingetragener Widerspruch durch den Vorgang der Zwangsversteigerung erlischt oder ob das durch ihn geschützte Eigentum auch noch hernach gegen den Ersteher geltend gemacht werden kann[83]).

Eine aber gewiß recht selten auftretende Möglichkeit, die Gb-Grenze anzufechten, dürfte für die Eigentümer der angrenzenden Gste darin erblickt werden können, wenn aus der Ausschreibung der Versteigerung das zu versteigernde Gst nicht eindeutig bezeichnet gewesen und dadurch der Angrenzer nicht in die Lage versetzt worden war, als Dritter rechtzeitig vor der Versteigerung sein die Veräußerung hinderndes Recht zur Geltung zu bringen. (§§ 37, 38 ZVG, § 771 ZPO.)

Für den Ersteher des Gsts gilt der allgemeine Grundsatz, daß das GB die eingetragenen Rechte nur schützt, andere erwachsene Rechte aber nicht vernichtet. Er bleibt also grundsätzlich ebenfalls in der Lage, Grenzstreifen außerhalb der KatGrenzen gegenüber § 891 BGB zu behaupten[84]).

C. Abmarkung

1. Allgemeines

Die Abmarkung der Grenzen der Gste bedeutet lediglich eine Grenzsicherungsmaßnahme. Sie vermag als solche eine rechtskräftige Grenze niemals zu erzeugen; sie ist aber als ein ausschlaggebendes Beweismittel für den Verlauf der Grenze von besonderem Wert, da man aus ihrem Vorhandensein regelmäßig, d. h. bis zum Beweis des Gegenteils, auf eine Anerkennung der Grenze durch die beiden GstsEigentümer im Zeitpunkt der Abmarkung schließen darf, zumal in einem Land, in dem seit dem

---

[81]) s. II. Teil, Abschn. V, Nr. 2, S. 23.

[82]) Reiß, S. 59.

[83]) Staudinger, § 899, Anm. 26, S. 290.

[84]) Reiß, S. 38 f.; Buch, Fragen und Antworten, AVNachr. 21/1939, S. 489.

Jahre 1868 die Abmarkung bzw. Vermarkung staatlich geordnet und nur bestimmten Behörden und Personen (Geometern, Feldgeschworenen) übertragen ist[85]).

Die Vermutung, die der Abmarkung innewohnt, ist stärker als die Vermutung des § 891 BGB, vermag aber der Wirkung des § 892 BGB nicht standzuhalten[86]).

2. Verschiebungen der Erdoberfläche

1. Es ist keine Seltenheit, daß sich an steilen Berghängen die Erdoberfläche durch seitliche Verschiebung der Erddecke verändert und dadurch auch die Grenzzeichen auf ihrer Wanderung mitnimmt. In solchen Fällen verlieren diese ihre Beweiskraft. Das Gst, das im strengen Sinne ja nicht allein aus der Erdoberfläche, sondern aus dem ganzen darunter und darüber befindlichen Raum besteht (s. § 2 Nr. 3, S. 34), kann aus solchen Vorfällen keine Veränderung seines Bestandes erleiden. Dieser ist nach wie vor durch den Nachweis des Gbs geschützt. Die Vermutung des § 891 BGB tritt hier wieder in ihr ausschließliches Recht. Die Abmarkung wird rechtsungültig.

2. Dies gilt folgerichtig auch für alle tektonischen Verlagerungen der Erdrinde, soweit sie sinnfällig sind (Erdbeben, Oberflächeneinstürze u. dgl.).

Dagegen nehmen die unmerklich, nur ganz allmählich eintretenden tektonischen Verschiebungen der Erdrinde den rechtlichen Bestand der Gste mit; damit bleibt auch die Rechtskraft der Abmarkung in ganzem Umfang erhalten[87]). Die Flurkarte wird fehlerhaft, doch erstrecken sich naturgemäß solche Fehler dann meist ziemlich gleichmäßig auf so ausgedehnte Gebiete, daß die Flurkarte, wenn schon nicht mehr den absolut richtigen Raum auf dem Erdellipsoid, so doch den relativ richtigen innerhalb der engeren Umgebung noch nachzuweisen vermag.

3. Gesetzliche Abmarkungspflicht

Gesetzliche Abmarkungspflicht tritt in Bayern und in der Rheinpfalz für eine Grenze ein, die im Vollzug einer vermessungsamtlichen Feststellung mit Zustimmung der beiden Grundeigentümer zum Ab-

---

[85]) bay.Vermarkungsges. vom 16. 5. 1868; Ges. betr. die Abmarkung der Gste vom 30. 6. 1900, GVBl., S. 553.

[86]) Meisner, S. 54 ff.; Staudinger, § 919 BGB., Anm. 11.

[87]) s. Anm. 5 auf S. 34.

schluß gebracht oder die im Streitfall durch ein gerichtliches Urteil oder einen gerichtlichen Vergleich festgestellt worden ist, gleichviel, ob die Grenzlinie mit dem Katasterstand übereinstimmt oder nicht. Das Gericht des I. Rechtszugs hat das VermAmt unter Mitteiung einer beglaubigten Abschrift des Urteils oder des Vergleichs zu verständigen (Art. 1 Abs. 1, Ziff. 2 u. 4 AbmGes., § 4 VVAbmGes.).

Die Anfertigung eines Messungsverzeichnisses bzw. Veränderungsnachweises durch das VermA ist auch im Falle der Abmarkung aus Anlaß von gerichtlichen Urteilen und Vergleichen erforderlich, sofern es sich um eine Berichtigung der KatGrenzen im Sinne des § 22 handelt. (Vgl. Abschn. B, Nr. 3, Bchst. d, Ziff. 1 bb, S. 148 f.) Fie Form der Messungsverzeichnisse und Veränderungsnachweise hat dann jener für die Beseitigung von Aufnahmefehlern zu entsprechen. (Abschn. VII, B, S. 169.) Dabei ist im „Neuen Bestand" als Veranlassung anzugeben: „Berichtigung gemäß gerichtlichem Urteil (bzw. Vergleich)". Ist im Vergleich jedoch eine Auflassung beurkundet, dann ist die Form der Zuflurstücke anzuwenden; in diesem Fall ist auch die Abmarkung nur eine vorläufige.

Die Mitwirkung des VermA bei der Abmarkung ist in Bayern gebührenfrei; die Kosten für Grenzsteine und Feldgeschworene sind von beiden Beteiligten gemeinsam zu tragen; die Abmarkung ist eine öffentliche Last der Gste. (Art. 25 Abs. I—IV AbmGes.) Für die Anfertigung der Messungsverzeichnisse bzw. Veränderungsnachweise hat die Staatskasse aufzukommen, wenn die Berichtigung durch ursprüngliche Fehlerhaftigkeit des Kats oder durch fehlerhafte Fortführungs-Vermessungen verursacht ist (s. § 12 Nr. 2, Bchst. b, S. 91). In allen anderen Fällen sind von den Beteiligten die regelmäßigen Messungsgebühren zu leisten (§ 82 bay. GrStGes.)[88]). Deren Weigerung zur Uebernahme könnte die Verhinderung der Buchberichtigung zur Folge haben, wenn unterlassen wurde, die Kostenfrage schon im Urteil oder im gerichtlichen Vergleich klarzustellen. Die Abmarkung stünde dann im Widerspruch zur Buchgrenze, im Falle der Auflassung sogar zur Eigentumsgrenze; in letzten Fall könnte sie nicht aufrechterhalten bleiben. Es müßte dem Sieger im Streit überlassen bleiben, die Voraussetzungen zur Herbeiführung der GbBerichtigung durchzusetzen. § 919 A. 3 BGB stünde ihm hinsichtlich der Beteiligung des Gegners auch an den Vermessungs-

88) Brettreich, Das Ges. betr. d. Abmarkung der Gste, Verl. Beck, München 1901; Art. 25, Anm. zu Abs. I, S. 78.

gebühren zur Seite[89]). Solange die Berichtigung des Gbs nicht herbeigeführt ist, besteht unverändert die Gefahr, daß die widersprechende GbGrenze durch gutgläubigen Erwerb oder Zuschlag im Zwangsversteigerungsverfahren rechtmäßige Eigentumsgrenze wird.

4. Forstvermarkung der bayer. Salinenverwaltung

In der Beschränkung als öffentliche Urkunden im Sinne des § 418 ZPO (s. Abschn. V E, S. 121 ff.) können auch andere amtliche Karten und Grenzbeschreibungen als das Kataster den Grenzermittlungen dienstbar gemacht werden.

So wurden aus Anlaß der Vermarkung der kgl. salinarischen Forsten Anfangs der 20er Jahre des vorigen Jahrhunderts Niederschriften angefertigt, aus denen die Entfernungen von Grenzzeichen zu Grenzzeichen (Steine, Meißelzeichen in Fels) in Fußmaßen und die Winkel, die die Grenzstrecken in den Brechpunkten einschließen, zu entnehmen sind; zum Teil sind die Angaben auch durch Karten belegt. Diese Forstvermarkungsprotokolle werden von den staatlichen Forstämtern verwahrt. Sie haben sich als sehr beachtliche Hilfsmittel in der Auslegung der Flurkarte erwiesen, insofern ihre Verwertung mit großer Sicherheit zur Aufdeckung zahlreicher von ihr nachgewiesenen, aber in Natur verdeckten Grenzzeichen führt. Wennschon ihr Verhältnis zur Flurkarte grundsätzlich kein konkurrierendes sein kann, sondern nur ein dienendes, so vermögen sie gleichwohl mittelbar die der Flurkarte zukommende Vermutung des § 891 BGB zu überwinden, indem der mit ihrer Hilfe aufgedeckten Vermarkung eine stärkere Vermutung innewohnt als der GbGrenze. Dagegen vermögen sie in keinem Falle den öffentlichen Glauben des § 892 BGB in Hinsicht der KatGrenze zu erschüttern.

D. Grenzverwirrung, Grenzverdunklung

1. Kann keiner der beiden Nachbarn die Grenze nach den für den Beweis des Eigentums gültigen Grundsätzen nachweisen, dann spricht man von Grenzverwirrung[90]). Es ist nach dem früher hier Ausgeführten (Abschn. V, S. 116 ff.) offensichtlich, daß unter dem gegenwärtigen GbRecht bei Gsten, die im GB eingetragen sind, eine Grenzverwirrung nur mehr in seltenen Ausnahmefällen

[89]) ebenda, S. 79.

[90]) RGerKomm., Anm. 1 u. 2 zu § 920 BGB; der Auffassung von Reiß, Grenzverwirrung sei gleichbedeutend mit Uneinigkeit über die Grenze, können wir nicht folgen.

auftreten wird[91]), sofern ihm ein zuverlässiges Kataster zu Diensten steht.

Zu ihrer Ueberwindung gibt § 920 BGB die nötigen Fingerzeige. In erster Linie ist danach maßgebend die gegenwärtige Besitzgrenze; wo eine solche nicht vorhanden ist, ist die Streitfläche zu halbieren; wo dies nicht zum Ziele führt, insbesondere mit der feststehenden Größe der Gste nicht übereinstimmt, ist nach Billigkeitsgesichtspunkten zu verfahren.

Unter der „feststehenden Größe" der Gste wird man nicht das katmäßige Flächenmaß verstehen dürfen, dem in der Regel nur eine sehr beschränkte Beweiskraft innewohnt; es wird aber z. B. zu berücksichtigen sein, ob das Gst bei seiner Entstehung durch Teilung oder Umlegung eine bestimmte Größe oder ein bestimmtes Teilungsverhältnis ausweisen sollte, oder ob etwa aus Urkunden eine bestimmte Breite oder dgl. zu entnehmen ist[92]).

Irrig wäre zu meinen, daß diese Anweisungen nur für die Praxis der Gerichte in Betracht kämen. Selbstverständlich sind sie genau so auf das Zustandekommen von formlosen Grenzfeststellungsverträgen anwendbar[93]).

2. Nicht zu verwechseln mit dem Begriff Grenzverwirrung ist der Begriff „Grenzverdunklung". „Verdunkelt" ist eine Grenze schon dann, wenn sie in der Oertlichkeit nicht mehr durch feste Merkmale ersichtlich ist, die den rechtmäßigen Bestand des Gsts bezeichnen, „verwirrt" erst dann, wenn es an materiellen und formellen Hilfsmitteln gebricht, den rechtmäßigen Bestand des Gsts aufzuhellen.

3. Ist im Zeitpunkt der Teilung eines Gsts dessen Grenze verwirrt oder verdunkelt, und kann dieser Zustand nicht durch eine gütliche Einigung zwischen den Beteiligten überwunden werden, so gestattet § 34 Abs. I, Bchst. e bay. DAfVAe, daß das Teilungs-Messungsverzeichnis auch dann angefertigt wird, wenn der Eigen-

---

[91]) Der Schlußsatz in Anm. 10 zu § 920 BGB in Staudingers Komm. wonach der Kat.Plan „für den Richter einen Beweisbehelf in Verbindung mit anderen Momenten abzugeben vermöchte" ist zweifellos nur ein versehentlicher Restbestand aus früheren Auflagen; denn in Wirklichkeit wird ja eine Grenzverwirrung gerade nur bei Versagen der Katasterkarte und eben deswegen des GBs in Hinsicht der Grenze möglich sein. Vgl. damit Meisner, S. 71 f., mit dem Staudinger sonst in diesem Gegenstand stets einig geht.

[92]) Reiß, S. 145 f.

[93]) Staudinger, § 920 BGB, Anm. 19; FMA. v. 11. 1. 1934 Nr. IV 54143/33 betr. Vollz. des AbmG., Abschn. II.

tümer und — im Falle der Veräußerung — auch der Erwerber ihre Zustimmung dazu schriftlich erteilen, daß der Flächeninhaltsermittlung der Teilgrundstücke der katmäßige Grenzstand zugrunde gelegt wird. Damit wird mit Hilfe der Grundbuchgrenze einer die Beteiligten schädigenden Verzögerung in der Abwicklung des Rechtsgeschäftes wirksam begegnet. Doch erweist sich diese Maßnahme erfreulicherweise in der Praxis nur sehr selten als notwendig.

VII. Unrichtigkeiten tatsächlicher Art

A. Allgemeines

Unrichtigkeiten tatsächlicher Art fallen nicht unter § 22. Solche sind:

1. unwesentliche Unrichtigkeiten, z. B. offenkundige Schreibversehen, reine Zeichenfehler und Ungenauigkeiten (Kartierungs- und Gravierungsmängel, s. Abschn. VI B, Nr. 4, d 1, aa, S. 148), Flächenfehler bei zusammengesetzten Gsten (s. § 2, Nr. 9, S. 50);
2. sonstige Mängel rein tatsächlicher Art; z. B. reine Namensberichtigungen, die die Person des Berechtigten unverändert lassen; dann die Berichtigung der Flächengrößen der Flurstücke, soweit sie sich nicht auf Grenzänderungen zurückführen, sondern nur von Rechenfehlern, Zeichenfehlern, geometrischen Ungenauigkeiten und Aufnahmefehlern herrühren.

Alle derartigen Fehler werden von Amts wegen berichtigt, und zwar, soweit es sich um Katasterangaben handelt, auf Grund der Bestimmungen über die Erhaltung der Uebereinstimmung zwischen GB und Kat. (§ 130 Abs. 1, Nr. 1, § 327 bayDA; § 6 Abs. 2 AusfVO.) Es bedarf hierzu keines Antrags, auch nicht eines Antrags des Finanzamts bzw. des Vermessungsamts bei der Uebermittlung der Auszüge aus den Messungsverzeichnissen bzw. Veränderungsnachweisen.

B. Aufnahmefehler

1. Die Berichtigungen der Flächengrößen sind nur dann rein tatsächlicher Art, wenn sich die Neuberechnung nicht auf eine Veränderung der Grenzen des Flurstücks zurückführt (Nr. 7 FortfErl; § 330 bayDA). Eine Veränderung der Eigentumsgrenze liegt nicht vor bei der Beseitigung eines Aufnahmefehlers; jedoch bezielt eine solche in jedem Falle eine Aenderung der ihr widersprechenden Buchgrenze. Die Aufnahmefehler zählen hiernach noch zu den Fehlern tatsächlicher Art, ebenso wie

die Grenzangaben des GBs zu den tatsächlichen Angaben rechnen. Da aber die Grenzangaben als solche eine Ausnahmestellung innerhalb der tatsächlichen Angaben einnehmen, seitdem die Frage ihrer Teilnahme am öffentlichen Glauben des GBs im positiven Sinne entschieden ist, kommt eine solche notwendig auch der Beseitigung fehlerhaft aufgenommener Grenzen zu.

Nach Nr. 9 FortfErl handelt es sich um einen Aufnahmefehler, „wenn die Umfangsgrenzen eines Flurstücks, wie sie sich aus der Flurkarte und den maßgebenden Unterlagen ergeben, nicht dem bei der Aufnahme vorhandenen örtlichen rechtmäßigen Besitzstand entsprechen".

Unter „rechtmäßigem" Besitz ist das Gegenteil von „fehlerhaftem", d. i. durch verbotene Eigenmacht erlangtem Besitz (§ 858 Abs. 2 BGB) zu verstehen. Ueberflüssig erscheint die Beifügung „örtlich", da ein Besitzstand wohl in jedem Falle „örtlich" sein muß. Da schließlich die „Aufnahme" nicht der Gegenwart, sondern der Vergangenheit entstammen muß, würde wohl eindeutiger von einem „vorhanden gewesenen Besitzstand" gesprochen werden.

Treffen diese Voraussetzungen zu, dann können wir einem Aufnahmefehler begegnen insbesondere:

a) bei einer im Vollzug der Landesvermessung, der Fortführungsvermessung oder der Erneuerungsvermessung vorgefundenen, bereits feststehenden rechtmäßigen Eigentumsgrenze,

b) bei einer im Vollzug einer Fortführungs- oder der Erneuerungsvermessung richtig ermittelten und durch Grenzanerkennung bzw. Grenzfeststellungsvertrag festgelegten rechtmäßigen Eigentumsgrenze, —

wenn bei der anschließend ausgeführten technischen Beurkundung des Grenzverlaufs, d. i. der Aufmessung, Abszissen- oder Ordinatenmaße fehlerhaft abgelesen oder aufgeschrieben oder verwechselt, oder wenn richtig vermessene Grenzpunkte durch fehlerhafte Linienverbindung zu einem unrichtigen Grenzzug zusammengeschlossen worden sind u. dgl. Auf diese Weise konnte mit der nachfolgenden Eintragung der Vermessung über das GrStKat bzw. über das Messungsverzeichnis bzw. den Veränderungsnachweis eine vom rechtmäßigen Bestand des Gst abweichende Grenzlinie in das GB gelangt sein.

Wir werden gut tun, den Begriff des „Aufnahmefehlers" noch etwas enger zu umreißen. Es können sich nämlich sehr wohl „Fehler in der Aufnahme" vorfinden, ohne daß dies zu einem „Aufnahmefehler" im gemeinten Sinne führen mußte. Ein solcher liegt allein dann vor, wenn die Aufnahmeelemente übereinstimmend einen anderen Grenzpunkt oder Grenzzug ausweisen als den rechtmäßigen, den sie ausweisen sollten und wollten.

Liegt dagegen ein durchlaufender Abszissenfehler (etwa ein Meter- oder ein 5-Meter-Fehler[94]) in der Messungslinie vor, oder ist im Schlußmaß der Linie ein Ablesefehler unterlaufen, was lediglich eine falsche rechnerische Abgleichung auf das Gesamtmaß der Linie zur Folge hatte, dann ist das ein Messungsfehler, der sich praktisch nur als Zeichenfehler, allenfalls auch als Flächenfehler auswirkt, aber nicht notwendig den Grundstücks bestand unrichtig ausweisen muß[95]).

Aehnlich ist es, wenn ein Ablesefehler oder Schreibfehler in den Koordinaten eines Grenzpunktes unterlaufen ist, der aber durch überschüssige Maße, z. B. die zugehörigen Längs- und Quer-Spannmaße erwiesen ist. Es kann bei derartigen Versehen nicht auf das letzte zeichnerische oder rechnerische Ergebnis ankommen, sondern immer nur darauf, zu welchem zweifelsfreien Ergebnis die Aufnahme, wie sie insbesondere im Riß festgelegt ist, in Hinsicht des Bestandes führen muß. Dem entgegenstehende fehlerhafte Elemente in Einzelheiten können samt den irrtümlich gewonnenen Folge-Ergebnissen ohne weiteres als Unrichtigkeiten rein tatsächlicher Art von Amts wegen beseitigt werden; auch hier haben wir es nur mit Zeichen- und Flächenfehlern zu tun, durch die der Grundstücks bestand nicht berührt wird.

Eine andere Sachlage aber ist die, wenn die Aufnahmeelemente sich derart widersprechen, daß sich die fehlerhaften von den richtigen nicht zweifelsfrei unterscheiden lassen; dann läßt die Aufnahme mehrere Deutungen zu; das Kataster versagt ohne weiteres (s. Abschn. V E, S. 121 ff.). Versagt aber das Kataster, dann versagt auch das GB in Hinsicht der Bestandsangaben. Nur als „öffentliche Urkunde" wird dann der Riß durch die eine der sich widersprechenden Auslegungsmöglichkeiten immer noch die mit ihr übereinstimmende Besitzgrenze als Eigentumsgrenze zu erhärten vermögen. Im übrigen ist der Fall des § 920 Satz 1 BGB gegeben, wonach bei einer Grenzverwirrung (s. Abschn. VI D, S. 161)

[94]) Rau, Anteilnahme der KatKarte usw., ZfV. 16/21, S. 528/533.

[95]) Buch, Fragen u. Antworten, AllgVN. 22/39, behandelt einen geradezu grotesken Fall der Abgleichung von Abszissenmaßen auf einen fingierten Linienendpunkt.

Anlage 5
(Zu Abschn. VII B)

b = berechnetes Maß

Fig. 8

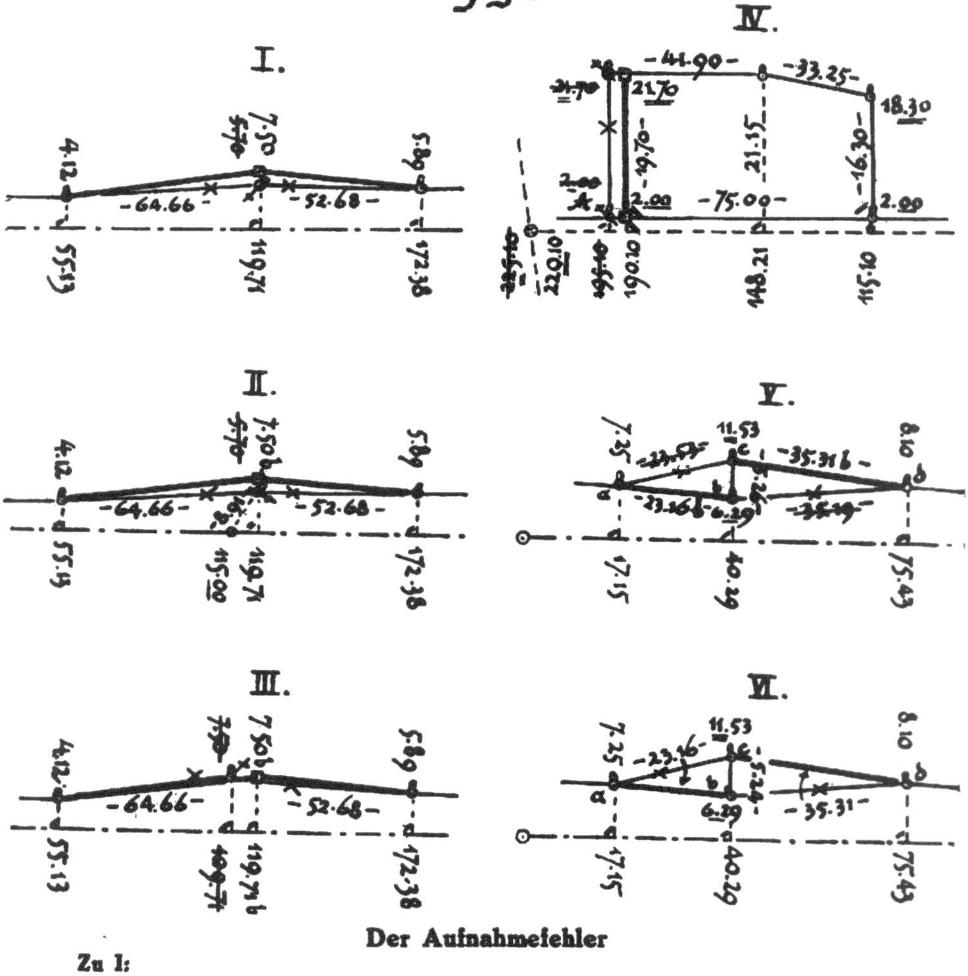

Der Aufnahmefehler

Zu I:

Aufnahmefehler

Schreibfehler y' = 5.70 statt y = 7.50. Vermessung in sich widerspruchslos falsch. Fehlerhaftigkeit von y' trotz überschüssiger Maße 64.66 und 52.68 nicht nachweisbar.

Im Falle des Gutglaubensschutzes Berichtigung nur durch Auflassung möglich; im übrigen von Amts wegen auf Grund Grenzanerkennung der Beteiligten oder gerichtlichen Urteils als Zeichenfehler u. gegebenenfalls als Flächenfehler.

Zu II:

Kein Aufnahmefehler

Aufnahme in sich widersprechend. Kat. weist sowohl das richtige y = 7.50 wie auch das fehlerhafte y' = 5.70 nach. Katasternachweis versagt

Kein Grundbuchnachweis, kein Gutglaubensschutz.

Berichtigung von Amts wegen auf Grund der Grenzanerkennung der Beteiligten oder gerichtlichen Urteils als Zeichen- und Flächenfehler.

Zu III:

Kein Aufnahmefehler

Aus der Aufnahme selbst ist x' = 109.71 als falsch, x = 119.71 als richtig erwiesen. Kat. und Gb. weisen richtig x = 119.71 nach.

Berichtigung von Amts wegen als Zeichen- und als Flächenfehler.

Zu IV:

Kein Aufnahmefehler

Durch Spannmaße 75.00 und 41.90 und rechten Winkel bei A, außerdem durch Schlußmaß 225.10 ist Fünfmeterfehler in der Abszisse erwiesen. Kat. und Gb. weisen richtig x = 190.10 nach.

Berichtigung von Amts wegen als Zeichen- und ggf. Flächenfehler.

Zu V:

Aufnahmefehler

Kat. weist den fehlerhaften Grenzzug a-c-b-d statt des richtigen a-b-c-d nach. Aufnahme in sich widerspruchslos falsch; Fehlerhaftigkeit aus ihr nicht nachweisbar.

Im Falle des Gutglaubensschutzes Berichtigung nur durch Auflassung möglich; sonst von Amts wegen auf Grund Grenzanerkennung der Beteiligten oder gerichtlichen Urteils als Zeichen- und als Flächenfehler.

Zu VI:

Kein Aufnahmefehler

Zeichnung und Maßzahlen weisen widersprechende Grenzzüge nach; einerseits Linienführung a-c-b-d, anderseits Maßzahlen a-b-c-d. Kat-Nachweis versagt.

Kein Grundbuchnachweis, kein Gutglaubensschutz.

Berichtigung von Amts wegen auf Grund Grenzanerkennung der Beteiligten oder gerichtlichen Urteils als Zeichenfehler und Flächenfehler.

der Besitzstand maßgebend ist. In der Regel wird der Zweifel unschwer durch die Einigung der Beteiligten auf die Besitzgrenze behoben werden können. Auch diese Fälle werden grundsätzlich wie Zeichnungs- und Flächeninhaltsfehler zu behandeln sein; doch ist es unerläßlich, daß die Berichtigung sich auf einen Grenzfeststellungsvertrag stützt, nicht nur in Hinsicht der Rechtskraft der Abmarkung, sondern auch in Hinsicht des Gbs, das damit an Stelle eines Vakuums einen bestimmten Inhalt empfängt.

Der „Aufnahmefehler" im strengen und eigentlichen Sinne aber besteht, wie oben gesagt, darin, daß das eindeutige Ergebnis der Aufnahme etwas anderes ausweist als das, was den Gegenstand der seinerzeitigen Aufnahme ausmachte. Nur bei dieser Sachlage kann von einem materiellen Fehler des Kats und des GBs in Hinsicht des Grundstücksbestandes gesprochen werden. Siehe die Beispiele auf Anl. 5 (S. 166 f.).

Nr. 12 FortfErl macht die Berichtigung des Aufnahmefehlers im Reichskataster von der Erklärung der Beteiligten abhängig, „daß sie den ‚örtlichen Besitzstand' und nicht den KatNachweis anerkennen und daß die Abweichung nicht auf eine Grenzänderung zurückzuführen ist". Durch eine solche gemeinsame Erklärung ist die Fehlerhaftigkeit der Karte und des Gbs erwiesen und die Vermutung des § 891 BGB widerlegt; damit ist die Anwendbarkeit des § 22 gegeben. Nachdem die 7. Aenderung der bay. DAfVAe vom 10. 5. 1943 die Nr. 9 des FortfErl als § 4 wortgetreu übernommen hat, wird auch Nr. 12 FortfErl schon jetzt sinngemäß im Bereich des bay. GrStKat anwendbar sein, wennschon sie formell dort noch nicht anzutreffen ist.

Noch aber bedarf es hierzu eines Einwandes: Sollte beim Vorliegen eines Aufnahmefehlers einzig und allein der „örtliche Besitzstand" gegen die irrige KatGrenze behauptet werden können? Ist nicht auch, wennschon nur ausnahmsweise, mit der Möglichkeit zu rechnen, daß sich im Ablauf der seit der Aufnahme vergangenen Zeit die Besitzgrenze von der rechtmäßigen Grenze entfernt hat, daß sich die Beteiligten auch darüber einig sind und darum ebensowenig die örtliche wie die katastermäßige Grenze anzuerkennen vermögen und sich deshalb auf eine von beiden unterscheidende Grenzlinie einigen, die nach den Umständen als die wahre Grenze gelten muß? Auch Nr. 12 FortfErl wird somit richtig nur dann verstanden und angewandt werden, wenn man unter dem „örtlichen Besitzstand" nicht den der Gegenwart, sondern jenen der zeitlich zurückliegenden Aufnahme versteht.

Da bei der Berichtigung eines Aufnahmefehlers kein Eigentumsübergang stattfindet, kommt auch kein Ausweis einer Uebergangsfläche (eines Zuflurstücks) in Betracht. Im Vortrag des „Neuen Bestandes" des Messungsverzeichnisses (Veränderungsnachweises) werden lediglich die im Flächenmaß berichtigten Flurstücke neu vorgetragen; als Veranlassung wird angegeben: „Berichtigung des Flächeninhalts infolge eines Aufnahmefehlers". Dem Auszug aus dem Messungsverzeichnis (Veränderungsnachweis) ist ein Kartenabschnitt (oder eine Pause) beizugeben, in dem die Berichtigung in roter Farbe dargestellt ist. Muster für die Veränderungsnachweise: Anlagen 9 a, b und 12 zu den „Ersten DurchfBest. zum FortfErl"; für die Messungsverzeichnisse: Beispiel IX der Anlage 12 a zur bay. DAfVAe und Beispiel 26 bei FME. vom 20. 3. 1948 Nr. IV 16493 — H 207.

Das Kat ist an Hand der Auszüge aus den Messungsverzeichnissen (Veränderungsnachweisen) von Amts wegen zu berichtigen. Unabhängig davon ist jedoch der GbRichter gehalten, über die Berichtigung des Bestandsverzeichnisses zu entscheiden und dabei zu prüfen, ob der Uebernahme nicht etwa „der öffentliche Glaube, ein Eigentumserwerb durch Zuschlag in der Zwangsversteigerung oder ein ähnlicher Rechtsvorgang entgegensteht. Liegt nach seiner Beurteilung kein Aufnahmefehler, sondern eine nachträgliche Rechtsänderung vor und ist eine Einigung mit der Vermessungsbehörde nicht zu erzielen, so hat er die Uebernahme der Berichtigung abzulehnen und den Auszug aus dem Veränderungsnachweis an die Vermessungsbehörde zurückzugeben", die dann zur Erhaltung der Uebereinstimmung der beiden Bücher auch ihrerseits die Berichtigung im Kat rückgängig zu machen hat (§ 8 Abs. 2 AV. vom 20. 1. 1940, DJ S. 214, FortfErl S. 90).

Es steht weder dem VermA noch der ihm vorgesetzten Dienststelle die Berechtigung zur Erhebung der sachlichen Beschwerde über die Ablehnung zu (KGJ. 30, A 202). Zu Verfügungen und Eintragungen, die die Berichtigung eines Irrtums über das Eigentum betreffen, ist allein der GbRichter zuständig (§ 4 Abs. 2 AV.)[96]; seine Beurteilung allein ist maßgebend. Es ist nicht einmal notwendig, daß er eine Untersuchung darüber anstellt, ob z. B. der Erwerb ein gutgläubiger war; denn schon dann, wenn dafür nur eine ganz entfernte Möglichkeit besteht, ist der Nachweis der Unrichtig-

[96]) Brand-Schnitzler, § 17, S. 46; Hesse-S.-F., Anm. zu § 4, Abs. 2 AV., S. 378.

keit des Gbs ausgeschlossen[97]). Der VermBeamte wird darum gut daran tun, derartige Möglichkeiten selbst schon ins Auge zu fassen und im Zweifelsfall mit dem GbRichter ins Benehmen zu treten, ehe er den Aufnahmefehler in einem Messungsverzeichnis (Veränderungsnachweis) ausweisen läßt.

Es wird nun erkennbar sein, warum im vorigen auf die schärfste Abgrenzung des Begriffes „Aufnahmefehler" Bedacht genommen wurde. Es handelte sich um nichts Unwichtigeres als zu verhindern, daß schlechthin jeder Mangel in den Vermessungsunterlagen durch mißverständliche Bezeichnung als Aufnahmefehler den Grundeigentümern auf dem Wege über den öffentlichen Glauben und ähnliche Vorgänge unbegründeten Schaden zufüge.

Im übrigen gilt das in Abschn. VI B Nr. 4 Bchst. d Ziff. 2, S. 149 f. zur Uebernahme der Grenzfeststellungsverträge in das GB Ausgeführte. Vgl. auch Abschn. E Nr. 1, S. 122.

2. Trotz alledem erscheint uns die Sorge um die verhängnisvollen Auswirkungen des Aufnahmefehlers vielfach stark übertrieben. Er wird doch nur dann schädliche Folgen nach sich ziehen müssen, wenn er zur Eintragung übereinstimmender Fehlerhaftigkeit des Buchbestandes der beidseitig betroffenen Gste geführt hat. Das trifft aber im allgemeinen nur bei den Erneuerungsvermessungen zu. Ein bereits in der Landesvermessung unterlaufener Aufnahmefehler wird sich nur noch in recht seltenen Ausnahmefällen als solcher nachweisen lassen; wo dies nicht zutrifft, hat man aber kein Recht, von einem solchen zu sprechen[98]).

Im Fortführungsverfahren dagegen, bei dem ja in der Regel nur die Teilungen einseitig gelegener Gste zu Gb-Eintragungen zu führen pflegen, bleiben bei unterlaufenem Aufnahmefehler die seitherigen Eintragungen der Bestände der Nachbargrundstücke im GB völlig unberührt. Soweit dann die vermessene Grundfläche in den Bestand eines Anliegergrundstücks hinübergreift — und das läßt sich doch glücklicherweise durch die schriftlichen Grenzverhandlungen im Zusammenhang mit der Abmarkung meist einwandfrei nachweisen —, liegt der Fall der Doppelbuchung vor, für den ein Gutglaubensschutz niemals in Betracht kommt. Natürlich darf sich dann auch der Berichtigungsausweis im Messungsverzeichnis (Veränderungsnachweis) nicht des

[97]) Reiß, S. 111.

[98]) Richter, Sollen die KatAngaben am Gutglaubensschutz des GBs nicht teilnehmen?, ZfV. 14/1939, S. 438/443.

irreführenden Ausdrucks „Aufnahmefehler" bedienen, sondern muß sachlich zutreffend von der „Beseitigung einer Doppelbuchung" (allenfalls einer „Nichtbuchung" — s. Abschn. E Nr. 2, S. 123 ff.) sprechen.

Handelt es sich aber nur um eine Grenzfestsetzung, die nicht gerade ausnahmsweise Anlaß zur Buchberichtigung der beidseitigen Gste Anlaß gegeben hat, dann ist die ursprüngliche Eintragung im GB durch den Vermessungsfehler überhaupt nicht beeinträchtigt worden. Die durch den Grenzfeststellungsvertrag festgelegte und anschließend abgemarkte Grenze wird mit dem Buchinhalt regelmäßig übereinstimmen, und die Berichtigung beschränkt sich auf den Fortführungsriß und allenfalls auf die zu Unrecht berichtigte Flurkarte und ist von Amts wegen herbeizuführen.

3. Von einem „Aufnahmefehler" kann auch nicht gesprochen werden, wenn im Vollzug einer Gsts Teilung die dem Vertragswillen gemäße Teilungsgrenze zwar an Ort und Stelle richtig abgesteckt und vermarkt, dann jedoch fehlerhaft aufgenommen wurde. Hier handelt es sich ja nicht um die unrichtige Aufnahme eines „rechtmäßigen Besitzstandes", sondern um eine falsa demonstratio, die eine Divergenz der Eintragung zur Folge hatte, kraft deren die Eintragung ohne Rechtswirkung blieb. Hierüber s. die Ausführungen zu §§ 19—21, 28, Nr. 5, S. 105.

C. Absteckungsfehler

Während Fehler in der Feststellung der Grenzen sich gewöhnlich auf ein der Karte oder ihren Unterlagen falsch entnommenes oder falsch errechnetes Maß zurückführen, das willentlich abgesteckt und anschließend dem neuen Buchinhalt zugrunde gelegt wurde, besteht der Absteckungsfehler darin, daß wider Willen ein anderes als das (richtig oder falsch) entnommene oder errechnete Maß abgesteckt wird. Die örtliche Grenze steht dann im Widerspruch zur Buchgrenze; sie kann niemals durch den öffentlichen Glauben gedeckt und nie durch Buchersitzung zur rechtsgültigen Grenze gemacht werden.

a) Handelt es sich dabei um eine bestehende Grenze, dann kann sie allerdings durch den Grenzfeststellungsvertrag Eigentumsgrenze werden und bleiben, bis etwa ein gutgläubiger Erwerb durch Rechtsgeschäft am Nachbargrundstück das fälschlich erworbene Eigentum vernichtet. Ueber die Frage, ob eine Anfechtung der irrtümlich vermessenen Grenze zugunsten der vorher richtigen Buchgrenze möglich ist, siehe Abschn. VI B, Nr. 4, Bchst. a, S. 138 ff. Gerade dieser Fall sprach ja auch zugunsten der Zulässigkeit der formlosen Aufhebung des irrtümlich geschlossenen Grenzfeststellungsvertrags (S. 140).

b) Betrifft der Absteckungsfehler aber eine Teilungsgrenze, so wird es sich regelmäßig um die fälschliche Abtragung von Sollmaßen, sei es gemäß bedungener Längen oder Breiten, sei es gemäß bedungener Flächengröße oder eines bestimmten Teilungsverhältnisses handeln. Da das richtige Maß über Absteckungsriß, Messungsverzeichnis, Veränderungsnachweis Eingang in das GB gefunden hat, und da es dem Vertragswillen der Beteiligten entspricht, stimmen in solchem Fall Auflassung und Buchinhalt überein, sind materielle Rechtsgrenze und Buchgrenze identisch, wogegen die Besitzgrenze beiden gleichermaßen widerspricht. Ihre Zurückführung auf das Sollmaß ist geboten. Das GB wird von diesem Vorgang nicht berührt. Allerdings ist auch mit der Möglichkeit der außerordentlichen Ersitzung vor der Anlegung des GBs zu rechnen (s. S. 137).

Gleichartig ist die Sachlage bei fehlerhafter Absteckung eines Grenzpunktes im Umlegungsverfahren (Flurbereinigung, Baulandumlegung). Das richtige Maß entspricht der Vollziehbarkeitserklärung bzw. der Ausführungsanordnung und dem GbInhalt, zu denen die Besitzgrenze im Widerspruch steht.

Nicht als Absteckungsfehler zu bewerten sind Ungenauigkeiten im Rahmen der amtlichen technischen Fehlergrenzen. Soweit nur eine solche vorliegt, ist bei der Teilung der Vertragswille der Beteiligten erfüllt worden, wobei die Fehlergrenzen so weit zu nehmen sind, als sie dem jeweiligen Stand der VermTechnik im Zeitpunkt der Absteckung entsprachen. Manchenorts war es üblich, bei der Ausarbeitung der Teilungen den gemessenen Maßen nachträglich die häuslich berechneten Sollmaße in roter Farbe beizufügen (Pfalz). Ihnen gegenüber wird daran festzuhalten sein, daß die urkundlich im Felde abgesteckten Maße in der Zeit vor der GbAnlegung der Uebergabe, in der Zeit nach jener der Auflassung, in jedem Falle aber dem GbInhalt entsprechen, außerdem in unzähligen Fällen infolge Buchersitzung die rechtsgültige Grenze bezeichnen, und daß somit eine vermeintliche „Verbesserung" der Besitzgrenze auf Grund der rechnerisch beigefügten Maße nicht nur überflüssig, sondern auch rechtlich unzulässig wäre.

Nachweis der Eintragungsgrundlagen

§ 29

Der Hauptgedanke des § 29 ist der, daß es Aufgabe des Antragstellers ist, die Eintragungsgrundlagen nachzuweisen. Es kann nicht regelmäßige Aufgabe des GBA sein, selbst Ermittlungen anzustellen, wenn es auch nicht ausgeschlossen ist, daß es zur Beseitigung von Bedenken Auskünfte von den Beteiligten einzieht.

Gemeint sind nur die „materiellen" Grundlagen, d. h. solche, die den Eintragungsantrag innerlich rechtfertigen. Zwei Gruppen sind zu unterscheiden:

1. die zur Eintragung erforderlichen Erklärungen;
2. die anderen Voraussetzungen zur Eintragung.

Zur Gruppe 1 gehören alle Erklärungen der Beteiligten, die nach den vorausgehenden Paragraphen zur Eintragung erforderlich sind, das sind einerseits die rein grundbuchrechtlichen (Eintragungsbewilligung, Zustimmung, Abtretungserklärung), anderseits ergänzende und begründende Erklärungen, z. B. Vollmachten.

Die Gruppe 2 umfaßt alle sonstigen Tatsachen, die zur materiellen Begründung des Eintragungsantrags notwendig sind, z. B. den Nachweis der Legitimation eines gesetzlichen Vertreters (Vormunds), den Nachweis der Unrichtigkeit des GBs (§ 22), des Todes des eingetragenen Berechtigten (§ 23), des Eintritts des maßgebenden Ereignisses, z. B. die Erreichung eines bestimmten Lebensalters (§ 24), den Nachweis der Erbfolge (§ 35), die behördliche Genehmigung der Auflassung oder Belastung eines land- oder forstwirtschaftlichen Gsts gemäß Art. IV des KRGes. Nr. 45 vom 20. 1. 1947 (GVBl. S. 105) über Aufhebung der Erbhofgesetze usw.

Für beide Gruppen können in erster Linie öffentliche Urkunden zum Nachweis dienen; außerdem bei Gruppe 1 die Abgabe zur Niederschrift des GBAs und die öffentliche Beglaubigung; bei Gruppe 2 genügt auch schon die Offenkundigkeit der Tatsache.

Die Abgabe zur Niederschrift kann nur vor dem Gb-Richter geleistet werden.

Unter einer öffentlichen Urkunde ist hier nicht jede beliebige Urkunde zu verstehen, sondern nur eine solche, die von einer öffentlichen Behörde oder einer mit öffentlichem Glauben versehenen Person innerhalb der Grenzen ihrer Amtsbefugnisse und in der vorgeschriebenen Form aufgenommen ist (§ 415 ZPO) (s. § 22, Abschn. VI B 3 c Ziff. 2, S. 144).

Oeffentlich beglaubigte Urkunden sind solche, deren Unterschriften durch eine hierzu zuständige Behörde oder Urkundsperson bestätigt sind. Hier bezieht sich die Bestätigung nicht auf den Inhalt der Privaturkunden, sondern nur auf den Namen der darunter unterzeichneten Personen.

Zu den mit öffentlichem Glauben versehenen Personen (Urkundspersonen) zählen z. B. die Notare, die Gerichtsvollzieher, die öffentlich bestellten Vermessungsingenieure (diese nicht in Bayern), die Markscheider[99]), die Feldgeschworenen[100]). Durch Art. 81 AG.BGB waren in Bayern die Notariate von Anfang an zur Beurkundung der Einigung der Beteiligten bei der Uebertragung des Eigentums und der Bestellung von Erbbaurechten herangezogen worden. Die Beteiligten hatten damit die Freiheit erhalten, diese vor dem Notar oder vor dem GBA zu erklären. (S. §§ 19—21, Nr. 2, S. 101.)

Zu den öffentlichen Urkunden im Sinne des § 29 gehören z. B.:

a) die in Bayern vorgeschriebenen Beurkundungen der Nachlaßgerichte über die Erklärungen der Erben in Hinsicht ihrer Anträge auf Berichtigung der Grundstückseigentümer im GB, so auch die Bescheinigungen der Nachlaßgerichte über die Heimstättenfolge (§ 29 Abs. 2 RHeimstGes.),

b) die Entscheidungen der nach § 15 DGO vom 30. 1. 1935 bzw. § 36 der Ersten DchfVO. hierzu vom 22. 3. 1935 (RGBl. I, S. 393) zuständigen Verwaltungsstellen in Hinsicht der Aenderung der Gemeindegebiete und

c) die Verfügungen der Oberfinanzpräsidenten-Zweigstellen und die Entscheidungen des Bayer. StMin. der Finanzen in Hinsicht der Aenderungen der Gemarkungen (Nr. 13, 14 der Bek. vom 19. 7. 1937, GVBl. S. 243),

d) die Vollziehbarkeitserklärungen der Regierungen in der Baulandumlegung (Art. 37 BaulGes.),

e) die Entscheidungen der Flurbereinigungsämter hinsichtlich der Rechtskraft der Umlegungen und Flurbereinigungen (§§ 64, 90 RUO, Art. 79 FlurbGes.),

---

99) RGerEntsch. vom 17. 3. 1888, ZfBergrecht, S. 93/89, ZfV., S. 725/1922.

100) AbmGes., Art. 5. 9. 18.

f) die Genehmigungsbescheide der unteren Verwaltungsbehörden über Verfügungen über Grundstücke oder Grundstücksteile in einem Gebiet, das zum Wohnsiedlungsgebiet erklärt worden ist (§ 4 WohnsiedlGes.),

g) die Zustimmungserklärungen des Ausgebers bei Teilungen und Vereinigungen von Reichsheimstätten (RHeimstGes. §§ 9 Abs. 1; 10 Abs. 2),

h) die Beurkundungen und die Beglaubigungen der Anträge auf Vereinigung und Teilung von Gsten (vgl. §§ 5, 6, Nr. 3, S. 71 ff.),

i) die Anträge öffentlicher Behörden auf Vereinigung, Zuschreibung und Teilung der ihrer Verwaltung unterstehenden Grundstücke gemäß § 890 BGB,

k) die Grenzverhandlungen und Abmarkungsniederschriften[101]) der Vermessungsdienststellen und der öffentlich bestellten Vermessungsingenieure (RGerEntsch. vom 19. 4. 1937 — 3 D 63/37[102]); Voraussetzung ist natürlich die Beachtung der an eine öffentliche Urkunde zu stellenden Formansprüche[103]),

l) ebenso die Beurkundungen der Vermessungsdienststellen und der öffentlich bestellten VermIngenieure über ihre Feststellungen der räumlichen Abgrenzung von Rechten an Gsten (Entsch. des Pr. KGer. vom 29. 3. 1939 — 1 W 111/39[104]); vgl. S. 186 f.).

Nicht hierher gehören die Ersuchen der Regierungen und der Flurbereinigungsämter um Eintragung der Ersatzgrundstücke; vgl. § 38, S. 177.

Jede öffentliche Behörde ist zuständig, in ihren eigenen Angelegenheiten rechtsgeschäftliche und andere Erklärungen abzugeben. Geschieht dies in den Formen des § 29, dann liegt eine öffentliche Urkunde vor, die geeignet ist, die sonst etwa erforderliche gerichtliche oder notarische Beurkundung zu ersetzen[105]). Beispielsweise gelten Grenzanerkennungen von Behörden als öffentliche Urkunden in diesem Sinne.

---

[101]) Oberstaatsanwalt v. Uhl in öffentl. Sitzung des Bay Verwalt.-GerHofs v. 15. 11. 1907, BayZfV. 1908, S. 198.

[102]) Kurandt, ZfV. 13/37, S. 382 ff.; Nagel, AllgVN. 18/37, S. 309.

[103]) Vgl. Nr. 6 der FME. v. 20. 3. 48 betr. Erg.Anw. z. DAfVAe. (nicht veröffentlicht).

[104]) AllgVN. 2/40, S. 34; Roquette, ZfV. 10/40, S. 234.

[105]) Hesse-S.-F., § 29, S. 137; Henle-Schmitt, S. 92 unten.

Der neu angefügte Abs. 3 regelt die Form der Erklärungen und Ersuchen von Behörden, nun auch für Bayern verbindlich, dahin, daß sie nicht nur zu unterschreiben, sondern auch mit dem Dienstsiegel oder Stempel zu versehen sind.

Für den Nachweis der „anderen Voraussetzungen" einer Eintragung kommen hauptsächlich in Betracht: gerichtliche Entscheidungen, behördliche Zeugnisse, vollstreckbare Urteile, Erbscheine u. dgl.

Hierzu zu rechnen sind auch die Auszüge aus den Messungsverzeichnissen und Veränderungsnachweisen mit ihren Kartenauszügen, ebenso der Umlegungsplan und die Ausarbeitungen der Flurbereinigungsämter als Voraussetzungen zur Berichtigung des Sachregisters als des amtlichen Verzeichnisses der Gste (§§ 193, 324, 326, 327 bayDA; Ziff. 243, 313 Abs. 2 GbAnlO Pfalz) bzw. als Bestandteile des amtlichen Verzeichnisses (s. § 2, Nr. 4, S. 38), weiter die von den Vermessungsdienststellen beurkundeten Grenzfeststellungsverträge (Grenzanerkennungen) (s. § 22, VI B 4 c, S. 138 ff.).

Eine Lockerung der Vorschriften des § 29 brachte die VO zur Vereinfachung des GbVerfahrens vom 15. 10. 1942 (RGBl. I, S. 573), indem sie

zu § 35 über den Nachweis der Erbfolge einen Abs. 3 anfügte, der dem GBA gestattet, zur Eintragung des neuen Eigentümers eines Gsts ausnahmsweise von den in den Absätzen 1 und 2 genannten Beweismitteln abzusehen und sich mit anderen Beweismitteln zu begnügen, wenn das Gst (oder der GstTeil) von geringem Wert ist und die Beschaffung des Erbscheins gemäß § 2353 BGB oder des Zeugnisses nach § 1507 BGB über die Fortsetzung der Gütergemeinschaft nur mit unverhältnismäßig großem Aufwand an Kosten und Mühen möglich ist. Auch zur eidesstattlichen Versicherung kann der Antragsteller zugelassen werden.

§ 29 ist nur Ordnungsvorschrift, seine Beachtung nicht Voraussetzung der materiell-rechtlichen Gültigkeit einer Eintragung.

Behörden-Ersuchen
§ 38

§ 38 beschäftigt sich mit den bereits zu § 29 erwähnten Ersuchen der Behörden um Eintragungen in das GB. Ein solches hat stets zur Voraussetzung, daß die Behörde durch eine gesetzliche Vorschrift zur Stellung des Antrags ermächtigt ist und daß das Ersuchen der Form des § 29 Abs. 3 entspricht, nämlich außer der

Unterschrift des zuständigen Beamten auch das Siegel oder den Stempel der ersuchenden Behörde trägt.

Erfüllt ein solches Ersuchen auch im übrigen die Form des § 29, dann ist es geeignet, neben dem Antrag auch zu ersetzen:

die Bewilligung des Betroffenen (§ 19),

die Einigung des Berechtigten und des andern Teils (§ 20),

den Unrichtigkeitsnachweis (§ 22),

die sonst erforderliche Zustimmung dritter unmittelbar beteiligter Personen (§§ 21, 22 [2], 27).

Nicht immer ist die Wirkung so umfassend; z. B. tritt das Ersuchen der Umlegungsbehörde (des Flurbereinigungsamts) bzw. des Regierungspräsidenten um Eintragung der Ersatzgrundstücke in einer Umlegung (Flurbereinigung) bzw. Baulandumlegung nur an Stelle des Unrichtigkeitsnachweises, neben dem es weder einer Bewilligung noch der Einigung noch der Zustimmung dritter Personen bedarf (§ 84 RUmlO, Art. 80 FlurbGes., Art. 43 BaulGes.).

Einschlägig sind hier u. a. die Ersuchen

a) der Umlegungsbehörden um die im Umlegungsverfahren erforderlichen Eintragungen und Löschungen im GB (§ 83 RUO); — die Entscheidung darüber, welche Eintragungen und Löschungen erforderlich sind, steht allein der Umlegungsbehörde zu[106]); — sodann um die Berichtigung des GBs gemäß dem Umlegungsplan nach Eintritt seiner Rechtskraft (§ 84 RUO).

b) entsprechend in Bayern: der Flurbereinigungsämter um den Vollzug der Flurbereinigungsausarbeitungen (Art. 80 FlurbGes.); — sodann deren Ersuchen um Eintragung eines Widerspruchs im Falle der Verletzung der Beschränkung der Teilungsfähigkeit der Ersatzgste (Art. 91 Abs. I, II, IV a. a. O.); — sodann um die Löschung eines solchen Widerspruchs; § 53 Abs. 1 GBO wird hiervon nicht berührt; s. II. Teil, Abschn. V, Nr. 3, S. 24);

c) der Regierungspräsidenten um den Vollzug der Umlegungsübersichten über Baulandumlegungen auf Grund der Vollziehbarkeitserklärungen (Art. 43 BaulGes.);

d) der Landräte um Berichtigung des GBs in Hinsicht der Gemeindegebietsänderungen (§ 15 Abs. 2 DGO);

---

[106]) Hillebrandt-Engels-Guth, Reichsumlegungsordnung, Verl. Beck München u. Berlin 1938, § 83, Anm. 2.

e) der Landessiedlungsbehörde um Eintragung des Siedlungssperrvermerks (4. Teil, Kap. II, § 8 NotVO);

f) der Siedlungsbehörde um Eintragungen und Löschungen nach § 2 bis 6 RSiedlGes.;

g) der Durchführungsbehörde betr. Eintragungen nach § 13 der VO zur beschleunigten Förderung des Baues von Heuerlings- und Werkwohnungen;

h) der Genehmigungsbehörde (des Landrats) um Eintragung und Löschung eines Widerspruchs gemäß § 6 Abs. 1 und 2 GstVerkBek. — § 53 Abs. 1 bleibt hiervon unberührt;

i) ebenso nach § 11 RWohnsGes.;

k) der Oberen Siedlungsbehörde um die Eintragung des Landabgabesperrvermerks (§ 39 Abs. 1 AusfVO GSB), — sodann um die Berichtigung des GBs nach vollzogener Zwangsenteignung des Siedlungsgeländes und um Eintragung des aus der freiwilligen Landabgabe hervorgehenden neuen Eigentümers (§§ 30 Abs. 5; 40 a. a. O.);

l) die Ersuchen von öffentlichen Behörden, z. B. der Reichsbahn-Vermessungsämter und Stadt-Vermessungsämter, um Vereinigung und Zuschreibung von Grundstücken ihrer Verwaltung gemäß § 890 BGB, ebenso deren Anträge auf Teilung solcher Gste.

Bei der Uebermittlung der beurkundeten und beglaubigten Anträge auf Vereinigung und Teilung von Gsten durch die Notare und Vermessungsämter, ebenso der beurkundeten Grundbuchberichtigungsanträge durch die Nachlaßgerichte (S. 174) handelt es sich nicht um Ersuchen im Sinne des § 38, sondern lediglich um eine Vermittlungstätigkeit der genannten Behörden zwischen den Parteien und dem GBA.

Das VermA als diejenige Behörde, die das amtliche Verzeichnis zum Reichskataster führt, ebenso das Finanzamt als bayerische Katasterumschreibebehörde im Bereich des alten Grundsteuerkatasters (§§ 28 Abs. IV, 31 KatBek) ist nicht befugt, nach § 38 um eine Eintragung zu ersuchen. Durch die Ueberreichung der Auszüge aus den Veränderungsnachweisen bzw. Messungsverzeichnissen geben sie dem GBA nur Kenntnis über die im Kat herbeigeführten Aenderungen. Diese Mitteilungen sind nur dazu bestimmt, das GBA instand zu setzen, zu prüfen, ob und welche Maßnahmen hiernach von ihm selbst zu treffen sind, um die Uebereinstimmung mit dem Kat zu erhalten. Die Uebernahme der im Kat vollzogenen Aenderungen kann das GBA aber nur dann ablehnen, wenn es diese für unrichtig oder für unzulässig hält. Das GBA teilt dann die Nichtübernahme dem VermA oder dem FinA mit. Siehe auch die Ausführungen zu § 22 Abschn. VII B, Nr. 1, S. 169.

Ebenso kommt der Abgabe der Gemarkungsänderungsverfügungen der Oberfinanzpräsidenten-Zweigstellen bzw. der Uebermittlung der einschlägigen Auszüge aus den Veränderungsnachweisen und Messungsverzeichnissen an die GBAemter nicht der Charakter eines Antrags auf Berichtigung des GBs zu, sondern nur der einer Mitteilung. (Vgl. § 2, Nr. 2, a—d, S. 32 f.)

Das VermA verfügt auch über keine gesetzliche Grundlage zu einem Ersuchen an das GBA um eine etwa erforderliche Berichtigung des GBs auf Grund eines von ihm beurkundeten Grenzfeststellungsvertrages (s. § 22, Abschn. VI B, Nr. 4 a, c, d, S. 138 ff., 143 ff., 148 f.). Auch hierin dient es nur als Vermittler zwischen den Parteien und dem GBA, soweit das GBA nicht von Amts wegen tätig zu werden hat.

Voreintragung des Betroffenen

§§ 39, 40

1. Eine Eintragung soll davon abhängig gemacht werden, daß die Person, deren Recht durch sie betroffen wird, im GB bereits als Berechtigte eingetragen ist (§§ 13—17, Nr. 5, S. 97 f.). Damit ist die vorherige Eintragung dieser Person verlangt, für den Fall, daß sie bis dahin noch nicht eingetragen worden war. Die Forderung geht von dem Gedanken aus, daß das GB den Rechtsstand und seine Aenderungen in allen Entwicklungsstufen klar und verständlich ersehen lassen soll (RGerEntsch. 133, 283)[106a]).

Der Betroffene ist regelmäßig der, dem das Recht nach materiellen Grundsätzen zusteht; er ist der Bewilligende; er soll im GB eingetragen sein, bei Veräußerungen demnach der bisherige wahre Eigentümer. Dies gilt auch für buchungsfreie Gste, die demnach zunächst erst selbst eingetragen werden müssen, damit der bisherige Eigentümer eingetragen werden kann.

2. Nach dem Grundsatz: Keine Regel ohne Ausnahme, läßt nun aber § 40 wichtige Erleichterungen zu; nach diesem kann, wenn der Betroffene Erbe des eingetragenen Eigentümers ist, von seiner Voreintragung unter bestimmten Voraussetzungen abgesehen und unmittelbar der Erwerber eingetragen werden.

[106a]) Hencke-Mönch, § 39, Anm. 1.

Für den Vermessungsvollzug ist besonders die Nichteintragung der buchungsfreien Wasserläufe und Wege beachtlich, deren Eigentum dann zuweilen nicht geklärt ist. Hier ist die Voreintragung fast nie zu vermeiden; man tut deshalb gut daran, sie schon vor Beginn der Vermessungen selbst in die Wege zu leiten, um alle Hemmungen in deren späteren Vollzug von vornherein aus dem Wege zu räumen. Vgl. §§ 3, 4, Nr. 4 C a, S. 60 f.

Löschung

§ 46

Zur Löschung einer Eintragung genügt grundsätzlich die einseitige Aufgabeerklärung des Berechtigten[107]).

Ueber die Form der Beseitigung einer GbEintragung sagt das BGB nichts aus. Damit überläßt das materielle Recht diese Ordnung dem formellen Recht, d. h. der GBO. § 46 gibt zwei Formen der Löschung an, denen hiernach allein die materielle Wirkung der Löschung zukommt:

1. Nach Abs. 1 ist zur Löschung in der Regel die Eintragung eines besonderen Löschungsvermerks notwendig. In ihm ist die buchmäßige Beseitigung der betroffenen Eintragung auszusprechen; es genügt das Wort: „Gelöscht".

Die bayDA bestimmt dazu (§ 290), daß der Vermerk als selbständige Eintragung einzutragen sei; der Vermerk „Gelöscht" ist bei der zu löschenden Eintragung in die erste und in die dritte Spalte augenfällig einzuschreiben und mit schwarzer Tinte zweimal zu unterstreichen. Für das Reichsgrundbuch ist die einmalige Unterstreichung der gelöschten Eintragung mit roter Tinte vorgeschrieben (§ 17 GbVerf). Bei diesen äußerlichen Maßnahmen handelt es sich aber immer nur darum, die Lesbarkeit der GBücher zu erleichtern; rechtlich maßgebend ist allein der Löschungsvermerk.

2. Die zweite Form der Löschung ist die Nichtübertragung des Rechtes auf ein neu angelegtes Blatt.

Die Notwendigkeit der Uebertragung eines Gsts auf ein neues Blatt kann sich aus mancherlei Anlässen ergeben, z. B. durch Mangel an Raum auf dem bisherigen Blatt für weitere Eintragungen, durch Unübersichtlichkeit des alten Blattes wegen Zusammenschreibung, Vereinigung oder Zuschreibung der Gste, wegen Aenderung der GbBezirke oder der GBA-Bezirke. Den häufigsten Fall bilden die Enthaftungen von Trennstücken.

---

[107]) Hesse, GB u. materielles Recht, S. 305.

Wird bei solchem Anlaß ein auf dem alten Blatt eingetragenes Recht nicht mitübertragen, so „gilt" es ohne weiteres als gelöscht, d. h. es bedarf in diesem Fall nicht des besonderen Löschungsvermerks, es ist ebenso anzusehen, als wäre der Löschungsvermerk angebracht. Henle-Schmitt[108]) folgern daraus, daß das GBA, wenn die Eintragung etwa versehentlich unterblieben ist, die Uebertragung auch noch nachholen kann, außer wenn § 892 BGB dem entgegensteht, weil durch die Wirkung des öffentlichen Glaubens des GBs ein Erwerber von dem Eintrag, in diesem Falle der Löschung, geschützt ist (§ 245 Abs. 1, Nr. 3 bayDA.). Anderer Auffassung sind z. B. Hesse-Saager-Fischer[109]), nach denen die Nachholung in keinem Fall mehr zulässig wäre, da die durch die Weglassung der Eintragung vollzogene Löschung wirksam geworden sei. Ist durch die Weglassung das GB unrichtig geworden, so stehe dem GBA nur das Mittel des Amtswiderspruchs zur Verfügung (§ 53, s. unten), um nachteilige Folgen abzuwenden.

Amtswiderspruch und Löschung von Amts wegen
§ 53

§ 53 enthält eine Ausnahme vom Antragsgrundsatz. Er gibt dem GBA zwei Mittel, ordnungswidrige Eintragungen von Amts wegen je nachdem nur zu kennzeichnen oder ganz zu beseitigen.

1. Im ersten Fall handelt es sich ausschließlich um solche Eintragungen, die

a) dem öffentlichen Glauben des GBs unterstehen,
b) unter Verletzung gesetzlicher Vorschriften zustande gekommen sind, und
c) das GB unrichtig gemacht haben.

Als solche Versehen sind denkbar nur solche, die eine Flurstücksverwechslung im Gefolge haben[110]); sie können unterlaufen sein, indem bei einer Abschreibung ein Flurstück auf ein falsches GbBlatt übertragen wurde, wobei entweder das Flurstück oder das Blatt verwechselt worden sein kann; auch gelegentlich der Zurückführung auf das Reichskataster kann ein Flurstück auf einem unrichtigen Blatt verzeichnet worden sein.

---

[108]) Anm. 6 zu § 47, S. 122.
[109]) Zu § 46, Anm. III, 2, Abs. 2, S. 205.
[110]) Reiß, S. 123.

Gegen derartige Fehleintragungen hat das GBA von Amts wegen einen Widerspruch einzutragen, ohne einen Antrag abzuwarten. Im übrigen ist dieser Widerspruch dem Widerspruch des § 899 BGB völlig wesensgleich (s. S. 24); er hat die gleiche Wirkung; er hindert den Rechtserwerb kraft öffentlichen Glaubens und den Eintritt der Verjährung (§§ 892, 902 Abs. 2 BGB).

Gegen die Eintragung des Widerspruchs ist Beschwerde zulässig mit dem Ziel der Löschung. Die Löschung des Widerspruchs geschieht grundsätzlich auf Antrag; von Amts wegen nur dann, wenn er sich als gegenstandslos erweist (s. §§ 84 ff., S. 186).

2. Im anderen Fall handelt es sich entweder

a) um nicht eintragungsfähige Rechte, oder

b) um an sich eintragungsfähige Rechte, aber ohne den gesetzlich gebotenen Inhalt oder mit gesetzlich nicht erlaubtem Inhalt der Eintragungen, oder

c) um so unklare und widerspruchsvolle Eintragungen, daß ihre Bedeutung unverständlich ist.

Solche Eintragungen sind von Amts wegen zu löschen. Gegen die Löschung ist Beschwerde mit dem Ziel des Widerspruchs zulässig.

Zu a): Ueber nicht eintragungsfähige Rechte s. Vorbemerkungen zu §§ 13 ff., II, S. 94.

Zu b): Ein Recht ohne den gebotenen Inhalt ist z. B. ein solches, bei dem die Angabe des Berechtigten fehlt. Ein Recht mit gesetzlich nicht erlaubtem Inhalt ist z. B. eine Grunddienstbarkeit zugunsten einer bestimmten Person (statt zugunsten eines bestimmten Gsts).

Die Vorschrift des § 53 ist aus rein fiskalischem Interesse entstanden; sie verfolgt nicht den Zweck, die durch die Buchung Benachteiligten zu schützen, sondern den Staat, der für die Versehen seiner Beamten ersatzpflichtig ist, vor Ersatzleistungen zu bewahren[111]).

Oeffentliche Lasten

§ 54

Siehe Vorbemerkungen II, 4 a zu §§ 13 ff., S. 94.

---

[111]) Reiß, S. 116.

Vierter Abschnitt

Beschwerde

§§ 71—81

1. Die Vorschriften beziehen sich nur auf die Sachbeschwerden, nicht auch auf die hiervon zu unterscheidenden Aufsichtsbeschwerden. Beschwerde im Sinne des § 71 ist gegen jede sachliche Anordnung oder Entscheidung des GbRichters gegeben. Solche Entscheidungen können insbesondere sein:

a) Zurückweisung oder Beanstandung von Eintragungsanträgen und

b) Zwischenverfügungen nach § 18 — s. dort, Nr. 2, S. 99 —,

c) Eintragungen, Löschungen.

Abs. 2 schränkt das Beschwerderecht ein, indem er bestimmt, daß gegen die genannte dritte Art, d. i. gegen die Eintragungen (einschließlich der Löschungen) die Beschwerde grundsätzlich nicht zulässig ist. Damit sind ausschließlich solche Eintragungen gemeint, die unter dem öffentlichen Glauben stehen; denn mit Rücksicht auf die Rechte Dritter darf eine solche Eintragung (oder Löschung) nicht ungeschehen gemacht werden. In Hinsicht dieser kann eine Beschwerde hiernach nur nach § 53 die Eintragung eines Widerspruchs oder die Löschung eines Widerspruchs erzielen. Auch Vormerkungen sind durch Beschwerde anfechtbar[1]).

2. Berechtigt zur Beschwerde ist nur der, dessen Recht durch die Entscheidung mittelbar oder unmittelbar beeinträchtigt ist und der deshalb an der Beseitigung ein rechtliches Interesse hat. Die Behörden sind beschwerdeberechtigt, soweit sie im Rahmen des § 38 handeln und die ihnen zugewiesenen Aufgaben sonst nicht erfüllen können — die Aufsichtsbehörden nur dann, wenn durch die Entscheidung ihr Aufsichtsrecht unmittelbar beeinträchtigt wird; im allgemeinen kommt ihnen nur zu, bei den zur Antragstellung berufenen Behörden auf Einlegung der Beschwerde hinzuwirken.

Die Frage, ob eine Behörde in Vertretung einer Partei berufen ist, in deren Namen Beschwerde einzulegen, ist zu verneinen, wenn beispielsweise ein Finanzamt im Vollzug des § 31 KatBek. die im Kataster umgeschriebenen Messungsverzeichnisse zum Zweck der GbBerichtigung zusendet und das GBA diese verweigert. Die Mitteilung der Auszüge verfolgt nicht die Wahrnehmung der Rechte einer

---

[1]) Hesse-S.-F., § 71, Anm. S 278 ff.

Partei, sondern zunächst nur die Absicht, daß das GBA prüfe, welche Maßnahmen es innerhalb seines Wirkungskreises zu treffen habe. Ebensowenig wie dem Finanzamt kommt dem VermA das Beschwerderecht zu, wenn es im Verfolg des § 29 a. a. O. einen Auszug aus einem Messungsverzeichnis (§ 326 Abs. I bayDA) oder im Vollzug der (2.) AV. des RJM vom 20. 1. 1940, DJ, S. 214 einen Auszug aus einem Veränderungsnachweis unmittelbar dem GBA zuleitet.

Dagegen ist Aufsichtsbeschwerde sowohl durch die Behörde wie durch deren Aufsichtsstelle an den Landgerichtspräsidenten zulässig.

Die Sachbeschwerde kann sowohl beim GBA wie auch beim Landgerichtspräsidenten, und zwar schriftlich oder zur Niederschrift, eingereicht werden (§ 73). Ueber die Beschwerde entscheidet das Landgericht (Zivilkammer) (§§ 72, 81); jedoch ist der GbRichter befugt und verpflichtet, einer beim GBA selbst eingereichten Beschwerde selbst abzuhelfen, falls er sie für begründet erachtet (§ 75).

3. Gegen die Entscheidung des Landgerichts ist das Rechtsmittel der „weiteren Beschwerde" gegeben, wenn die Entscheidung auf einer Verletzung des Gesetzes beruht; das GBA und das Landgericht sind von sich aus nicht befugt, dieser abzuhelfen; die Entscheidung obliegt dem Zivilsenat beim Oberlandesgericht, soweit sie nicht dem Reichsgericht[2]) vorbehalten ist (§§ 78—81).

Diese Vorschriften sind jedoch durch § 7 der sog. Kriegsbeschwerde-Verordnung vom 12. 5. 1943 (RGBl. I, S. 290) vorläufig dahin geändert worden, daß das Oberlandesgericht für alle weiteren Beschwerden zuständig ist, seine Entscheidungen sind endgültig. Dabei bleibt das GBA befugt, der Beschwerde selbst abzuhelfen.

Fünfter Abschnitt

Verfahren in besonderen Fällen

Grundbuchberichtigungszwang

§§ 82, 82 a, 83

1. Mehrfach (z. B. zu § 22, Abschn. I, S. 109 f.) wurde von den Fällen gesprochen, in denen das Eigentum an den Gsten außerhalb des GBs übergeht, wodurch dann die Angaben des GBs bezüglich der Eigentümer nicht mehr mit der wahren Rechtslage übereinstimmen. In vielen Fällen obliegt es den Behörden, die erforderlichen Anträge auf Berichtigung des GBs zu stellen (s. § 38, S. 176). Soweit dies aber, wie bei der Erbfolge, den Beteiligten selbst überlassen geblieben war, wurde der Antrag auf Berichtigung des GBs nur

[2]) jetzt Oberstes Bundesgericht (Art. 95 GG).

selten gestellt, und da dem GBA durch die GBO von 1897 keine Möglichkeit eingeräumt war, von Amts wegen Schritte zu unternehmen, blieb das GB oft durch Geschlechterfolgen hindurch unberichtigt. Dieser Zustand wurde z. B. besonders in der Pfalz von den Beteiligten und den Behörden, nicht zum wenigsten von den Vermessungsbehörden, als äußerst hemmend empfunden, weil sich ein solches GB nicht zur zuverlässigen Entnahme der Eigentümer eignete; man war dort hierzu weitgehend auf das Grundsteuerkataster angewiesen gewesen.

Weitaus besser stand es hinsichtlich der Eigentümerangaben des GBs im rechtsrheinischen Bayern, weil hier die Nachlaßgerichte und die Notare auf dem Verordnungsweg dazu herangezogen waren, die Erben zur Stellung der Eintragungsanträge zu veranlassen (Nachl.VO i. d. F. vom 21. 2. 1905, FMBl. S. 563).

2. Durch den neuen § 82 ist nun dem GBA die Befugnis erteilt, den Eigentümern oder den Testamentsvollstreckern die Verpflichtung aufzuerlegen, Antrag auf Berichtigung des eingetragenen Eigentümers zu stellen und die notwendigen Unterlagen herbeizubringen.

Zu diesen Unterlagen gehören z. B. das Testament, der Erbschein, die Zustimmungserklärung nach § 22 Abs. 2 und das Zeugnis nach § 1507 BGB über die Fortsetzung der Gütergemeinschaft.

3. Durch § 83 wird diese Bestimmung wirkungsvoll ergänzt, indem die Nachlaßgerichte nun allgemein verpflichtet sind, bei Ausstellung eines Erbscheins oder sonstiger Ermittlung der Erben dem GBA Mitteilung zu machen, wenn ihnen bekannt ist, daß zum Nachlaß ein Gst gehört. Die erwähnten bayerischen Vorschriften werden davon nicht berührt.

4. Außerdem wurde durch § 4 der VO zur Vereinfachung des GbVerfahrens vom 5. 10. 1942 (RGBl. I, S. 573) noch ein neuer § 82 a eingeschoben. Durch ihn ist das GBA befugt, das Nachlaßgericht um die Ermittlung der Erben des Eigentümers zu ersuchen und das GB von Amts wegen zu berichtigen, wenn das Zwangsverfahren nicht durchführbar ist oder keine Aussicht auf Erfolg verspricht.

5. Die Auflage an den Eigentümer oder den Testamentsvollstrecker, den Berichtigungsantrag zu stellen, wird mit der Androhung einer Ordnungsstrafe (bis zu 1000 RM) verbunden, wozu Art. 4 der VO zur Aenderung des GbVerfahrens vom 5. 8. 1935 (RGBl. I, S. 1065) durch die Neufassung des § 35 FGG die gesetzliche Grundlage gibt.

6. In der DurchfVerfBay (Abschn. IV Nr. 2) wurde für Bayern (und die Pfalz) besonders angeordnet, daß vor der Umschreibung der

GbBücher von bayerischer auf Reichsform zu prüfen sei, ob Anlaß zur Anwendung des GbBerichtigungszwanges bestehe.

Löschung wegen Gegenstandslosigkeit
§§ 84—89

1. § 84 behandelt die Löschung von Eintragungen wegen eingetretener Gegenstandslosigkeit. Gleich dem § 82 verfolgt er den Zweck, das GB von veralteten Eintragungen zu säubern und den Inhalt des GBs klar und übersichtlich zu gestalten.

Eine Eintragung ist gegenstandslos:

a) aus Rechtsgründen, wenn das eingetragene Recht entweder nicht mehr besteht, weil es, wie etwa ein Altenteilsrecht oder eine Grunddienstbarkeit, durch Zeitablauf erloschen ist (s. unter Nr. 2);

oder auch, weil es überhaupt nie entstanden ist — dies mit der Einschränkung, daß es auch in Zukunft nicht darf entstehen können; beispielsweise könnte für eine Eintragung, die mangels vorausgegangener Einigung der Rechtskraft entbehrt, die Einigung noch nachgeholt und damit die Rechtswirkung erzeugt werden;

b) aus tatsächlichen Gründen. Solche können sein:

daß die Person des Berechtigten fortgefallen ist oder nicht ermittelt werden kann,

daß der Gegenstand des Rechts nicht vorhanden ist.

2. Die Vermessungsämter sind durch ihre Ortskenntnis zuweilen in der Lage, die GBAemter auf gegenstandslose Eintragungen aufmerksam zu machen und damit zur Erfüllung der Absicht des Gesetzgebers beizutragen, z. B. wenn ein Fahrtrecht auf dem Trennstück eines Gsts noch eingetragen ist, obwohl dieses abgetrennte Grundstück jenseits eines begradigten Baches oder Wassergrabens liegt und für die Ausübung des Fahrtrechtes gar nicht mehr in Betracht kommen kann, vielleicht gar nie in Betracht kam, oder wenn ein Gehrecht über ein Gst nicht mehr ausgeübt werden kann, weil das Gst vollständig überbaut ist.

Dem Untergang einer derartigen Grunddienstbarkeit steht ihre Eintragung im GB und der öffentliche Glaube des GBs nicht im Wege, wenn auf dem dienenden Gst eine Anlage errichtet worden ist, die die Ausübung der Dienstbarkeit andauernd beeinträchtigte und wenn der Anspruch auf Beseitigung der Anlage verjährt ist, d. i. wenn seit der ersten Beeinträchtigung 30 Jahre verflossen sind, ohne daß eine Hemmung oder Unterbrechung der Verjährung eingetreten ist (§ 1018 BGB)[1]). Die nachträgliche Löschung der Dienstbarkeit im GB bewirkt nicht erst deren Untergang, sondern stellt lediglich das unrichtig gewordene GB gemäß dem veränderten Rechtszustand richtig. Dieser Vorgang ist die einzige Ausnahme von dem Grundsatz des § 902 BGB, wonach eingetragene Rechte der Verjährung nicht unterliegen[2]).

War die Ausübung einer Grunddienstbarkeit von Haus aus auf einen bestimmten Teil des Gsts beschränkt, dann sind bei der Teilung eines solchen Gsts die Trennstücke, die außerhalb des Bereichs der Ausübung lagen, von der Dienstbarkeit frei geworden. Steht die räumliche Abgrenzung der Dienstbarkeit fest, dann sind hiernach die nicht beteiligten Trennstücke so zu behandeln, als wenn sie nicht belastet gewesen und darum unbelastet abzuschreiben gewesen wären[3]).

Der Fall der lastenfreien Abschreibung zweier Flurstücke aus dem Verband eines Gsts, auf dem eine Grunddienstbarkeit des Inhalts lastete, daß der Eigentümer die Aufstellung eines Gittermastes für eine Hochspannungsleitung zu dulden hatte, gab dem pr. KGer. im Urteil vom 29. 3. 1939[4]) Anlaß zu der Entscheidung, daß neben den Vermessungsbehörden die öffentlich bestellten Vermessungsingenieure zur Beurkundung der räumlichen Abgrenzung der Rechte an den Gsten zuständig sind[5]).

Solche Mitteilungen und Beurkundungen werden im allgemeinen nur in Verbindung mit der Uebermittlung von Vereinigungs- und Teilungsanträgen und von Auszügen aus Veränderungsnachweisen und Messungsverzeichnissen an die GBAemter veranlaßt sein. Ueberhaupt soll das Verfahren zur Löschung seitens des GBAs nur dann eingeleitet werden, wenn

a) dies durch äußere Umstände veranlaßt ist, z. B. weil ein GstsTeil veräußert wird oder weil ein GbBlatt wegen Unübersichtlichkeit umgeschrieben werden muß; auch die Umschreibung auf den neuen Reichsvordruck kommt dafür in Frage[6]); die Anregung kann auch von einem Beteiligten selbst ausgehen (§ 86);

---

[1]) Staudinger, Anm. 1a, b zu § 1028 BGB, S. 866.
[2]) Staudinger, Anm. 3 zu § 902 BGB, S. 299.
[3]) Brand-Schnitzler, § 78, S. 203.
[4]) AllgVN. 2/40, S. 34.
[5]) Roquette, ZfV. 10/1940, S. 234.
[6]) Hesse-S.-F., § 85, Anm. I, 1.

b) die Gegenstandslosigkeit in hohem Grade wahrscheinlich ist (§ 85).

3. Die Eintragung kann unter drei Voraussetzungen gelöscht werden:

a) die Gegenstandslosigkeit steht einwandfrei fest, d. h. sie ist offenkundig oder wird durch öffentliche oder öffentlich beglaubigte Urkunden nachgewiesen (§ 29; s. Nr. 2 Abs. 2);

b) Ist der Nachweis nicht erbringlich, dann kann dem Betroffenen eine Löschungsankündigung zugestellt werden, gegen die ihm das Recht des Widerspruchs zusteht;

c) Macht der Betroffene von diesem Recht Gebrauch, so darf die Löschung erst auf Grund eines Beschlusses durchgeführt werden, durch den die Gegenstandslosigkeit rechtskräftig festgesetzt ist.

Gegen den Feststellungsbeschluß kann innerhalb einer Frist von mindestens 2 Wochen Beschwerde eingelegt werden; die Zulässigkeit der weiteren Beschwerde ist bestritten[7]) (§ 89).

4. Die Wirkung der Löschung ist in jedem Fall nur eine buchmäßige. Das bedeutet: Sollte das gelöschte Recht entgegen dem Feststellungsbeschluß doch zu Recht bestanden haben, so besteht es trotz der Löschung weiter. In diesem Falle wäre das GB unrichtig geworden; der Betroffene könnte die Wiedereintragung des Rechtes verlangen. Wurden bei der Löschung gesetzliche Vorschriften verletzt, so ist ein Amtswiderspruch einzutragen (§ 53 Abs. 1, S. 181). Gegenüber einem dritten Erwerber jedoch, der durch den öffentlichen Glauben des GBs geschützt ist, hat der Betroffene den Anspruch auf Wiedereintragung seines gelöschten Rechtes verloren. Er ist auf Ersatzansprüche gegenüber dem Staat angewiesen. (Vgl. § 46, S. 180 und zu § 12 alt, S. 193 ff.)

Sechster Abschnitt

Uebergangs- und Schlußbestimmungen

Inkrafttreten der Grundbuchordnung

§ 116

1. § 116 ist unverändert aus der alten Fassung übernommen und dementsprechend zu verstehen. Er hat somit nur für die An-

[7]) Hencke-Mönch, § 89, Anm. 20, S. 392.

legung des GBs Bedeutung. Die Aenderungen vom Jahre 1935 traten am 1. April 1936 in Kraft (Art. 7 Abs. 2 der VO zur Aenderung des Verfahrens in GbSachen vom 5. 8. 1935).

Soweit die Anlegung des GBs in Frage kommt, gelten die Vorschriften seit dem 1. Januar 1900, dem Tage des Inkrafttretens des BGB. Unter „Anlegung" ist nur die erste Anlegung zu verstehen.

Die übrigen Vorschriften traten in jedem GbBezirk mit dem Zeitpunkt in Kraft, in dem das GB als angelegt anzusehen war. Dieser Zeitpunkt war durch landesherrliche Verordnung zu verkünden.

Im rechtsrheinischen Bayern wurde das GB mit Wirkung der nachstehenden Tage als angelegt erklärt:

im Oberlandesgerichtsbezirk München und in den Landgerichtsbezirken Amberg, Regensburg und Weiden am 1. 5. 1905[1]),

im OLG.-Bezirk Augsburg und in den LG.-Bezirken Bamberg, Bayreuth, Hof, Ansbach, Fürth, Nürnberg am 1. 5. 1909[2]),

in den LG.-Bezirken Aschaffenburg, Schweinfurt, Würzburg am 1. 10. 1910[3]).

In der Pfalz wurde die Anlegung für jede Steuergemeinde gesondert als vollzogen erklärt, sobald in ihr die Arbeiten abgeschlossen waren. Schon am 2. Juli 1900[4]) wurde das GB mit Wirkung vom 1. August 1900 in 16 Steuergemeinden für angelegt erklärt, und in der JMBek. vom 9. Oktober 1908 (JMBl. S. 233) konnte festgestellt werden, daß (mit Ausnahme von zwei Gsten) alle Gste dem Grundbuchrecht unterstanden[5]).

2. Wo das GB als angelegt erklärt war, traten auch jene zum GbBezirk gehörigen Gste unter das GbRecht, die noch kein Blatt hatten, soweit sie nicht durch besondere Anordnung ausgenommen waren (Art. 186 Abs. 2 EG.BGB). Diese Bestimmung gilt sowohl für die buchungsfreien Gste, für die bis dahin noch kein Buchungsantrag gestellt worden, wie auch für die buchungspflichtigen Gste, deren Eintragung versehentlich unterblieben war[6]). Vgl. §§ 3, 4, Nr. 4 A, S. 57 f.

---

[1]) JMBek. vom 6. 3. 1905 (JMBl., S. 562).
[2]) JMBek. vom 1. 4. 1909 (JMBl., S. 161).
[3]) JMBek. vom 25. 7. 1910 (JMBl., S. 677).
[4]) JMBl., S. 981.
[5]) Henle, Zur Geschichte der Anlegung des GBs in Bayern, Ztschr. f. Rechtspflege in Bayern, 1910, Nr. 18, 19.
[6]) Henle-Schmitt, S. 229.

Damit waren seit 1. 10. 1910 sämtliche Grundstücke in Bayern und in der Pfalz dem GbRecht unterstellt. Selbstverständlich wird aber das GbRecht für das einzelne Grundstück erst dann in vollem Umfang wirksam, wenn es im GB eingetragen ist.

Vorbehalt für Landesrecht
§§ 117, 118

1. Soweit im EG.BGB Vorbehalte zugunsten der Landesgesetzgebung gemacht sind, gelten diese auch für die Vorschriften der Landesgesetze über das GbWesen. Durch diese Bestimmung ist Vorsorge getroffen, daß das Verfahrensrecht in Uebereinstimmung mit dem materiellen Recht bestehen bleibt.

Dieser Vorbehalt gestattet dem Landesgesetzgeber auch nach der neuen Fassung der GbOrdnung, auf den landesrechtlichen Reservatgebieten von ihren Vorschriften abzuweichen; es bleiben danach nicht nur die bestehenden Vorschriften in Kraft, sondern es können — in dieser Beschränkung — auch neue Vorschriften erlassen werden.

Der Landesgesetzgeber kann z. B. unter Umständen andere Behörden als die Amtsgerichte zu GbAemtern machen, wie es z. B. in Baden und Württemberg geschehen ist, wo § 1 Abs. 1 GBO nicht in Kraft getreten ist. Bedient sich der Landesgesetzgeber aber in Uebereinstimmung mit § 1 Abs. 1 der Amtsgerichte, dann ist er auch an die darauf bezüglichen Vorschriften gebunden[7]).

Hiernach bleiben in Bayern unberührt insbesondere die landesgesetzlichen Vorschriften über

a) Familienfideikommisse, Lehen und Stammgüter[8]),
b) das Wasserrecht,
c) das Bergrecht,
d) Regalien (Perlfischerei),
e) Jagd und Fischerei,
f) Realgewerbeberechtigungen (z. B. Wirtschaftsgerechtsame, Apothekengerechtsame, Kaminkehrergerechtsame, Brauereigerechtsame),
g) das Pfründenrecht,

---

[7]) Hesse-S.-F., Anm. II, S. 352.

[8]) Durch jüngere Entwicklung überholt; s. I. Abschn., S. 6, betr. RGes. über das Erlöschen der Familienfideikommisse usw. und KGes. Nr. 45 zur Beschaffung von Siedlungsland und zur Bodenreform.

h) gesetzliche Hypothektitel des Staates, der Gemeinden und Stiftungen,
i) Leibgedingsverträge,
k) die Enteignung,
l) die agrarrechtlichen Verhältnisse (Zusammenlegung der Grundstücke [Flurbereinigungsgesetz], Verteilung von Gemeindegründen, die Regulierung der Wege, die Ablösung, Umwandlung und Einschränkung von Dienstbarkeiten und Reallasten),
m) die Eigentumsübertragung an buchungsfreien Grundstücken,
n) die Aufhebung und Begründung von Dienstbarkeiten an buchungsfreien Gsten,
o) die Zuständigkeit der Gerichte und Notare zur Beurkundung (s. Ausführungen zu §§ 19—21, 28, Nr. 2, S. 100)[9]).

Für das Bergwerkseigentum und für die unbeweglichen Kuxe des älteren Rechts wird in Bayern und in der Pfalz ein besonderes GB, das Bergwerksgrundbuch, geführt (§§ 213, 591 ff. bayDA. und Nr. 369—382 GbAnlO Pf., s. §§ 3, 4, Nr. 7, S. 67). Auch diese Bestimmungen werden nach Vorstehendem durch die Aenderung der GBO nicht berührt (§ 72 GbVerf, Abschn. V der DchfVerfBay.).

2. Für gewisse dem Landesrecht vorbehaltenen Rechte schreibt § 118 Reichsrecht vor; für diese Ausnahmen von § 117 kommen in Betracht:

nach Art. 63 EG.BGB: das Erbpachtrecht, das in Bayern nicht, in der Pfalz nur noch vereinzelt vorkommt, unter der Herrschaft des BGB in Bayern und in der Rheinpfalz auch nicht mehr bestellt werden kann, da Art. 1 AG.BGB von Art. 63 EG.BGB keinen Gebrauch gemacht hat,

nach Art. 68 ebenda: die sog. Abbaurechte, die sich auf Mineralien beziehen, die nicht dem Bergrecht unterstehen (Art. 67 EG.BGB), z. B. Salz, Ton, Lehm, Kalk, Porzellanerde u. dgl.

Auf die Buchung dieser Rechte sind die Bestimmungen über das Erbbaurecht in § 20 anzuwenden: „Zur Bestellung, Inhaltsänderung und Uebertragung des Rechts ist die Einigung nachzuweisen"; — und des § 22 Abs. 2: „Zur Berichtigung des GBs durch Eintragung des Berechtigten ist dessen Zustimmung nachzuweisen, sofern nicht der Fall des § 14 vorliegt oder die Unrichtigkeit des GBs nachgewiesen wird".

---

[9]) Henle-Schmitt, Anm. I zu § 83, S. 250 ff.

In § 118 Abs. 2 kehrt der Inhalt des § 8 Abs. 1 wörtlich wieder. Dieser Absatz 2 und der folgende Absatz 3 waren bereits durch § 37 ErbbVO dem alten § 84 angegliedert worden. Damit wurde in Hinsicht dieser Rechte die Anlegung eines GbBlatts genau so geregelt wie für die alten Erbbaurechte. Doch wurde es in Abs. 3 dem Landesrecht überlassen, auch für diese landesrechtlichen grundstücksgleichen Rechte die für die neuen Erbbaurechte geltende Regelung (nach §§ 14—17 ErbbVO) zu übernehmen. In Bayern wurde hiervon nicht Gebrauch gemacht.

In entsprechender Anwendung des § 60 Buchst. a GbVerf ist in der Aufschrift des besonderen Blattes in Klammern beizufügen: „Erbpachtrecht", „Salzabbaurecht" oder dgl.

Fortführung der alten Grundbücher

§ 119

„Die Bücher, die nach dem bisherigen Recht als Grundbücher geführt wurden, gelten als Grundbücher im Sinne des Gesetzes."

Mit dieser Bestimmung ist klargestellt, daß die alten GBücher noch solange und soweit als Gbücher im Sinne der neuen GBO gelten, als ihre Umschreibung aussteht. Vgl. DchfVerfBay.

Wiederherstellung von Grundbüchern

§ 123

Ein GB ist „zerstört", wenn ein mit Eintragungen versehener Teil in seiner Substanz derart verletzt ist, daß die Eintragungen nicht mehr oder nur mit Schwierigkeiten feststellbar sind.

Wiederherstellung bedeutet Neuschaffung des Buchstandes gemäß dem Zeitpunkt der Zerstörung oder des Abhandenkommens, nicht etwa gemäß dem gegenwärtigen Rechtszustand[10]).

Für die Erneuerung von Sachregistern finden die Vorschriften der bayDA §§ 197 f. entsprechende Anwendung[11]).

Das Verfahren zur Wiederherstellung zerstörter oder abhanden gekommener GBücher ist nun reichsrechtlich geregelt durch die VO vom 26. 7. 1940 (RGBl. I, S. 1048). Unter die Bestimmungen fallen auch zerstörte oder abhanden gekommene Urkunden im Sinne des § 10 Abs. 1.

---

[10]) Hesse-S.-F., Anm. I und II zu § 123, S. 359.

[11]) Henle-Schmitt, Anm. 1 zu § 92, S. 274.

Danach sind für die Wiederherstellung in erster Linie die etwa noch vorhandenen Grundakten mit dem Handblatt (s. § 10, S. 88 f.) und das amtliche Verzeichnis, also das Reichskat bzw. das Sachregister, allenfalls auch das Grundsteuerkataster, zu verwerten.

Haftpflicht des Staates und des Beamten

§ 12 alt

1. Die Haftpflicht des GbBeamten war zunächst im Unterschied zur allgemeinen Bestimmung des § 839 BGB durch § 12 GBO gesondert geregelt. Während nach jener der Beamte allgemein für die durch vorsätzliche oder fahrlässige Amtspflichtverletzung verursachten Schäden Dritten gegenüber unmittelbar haftpflichtig war, traf nach diesem die Ersatzpflicht an Stelle des Grundbuchbeamten den Staat oder die Körperschaft, in deren Dienst dieser stand. Da in Bayern die GBücher allgemein durch die Amtsgerichte geführt wurden, kam somit als Haftpflichtträger hier allein der Staat in Betracht, dessen Rückgriffsrecht gegen den Beamten hierdurch nicht berührt wurde. Diese beamtenrechtliche Sonderregelung war durch den Umstand veranlaßt, daß es sich bei GbSachen häufig um sehr hohe Werte handelt, so daß die unmittelbare Ersatzpflicht des GbBeamten Dritten gegenüber keine ausreichende Gewähr für Schadloshaltung bieten konnte.

2. In Hinsicht der Ausübung öffentlicher Gewalt durch die Beamten wurde diese abweichende Ordnung jedoch durch die Weimarer Reichsverfassung in Art. 131 zum allgemeingültigen Beamtenrecht erhoben[12]) und auch in das RGes. über die Haftung des Reichs für seine Beamten vom 22. 5. 1910 (RGBl. S. 798) i. d. F. vom 30. 6. 1933, § 4 (RGBl. I, S. 433) übernommen. Durch diesen Umstand und durch die Verreichlichung der Justizbeamten war § 12 GBO überholt; er wurde durch die VO vom 3. 5. 1935 über die Haftung des Reichs für die Justizbeamten (RGBl. I, S. 587) außer Kraft gesetzt. Gleichzeitig wurde die Ersatzpflicht der GbBeamten dahin beschränkt, daß sie nur im Falle Vorsatzes oder grober Fahrlässigkeit in der Verletzung der Amtspflichten beansprucht werden durften. Diese Rechtslage fand abschließende Gestaltung in dem fortan allgemeingültigen § 23 DBG vom 26. 1. 1937, dessen Abs. 2 lautet:

„Hat der Dienstherr einem anderen Schadenersatz geleistet, weil ein Beamter in Ausübung der ihm anvertrauten öffentlichen

[12]) Für Bayern hatte sie bereits durch Art. 60 AG.BGB allgemeine Geltung.

Gewalt seine Amtspflicht verletzt hat, so hat der Beamte dem Dienstherrn den Schaden nur insoweit zu ersetzen, als ihm Vorsatz oder grobe Fahrlässigkeit zur Last fällt."

In Grundbuchsachen kommt als Dienstherr für das bayerische Staatsgebiet und in der Rheinpfalz nur der Staat in Betracht (s. oben).

Hat der Staat trotz eines Ersatzanspruchs gegen einen Dritten den Beamten zum Ersatz herangezogen, so geht der Ersatzanspruch auf diesen über (Abs. 3 a. a. O.).

An Stelle des Beamten tritt der „Angestellte", wenn ein solcher mit dem Vollzug der Beamtenaufgabe in der Ausübung der öffentlichen Gewalt betraut worden war (Abs. 4 a. a. O.).

Die Fassung des Art. 23 treffen wir unverändert als Art. 37 des BayerBeamtengesetzes vom 28. 10. 1946 (GVBl. S. 349) wieder an. Die ursprüngliche Sonderstellung der GbBeamten in Sachen der Haftpflicht ist somit beseitigt.

3. Die enge Verbindung des GBs mit dem Kat bedingt es, daß auch die Vermessungsbeamten an der Haftpflicht in Hinsicht der GbFührung teilnehmen. Diese Haftpflicht erwächst nicht etwa aus dem öffentlichen Glauben des GBs, sie beschränkt sich auch nicht auf seine dem öffentlichen Glauben unterliegenden Angaben, sondern erstreckt sich schlechthin auf alle Angaben des GBs, soweit sie auf jenen des Kat beruhen.

a) Die RGerEntsch. vom 4. 10. 1935, III/1935[18]) hat in ihrer Begründung dahin erkannt, daß die Anlegung des GBs und seine Verbindung mit dem Kat das Wesen des Kats einschneidend verändert und damit auch der Tätigkeit des Vermessungsbeamten eine wesentlich erhöhte Bedeutung verliehen habe. Entsprechend hätten sich auch dessen Amtspflichten ausgeweitet, insofern sie allen denen gegenüber verletzt würden, für deren Rechtslage die etwa in das GB gelangten falschen KatAngaben bedeutsam werden. Dritter im Sinne der Haftungsvorschriften sei jeder an dem Rechtsverkehr der Gste Beteiligte, in dessen Rechtskreis zu irgendeiner Zeit oder in irgendeiner Art infolge schuldhafter Amtshandlungen des Kataster-(Verm-)beamten eingegriffen werde. Daraus ergebe sich die Prüfungspflicht der KatBehörde bzw. des Vermessungsbeamten bezüglich aller aus dem Kat in das GB zu übernehmenden Angaben auch in Hinsicht der GbFührung, und zwar auch bezüglich der reinen Bestandsangaben, wie im besonderen der Beschreibung der auf den

* [18]) ZfV., 1937, S. 89.

Gsten errichteten Baulichkeiten. Es sei weiterhin die Pflicht der Vermessungsbehörden, alle in diesen Angaben wahrgenommenen Irrtümer des Kat unverzüglich den GBAemtern zur Berichtigung des GBs mitzuteilen. (Siehe auch die Ausf. zu § 2, Nr. 10, S. 50; §§ 3, 4, Nr. 6, S. 65; § 22, Abschn. I, S. 110 und Abschn. VI, B, Nr. 4, Bchst. a, S. 139 und Bchst. b, S. 142 u. a.)

b) Beim Vollzug der Feststellung bestrittener, verdunkelter und verwirrter Grenzen ist der Vermessungsbeamte zur Hintanhaltung offenkundiger Fehlergebnisse und aussichtsloser Grenzprozesse sehr häufig genötigt, rechtskundliche Auskünfte oder Ratschläge zu erteilen. Er wird z. B. die Beteiligten aufmerksam zu machen haben, wenn ein gutgläubiger Erwerb oder eine unvordenkliche Verjährung oder eine Ersitzung als gegeben anzunehmen ist, deren Feststellung nicht in seine Zuständigkeit fallen kann. Dazu ist zur Vermeidung von Haftungen stets zu empfehlen, zu betonen, daß die Belehrung unverbindlich und es den Beteiligten unbenommen sei, sich vor ihrer endgültigen Stellungnahme zur Frage des Grenzverlaufes anwaltschaftlichen Rates zu bedienen oder gerichtliche Entscheidung herbeizuführen.

Sachverzeichnis

A

B

C

D

E

Nachweis wichtiger Gesetzesausgaben

mit und ohne Erläuterungen, größere und kleinere Kommentare, Lehrbücher, Sammelwerke, Entscheidungssammlungen, Zeitschriften

Walter de Gruyter & Co., Berlin W 35, Genthiner Str. 13

Winter 1949/50

Inhaltsübersicht

I. Allgemeines, Rechtsgeschichte, Rechtsphilosophie

Abhängige Länder. Eine Analyse des Begriffs von der ursprünglichen Herrschergewalt. Zugleich eine staatsrechtliche und politische Studie über Elsaß-Lothringen, die österreichischen Königreiche und Länder, Kroatien-Slavonien, Bosnien-Herzegowina, Finnland, Island, die Territorien der nordamerikanischen Union, Kanada, Australien, Südafrika. Von Dr. R. Redslob, o. Prof. der öffentl. Rechte a. d. Univers. Rostock. Oktav. 352 Seiten. 1914. 10.—

Aktienwesen und Spekulation. Eine ökonomische und rechtspsychologische Untersuchung. Von L. von Petražycki, o. Prof. a. d. Univers. Petersburg. Oktav. IV, 226 Seiten. 1906. (Schweitzer.) Geb. 4.—

Albertus Gandinus und das Strafrecht der Scholastik. Von Dr. jur. H. U. Kantorowicz. 2 Bände. Oktav.
Bd. I: Die Praxis. Ausgewählte Strafprozeßakte des 13. Jahrhunderts nebst diplomatischer Einleitung. Von der Savigny-Stiftung unterstützt. XII, 428 Seiten. 1907. 12.—
Bd. II: Die Theorie. Kritische Ausgabe des Tractatus de maleficiis nebst textkritischer Einleitung. XXVI, 451 Seiten. 1926. 30.—

Allgemeiner Teil des Rechts, Der — — e —. Eine Darstellung der gemeinsamen Lehren des öffentlichen und des privaten Rechts. Von Dr. K. Friedrichs, Just. Rat. Oktav. X, 306 Seiten. 1927. 12.—, geb. 13.50

Alt-Regensburgs Gerichtsverfassung, Strafverfahren und Strafrecht bis zur Carolina. Nach urkundlichen Quellen dargestellt. Von Dr. H. Knapp, k. Reichsarchivrat i. Münster/W. Oktav. X, 375 Seiten. 1914. 8.—

Athenisches Gesetz über die Eleusinische Aparche, Ein — —. Von A. Elter. Quart. 56 Spalten. 1914. 3.—

Attische Geschworenengerichte, Die — n — —. Ein Beitrag zum attischen Staatsrecht. Von M. Fränkel. Oktav. VI, 112 Seiten. 1877. 1.60

Beiträge, Freiburger — — zur Strafvollzugskunde. Herausgeg. von Dr. E. Wolf. Oktav.
Heft 1: Die Stellung der deutschen Sozialisten zum Strafvollzug von 1870 bis zur Gegenwart. Von Dr. A. Behrle. 182 Seiten. 1931. 6.—
Heft 2: Quellenstudien zur Geschichte des deutschen Zuchthauswesens bis zur Mitte des 19. Jahrhunderts. Von Dr. jur. G. Saam. 112 Seiten. 1936. 5.—

Beiträge, Romanistische — — zur Rechtsgeschichte. Unter Mitwirkung von Fachgelehrten herausgeg. von L. Mitteis, J. Partsch, E. Rabel. Oktav.
Heft 1: **Der Kauf mit fremdem Geld.** Studien über die Bedeutung der Preiszahlung für den Eigentumserwerb nach griechischem und römischem Recht. Von F. Pringsheim, o. Prof. a. d. Univers. Göttingen. VI, 180 Seiten. 1916. 9.—
Heft 3: **De claris juris consultis.** Von Th. Diplovatatius. Herausgeg. von H. Kantorowicz, o. Prof. a. d. Univers. Freiburg, und Fr. Schulz, o. Prof. a. d. Univers. Bonn.
Bd. I: Lebensgeschichtliche Einleitung. Von H. Kantorowicz. De claris iuris consultis. Pars prior. Edidit F. Schulz. Mit 4 Tafeln. XXIV, 384 Seiten. 1919. 20.—

Heft 4: **Justa causa traditionis.** Eine Untersuchung über den Erwerb des Eigentums nach römischem Recht. Von Dr. A. Erhardt, Priv. Doz. i. Freiburg. VIII, 207 Seiten. 1930. 18.—
Heft 5: **Prätorische Bereicherungsklagen.** Von Dr. G. H. Maier. VIII, 174 Seiten. 1932. 10.—
Heft 6: **Antikes Lösungsrecht.** Von Dr. W. Felgentraeger, Ger. Ass. a. D. VII, 133 Seiten. 1933. 10.—

Beiträge zur Geschichte der deutschen Strafrechtspflege. Herausgeg. von Dr. M. Grünhut, Prof. i. Bonn und Dr. E. Schmidt, Prof. in Hamburg. Oktav.
Heft 1: Strafrechtspflege in Sachsen-Weimar-Eisenach unter Carl August. Von Dr. Fr. W. Lucht. 111 Seiten. 1929. 7.—
Heft 2: Stellung des Strafrichters in den Gesetzen der französischen Revolutionszeit (1791—1810). Von Dr. R. Höhn. 147 Seiten. 1929. 8.—
Heft 3: Das Strafrecht Italiens im ausgehenden Mittelalter. Untersuchungen über die Beziehungen zwischen Theorie und Praxis im Strafrecht des Spätmittelalters, namentlich im XIV. Jahrhundert. Von G. Dahm, Priv. Doz. a. d. Univers. Heidelberg. XXIV, 555 Seiten. 1931. 35.—

Beiträge zur Kenntnis des römisch-ägyptischen Grundbuchrechts. Von H. Lewald. Oktav. 100 Seiten. 1909. 3.50

Briefe und Erinnerungen. 1852—1868. Von R. v. Ihering. Oktav. 106 Seiten. 1907. (Schweitzer.) 1.80

Byzanz und Persien in ihren diplomatisch-völkerrechtlichen Beziehungen im Zeitalter Justinians. Ein Beitrag zur Geschichte des Völkerrechts. Von Dr. K. Güterbock, Geh. Just. Rat, Prof. der Rechte zu Königsberg. Oktav. VIII, 128 Seiten. 1906. 3.—

Civitas auf deutschem Boden bis zum Ausgange der Karolingerzeit, Die — —. Ein Beitrag zur Geschichte der deutschen Stadt. Von Dr. S. Rietschel, o. ö. Prof. a. d. Univers. Tübingen. Oktav. 102 Seiten. 1894. 3.—

Compensationsverfahren im vorjustinianischen stricti juris judicium, Das — —. Von E. Stampe. Oktav. IV, 98 Seiten. 1886. 2.60

Corpus juris civilis, Taschenwörterbuch zum — —, den Institutionen des Gajus und anderen römischen Rechtsquellen. 4.—5. Auflage. Klein-Oktav. IV, 172 Seiten. 1923. (Schweitzer.) 3.—

Corpus iuris germanici antiqui. Ex optimis subsidiis collegit, edidit et lectionum varietatem adiecit F. Walter. III tomi. Oktav. 1824. cplt. 12.—
Tomus I. Legem Salicam, Ripuariorum, Alamannorum, Baiuvariorum, Burgundionum, Frisionum, Angliorum et Werinorum, Saxonum, edictum Theodorici leges Wisigothorum, et edicta regum Langobardorum continens. XVI, 838 Seiten.
Tomus II. Capitularia regum Francorum usque ad Ludovicum pium continens. VIII, 867 Seiten.
Tomus III. Capitularia regum Francorum et imperatorum post Ludovicum pium, veterum formularum collectionem amplissimam, capitula regum et imperatorum legibus Langobardum addita, et appendicem variorum monumentorum continens. VIII, 803 Seiten.

Deutsche Rechtsaltertümer in unserer heutigen deutschen Sprache. Von L. Günther. Oktav. VII, 160 Seiten. 1903. 2.50

Eid, Der — — bei den Semiten in seinem Verhältnis zu verwandten Erscheinungen, sowie die Stellung des Eides im Islam. Von J. Pedersen. Quart. VIII, 242 Seiten. 1914. (Studien zur Geschichte und Kultur des islamischen Orients. 3. Heft.) **12.60**

Enteignung, Die Grenzen der — —. Ein Beitrag zur Entwicklungsgeschichte des Enteignungsinstituts und zur Auslegung des Art. 153 der Weimarer Verfassung, von Dr. O. Kirchheimer. Oktav. 63 Seiten. 1930. 4.—

Entwicklung der Kompensation im römischen Rechte, Über die — —. Von Dr. P. Kretschmar, a. o. Prof. a. d. Univers. Gießen. Oktav. 80 Seiten. 1907. 2.80

Enzyklopädie der Rechtswissenschaft in systematischer Bearbeitung. Begründet von Dr. F. v. Holtzendorf. Unter Mitwirkung von G. Anschütz, L. v. Bar, E. v. Beling, E. Blume, H. Brummer, G. Cohn, K. Crome, H. Dietz, F. Dochow, E. Dorner, K. Flesch, B. Freudenthal, J. Gerstmeyer, O. v. Gierke, P. Heilborn, E. Heymann, Fr. Hiller, L. Laß, O. Lenel, A. Osterrieth, E. Rabel, P. Schoen, J. Stranz, G. Strutz, U. Stutz, H. Trumpler, K. v. Unzner, F. Wachenfeld, M. Wolff. Herausgeg. von Dr. J. Kohler, o. Prof. der Rechte i. Berlin. 7., der Neubearbeitung 2. Aufl. 5 Bände. Quart. Cplt. geb. 85.—
Bd. I: IV, 558 Seiten. 1915. Bd. II: 462 Seiten. 1914. Bd. III: 452 Seiten. 1913. Bd. IV: 551 Seiten. 1914. Bd. V: 588 Seiten. 1914. In Gemeinschaft mit Verlag Duncker & Humblot in München.

Erfüllung, Die — —. 1. Teil: Historische und dogmatische Grundlagen. Von Dr. P. Kretschmar, a. o. Prof. a. d. Univers. Gießen. Oktav. 168 Seiten. 1906. 5.40

L'étude du droit romain comparé aux autres droits de l'antiquité. Von J. Gilson, Docteur en droit. Oktav. 295 Seiten. 1899. 4.—

Excommunikation, Einfluß der — — und der Delicta mere ecclesiastica auf die Fähigkeit zum Erwerb und zur Ausübung des Patronatrechts. (Dissertation.) Von Dr. E. Jacobi, o. Prof. a. d. Univers. Münster/W. Oktav. VIII, 76 Seiten. 1908. 2.20

Festgabe für Rudolf Stammler zum 70. Geburtstag am 19. Februar 1926. Herausgeg. von E. Tatarin-Tarnheyden. Mit 1 Bildnis und 1 Tafel. Oktav. 1926. 28.—, geb. 32.—

Festschrift für Ernst-Heinrich Rosenfeld zu seinem 80. Geburtstag am 14. August 1949. Gr.-Oktav. 243 Seiten. 1949. 16.—

Festschrift für Wilhelm Sauer zu seinem 70. Geburtstag am 24. Juni 1949. Mit Bibliographie. Gr.-Oktav. 296 Seiten. 1949. 18.—

Festschrift der Universität Leipzig zur 500jährig. Jubelfeier gewidmet von der Juristischen Gesellschaft in Leipzig. Oktav. 243 Seiten. 1909. 6.50

Fiducia im römischen Privatrecht, Die — —. Eine rechtsgeschichtliche Untersuchung. Von Dr. jur. P. Oertmann. Oktav. 262 Seiten. 1890. 5.—

Funkentelegraphie im Recht, Die — —. Eine rechts- und verkehrsgeschichtl. Abhandlung. Von Thurn. Lex.-Oktav. 150 Seiten. 1913. (Schweitzer.) 5.—

Gaii institutionum commentarii quattuor. Ex membranis deleticiis Veronensis bibliothecae capitularis eruit J. F. L. Goeschen. Accedit veteris iurisconsulti de iure fisci fragmentum ex aliis eiusdem bibliothecae membranis transcriptum. Carolus Lachmannus ad schedas Goeschenii, Hollwegii, Blumii recognovit. Editio tertia. Cum tabulis aeri incicis. Oktav. LXXV, 512 Seiten. 1842. 3.—

Gaii iurisconsulti institutionum commentarius quartus sive de actionibus. Recensuit, restituere conatus est, adnotationem perpetuam librumque observationum adjecit A. G. Heffter. Quart. VIII, LXXIV, 121 Seiten. 1827. 2.—

Gaii et Justiniani institutiones iures romani. Recognoverunt annotationem adjecerunt coniunctasque ediderunt C. A. C. Klenze et E. Böcking. Quart. XV, 292 Seiten. 1829. 3.—

Gerichtsbuch der Stadt Cassel aus 1505 und 1506. Von A. Stölzel. Oktav. II, 56 Seiten. 1913. 2.50

Gesetzgebung, Rechtsprechung und Verwaltung. Eine Zusammenstellung der wichtigsten geltenden Gesetze, Verordnungen und Befehle, insbesondere für Groß-Berlin, sowie ein Streifzug durch die aktuellen Fragen der heutigen Zeit. Von L. Mohn, RA und Notar, Richter a. Landger. Berlin. Oktav. 208 Seiten. 1948. 9.—

Gestaltung der deutschen politischen Einheit, Die — —. Von Koellreutter. Oktav. 15 Seiten. 1934. (Schweitzer.) —.60

Gottesurteil und Folter. Eine Studie zur Dämonologie des Mittelalters und der neueren Zeit. Von Prof. Dr. H. Fehr, Bern. Mit 1 Tafel. Oktav. 24 Seiten. 1926. 2.50

Handwörterbuch der Rechtswissenschaft. Unter Mitberatung von E. Bumke, L. Busch, L. Ebermayer, F. Endemann, E. Heymann, O. Strecker, K. v. Unzner. Herausgeg. von Dr. jur. F. Stier-Somlo, o. Prof. a. d. Univers. Köln und Dr. jur. A. Elster, Berlin. 7 Bände. Oktav.

Bd. I: Abandon-Deichgüter. XV, 912 Seiten. 1926. 35.—
Bd. II: Deichverbände-Giroverkehr. XII, 960 Seiten. 1927. 37.80
Bd. III: Glaubensfreiheit-Luxemburg. XII, 1004 Seiten. 1928. 43.20
Bd. IV: Mädchenhandel-Reichsexekution. X, 798 Seiten. 1927. 35.—
Bd. V: Reichsgericht-Territorialprinzip. X, 885 Seiten. 1928. 37.80
Bd. VI: Testament-Zwischenstreit. Abkürzungen, Mitarbeiterverzeichnis, Sachregister zu Bd. I—VI. XIII, 1231 Seiten. 1929. 50.40
Bd. VII: (Ergänzungsband). A—Z und Sachregister. VIII, 688 Seiten. 1931. 33.30

Histoire de la législation des anciens Germains. Von G. A. Davoud-Oghlou, 2 tomes. Oktav. 1845. Cplt. 8.—
Tome I: Wisigoths, Baiuvariens, Alamanns, Burgundions, Franc-Saliens, Francs-Ripuaires. CVIII, 660 Seiten. Tome II: Langobards, Thuringiens, Frisions, Saxons. IV, 799 Seiten.

Imperatoris Justiniani institutionum libri IV. Ad fidem antiquorum librorum edidit E. Schrader in operis societatem accedentibus Theoph. Luca Fr. Tafelio, Gualth. Frider. Clossio, Christ. Joh. C. Maiero. Editio stereotypa. Oktav. VI, 216 Seiten. 1874. 1.—

Instutionen des römischen Rechts. Ein Lehrbuch. Von Dr. R. Leonhard, o. ö. Prof. der Rechtswissensch. i. Marburg. Oktav. XIV, 572 Seiten. 11.—, geb. 14.—

Interpellationsrecht, Das — — im Rahmen der modernen Ministerverantwortlichkeit. Von Dr. J. Hatschek, o. Prof. der Rechte a. d. Univers. Göttingen. Eine rechtsvergleichende Studie. (Veröffentlicht für die Geschäftsordnungskommission des Reichstags auf Wunsch ihres Vorsitzenden.) Oktav. 164 Seiten. 1909. 2.20

Intertemporales Recht, Das — — e. Das Recht der zeitlich verschiedenen Rechtsordnungen. Oktav. Von F. Affolter.
Bd. I: Das Intertemporale Privatrecht. 2 Teile.
Teil 1: Geschichte des intertemporalen Privatrechts. XIV, 652 Seiten. 1902. 18.—
Teil 2: System des deutschen bürgerlichen Übergangsrechts. XIV, 468 Seiten. 1903. 14.—

Jugendrecht. Ein Lehrbuch zur Einführung. Von Prof. Dr. A. Wegner. Oktav. VIII, 219 Seiten. 1929. 5.40, geb. 6.75

Juristenlatein, Das — —. Versuch einer Charakteristik auf Grundlage der Digesten. Von W. Kalb, k. Studienlehrer a. Melanchthon-Gymnasium i. Nürnberg. 2. Aufl. Gr.-Oktav. 90 Seiten. 1888. (Schweitzer.) 1.80

Juristische Daten. Nach Rechtsgebieten — unter Beifügung eines besonderen biographischen Abschnitts — chronologisch zusammengestellt. Von A. M. v. Biberstein. 3., verb. u. verm. Aufl. Oktav. IV, 147 Seiten. 1901. (Schweitzer.) 1.80

Juristisches Studium, Die Reform des — —. Von Dr. H. B. Gerland, o. ö. Prof. a. d. Univers. Jena. Oktav. 160 Seiten. 1911. 3.—

Kleines Satzlexikon für Behörden. Deutsch-Englisch. Von D. Borchard. Oktav. 1949. (Cram, de Gruyter & Co. Hamburg.) 2.40

Kreditauftrag, Der — —. Eine Studie nach römischem und neuem bürgerlichen Recht. Von O. Foerster. Oktav. 216 Seiten. 1903. 5.60

Kritische Vierteljahresschrift für Gesetzgebung und Rechtswissenschaft. Herausgeg. von E. Mezger, K. Blomeyer, J. Heckel, A. Hueck, E. Riezler, M. San Nicolò, Ch. Frhr. v. Schwerin, Professoren d. Münchener Juristenfakultät. Gr.-Oktav. Ab 1912 neue Folge. Der Band zu je 4 Heften. Bd. 14—18 je 8.—; Bd. 19 10.—; Bd. 20 16.—; Bd. 21 24.—; Bd. 22 32.50; Bd. 23 27.—; Bd. 24 31.—; Bd. 25 29.—; Bd. 26—32 je 28.— (Schweitzer).

Lex Salica. Zum akademischen Gebrauch herausgeg. und erläutert von H. Geffcken. Oktav. XIV, 332 Seiten. 1898. 7.—

Longi temporis praescriptio im klassischen römischen Rechte, Die, — —. Von J. Partsch. Oktav. 180 Seiten. 1906. 7.—

Magdeburger Fragen, Die — —. Von I. Fr. Behrend. Oktav. L, 300 Seiten. 1865. 6.50

Menschlicher Körper und die Persönlichkeitsrechte. Der — —. Von H. Schreuer. Oktav. 40 Seiten. 1919. —.70

Monumenta legalia antiquitatis Romanae, ex libros iuris Romani sparsa, quae in aere, lapide, aliave materia, vel apud veteres auctores extraneos, partim integra, partim mutila, sed genuina, supersunt. Delectu, forma et variarum lectionum adnotatione usui expeditiori adcommodavit, tum notitiam historicoliterariam omnium, quotquot, exillo genere exstant, monomentorum, tam legalium, quam aliorum praemisit Chr. G. Haubold. Opus ex adversariis defuncti auctoris, quantum fieri potuit, restituit E. Spangenberg. Oktav. CXXXII, 299 Seiten. 1830. 3.—

Mythos vom Recht, Der — — und seine empirischen Grundlagen. Von RRat Dr. Th. Jaehner. Oktav. 219 Seiten. 1933. (Schweitzer.) 10.—

Novae constutiones audientiae contradictarum in curia Romana promulgatae a. d. 1375. Nunc primum edidit. Von J. Förstemann. Oktav. 56 Seiten. 1897. 1.50

Personalexekution im Recht der Papyri, Zur — —. (Habilitationsschrift.) Von H. Lewald. Oktav. 76 Seiten. 1910. 2.50

Persönlichkeit des herrenlosen Sklaven, Die — —. Ein Stück aus dem römischen Sklavenrecht. Von Fr. Affolter. Oktav. VIII, 223 Seiten. 1913. 8.—

Privatrecht, Grundzüge des deutschen — — s. Von Cl. Frhr. v. Schwerin. 2. Aufl. Oktav. XII, 342 Seiten. 1928. (Lehrbücher und Grundrisse der Rechtswissenschaft Bd. XIII.) Geb. 9.90

Privatrecht, Römisches — —. Von F. Endemann. Mit Anhang: Quellenstudien. Oktav. X, 256 u. 30 Seiten. 1925. (Lehrbücher und Grundrisse der Rechtswissenschaft Bd. XII.) Geb. 9.50

Prozeß Heinrichs des Löwen, Der — —. Kritische Untersuchungen von F. Güterbock. Oktav. X, 210 Seiten. 1909. 5.—

Rechtsbegriffe, Über — —. Von Prof. Dr. P. Eltzbacher. Oktav. X, 84 Seiten. 1900. 2.—

Rechtsbuch, Armenisches — —. Mit Unterstützung der Königl. Akademie der Wissenschaften in Berlin. 2 Bände. Quart. Zusammen 40.—
Bd. I: Sempadscher Kodex aus dem 13. Jahrhundert oder Mittelarmenisches Rechtsbuch. Nach der Venediger und der Etschmiadziner Version unter Zurückführung auf seine Quellen herausgeg. und übersetzt von J. Karst. Text und Übersetzung. XXXII, 223 Seiten. 1905.
Bd. II: Sempadscher Kodex aus dem 13. Jahrhundert in Verbindung mit dem großarmenischen Rechtsbuch des Mechithar Gosch (aus dem 12. Jahrhundert). Unter Berücksichtigung der jüngeren abgeleiteten Gesetzbücher erläutert von J. Karst. Kommentar. VII, 424 Seiten. 1905.

Rechtsgefühl, Das — —. Rechtspsychologische Betrachtungen. Von E. Riezler, Prof. a. d. Univers. Freiburg i. Br. Oktav. 164 Seiten. 1921. (Schweitzer.) 1.80

Rechtsgemeinschaft, Die regelmäßige — —. Von Dr. K. Engländer. 1. Teil: Grundlegung. Oktav. IV, 360 Seiten. 1914. 8.—

Rechtsgeschichte, Deutsche — —. Von Dr. H. Fehr, Prof. i. Bern. 4., verb. Aufl. Oktav. XI, 280 Seiten. 1948. (Lehrbücher und Grundrisse der Rechtswissenschaft Bd. X.) Geb. 15.—

Rechtsgeschichte, Lehrbuch der deutschen —. Von R. Schröder und E. Frhr. v. Künßberg. 8. Aufl. in Vorbereitung.

Rechtsgeschichte, Römische — —. Von O. Karlowa. 2 Bände. Oktav.
Bd. I: Staatsrecht und Rechtsquellen. VIII, 1031 Seiten. 1885. 26.—
Bd. II: Privatrecht und Civilprozeß. Strafrecht und Strafprozeß. 1. Teil: Privatrecht. VI, 1416 Seiten. 1901. 40.—

Rechtsphilosophie, Lehrbuch der — —. Von Prof. Dr. Coing. In Vorbereitung. (Lehrbücher und Grundrisse der Rechtswissenschaft Bd. XX.) ca. 18.—

Rechtsphilosophie, Lehrbuch der — —. Von D. Dr. R. Stammler, Prof. a. d. Univers. Berlin. 3., verm. Aufl. Oktav. XV, 396 Seiten. 1928. 13.—, geb. 15.—

Rechtsphilosophie, Leitfaden der — —. Von Coing. In Vorbereitung. (Leitfaden der Rechtswissenschaft.)

Rechtsschule zu Bologna, Die Anfänge der — —. Von Dr. H. Fitting, o. Prof. der Rechte zu Halle. Oktav. 129 Seiten. 1888. 3.—

Rechtsvergleichende Studien zur Gesetzgebung Hammurapis, Königs von Babylon. Von Dr. jur. P. Koschaker, Prof. d. Rechte zu Leipzig. Oktav. XVII, 244 Seiten. 1917. 9.—

Rechtswechsel, Der — — im öffentlichen Recht und seine Einwirkung auf gleichwertige öffentlich-rechtliche Normen. Von Reg. Rat Dr. H. Vervier. Gr.-Oktav. 197 Seiten. 1923. (Schweitzer.) 5.40

Rechtswissenschaft, Einführung in die — —. Von Dr. A. Wegner, o. ö. Prof. der Rechte a. d. Westfälischen Wilhelms-Universität. 2., erw. und verb. Aufl. Oktav. 344 Seiten. 1948. Geb. 18.—

Recht und Gewalt. Von E. Brodmann. Oktav. 114 Seiten. 1921. 3.—

Reichsgericht, Fünfzig Jahre — — am 1. Oktober 1929. Von Dr. A. Lobe, Sen. Präs. a. Reichsger. i. R. Unter Mitarbeit von Mitgliedern und Beamten des Reichsgerichts, der Reichsanwaltschaft und der Rechtsanwaltschaft am Reichsgericht. Mit 14 Bildnissen und 15 Abb. Quart. VIII, 436 Seiten. 1929. 20.—, geb. 24.—

Reichsgerichtspraxis im deutschen Rechtsleben, Die — —. Festgabe der juristischen Fakultäten zum 50jährigen Bestehen des Reichsgerichts (1. Oktober 1929) in 6 Bänden unter Mitwirkung von G. Anschütz, E. Heymann, Th. Kipp, W. Kisch, A. Schultze, H. Siber. Herausgeg. von O. Schreiber. Quart. 1929. Cplt. 110.—, geb. 134.—
Bd. I: Öffentliches Recht. IV, 301 u. 54 Seiten. 18.—, geb. 22.—
Bd. II: Zivil- und Handelsrecht. IV, 326 u. 54 Seiten. 19.—, geb. 23.—
Bd. III: Zivil- und Handelsrecht (Fortsetzung). IV, 383 u. 54 Seiten. 22.—, geb. 26.—
Bd. IV: Handels- und Wirtschaftsrecht. IV, 335 u. 54 Seiten. 20.—, geb. 24.—
Bd. V: Strafrecht und Strafprozeß. IV, 321 u. 54 Seiten. 19.—, geb. 23.—
Bd. VI: Zivilprozeßrecht. IV, 334 u. 54 Seiten. 20.—, geb. 24.—

Richter und Rechtsprechung. Von Dr. A. Düringer, Reichsger. Rat. Oktav. 92 Seiten. 1909. (Erweiterter Sonderabdr. aus: Festschrift der Juristischen Gesellschaft in Leipzig zur 500jähr. Jubelfeier der Univers. Leipzig.) 2.—

Römisches Institutionen-System, Das — —, sein Wesen und seine Geschichte. Einleitender Teil. Tatbestand, Rechtsverhältnisse und Rechtsordnung. Grundlagen eines allgemeinen Teils des Privatrechts. Von Fr. Affolter. Oktav. VI, 568 Seiten. 1897. 12.—

Savigny, Friedrich Karl von — —. Ein Beitrag zu seiner Würdigung. Von Dr. R. Stintzing. Oktav. 59 Seiten. 1862. 1.—

Schöffensprüche, Magdeburger — —. Im Auftrage und mit Unterstützung der Savigny-Stiftung herausgeg. und bearb. von V. Friese und E. Liesegang. Bd. I (Abt. 1—4): Die Magdeburger Schöffensprüche für Groß-Salze, Zerbst und Anhalt, Naumburg und aus dem Kodex Harzgerodanus. Oktav. X, 872 Seiten. 1901. 20.—

Schuldvertrag und Treugelöbnis des Sächsischen Rechts im Mittelalter. Ein Beitrag zur Grundauffassung der altdeutschen Obligation. Von P. Puntschart. Oktav. XVIII, 515 Seiten. 1896. 14.—

Seedarlehen des Altertums, Das — —. Von Dr. H. Sieveking, RA i. Hamburg. Oktav. 48 Seiten. 1893. 1.40

Staatsgedanken des Reichsfreiherrn Karl vom Stein. Von Dr. E. Frhr. v. Scheurl, Hochschul- und Univers. Prof. i. Nürnberg. Oktav. 19 Seiten. 1931. (Schweitzer.) 1.—

Staatsrecht der Zaiditen, Das — —. Von R. Strothmann. Quart. XI, 109 Seiten. 1912. 4.50

Stendaler Urteilsbuch aus dem vierzehnten Jahrhundert, Ein — —, als Beitrag zur Kenntnis des Magdeburger Rechts. Von I. Fr. Behrend. Oktav. XVI, 122 Seiten. 1868. 2.80

Strohal, Emil. Ein Nachruf. Von L. Wenger. Mit einem Portrait. Oktav. 39 Seiten. 1914. 1.—

Syrische Rechtsbücher. Herausgeg. und übersetzt von E. Sachau. Quart. — Bd. I: Leges Constantini Theodosii Leonis. Aus der römischen Handschrift. XXIV, 224 Seiten. 1907. 16.—

Bd. II: Richterliche Urteile des Patriarchen Chenânîschô. Gesetzbuch des Patriarchen Timotheos. Gesetzbuch des Patriarchen Jesubarnun. Aus der römischen Handschrift. XXXIV, 212 Seiten. 1908. 16.—
Bd. III: Corpus iuris des persischen Erzbischofes Jesubocht. Erbrecht oder Canones des persischen Erzbischofes Simeon. Eherecht des Patriarchen Mâr Abhâ. Aus der römischen Handschrift. XXXV, 385 Seiten. 1914. 25.—

Taschenwörterbuch der Rechts- und Geschäftssprache. Englisch-Deutsch, Deutsch-Englisch. Von D. v. Beseler. 2., durchges. und erw. Aufl. Oktav. 271 Seiten. 1947. Geb. 15.—

Theorie der Exceptionen nach klassischem römischem Recht, Die — —. Von Dr. jur. J. v. Koschembahr-Lyskowski. Bd. I. Heft 1: Der Begriff der exceptio. Oktav. XXIII, 173 Seiten. 1893. 6.—

Übersiebnen der schädlichen Leute in Süddeutschland, Das — —. Ein rechtshistorischer Beitrag und Nachtrag. Von Dr. H. Knapp, k. Reichsarchivrat i. Münster/W. Oktav. 88 Seiten. 1910. 2.—

Untersuchungen zur Geschichte der deutschen Stadtverfassung.
Bd. I: Das Burggrafenamt und die hohe Gerichtsbarkeit in den deutschen Bischofsstädten während des früheren Mittelalters. Von Dr. S. Rietschel, o. ö. Prof. a. d. Univers. Tübingen. Oktav. XII, 344 Seiten. 1905. 10.—

Unzüchtige und die Kunst, Das — —. Eine juristische Studie für Juristen und Nichtjuristen. Von Prof. D. Dr. J. Lazarus. Oktav. 168 Seiten. 1909. 3.50

Urkunden zur Geschichte des deutschen Privatrechts. Von Dr. H. Loersch, Priv. Doz. der Rechte a. d. Univers. Bonn und Dr. R. Schröder, o. ö. Prof. der Rechte a. d. Univers. Heidelberg. Für den Gebrauch bei Vorlesungen und Übungen herausgeg. 3., neubearb. Aufl. von R. Schröder und L. Perels. Oktav. XXXII, 250 Seiten. 1912. 6.50, geb. 8.—

Vergleich im Prozesse, Der — —. Eine dogmatisch-historische Untersuchung. Von Dr. P. Kretschmar, a. o. Prof. a. d. Univers. Gießen. Oktav. 102 Seiten. 1896. 3.—

Verhandlungen des Deutschen Juristentages. Herausgeg. von dem Schriftführer-Amt der ständigen Deputation. Oktav. Preise der einzelnen Bände des 1.—37. Juristentages, soweit noch vorhanden, auf Anfrage.

Vermächtnisse, Die sogenannten gesetzlichen — —. Eine erbrechtliche Studie auf Grundlage des römischen und österreichischen Privatrechts unter Berücksichtigung anderer bedeutender Kodifikationen. Von L. Schiffner. Oktav. X, 222 Seiten. 1895. 7.—

Verwirkung, Die — —. Ein Beitrag zur Lehre von den zeitlichen Schranken der Ausübung der subjektiven Rechte. Von St. Karakantas. Oktav. 82 Seiten. 1938. (Aus: Hamburger Rechtsstudien.) (Cram, de Gruyter & Co. Hamburg.) 4.—

Vocabularium iurisprudentiae Romanae iussi instituti Savigniani compositum. Quart.

Vol. I. Fasc. 1: (a-accipio). 1894. 15.—
— — 2: (accipio-amitto). 1898. 15.—
— — 3: (amitto-ceterum). 1899. 15.—
— — 4: (ceterum-cymbium). 1903. 15.—

Vol. II. Fasc. 1: (dactyliotjea-doceo). 1906. 15.—
— — 2: (doceo-ex). 1913. 15.—
— — 3: (ex-gutturosus). 1933. 18.—

Vol. III. Fasc. 1: (habeo-idem). 1910. 15.—
— — 2: (imperator-in). 1931. 15.—
— — 3: (inaedifico-ipse). 1937. 15.—

Vol. IV. Fasc. 1: (nam-numen). 1914. 15.—
— — 2: (numeratio-per [Praepositio]). 1936. 15.—

Vol. V. Fasc. 1: (R-sed). 1910. 15.—
— — 2: (sed-sors, sortis). 1917. 15.—
— — 3: (sortior-tantus). 1931. 15.—
— — 4: (tantus-veneo). 1938. 15.—
— — 5: (venerabilis-zythum). 1939. 17.—

Vorträge aus dem allgemeinen Staatsrecht. Separatabdruck aus den Annalen des Deutschen Reichs. Von M. v. Seydel. Gr.-Oktav. 96 Seiten. 1903. (Schweitzer.) 2.40

Westgothenrecht, Entstehung und Geschichte des — — s. Von A. Helfferich. Oktav. VIII, 475 Seiten. 1858. 6.—

Wirtschaft und Recht nach der materialistischen Geschichtsauffassung. Eine Sozialphilosophische Untersuchung. Von D. Dr. R. Stammler, Prof. a. d. Univers. Berlin. 5., durch einen Nachtrag erg. Aufl. Oktav. VIII, 706 Seiten. 1924. 14.—, geb. 16.—

Wirtschafts-Rechts-Wissenschaft und Wirtschafts-Hochschule. Von M. Rumpf, Mannheim. Oktav. 40 Seiten. 1920. 1.60

Zenten des Hochstifts Würzburg, Die — —. Ein Beitrag zur Geschichte des süddeutschen Gerichtswesens und Strafrechts. Mit Unterstützung der Savigny-Stiftung. Von Dr. H. Knapp, k. Reichsarchivrat. 2 Bände. Oktav.
Bd. I: Die Weistümer und Ordnungen der Würzburger Zenten. 1. Abt. Mit 2 Abb. XII, 708 Seiten. 2. Abt. Mit 1 Abb. IV, 696 Seiten. 1907. 45.—
Bd. II: Das Alt-Würzburger Gerichtswesen und Strafrecht. XI, 979 Seiten. 1907. 30.—

II. Bürgerliches Recht

1. Das Bürgerliche Gesetzbuch

Abhandlungen, Zivilrechtliche und prozeßrechtliche — —. Herausgeg. von Dr. W. Kisch, Prof. a. d. Univers. Straßburg. Oktav.
Heft 1: Das Sammelvermögen. Von Dr. jur. O. Fischbach. XII, 171 Seiten. 1907. 4.50
Heft 2: Das Imperium des Richters. Ein Versuch kasuistischer Darstellung nach dem englischen Rechtsleben im Jahre 1906/07. Nebst 2 Anhängen: Criminal appeal act 1907 und Probation of offenders act 1907. Von A. Mendelssohn-Bartholdy. X, 236 Seiten. 1908. 6.—, geb. 7.—
Heft 3: Streitbefangenheit und Rechtsnachfolge als Voraussetzungen der §§ 265 und 266 der Zivilprozeßordnung. Von Dr. jur. R. Schuman. VIII, 84 Seiten. 1910. 2.50
Heft 4: Die Schadenersatzansprüche bei Körperverletzung und Tötung im Zweikampf. Von Dr. F. Simon. XI, 73 Seiten. 1913. 2.—

Achilles-Greiff, Bürgerliches Gesetzbuch nebst Einführungsgesetz, Jugendwohlfahrtsgesetz, Schiffsrechtsgesetz, Ehegesetz, Testamentsgesetz. Mit Anmerkungen und Sachregister und mit Erläuterungen der Verordnung über das Erbbaurecht, des Gesetzes über die religiöse Kindererziehung sowie von Teilen des Familienrechtsänderungsgesetzes, der Familienrechtsangleichungsverordnung und des Verschollenheitsgesetzes. 19. Aufl. Herausgeg. von Dr. G. Beitzke, R. Frhr. v. Godin, Dr. J. Greiff, Dr. F. Oegg. Oktav. XVI, 1360 Seiten. Dünndruckpapier. 1949. (Guttentagsche Sammlung Nr. 38/39.) Geb. 36.—

Alimentationspflicht, Die — — der Ehegatten. Von Dr. jur. et rer. pol. Fr. Scheppler. Gr.-Oktav. 43 Seiten. 1909. (Schweitzer.) 1.60

Anfechtbarkeit der Verträge für das Vermögen eines Dritten, Die — —. Eine zivilrechtliche Abhandlung. Von Dr. R. Leonhard, o. ö. Prof. der Rechtswissenschaft i. Marburg. Oktav. 56 Seiten. 1892. 1.50

Ausführungsgesetz, Bayerisches — — zum Bürgerlichen Gesetzbuch. Mit den einschlägigen Verordnungen. Erledigt von LGDir. H. Steinert. Oktav. 216 Seiten. 1930. (Schweitzers braune Handausg.) Geb. 7.90

Beiträge zur Lehre von den Realgewerbegerechtigkeiten nach bayerischem Landeszivilrecht. Von Fr. Neuburger. Gr.-Oktav. VII, 30 Seiten. 1913. (Schweitzer.) 1.—

Blanketterklärung, Die — —. Ihre juristische Konstruktion und ihre Behandlung nach dem materiellen Recht und dem Prozeßrecht. Von Dr. J. Siegel. Oktav. VIII, 69 Seiten. 1908. (Schweitzer.) 1.80

BGB, Lexikon des — —. Von Dr. H. Kußmann, RA und Notar i. Frankfurt a. M. 203 Seiten. 1949. 10.—

Bürgerliches Gesetzbuch, Allgemeiner Teil des — —. Von Prof. Dr. jur. H. Lehmann, Köln. 6., verm. u. verb. Aufl. Oktav. XVI, 384 Seiten. 1949. (Lehrbücher und Grundrisse der Rechtswissenschaft Bd. I.) Geb. 20.—

Bürgerliches Gesetzbuch, Familienrecht. Von Prof. Dr. jur. H. Lehmann, Köln. 2., verm. u. verb. Aufl. Oktav. 311 Seiten. 1948. (Lehrbücher und Grundrisse der Rechtswissenschaft Bd. IV.) 15.—

Bürgerliches Gesetzbuch. Erstes Buch. **Allgemeiner Teil.** Von E. Kummerow, RA und Notar. Oktav. 76 Seiten. 1949. (Leitfaden der Rechtswissenschaft Bd. 1.) 3.—

Bürgerliches Gesetzbuch. Zweites Buch. **Das Recht der Schuldverhältnisse.** 1. Hälfte: Allgemeiner Teil. Von Dr. R. Lehmann, Berlin. Oktav. 110 Seiten. 1947. (Leitfaden der Rechtswissenschaft Bd. 2.) 4.—

Bürgerliches Gesetzbuch. Zweites Buch. **Das Recht der Schuldverhältnisse.** 2. Hälfte: Besonderer Teil. Von Dr. R. Lehmann, Berlin. Oktav. 204 Seiten. 1948. (Leitfaden der Rechtswissenschaft Bd. 3.) 6.—

Bürgerliches Gesetzbuch. Drittes Buch. **Sachenrecht.** Von E. Kummerow, RA und Notar. Oktav. 138 Seiten. 1948. (Leitfaden der Rechtswissenschaft Bd. 6.) 4.50

Bürgerliches Gesetzbuch. Viertes Buch. **Familienrecht.** Von E. Kummerow, RA und Notar. Oktav. 122 Seiten. 1947. (Leitfaden der Rechtswissenschaft Bd. 4.) 4.—

Bürgerliches Gesetzbuch. Fünftes Buch. **Erbrecht.** Von E. Kummerow, RA und Notar. Oktav. 93 Seiten. 1947. (Leitfaden der Rechtswissenschaft Bd. 5.) 4.—

Bürgerliches Gesetzbuch, Handkommentar zum — —. (Kleiner Staudinger.) Auf Grund von J. v. Staudingers Kommentar bearb. von OLGRat F. Keidel. 3. Aufl. Oktav. 1231 Seiten. 1931. (Schweitzer.) Geb. 18.90

Bürgerliches Gesetzbuch nebst Einführungsgesetz. Textausgabe mit ausführlichem Sachregister. 21. Aufl. Oktav. 890 Seiten. Nachdruck. 1949. (Guttentagsche Sammlung von Textausgaben ohne Anmerkungen mit Sachregister.) Geb. 6.50

Bürgerliches Recht, Einführung in das — —. Ein kurzes Lehrbuch nach neuem System und neuer Lehrmethode. Von E. Stampe. 1. Teil: Einleitung. Die Gegenstände (Rechtsobjekte). Die Unternehmen und ihre Vermögen (Umformung der Lehre von den „Rechtssubjekten"). Oktav. X, 180 Seiten. 1920. 4.—

Bürgerliches Recht, Praktikum des — — für Vorgerücktere zum akademischen Gebrauch und zum Selbststudium. Von D. Dr. R. Stammler, Prof. a. d. Univers. Berlin. 2., umgearb. Aufl. Mit Fig. Oktav. XVI, 240 Seiten. 1903. 4.50

Bürgerliches Recht, Übungen im — —. Eine Anleitung zur Lösung von Rechtsfällen an Hand von praktischen Beispielen. Von Dr. H. Berg, LGRat. 2. Aufl. in Vorbereitung.

Bürgerliches Recht, Übungen im — — für Anfänger zum akademischen Gebrauch und zum Selbststudium. Von D. Dr. R. Stammler, Prof. a. d. Univers. Berlin. 5., durchgearb. Aufl. Oktav. 227 Seiten. 1922. 4.50, geb. 6.—

Bürgerliches Recht, Zehn Lösungen aus dem — — der Bayerischen Staatsprüfungs-Aufgaben. Von LGDir. F. Gerlach. 1920—1926. Oktav. 92 Seiten. 1931. (Schweitzer.) 2.30
Texte der Aufgaben. Oktav. 44 Seiten. 1931. —.90

Clausula rebus sic stantibus, Die sogenannte — — im Bürgerlichen Gesetzbuch. Von Dr. L. Stahl. Gr.-Oktav. 88 Seiten. 1909. (Schweitzer.) 2.50

Ehegesetz vom 20. Februar 1946 mit Abdruck der noch in Kraft befindlichen Bestimmungen der Durchführungsverordnungen zum Ehegesetz vom 6. Juli 1938. Von R. Frhr. v. Godin, RA i. München und H. Frhr. v. Godin, RA i. München. Mit Erläuterungen der §§ 606—639 Zivilprozeßordnung von Reichsgerichtsrat Dr. Tölke. Oktav. Zweite Auflage. (Guttentagsche Sammlung Deutscher Reichsgesetze Nr. 230.) Im Druck.

Ehescheidungsrecht. Die Ehescheidungsgründe des Bürgerlichen Gesetzbuches durch die Rechtsprechung erläutert. Eine Sammlung grundlegender Entscheidungen des Reichsgerichts, der Oberlandesgerichte usw. Von Dr. jur. G. Tunica, weil. LGDir. 2., umgearb. und erg. Aufl. von Prof. Dr. jur. et Dr. oec. publ. E. Goldschmidt. Oktav. XXIII, 217 Seiten. 1926. 7.50, geb. 9.—

Ehevertrag, Der — —. Preisschrift. Von Dr. A. v. Baligand. Oktav. 161 Seiten. 1906. (Schweitzer.) 4.—

Eigentumsrecht, Das — —. Von Dr. V. Kruse, o. Prof. a. d. Univers. Kopenhagen. Aus dem Dänischen übersetzt von Dr. K. Larsen. 3 Bände. Oktav.
Bd. I: XXI, 881 Seiten. 1931. Geb. 25.—
Bd. II: XIII, 880 Seiten. 1935. Geb. 25.—
Bd. III: XIII, 757 Seiten. 1936. Geb. 25.—

Eigentumsvorbehalt, Der — —. Von RA Chr. Meisner. Gr.-Oktav. 82 Seiten. 1932. (Schweitzer.) 2.80

Eigentumsvorbehalt beim Kauf, Der — —. (BGB. § 455). Von Dr. jur. R. Jaffé. (Dissertation.) Oktav. XI, 100 Seiten. 1910. 3.—

Einheitsmietsvertrag, Der Deutsche — —. Erläutert von RA Dr. A. Dahm. Oktav. 87 Seiten. 1937. (Stilkes Rechtsbibl. Nr. 156.) 2.—

Einrede aus dem fremden Rechtsverhältnis, Die — —. Eine Untersuchung auf dem Gebiete des gemeinen, sowie des deutschen und österreichischen bürgerlichen Rechts. Von Dr. A. Rappaport, k. k. Ger. Sekr. Oktav. 274 Seiten. 1904. 6.—

Erbenhaftung nach dem Bürgerlichen Gesetzbuch, Die — —. 2 Bände. Von S. Riesenfeld, RA i. Berlin. Oktav. 1916. Cplt. geb. 18.—
1. Band. Die Grundsätze der Haftung. XII, 461 Seiten. —
2. Band. Das Inventar und die Mittel der Haftpflichtsbeschränkung. VIII, 455 Seiten.

Erbenhaftung und Nachlaßkonkurs im neuen Reichsrecht. Von Dr. jur., Dr. rer. pol. h. c. E. Jaeger, Prof. der Rechte zu Leipzig. Oktav. 117 Seiten. 1898. 3.—

Erbrecht des Bürgerlichen Gesetzbuches. Von F. Endemann. 2. Aufl. bearb. von Prof. Dr. jur. H. Lehmann, Köln. In Vorbereitung. (Lehrbücher und Grundrisse der Rechtswissenschaft Bd. V.) ca. 5.—

Erklärungshaftung. Ein Beitrag zum System des bürgerlichen Rechtes. Von Dr. jur. H. Hildebrandt, Ger. Ass. Oktav. 311 Seiten. 1931. 18.—

Grundschuld in ihren Beziehungen zur persönlichen Forderung, Die — —. Von W. Weisbecker. Gr.-Oktav. 48 Seiten. 1922. (Schweitzer.) —.90

Grundstücksmiete. Von Dr. F. Kiefersauer. 7. Aufl. In Vorbereitung. (Schweitzers braune Handausgabe.) ca. 8.—

Grundstückverkehrsrecht. Ergänzungsheft. Von Dr. F. Kiefersauer. Lex.-Oktav. 59 Seiten. 1943. (Schweitzer.) 1.80

Haftpflichtgesetz. Erläutert. Von Fr. Seligsohn. 2. Aufl. Oktav. 360 Seiten. 1931. 12.—, geb. 13.50

Haftpflichtgesetz, Das Reichs — —. Kommentar von E. Böhmer, OLGRat b. OLand. Ger. i. Tübingen. 172 Seiten. 1950. ca. 15.—

Hypothekenbeschaffung für Wohn- und Geschäftshäuser. Handbuch für die Praxis der Grundstückswirtschaft. Von Dr. M. Friedländer, RA i. Berlin. Oktav. VIII, 151 Seiten. 1929. 6.—, geb. 7.50

Juristische Person, Die abhängige — —. Von Kronstein. Gr.-Oktav. VI, 140 Seiten. 1931. (Schweitzer.) 7.60

Kauf zur Probe, Der — —. Rechtsbegriff, Rechtsnatur, Rechtsfolgen. Von Dr. L. Levy, RA i. Potsdam. Oktav. 87 Seiten. 1915. 2.—

Lehre vom Mißverständnis, Die — —. Eine zivilrechtliche Untersuchung. Von H. Titze. Oktav. XI, 516 Seiten. 1910. 11.—

Miete, Gesetzliche — —. Reichsmietengesetz in der Fassung der Bekanntgabe vom 24. April 1936. Erläutert von RA Dr. A. Dahm. Oktav. 140 Seiten. 1936. (Stilkes Rechtsbibl. Nr. 153.) Geb. 4.50

Mietrechtslexikon. Von RA A. Dahm, Düsseldorf. Handbuch des ges. Miet- und Wohnrechts im Reich und Preußen. Oktav. Mit 2 Nachträgen. 131 Seiten. 1930. (Stilkes Rechtsbibl. Nr. 93.) Geb. 3.15

Mitschuldklage, zugleich ein Beitrag zur Lehre von der Rechtskraft und dem Einheitsgrundsatz in Scheidungs- und Anfechtungssachen. Von Dr. jur. H. Hildebrandt, Ger. Ass. Oktav. 80 Seiten. 1933. 4.50

Nachbarrecht, Das in Bayern geltende — —. Von RA Chr. Meisner. 3. Aufl. Gr.-Oktav. 606 Seiten. 1923. (Schweitzer.) Geb. 8.50

Notweg, Der — —. Seine Geschichte und seine Stellung im heutigen Recht. Von Dr. G. Buch, a. o. Prof. d. Rechte a. d. Univers. Breslau. Gr.-Oktav. 101 Seiten. 1919. (Schweitzer.) 3.60

Planck's Kommentar zum Bürgerlichen Gesetzbuch nebst Einführungsgesetz. Bisher herausgeg. von Dr. E. Strohal. Bearbeitet von E. Brodmann, L. Busch, J. Ebbecke, F. Flad, M. Greiff, K. Gunkel, P. Knoke, M. Landois, A. Lobe, Fr. Oegg, H. Siber, O. Strecker, K. v. Unzner. 4., neu bearb. Aufl. Oktav.

Bd. I. **Allgemeiner Teil** (§§ 1—240). In 2 Halbbänden. Cplt. LXV, 606 Seiten. 1913. 15.—, geb. 17.—

Bd. II. **Recht der Schuldverhältnisse.** 1. Halbbd.: Allgemeiner Teil (§§ 241—432). XVIII, 640 Seiten. 1914. 15.—, geb. 17.—

— —. 2. Halbbd.: Besonderer Teil (§§ 433—853). XII, 1924 Seiten. 1928. 49.—, geb. 52.—

Bd. IV. 1. Halbbd.: **Familienrecht** (1. Abschn. §§ 1297—1588). VII, 701 Seiten. 1928. 26.—, geb. 28.—

Bd. V. **Erbrecht** (§§ 1922—2385). XII, 1163 Seiten. 1930. 51.—, geb. 54.—

Bd. III. **Sachenrecht.** 1. Halbbd.: Einleitung und §§ 854—1112 und Verordnung über das Erbbaurecht. Bearb. von E. Brodmann und O. Strecker. 941 Seiten. 1936. 43.—, geb. 47.—

— —. 2. Halbbd.: §§ 1113—1296. VIII, 721 Seiten. 1938. 49.—, geb. 53.—

Bd. II. 2. Hälfte: Recht der Schuldverhältnisse (Besonderer Teil) XII, S. 641—1924. 1928. 49.—

Praxis der Vertretungsverträge, Die — —. Von Dr. Fr. Beermann. Gr.-Oktav. 56 Seiten. 1929. (Schweitzer.) 2.70

Recht des Bürgerlichen Gesetzbuches, Das — — in Einzeldarstellungen. Oktav.

Nr. 3: **Das persönliche Eherecht des BGB** für das Deutsche Reich. Von Dr. L. Jacobi. 2., verb. u. verm. Aufl. 122 Seiten. 1899. 2.—, geb. 2.75

Nr. 4: **Das Recht der einzelnen Schuldverhältnisse im BGB.** Eine Darstellung und Erläuterung der Hauptbestimmungen. Von F. Schollmeyer. 2., völlig neubearb. Aufl. 241 Seiten. 1904. 5.—, geb. 6.—

Nr. 6: **Die Reichsgrundbuchordnung** und ihre landesrechtlichen Ergänzungen. Eine Einführung in das Grundbuchwesen des Deutschen Reichs mit besonderer Berücksichtigung Preußens. Von Dr. P. Siméon. 2., neubearb. Aufl. 125 Seiten. 1901. 3.—, geb. 3.75

Nr. 7: **Die allgemeinen Vorschriften des BGB über Rechte an Grundstücken.** Von O. Strecker. 121 Seiten. 1898. 2.50, geb. 3.25

Nr. 8: **Die Deliktsobligationen im System des BGB.** Kritische und dogmatische Randbemerkungen. Von Dr. Fr. v. Liszt. VI, 114 Seiten. 1898. 2.80

Nr. 10: **Der allgemeine Teil des BGB** in seinem Einflusse auf die Fortentwicklung der Rechtswissenschaft. Von Dr. R. Leonhard. XVI, 537 Seiten. 1900. 10.—

Nr. 11: **Das internationale Privatrecht des BGB.** Dargestellt von Th. Niemeyer. VI, 222 Seiten. 1901. 4.50

Nr. 12: **Das Recht der beweglichen Sachen nach dem BGB.** Von H. Buhl. 130 Seiten. 1901. 3.—

Sachenrecht des Bürgerlichen Gesetzbuches. Von Prof. Dr. J. W. Hedemann, Berlin. 2. Aufl. i. Vorbereitung. (Lehrbücher und Grundrisse der Rechtswissenschaft Bd. III.)

Sachenrecht, Grundriß des — — s bei Schiffen und Schiffsbauwerken. Von H. Wolff. Gr.-Oktav. 103 Seiten. 1949. (Cram, de Gruyter & Co. Hamburg.) 4.—

Schiffe und Schiffsbauwerke, Gesetz über Rechte an eingetragenen — — n. Vom 15. November 1940 und Durchführungsverordnung vom 21. Dezember 1940. Oktav. 88 Seiten. 1941. (Guttentagsche Sammlung von Textausgaben ohne Anmerkungen mit Sachregister.) 1.—

Schuldbereinigungsgesetz vom 3. September 1940. Von Dr. W. Vogels, Ministerialdirigent i. Reichsjust. Ministerium. Oktav. 253 Seiten. 1940. (Guttentagsche Sammlung Deutscher Reichsgesetze Nr. 221.) 5.—

Schuldrecht des Bürgerlichen Gesetzbuches. Von Prof. Dr. J. W. Hedemann, Berlin. Oktav. XXX, 422 Seiten. 1949. (Lehrbücher und Grundrisse der Rechtswissenschaft Bd. II.) Geb. 18.—

Schuldrecht, Neubau des — — s. Ein Beitrag zur Reform des deutschen Rechts. Von Reg. Präs. a. D. W. Dörr. Gr.-Oktav. 68 Seiten. 1934. (Schweitzer.) 4.—

Schuld und Haftung im geltenden Recht. Von Dr. Claudius Frhr. v. Schwerin, München. Oktav. 43 Seiten. 1911. (Schweitzer.) 1.30

Staudingers Kommentar zum Bürgerlichen Gesetzbuch. Mit Einführungsgesetz. 10., neubearb. Aufl. Lex.-Oktav. (Schweitzer.) Bisher erschienen: Bd. I. Einleitung von LGRat Dr. Fr. Brändl; **Allgemeiner Teil,** erläutert von Prof. Dr. E. Riezler. XII, 1104 Seiten. 1936. In 4 Lieferungen. Cplt. 44.—, in Halbleder geb. 49.50

Bd. II. Teil 1: **Recht der Schuldverhältnisse.** Lfg. 1: Einleitung und §§ 241—242 von AGRat D. Dr. W. Weber. 442 Seiten. 1940. 22.—

— —. Lfg. 2: **Recht der Schuldverhältnisse,** §§ 243—245, erläutert von D. Dr. W. Weber. 124 Seiten. 1941. 6.—

Bd. II. Teil 2: **Schuldverhältnisse,** §§ 433—610, von Dr. K. Kober, RA Dr. Fr. Ostler, Dr. Fr. Kiefersauer. 885 Seiten. 1937. In 3 Lieferungen. Cplt. 37.—, in Halbleder geb. 42.50

Bd. II. Teil 3: **Einzelne Schuldverhältnisse.** Lfg. 1: **Dienstvertrag,** §§ 611 bis 630, von Prof. Dr. Nipperdey. 480 Seiten. 1939. 20.—

— —. Lfg. 2: **Werkvertrag,** §§ 631—657, erläutert von Dr. K. Kober. 175 Seiten. 1939. 7.50

— —. Lfg. 3: **Recht der Schuldverhältnisse,** §§ 657—661, erläutert von Dr. K. Kober, §§ 662—704, erläutert von Prof. Dr. H. Nipperdey, §§ 705 bis 709, erläutert von K. Geiler, 271 Seiten. 1941. 11.50

— —. Lfg. 4: **Recht der Schuldverhältnisse,** §§ 709—740, erläutert von K. Geiler. 181 Seiten. 1941. 8.—

— —. Lfg. 5: **Recht der Schuldverhältnisse,** Anhang zu §§ 705ff., erläutert von Dr. K. Geiler, §§ 741—758, erläutert von Dr. K. Kober, §§ 759—778, erläutert von Dr. Fr. Brändl, §§ 779—811, erläutert von Dr. K. Kober, §§ 812—822, erläutert von O. Lechner. 518 Seiten. 1943. 22.—

Bd. III. **Sachenrecht,** erläutert von Dr. K. Kober. 2 Teile. VIII, 1671 Seiten. 1936. In 6 Lieferungen cplt. 66.30, in Halbleder geb. 77.30

Bd. V. Teil 1: **Erbrecht.** Lfg. 1: Einleitung und §§ 1922, erläutert von Prof. Dr. G. Boehmer. 292 Seiten. 1938. 12.—

— —. Lfg. 2: **Erbrecht,** §§ 1923—2031, erläutert von Prof. Dr. H. Lehmann. 287 Seiten. 1944. 12.—

Bd. V, Teil 2: Erbrecht. Lfg. 1: Dritter Abschnitt. **Testament.** Einleitung zum dritten Abschnitt von W. Vogels, §§ 2064—2196, erläutert von K. Seybold. VIII, 290 Seiten. 1942. 12.50

Bd. VI, **Einführungsgesetz,** von H. Gramm. VIII, 574 Seiten. 1939.
In 2 Lieferungen cplt. 25.—, in Halbleder geb. 29.50

Weitere Lieferungen und Teile gelangen Ende 1949 und Anfang 1950 zur Ausgabe.

Lfg. 6—9, 23 z. Z. nicht greifbar.

Sukzessivlieferungsvertrag, Der — —. Von Dr. jur. A. Hueck, Ger. Ass. Gr.-Oktav. 204 Seiten. 1918. (Schweitzer.) 4.50

Testamente und Erbverträge, Gesetz über die Errichtung von — — n, vom 31. Juli 1938. Erläutert von Dr. W. Vogels, MinDirig. i. Reichsjust. Min. 4. Aufl. bearb. von Dr. K. Seybold, Notar i. Sulzbach-Rosenberg/Opf. Oktav. 318 Seiten. 1949. (Schweitzer, Verlag für Rechtswissenschaft vorm. Fr. Vahlen G. m. b. H., Berlin.) Halbleinen 15.—

Testamentsvollstrecker, Der — —. Rechte und Pflichten des Testamentsvollstreckers. Von Dr. K. Wegler, RA i. Nürnberg und Dr. J. Leopold, AGRat i. Leipzig. Oktav. IX, 59 Seiten. 1938. 2.—

Todesfälle, Sachliche Beweise bei der Klärung von — — n. Von B. Kenyeres. Mit 83 Abb. Oktav. V, 216 Seiten. 1935. Geb. 12.—

Unterhaltsanspruch der geschiedenen Ehegatten, Der — —. Von Dr. H. Furler, RA i. Pforzheim, Prof. a. d. Techn. Hochsch. Karlsruhe. Oktav. 164 Seiten. 1941. 6.—

Veräußerungsverbot des Bürgerlichen Gesetzbuchs, Das — —. Von Dr. L. Raape, Priv. Doz. a. d. Univers. Bonn. Oktav. XIV, 210 Seiten. 1908. 5.—

Vereine ohne Rechtsfähigkeit nach dem neuen Rechte. Von Dr. O. Gierke, Geh. Just. Rat, o. Prof. d. Rechte a. d. Univers. Berlin. 2., erg. Aufl. Gr.-Oktav. 52 Seiten. 1902. (Schweitzer.) 1.—

Verjährung und gesetzliche Befristung. Von Weiß. Oktav. 155 Seiten. 1905. (Schweitzer.) 3.20

Verschollenheit, die Todeserklärung und die Feststellung der Todeszeit, Gesetz über die — —, vom 4. Juli 1939 (RGBl. I S. 1186). Erläutert von E. Kummerow, RA und Notar. Oktav. 63 Seiten. 1949. (Guttentagsche Sammlung Deutscher Reichsgesetze Nr. 234.) 2.80

Verschuldungsprinzip — Verursachungsprinzip. Von G. Marton. Oktav. 53 Seiten. 1926. (Schweitzer.) 1.80

Vertragsverletzungen, Die positiven — —. Von H. Staub. In 2. Aufl. herausgeg. und erg. von RA E. Müller. Oktav. 66 Seiten. 1913. 2.—

Viehgewährschaftsrecht, Das — —. Von RA Chr. Meisner. 3. Aufl. Oktav. 301 Seiten. 1927. (Schweitzer.) 8.—

Viehkauf (Viehgewährschaft). Von Dr. H. Stölzle, Just. Rat i. Kempten. Neubearb. von Dr. M. Graminger, München. Mit Kaiserl. Verordnung vom 27. März 1899, betr. die Hauptmängel und Gewährfristen beim Viehhandel. Von Dr. E. Fröhner, Geh. Reg. Rat. 7. Aufl. Oktav. 471 Seiten. 1935. (Guttentagsche Sammlung Deutscher Reichsgesetze Nr. 50.) 10.—

Vorteilsanrechnung, Die — — beim Erfüllungsausspruch. Von L. Decker. Gr.-Oktav. 75 Seiten. 1907. (Schweitzer.) 1.60

2. Handelsrecht

(Schiffahrtsrecht, Genossenschaften, Bank und Börse, Verschiedenes.)

Abzahlungsgeschäfte, Das Reichsgesetz betreffend die — —. Vom 16. Mai 1894. Von Dr. K.-A. Crisolli unter Mitwirkung von J. Crisolli. 4., völlig umgearb. Aufl. des Werkes von Hoffmann-Wilke. Oktav. 413 Seiten. 1931. (Guttentagsche Sammlung Deutscher Reichsgesetze Nr. 34.) Geb. 7.20

Aktiengesellschaft, Das Recht der entstehenden — —. Von Dr. L. Homberger Gr.-Oktav. VI, 45 Seiten. 1907. (Schweitzer.) 1.50

Aktiengesellschaften, Die Umgestaltungen der Satzungen der — — nach dem neuen Aktienrecht. Von Dr. W. Schmidt, RA und Notar i. Berlin. Oktav. 197 Seiten. 1938. 5.40

Aktiengesellschaften und Kommanditgesellschaften auf Aktien, Gesetz über — — (Aktiengesetz) vom 30. Januar 1937. Erläutert von R. Frhr. v. Godin, RA und Notar i. München und Dr. H. Wilhelmi, RA und Notar i. Frankfurt a. M. 2. Aufl. in Vorbereitung. (Guttentagsche Sammlung Deutscher Reichsgesetze Nr. 205.)

Aktiengesetz, Das — —. Kommentar zum HGB, Buch 2, Abschn. 3/4. Mit Einführungsgesetz, Durchführungsverordnungen und Einführungsverordnungen für Österreich und die sudetendeutschen Gebiete. Von Vizepräs. C. Ritter und OLGRat J. Ritter. 2., völlig neubearb. Aufl. Lfg. 1: §§ 1—144. VIII, 464 Seiten. 1938. 16.—. Lfg. 2: §§ 145—304; Einf. Ges. zum AkG. §§ 1—32; Durchf. Verord. zum AkG §§ 1—40; 3. Durchf. Verord. zum AkG; Wortregister. Gr.-Oktav. 370 Seiten. 1939. 15.20. Nachtrag 1940. —.80. Ges. Umf. VIII, 834 Seiten. 1939. (Schweitzer.) Mit Nachtrag 32.—, geb. 34.—

Aktienstrafrecht. Kommentar zu den §§ 288—304 des Aktiengesetzes. Von E. Schmidt. Oktav. 50 Seiten. 1940. 3.—

Aktienwesen, Die Entwicklung des deutschen — — s im 19. Jahrhundert. Von Dr. K. Bösselmann. Oktav. XI, 204 Seiten. 1939. 7.—

Aktienwesen, Die Sanierung unseres — — s. Von E. Brodmann. Oktav. 46 Seiten. 1931. 3.—

Aktionärschutz, Über — — nach deutschem, englischem und französischem Recht. Von Dr. W. Böhm. Oktav. IX, 114 Seiten. 1910. (Schweitzer.) 2.70

Aufschlußpflicht, Die — — von Vorstand und Aufsichtsrat gegenüber der Generalversammlung nach deutschem Aktienrecht. Von Dr. A. Arnold. Gr.-Oktav. 80 Seiten. 1908. (Schweitzer.) 2.40

Aufsichtsrat der Aktiengesellschaft, Der — —. Eine Darstellung seiner Aufgaben, Rechte und Pflichten für die Praxis. Von Dr. jur. E. Tremblau. Oktav. VIII, 100 Seiten. 1917. Geb. 3.—

Bankdepotgesetz. Gesetz über die Verwahrung und Anschaffung von Wertpapieren vom 4. Febr. 1937. Erläutert von RA Dr. K. H. Riecke. Oktav. 92 Seiten. 1937. (Stilkes Rechtsbibl. Nr. 163.) Geb. 2.40

Bank- und Kreditgesetzgebung, Die deutsche — —. Zusammengestellt von Dr. jur. J. C. D. Zahn, RA i. Berlin. Oktav. XVI, 342 Seiten. 1937. (Guttentagsche Sammlung Deutscher Reichsgesetze Nr. 202.) Geb. 6.—

Binnenschiffahrts- und Flößereirecht. Erläuterungswerk bearbeitet von O. Vortisch, RA und Notar und Prof. Dr. O. Zschucke. Oktav. XIX, 922 Seiten. 1938. (Guttentagsche Sammlung Deutscher Reichsgesetze Nr. 36.) Geb. 15.—

Devisengesetzgebung, Die — —. Texte und Regelungen (nach dem Stande vom 10. Februar 1937.) Von Dr. jur. K. Urbanek, RA i. Berlin. Mit Verweisungen. Oktav. 199 Seiten. 1937. (Stilkes Rechtsbibl. Nr. 158.) Geb. 4.80

D-Markbilanzgesetz und die Umstellung von Schuldverhältnissen. Kommentar von Dr. H. v. Boehmer, RA b. d. OLand. Ger. i. Düsseldorf. Oktav. XII, 393 Seiten. 1949. 12.—

Dokumentenakkreditive. Einheitliche Richtlinien und Gebräuche für Dokumentenakkreditive. Drucksache Nr. 82 der Internationalen Handelskammer. Neudruck Mai 1948. Herausgeg. unter Mitarbeit von Dr. E. Trost, Berlin. Oktav. 36 Seiten. 1948. (Kommissionsverlag.) 1.—

Erwerbs- und Wirtschaftsgenossenschaften, Das Reichsgesetz, betreffend die — —. Kleiner Kommentar. Begonnen von L. Parisius und Dr. H. Crüger. 26. Aufl. von Dr. J. Lang und Dr. L. Weidmüller. In Vorbereitung. (Guttentagsche Sammlung Deutscher Reichsgesetze Nr. 29.)

Erwerbs- und Wirtschaftsgenossenschaften, Das Reichsgesetz betreffend die — —. Kommentar zum praktischen Gebrauch für Juristen, Genossenschaften und ihre Mitglieder. Von L. Parisius und H. Crüger. Bis zur 3. Aufl. herausgeg. von L. Parisius und H. Crüger, später von H. Crüger und A. Crecelius. 12., neubearb. Aufl. von F. Citron. Oktav. XV, 605 Seiten. 1932. 25.20, geb. 27.—

Gesellschaften mit beschränkter Haftung, Das Reichsgesetz, betreffend die — —. Begonnen von L. Parisius und Dr. H. Crüger. 20. Aufl. von Dr. W. Schmidt, RA und Notar. In Vorbereitung. (Guttentagsche Sammlung Deutscher Reichsgesetze Nr. 32.)

Gesellschaften mit beschränkter Haftung, Kommentar zum Gesetz, betreffend die — — (früher Staub-Hachenburg). Von M. Hachenburg. 5. Aufl., unter Mitarbeit von F. Bing und W. Schmidt. 2 Bände. Oktav. Bd. I: §§ 1—34. VI, 527 Seiten. 1926. Bd. II: §§ 35—84. 452 Seiten. 1927. Neue Auflage in Vorbereitung.

Güter als Seefracht, Gefährliche — —. Neue, durch Nachträge verm. Aufl. 1. Teil: Gesetzliche Vorschriften für die Seeverfrachtung gefährlicher Güter im Auszuge. 2. Teil: Technische Erläuterungen zu den Stoffen des Güterverzeichnisses der Seefrachtordnung unter besonderer Berücksichtigung ihrer Zusammensetzung und gefährlichen Eigenschaften nebst Beispielen aus Seeunfällen. Für Schiffsoffiziere insbesondere Ladungsoffiziere, Verlader und Verfrachter. Von Schmaltz. Oktav. IV, 152 u. 10 Seiten. 1925. 3.—

Handbuch für Baugenossenschaften. Von A. Scheidt, Unterstaatssekr. d. Preuß. Ministeriums f. Volkswohlfahrt. 2., umgearb. Aufl. Oktav. X, 548 Seiten. 1920. 12.—, geb. 13.50

Handelsgesetzbuch nebst Einführungsgesetz vom 10. Mai 1897. Textausgabe mit Sachregister. 16. Aufl. (Guttentagsche Sammlung von Textausgaben ohne Anmerkungen mit Sachregister.) Oktav. 156 Seiten. 1949. 2.80

Handelsgesetzbuch, Das — — mit Ausschluß des Seerechts. Erläutert von Vizepräs. C. Ritter. 2. Aufl. Gr.-Oktav. 914 Seiten. 1932. (Schweitzer.) 28.—, geb. 30.50

Handelsgesetzbuch, Kommentar zum — —. Von Mitgliedern des früheren Reichsgerichts. 2. Aufl. 4 Bde. In Vorbereitung. Je Band ca. 50.—

Handelsgesetzbuch (ohne Seerecht). Mit den ergänzenden Vorschriften des Bürgerlichen Gesetzbuches. Mit Erläuterungen von Dr. E. Heymann, Geh. Just. Rat, o. Prof. a. d. Univers. Berlin, unter Mitarbeit von H. W. Kötter, RA i. Berlin. 3., durchges. Aufl. der Neubearb. (20. Gesamtaufl.) von H. W. Kötter. In Vorbereitung. (Guttentagsche Sammlung Deutscher Reichsgesetze Nr. 4.) Geb. ca. 20.—

Handelsgesetzbuch und Wechselordnung, sowie Nebengesetze und Auszug aus dem Bürgerlichen Gesetzbuche. Von Just. Rat. R. Basch. Erläutert durch die Rechtsprechung des Reichsgerichts. Neubearb. von W. Basch, RA a. Kammerger. u. Notar i. Berlin. 10. Aufl. Oktav. VIII, 460 Seiten. 1931. (Schweitzer.) Geb. 4.50

Handelsrecht, Deutsches — —. Ein Handbuch für den praktischen Gebrauch mit Anmerkungen aus der Rechtsprechung. Von Dr. W. Heun, LGDir. i. Berlin. 2 Bände. 2. Aufl. Oktav. Gesamtumf. XXIV, 1728 Seiten. 1944. (Schweitzer.) Geb. 21.—

Handelsrecht und Schiffahrtsrecht. Von Dr. J. v. Gierke, o. Prof. der Rechte a. d. Georg-August Univers. Göttingen. 6., umgearb. Aufl. Oktav. XIII, 567 Seiten. 1949. Geb. 24.—

Handelsrichter, Leitfaden für — —. Von Dr. M. Isaac, RA und Notar i. Berlin. Oktav. 134 Seiten. 1932. 3.60

Nachindossament des protestierten Wechsel, Das — —. Von Th. Böhme. (Dissertation.) Oktav. IV, 66 Seiten. 1908. 2.—

Nutzungsrecht an Unternehmen und Unternehmensbeteiligungen. Von R. Frhr. v. Godin, RA i. München. Oktav. XII, 129 Seiten. 1949. 8.—

Offene Handelsgesellschaften, Das Recht der — —. Systematisch dargestellt. Von Dr. A. Hueck, Prof. der Rechte a. d. Univers. München. Gr.-Oktav. 309 Seiten. 1946. 18.—

Offene Handelsgesellschaften, Kommanditgesellschaften und stille Gesellschaften von der Errichtung bis zur Auflösung. Nebst Vertrags- und Anmeldeformularen und mit Berücksichtigung des Steuerrechts. Von A. Starke. Oktav. XIV, 167 Seiten. 1928. 5.—

Recht der großen Haverei, Das — —. Von Dr. Ph. Heck, Ger. Ass. u. Priv. Doz. a. d. Univers. Berlin. Lex.-Oktav. XXXV, 839 Seiten. 1889. (Schweitzer.) 18.—

Seerecht, Das öffentliche — —. Erläutert von J. Sebba. Oktav. XVI, 596 Seiten. 1932. (Guttentagsche Sammlung Deutscher Reichsgesetze Nr. 19.) Geb. 11.70

Steuerrecht und Handelsrecht, Die Zusammenhänge zwischen — — und ihre Entwicklung untersucht an dem Gewinn und an der Bewertung. Eine bilanzrechtliche und bilanskritische Darstellung mit praktischen Beispielen. Von Dr. jur. J. Hein. Oktav. IX, 280 Seiten. 1928. 10.—, geb. 12.—

Stimmrecht des Aktionärs, Das — —. Von Dr. J. Haselberger. Gr.-Oktav. VIII, 68 Seiten. 1906. (Schweitzer.) 2.—

Übermäßiger Gewinn im Sinne der Preissteigerungsverordnung vom 23. Juli 1915/23. März 1916. Von RA Dr. A. Rosenthal, Hamburg. Lex.-Oktav. 19 Seiten. 1917. (Schweitzer.) —.80

Verfügungsrecht beim Frachtgeschäft, Das — —, mit besonderer Berücksichtigung des Postfrachtgeschäfts. Von Dr. jur. P. Leutke, Postinsp. Oktav. 270 Seiten. 1905. 5.—

Veröffentlichungen der Vereinigung der Handelsrechtslehrer Deutscher Hochschulen. Oktav. Heft 1: Bericht über die erste Tagung der Vereinigung in Berlin am 7. und 8. März 1927. Mit Beiträgen von E. Heymann, H. Wüstendörfer, O. Schreiber, A. Nußbaum. 65 Seiten. 1928. 5.—

Wechselgesetz und Scheckgesetz mit Anmerkungen und den Texten der Nebengesetze. Von A. Esderts. Oktav. 224 Seiten. 1935. (Stilke.) Geb. 5.50

Wechselgesetz und Scheckgesetz mit Nebengesetzen. Erläutert von Dr. P. Schaefer, Amtsgerichtsrat. Taschenformat. VII, 292 Seiten. Zweite vermehrte Auflage. 1941. (Schweitzer.) 4.—

Wechselordnung, Staub's Kommentar zur — —. Fortgesetzt von J. Stranz und M. Stranz. 13. Aufl. völlig neubearb. für das Wechselgesetz vom 21. Juni 1933. Von M. Stranz und Martin Stranz. Oktav. XII, 835 Seiten. 1934. Geb. 24.—

Wertpapiere, Gesetz über die Verwahrung und Anschaffung von — — n (Depotgesetz) vom 4. Februar 1937. Nebst einem Anhang: Schrankfachvertrag und verschlossene Einlage. Erläutert von Dr. G. Opitz, RA. Oktav. XXXII, 704 Seiten. 1937. (Guttentagsche Sammlung Deutscher Reichsgesetze Nr. 203.) Geb. 14.—

Wertpapiere, Recht der — — (einschl. Wechsel- und Scheckrecht). Von Cl. Frhr. v. Schwerin. 3. Aufl. bearb. von Prof. Dr. W. Siebert, Göttingen. In Vorbereitung. (Lehrbücher und Grundrisse der Rechtswissenschaft Bd. VII.)

III. Grenzgebiete des Bürgerlichen Rechts

1. Privat- und Sozialversicherung

Angestelltenversicherungsgesetz in der Fassung des Ausbaugesetzes vom 21. Dezember 1937 nebst Ausführungsbestimmungen. Kommentar von Dr. F. Allendorf und Dr. F. Haueisen. Mit einem Geleitwort von A. Grießmeyer. Oktav. 511 Seiten. 1938. (Guttentagsche Sammlung Deutscher Reichsgesetze Nr. 214.) Geb. 12.—
Nachtrag. 10 Seiten. 1938. —.30

Angestelltenversicherungsgesetz. Von Ministerialrat G. Ziegler. (Sonderdruck aus: Sammlung in der Praxis oft angewandter Verwaltungsgesetze und Verordnungen.) Oktav. 68 Seiten. 1927. (Schweitzer.) 1.10

Assekuranz, Geschichte der — — und der hanseatischen Seeversicherungsbörsen Hamburg, Bremen, Lübeck. Von F. Plaß. Gr.-Oktav. XIII, 790 Seiten. 80 Abb. und 3 Seeversicherungspolicen in Fksm. 1902. (Cram, de Gruyter & Co. Hamburg.) 18.—

Aufsichtsamt für das Versicherungswesen Groß-Berlin. Veröffentlichungen. 1. Jahrgang. Heft 1. 1948. 6.—. 2. Jahrgang. Heft 1. 1949. 3.80. — —. Heft 2. 1949. 3.60. — —. Heft 3. 1949. 4.—. — —. Heft 4. 1949. 3.20. Erscheinungsweise: Nach Bedarf. Preis je nach Umfang. Als nach dem Kriege wiedererschienene Fortsetzung der:

Veröffentlichungen des Reichsaufsichtsamts für Privatversicherung. Quart. 1.—38. Jahrgang (1939). Einzelne cplte. Jahrgänge sind aus Restbeständen noch lieferbar. Auf Wunsch nähere Angaben.

Beaufsichtigung der privaten Versicherungsunternehmungen und Bausparkassen vom 6. Juni 1931, Gesetz über die — —. Von RA Dr. jur. H. Goltz. Oktav. 165 Seiten. 1931. (Stilkes Rechtsbibl. Nr. 122.) Geb. 4.—

Brandversicherungsgesetz. Von Ministerialrat G. Ziegler. (Sonderdruck aus: Sammlung in der Praxis oft angewandter Verwaltungsgesetze und Verordnungen.) Oktav. 23 Seiten. 1927. (Schweitzer.) —.70

Frachtversicherung, Die — —. Von W. Mohr. Oktav. 60 Seiten. 1927. (Cram, de Gruyter & Co. Hamburg.) 2.70

Haftung des Versicherers, Die — — für Güter aus deutschen Schiffen in italienischen und portugiesischen Häfen. Von R. Martin. Gr.-Oktav. 40 Seiten. 1918. (Cram, de Gruyter & Co. Hamburg.) 4.—

Handwerkerversorgungsgesetz. Das Gesetz über die Altersversorgung für das deutsche Handwerk (Handwerkerversorgungsgesetz) vom 21. Dezember 1938 nebst der Durchführungs- und Ergänzungsverordnung vom 13. Juli 1939, den wichtigsten Vorschriften des Angestelltenversicherungsgesetzes u. sonstiger ergänzender Gesetze u. Verordnungen. Eingehend erläutert von Dr. H. Haaß, Sen. Präs. i. Reichsversicherungsamt, und R. Glanzmann, RGRat. Oktav. 368 Seiten. 1939. (Guttentagsche Sammlung Deutscher Reichsgesetze Nr. 219.) Mit Nachtrag 1940. Geb. 10.50
Nachtrag einzeln. 1.50

Kundenversicherung, Die Grundzüge der — — (Generalversicherung der Speditions- und Lagergüter) mit einer Einleitung über das Interesse als Element der Sachversicherung. Von Dr. J. Weygand, RA i. Leipzig. Oktav. 162 Seiten. 1914. 4.—

Lebensversicherung zu Gunsten Dritter, insbesondere der Interessenkonflikt zwischen dem Begünstigten und den Gläubigern des Versicherungsnehmers. Von W. Schwarz. Oktav. VIII, 50 Seiten. 1914. 1.25

Leistung und Gegenleistung im Versicherungsvertrage. Eine Grundfrage des Privatversicherungsgesetzes. Von Dr. Fr. Haymann, o. ö. Prof. der Rechte a. d. Univers. Köln. Oktav. 103 Seiten. 1933. 6.—

Obergutachten über Unfallvergiftungen. Dem Reichs-Versicherungsamt und anderen Gerichten erstattet. Von Prof. Dr. L. Lewin. Oktav. VIII, 379 Seiten. 1912. 5.—

Pflichtversicherung für Kraftfahrzeughalter und Kraftfahrversicherungsbedingungen. Textausgabe mit Erläuterung der gesetzlichen Vorschriften und Versicherungsbedingungen sowie mit Sachregister. Von G. E. Fromm, Sen. Präs. i. Reichsaufsichtsamt f. Privatversicherung. Oktav. XV, 267 Seiten. 1941. (Guttentagsche Sammlung Deutscher Reichsgesetze Nr. 223.) 5.—

Privatversicherungsrecht, Handbuch des — — s. Von Prof. Dr. W. Kisch. Lex.-Oktav. (Schweitzer.) Bd. II: Die Lehre von der Versicherungsgefahr. XXII, 604 Seiten. 1920. In 4 Lieferungen cplt. 11.70

Reichsknappschaftsgesetz, Das — — in der Fassung der Bekanntmachung vom 1. Juli 1926 nebst Einführungsgesetz zum Gesetz vom 23. Juni 1927. Von Prof Dr. Ing. e. h. M. Reuß, Wirkl. Geh. OBergrat und Dr. F. Hense, OBergrat a. D. 2. Aufl. Mit Nachtrag 1931. Oktav. XVI, 640 u. 7 Seiten. 1927. (Guttentagsche Sammlung Deutscher Reichsgesetze Nr. 155.) Geb. 10.80

Reichsversicherungsordnung, Die — — nebst dem Einführungsgesetze, den wichtigsten Ausführungsvorschriften und den ergänzenden Gesetzen und Verordnungen. Neue Aufl. in Vorbereitung. (Guttentagsche Sammlung Deutscher Reichsgesetze Nr. 161.)

Seeversicherung, Besonderheiten der — —. Von K. Doernberger. Gr.-Oktav. 66 Seiten. 1911. (Schweitzer.) 1.80

Seeversicherung, Das Recht der — —. Ein Kommentar zu den allgemeinen Deutschen Seeversicherungsbedingungen. Von C. Ritter. Gr.-Oktav. 1494 Seiten. 1924. Anastatischer Neudruck 1943. 2 Bände. (Cram, de Gruyter & Co. Hamburg.) Geb. 98.—

Seeversicherungsbedingungen, Allgemeine Deutsche — —. 24. Taus. Oktav. 56 Seiten. 1939. 1.80
Englische Ausgabe: **General Rules of Marine Insurance** adopted by the German Underwriters. Translated by A. Sieveking. Oktav. 64 Seiten. 1920. 2.70

Verantwortlichkeit des Versicherungsnehmers für das Verhalten Dritter. Von Prof. Dr. H. Möller, Univers. Hamburg. Oktav. 105 Seiten. 1939. (Schriften der Akademie für deutsches Recht, Gruppe für Handels- u. Wirtschaftsrecht H. 3.) 6.—

Versicherungsbedingungen für Haftpflichtversicherung, Allgemeine — —. §§ 1—4: Der Versicherungsschutz. Erläutert von Dr. jur. H. Oberbach. Oktav. XII, 280 Seiten. 1938. (Guttentagsche Sammlung Deutscher Reichsgesetze Nr. 213.) Geb. 9.20
— —. Teil II: §§ 5—6: Der Versicherungsfall. §§ 7—12: Das Versicherungsverhältnis. Oktav. 368 Seiten. 1947. (Guttentagsche Sammlung Deutscher Reichsgesetze Nr. 213a.) 20.—

Versicherungsstatistik über die unter Reichsaufsicht stehenden Unternehmungen. Herausgeg. vom Reichsaufsichtsamte für Privatversicherung. Quart. Für 1902—1938 sind noch Restbestände vorhanden. Auf Wunsch nähere Angaben.

Versicherungsunternehmungen, Gesetz über die privaten — —. Vom 12. Mai 1901. Von Dr. jur. h. c. H. Koenige, Sen. Präs. a. Reichsgericht i. R. 3., umgearb. Aufl. von H. Koenige und A. Petersen, OReg. Rat a. D. Oktav. 856 Seiten. 1927. (Guttentagsche Sammlung Deutscher Reichsgesetze Nr. 62.) Geb. 18.—

Versicherungsvertrag, Das Zustandekommen des — — es. Von H. Hagemann. Oktav. 67 Seiten. 1934. (Aus: Hamburger Rechtsstudien.) (Cram, de Gruyter & Co. Hamburg.) 4.—

Versicherungsvertrag, Reichsgesetz über den — —. Von E. Bruck und H. Möller. 8. Aufl. in Vorbereitung. (Guttentagsche Sammlung Deutscher Reichsgesetze Nr. 83.)

2. Arbeitsrecht

Akkordvertrag, Der — — und der Tarifvertrag. Eine Darstellung zweier Vertragsarten aus dem modernen Wirtschaftsleben. Von P. Wölbling, Mag. Rat. Oktav. XIII, 482 Seiten. 1908. 10.—, geb. 11.—

Arbeitsgerichtsgesetz. Kommentar. 2., völlig neubearb. Aufl. von H. Dèpene unter Mitwirkung von Th. Rolfing und E. Heinitz. Oktav. XIX, 861 Seiten. 1932. (Guttentagsche Sammlung Deutscher Reichsgesetze Nr. 168.) Geb. 15.—

Arbeitsrecht. Von Loppuch. In Vorbereitung. (Leitfaden der Rechtswissenschaft.)

Arbeitsrecht der Bühne, Das — —. Von RA Dr. B. Riepenhausen. Oktav. 236 Seiten. 1943. 9.—

Arbeitsvertragsrecht. Die arbeitsrechtlichen Vorschriften der allgemeinen Gesetze mit Erläuterungen aus der höchstrichterlichen Rechtsprechung des Reichsarbeitsgerichts und der Landesarbeitsgerichte von Reichsgerichtsrat i. R. Dr. Czolbe, und Staatsrat Wagemann †. Oktav. XII, 774 Seiten. 1934. (Stilke.) Geb. 15.—

Arbeitszeit in Bäckereien und Conditoreien, Gesetz über die — — vom 29. Juni 1936 nebst der amtlichen Begründung und der Durchführungsbestimmung erläutert von Dr. R. Schneider unter Mitwirkung von H. Wolkersdörfer, Sen. Präs. b. Kammerger. Oktav. 103 Seiten. 1936. (Guttentagsche Sammlung Deutscher Reichsgesetze Nr. 199.) 1.80

Arbeitszeitordnung vom 26. Juli 1934 nebst den amtlichen Erläuterungen, den Ausführungsbestimmungen und anderen arbeitszeitrechtlichen Verordnungen. Erläutert von Dr. R. Schneider unter Mitwirkung von H. Wolkersdörfer, Sen. Präs. b. Kammerger. Oktav. 442 Seiten. 1937. (Guttentagsche Sammlung Deutscher Reichsgesetze Nr. 201.) Geb. 8.—

3. Gewerberecht

Gaststättengesetz vom 28. April 1930 mit den Durchführungs- und Ausführungsverordnungen des Reiches und Preußens. Kommentar von W. Huyke. Neue Aufl. in Vorbereitung. (Guttentagsche Sammlung Deutscher Reichsgesetze Nr. 176.)

Gewerbeordnung für das Deutsche Reich nebst Gaststättengesetz, Kinderschutzgesetz und Hausarbeitsgesetz. Mit Einleitung von A. Elster. Neue Aufl. von G. Erdmann in Vorbereitung. (Guttentagsche Sammlung von Textausgaben ohne Anmerkungen mit Sachregister.)

Pfandleihrecht, Das deutsche — —. Kommentar zum preußischen Pfandleihgesetz unter Berücksichtigung der außerpreußischen Gesetze. Von G. Lenzen. Oktav. XXVI, 266 Seiten. 1929. 20.—

Recht der Reklame, Das — —. Von Dr. F. Wolff, RA und Notar zu Berlin und Dr. K.-A. Crisolli, Ger. Ass. zu Berlin. Oktav. XX, 403 u. 54 Seiten. 1929. 9.—, geb. 10.—

Rechtliche Stellung der Geheimmittel und ähnliche Arzneimittel, Die — —. Von Dr. W. Stader. Oktav. 116 Seiten. 1929. (Stilkes Rechtsbibl. Nr. 89.) Geb. 3.15

4. Geistig-gewerblicher Rechtsschutz

Behandlung der literarisch-musikalischen Werke nach geltendem Recht. Von C. Petzl. Oktav. 61 Seiten. 1911. (Schweitzer.) 1.40

Beiträge zum Patentrecht. Von W. Dunkhase, Geh. Reg. Rat. 6 Hefte. Oktav.
Heft 1: Die Patentfähige Erfindung und das Erfinderrecht unter besonderer Berücksichtigung des Unionsprioritätsrechts. 2. Aufl. 148 Seiten. 1913. 3.—
Heft 2: Die Neuheit der Erfindung nach Patent- und Gebrauchsmusterrecht. 53 Seiten. 1913. 1.50
Heft 3: Die Prüfung der Erfindung auf Patentfähigkeit. 49 Seiten. 1913. 1.50

Heft 4: Der Patentschutz. 97 Seiten. 1914. 3.—
Heft 5: Das Patenterteilungsverfahren und das Patentamt. 152 Seiten. 1914. 4.—
Heft 6: Nichtigkeitsverfahren, Zwangslizenz und Zurücknahme des Patents. 51 Seiten. 1914. 1.50

Berner Übereinkunft über Internationales Urheberrecht, Die — —. Von H. Dungs. Oktav. 75 Seiten. 1910. (Guttentagsche Sammlung Deutscher Reichsgesetze Nr. 95.) Geb. —.90

Eigenbild im Recht, Das — —. Von Dr. J. Kohler, o. Prof. a. d. Univers. Berlin. Oktav. 66 Seiten. 1903. 2.—

Filmgewerbe, Verträge im — —. Insbesondere die Filmpacht, die Filmlizenz und der Filmserienvertrag. Von O. Böhm. Oktav. VII, 79 Seiten. 1919. 2.50

Geheimnis und Erfindungsbesitz. Von Dr. J. L. Seligsohn, RA i. Berlin. Oktav. 147 Seiten. 1921. 3.—

Gesetz zum Schutz der Warenbezeichnungen. Von Dr. A. Seligsohn, Just. Rat. 3. Aufl., bearb. in Gemeinschaft mit M. Seligsohn, RA und Notar i. Berlin. Oktav. 416 Seiten. 1925. 15.—, geb. 16.50

Gutachten der fünf preußischen Sachverständigenkammern für Urheberrecht. Eine Auswahl, bearb. und herausgeg. von E. Wollenberg. Oktav. VIII, 210 Seiten. 1936. 5.—

Patent, Der einheitliche Schutzgegenstand des — — s. Prüfung, Umgrenzung und Auslegung der Erfindungstragweite nach dem neuen Patentgesetz. Von Dr. jur. S. von der Trenck, RA a. Kammergericht. Oktav. XII, 260 Seiten. 1936. 12.—, geb. 13.—

Patentanspruch, Der —. Von Dr. E. Müller, Patentanwalt i. Berlin. Oktav. 93 Seiten. 1925. 4.—

Patentgesetz nebst Ausführungsbestimmungen. Von R. Lutter, Geh. Reg. Rat, unter Mitwirkung von Dr. O. Emersleben und Dr. jur. A. Elster. 11. Aufl. in Vorbereitung. (Guttentagsche Sammlung Deutscher Reichsgesetze Nr. 22.)

Patentgesetz und Gesetz, betreffend den Schutz von Gebrauchsmustern. Erläutert. Von Dr. A. Seligsohn, Just. Rat. 7. Aufl. Mit Nachtrag. Oktav. VIII, 622 u. 8 Seiten. 1932. 22.50, geb. 24.30

Rechtsschutz, Gewerblicher — —. Von Lindenmaier. In Vorbereitung. (Leitfaden der Rechtswissenschaft.)

Rechtsstellung des Drehbuchautors, Die — —. Von Dr. jur. Chr. Andritzky. Oktav. IX, 80 Seiten. 1931. 3.50

Schutz des Urheberrechtes im deutschen Rundfunk, Der — —. Von Dr. jur., Dr. Ing. G. Reininger. Oktav. 87 Seiten. 1929. 4.—

Unlauterer Wettbewerb, Gesetz gegen den — — vom 7. Juni 1909. Kurzer Kommentar für Praxis und Studium. Von Elster. Neue Aufl. in Vorbereitung. (Guttentagsche Sammlung Deutscher Reichsgesetze Nr. 37.)

Urheber- und Erfinderrecht, Deutsches — —. Eine systematische Darstellung. 1. Abt. Allgemeiner Teil, Besonderer Teil: Urheberrecht an Schriftwerken und Tonwerken; Urheberrecht an Kunstwerken und Photographien; Geschmacksmusterrecht. Von E. Riezler, Prof. a. d. Univers. Freiburg i. Br. Gr.-Oktav. 506 Seiten. 1909. (Schweitzer.) 7.20

Urheber- und Erfinder-, Warenzeichen- und Wettbewerbsrecht. (Gewerblicher Rechtsschutz.) Von Dr. jur. A. Elster. 2., stark erweiterte und völlig umgearb. Aufl. (Mit Abdruck der Gesetzestexte.) Oktav. XII, 611 Seiten. 1928. (Lehrbücher und Grundrisse der Rechtswissenschaft Bd. VIII.) 16.20

Warenzeichengesetz vom 5. Mai 1936 nebst Pariser Verbandsübereinkunft und Madrider Abkommen, erläutert von Dr. R. Busse, Senatsrat im Reichspatentamt in Berlin. 2. Aufl. Oktav. 636 Seiten. 1939. (Stilkes Rechtsbibl. Nr. 40.) Geb. 14.—

Gewerbe- und Industrie-Kommentar (GIK). Unter besonderer Berücksichtigung der Rechtsprechung des Reichsgerichts herausgeg. von H. Koenige. Bd. III: **Warenzeichenrecht.** Kommentar von Dr. A. Hagens, Sen. Präs. Oktav. VIII, 580 Seiten. 1927. 22.—, geb. 24.—

IV. Zivilprozeß

(Freiwillige Gerichtsbarkeit, Grundbuchrecht, Konkursordnung, Zwangsvollstreckung und Kostengesetze)

Beschlagnahme von Lohn, Gehalt und Diensteinkommen, Das Recht der — —. Auf Grundlage des Reichsgesetzes vom 21. Juni 1869, der Verordnung über Lohnpfändung vom 25. Juni 1919 nebst Abänderungen und der Zivilprozeßordnung dargestellt von G. Meyer, Just. Rat, RA b. d. Landger. Berlin und Notar. Mit Nachtrag 1932. Oktav. 175 u. 3 Seiten. 1930. (Guttentagsche Sammlung Deutscher Reichsgesetze Nr. 55.) Geb. 4.—

Beweislastregeln, Die Anwendung der — — im Zivilprozeß und das qualifizierte Geständnis. Von Dr. K. Korsch. Oktav. X, 140 Seiten. 1911. 3.—

Einschränkungen der Aufrechnung und der Konfusion im Konkurs, Die — —. Von Dr. jur. H. Kunick, Ger. Refr. Oktav. 77 Seiten. 1926. 2.50

Freiwillige Gerichtsbarkeit. Von Dr. H. W. Müller, OLGRat i. Reichsjust. Ministerium. 1949. In Vorbereitung. (Leitfaden der Rechtswissenschaft Bd. 8.) ca. 4.—

Freiwillige Gerichtsbarkeit, Die Gesetze des Reiches und Preußens über die — —. Textausgabe mit Sachregister. 2. Aufl. Oktav. 115 Seiten. 1947. (Guttentagsche Sammlung von Textausgaben ohne Anmerkung und Sachregister.) 3.60

Freiwillige Gerichtsbarkeit, Die Gesetze des Reiches und Preußens über die — —. Von H. Jastrow †. 9. Aufl. in Bearbeitung. (Guttentagsche Sammlung Deutscher Reichsgesetze Nr. 46.)

Gebührenordnung für Rechtsanwälte, Die deutsche — —, nebst den landesgesetzlichen Gebühren der Rechtsanwälte. Herausgeg. von LGRat Dr. A. Friedländer u. RA Dr. M. Friedländer. 9., völlig neubearb. Aufl. des Kommentars von Walter-Joachim. Lex.-Oktav. 839 Seiten. 1932. (Schweitzer.) Geb. 32.—

Gebührenordnung für Rechtsanwälte, Tabellen zur — —, zur Reichskostenordnung in freiwilliger Gerichtsbarkeit, zum Gerichtskostengesetz und Umsatzsteuergesetz nebst ergänzenden Bestimmungen und Erläuterungen. Zusammengestellt von G. Quandt, RA i. Brandenburg a. H. 15. Aufl. Oktav. 42 Seiten. 1949. Geb. 6.—

Gerichtliche und Verwaltungs-Meteorologie. Das Wetter in der Rechtsprechung für Gerichte und Rechtsanwälte, Verwaltungen, Magistrate und Hausbesitzer, Berufsgenossenschaften und Versicherungsgesellschaften, für Gewerbe, Handel und Technik. Mit 438 Beispielen aus der Praxis. Von Prof. Dr. C. Kassner, Priv. Doz. a. d. Techn. Hochschule Berlin. Oktav. 208 Seiten. 1921. 4.—

Gerichtsentlastung und Güteverfahren im Krieg und Frieden. Von H. Cahn, RA i. Nürnberg. Oktav. 75 Seiten. 1916. 2.—

Gerichtskostengesetz, Deutsches — — nebst Gebührenordnungen für Gerichtsvollzieher und für Zeugen und Sachverständige in den neuesten Fassungen. Auf der Grundlage der Sydow-Busch'schen Textausg. neu bearb. in 11. Aufl. von Dr. L. Busch, RGRat i. R. und O. Krieg, LGDir. Mit Nachtrag. Oktav. XI, 433 u. 4 Seiten. 1928. (Guttentagsche Sammlung Deutscher Reichsgesetze Nr. 15.) Geb. 6.75

Gerichtskostengesetz, Kommentar zum — —. Von LGRat Dr. A. Friedländer u. RA Dr. M. Friedländer. Gr.-Oktav. XXXIII, 621 Seiten. 1928. (Schweitzer.) Geb. 26.50

Gerichtskostengesetz, Preußisches — — (neueste Fassung). Nach dem Tode des früheren Herausgebers Dr. P. Siméon erläutert von O. Lindemann, Geh. OJust. Rat. 8., völlig umgearb. Aufl. Oktav. 439 Seiten. 1928. (Guttentagsche Sammlung preußischer Gesetze Nr. 17.) Geb. 7.20

Gerichtsverfassung, Deutsche — — auf dem Gebiet der streitigen und freiwilligen Rechtspflege. Von W. Dittmann. Gr.-Oktav. 136 Seiten. (Cram, de Gruyter & Co. Hamburg.) 6.—

Gerichtsverfassungsgesetz mit Einführungsgesetz. Begonnen von Dr. R. Sydow. Neue Aufl. in Vorbereitung. (Guttentagsche Sammlung Deutscher Reichsgesetze Nr. 14.)

Gläubigeranfechtung außerhalb des Konkursverfahrens, Die — —. Erläuterungen des Anfechtungsgesetzes mit systematischer Einführung. 2., völlig neubearb. Aufl. von Dr. jur., Dr. rer. pol. h. c. E. Jaeger, Prof. der Rechte zu Leipzig. Gr.-Oktav. VIII, 387 Seiten. 1938. Geb. 23.—

Grundbuchordnung in der Fassung der Bekanntmachung vom 5. August 1935. Mit Anmerkungen und einer Zusammenstellung der Reichsausführungsbestimmungen und der wichtigsten in Reichs-, Zonen-, und Landes-Gesetzen, -Verordnungen und -Verfügungen enthaltenen Vorschriften über die Grundbuchverfassung und das Grundbuchverfahren. Von Dr. P. Thieme, Sen. Präs. i. Celle. 3., neubearb. Aufl. Oktav. 356 Seiten. 1949. Halbleinen 19.—

Mit Sonderanhang für: Groß-Berlin und die Länder der sowjetischen Besatzungszone. Von Dr. K. Schwarze. 22.—

— — das Land Bayern. Von F. Reichhelm. 20.50

— — das französisch und amerikanisch besetzte Gebiet Württembergs. Von Prof. Dr. Baur. 22.—

— — das Land Hessen. Von Dr. jur. H. Eise. 24.—

— — das Land Bremen. Von Dr. H. L. Schüter. 21.50
(Stilkes Rechtsbibl. Nr. 80.)

Grundbuchordnung für das Deutsche Reich nebst den Ausführungsbestimmungen. Kommentar von W. Hesse in Verbindung mit E. Saage und N. Fischer. Neue Aufl. in Vorbereitung. (Guttentagsche Sammlung Deutscher Reichsgesetze Nr. 42.)

Grundbuchordnung, Kommentar zur — — unter besonderer Berücksichtigung der in Preußen und Bayern weitergeltenden landesrechtlichen Bestimmungen. Von G. Meikel. 4., neubearb. Aufl. von RRat Dr. W. Imhof. Gr.-Oktav. 1310 Seiten. 1940. (Schweitzer.) Geb. 53.—. In Lieferungen: Lfg. 1: 3.60; Lfg. 2: 6.—; Lfg. 3: 6.—; Lfg. 4: 7.20; Lfg. 5: 7.20; Lfg. 6: 20.—; Einbanddecke: 1.50

Grundbuchrecht, Das materielle und formelle deutsche — — in seiner Beziehung zum Liegenschaftskatasterdienst unter besonderer Berücksichtigung der bayerischen und rheinpfälzischen Verhältnisse. Von D. H. Richter. In Vorbereitung.

Grundbuchrecht, Zehn Lösungen aus dem — — der Staatsprüfungsaufgaben seit 1919. Von OARichter Dr. W. Kriener. Oktav. 95 Seiten. 1930. (Schweitzer.) 2.70

Grundbuchrecht, Zehn weitere Lösungen aus dem — — der Staatsprüfungsaufgaben seit 1919. Von OARichter Dr. W. Kriener. Oktav. 117 Seiten. 1934. (Schweitzer.) 2.70

Hinterlegungsordnung, Die Reichs — — vom 10. März 1937. Bearb. von Amtmann M. Bree. Oktav. 163 Seiten. 1937. (Stilkes Rechtsbibl. Nr. 164.) Mit Nachtrag. 1939. Geb. 5.20

Justizbeitreibungsordnung und Einziehung von Vermögensstrafen. Erläutert von R. Witte, Bez. Revis. b. d. Amtsger. Berlin. Oktav. 204 Seiten. 1937. (Guttentagsche Sammlung Deutscher Reichsgesetze Nr. 209.) Geb. 3.80

Konkursgläubigerrecht, Die Feststellung des — — s. KO. § 146. Von E. Bley. (Dissertation.) Oktav. VIII, 107 Seiten. 1914. 3.50

Konkursordnung, Kommentar zur — — und den Einführungsgesetzen, mit einem Anhang, enthaltend das Anfechtungsgesetz, die Vergleichsordnung, Auszüge aus den Kostengesetzen, Ausführungsgesetze und Geschäftsordnungen. Von Dr. jur., Dr. rer. pol. h. c. E. Jaeger, Prof. der Rechte zu Leipzig. 6. u. 7., neubearb. Aufl. Quart. Bd. I: (KO. §§ 1—46.) XXVIII, 828 Seiten. 1931. 49.—. Bd. II: (KO. §§ 47—244, Einführungsgesetze, Richtlinien, Nachtrag und Sachregister.) Quart. XIX, 1037 Seiten. 1933/36. 46.—

Konkursordnung, Vergleichsordnung und Anfechtungsgesetz mit Erläuterungen. Auf der Grundlage der Sydow-Busch'schen Textausg. mit Anmerkungen. 17. Aufl. von Prof. Bley in Vorbereitung. (Guttentagsche Sammlung Deutscher Reichsgesetze Nr. 13.)

Konkursrecht, Lehrbuch des — — s. Von Dr. jur., Dr. rer. pol. h. c. E. Jaeger, Prof. der Rechte zu Leipzig. 8., erw. Aufl. des Grundrisses zur Vorlesung über Konkursrecht. Quart. 255 Seiten. 1932. Geb. 13.50

Konkursrecht und Vergleichsordnung. Von Dr. H. W. Müller, OLGRat i. Reichsjust. Ministerium. 1949. In Vorbereitung. (Leitfaden der Rechtswissenschaft Bd. 10.)

Konkursrichter, Handbuch für — —. Von Senatspräs. OLGRat J. Senst. 4. Aufl., nach dem Tode des Verfassers durchges. von Dr. A. W. Müller. Gr.-Oktav. 301 Seiten. 1928. (Schweitzer.) Geb. 12.60

Kostenfestsetzungsverfahren, Das — — und die deutsche Gebührenordnung für Rechtsanwälte nebst den landesgesetzlichen Vorschriften in Preußen, Bayern, Sachsen, Württemberg, Baden und Hessen. Mit Erläuterungen. 14. Aufl. des Willenbücherschen Werkes in Gemeinschaftsarbeiten von LGDir. F. Junge, LGRat K. Breuer, RA Dr. J. A. Graf Westarp, RA Dr. J. von der Heyde, RA Dr. W. Petersen. Gr.-Oktav. VIII, 575 Seiten und 14 Seiten Tabellen. 1944. (Schweitzer.) 16.50

Kostengesetz und Gebührenordnungen der Rechtspflege. Textausgabe mit Verweisungen, Gebührentabellen und Sachregister. Herausgeg. von R. Witte, Bez. Revis. b. d. Amtsger. Berlin. Oktav. VIII, 288 Seiten. 1937. (Guttentagsche Sammlung Deutscher Reichsgesetze Nr. 204.) Geb. 3.50
Nachtrag. 14 Seiten. 1938. —.30

Kostenordnung vom 25. November 1935. Von Reichsger. Rat G. Rusche. Oktav. 300 Seiten. 1936. (Stilkes Rechtsbibl. Nr. 150.) Geb. 10.—

Kostenrechnung, ABC der — —. Teil 1: Die Gerichtskosten in familienrechtlichen Angelegenheiten, in Nachlaß- und Teilungssachen. Von H. Meyer, Bez. Revis. i. München und K. Schlegel. Just. Amtm. i. Berlin. Oktav. 261 Seiten. 1942. (Schweitzer.) 6.—

Lehrausgaben deutscher Gesetze. Herausgeg. von Dr. O. Bühler, o. ö. Prof. a. d. Univers. Münster/W. Bd. II: **Die Zivilprozeßordnung.** Sachlich geordnet, mit systematischen Paragraphenüberschriften und ausführlichem Sachregister herausgeg. von L. Rosenberg. Mit Nachtrag 1932. Oktav. XI, 564 u. 20 Seiten. 1930. Geb. 8.—

Lehrbücher des deutschen Reichsrechtes. Guttentag'sche Sammlung. Oktav.
Nr. 1: **Der Reichs-Civilprozeß.** Von H. Fitting. 12. u. 13., neu durchges. Aufl. Mit Nachtrag: Die Neuerungen der Novelle zur Civilprozeßordnung vom 1. Juni 1909. XVIII, 798 u. 53 Seiten. 1907. 5.—
Nr. 3: **Das Reichs-Konkursrecht und Konkursverfahren.** Von H. Fitting. 3., völlig neubearb. Aufl. XVI, 523 Seiten. 1904. 4.—

Lohnpfändung, Recht der — —. Dargestellt und erläutert von Dr. H. Rühling, LGRat. Oktav. 244 Seiten. 1938. (Guttentagsche Sammlung Deutscher Reichsgesetze Nr. 216.) Geb. 5.—

Mit Ergänzung: Das neue Lohnpfändungsrecht. 1941. 1.50

Offenbarungseid und Haft im Zivilprozeß. Kommentar von W. Huyke. Oktav. 173 Seiten. 1930. (Guttentagsche Sammlung Deutscher Reichsgesetze Nr. 177.) Geb. 3.60

Prozeßführung, Die — — der im ordentlichen gesetzlichen Güterstand lebenden Ehefrau. Von Dr. jur. et rer. pol. Fr. Scheppler. Oktav. 60 Seiten. 1909. (Schweitzer.) 1.30

Das Publikum im Verkehr mit dem Amtsgericht in Familien-, Erb-, Nachlaß- und Testamentsangelegenheiten, Zivilprozessen, Aufgebotsachen, Arresten und einstweiligen Verfügungen, Zwangsvollstreckungssachen. Dargestellt in etwa 180 erläuterten Musteranträgen. Von O. Scheiblich. 5. Aufl. Gr.-Oktav. 211 Seiten. 1937. (Schweitzer.) 3.50

Reichskassenordnung vom 6. August 1927 (RKO.), mit Erläuterungen von Geh. ORGRat Ministerialdirigent i. R. R. Schulze und Ministerialrat Dr. E. Wagner. Oktav. 666 Seiten. 1930. (Stilkes Rechtsbibl. Nr. 92.) Geb. 16.—

Reichskostenordnung. (Verordnung über die Kosten in Angelegenheiten der freiwilligen Gerichtsbarkeit und der Zwangsvollstreckung in das unbewegliche Vermögen.) Vom 25. November 1935. Erläutert von O. Lindemann, Geh. OPostrat. Oktav. 195 Seiten. 1936. (Guttentagsche Sammlung Deutscher Reichsgesetze Nr. 198.) Geb. 3.50

Reichszivilprozeßordnung, Die — — mit Gerichtsverfassungsgesetz und den wichtigsten Nebengesetzen. Herausgeg. von Dr. H. W. Müller. OLGRat. Textausg. 2., neubearb. Aufl. Oktav. LVI, 678 Seiten. 1949. (Schweitzer.) 12.—, geb. 13.50

Sachbericht und Gutachten. Eine Anleitung in Grundrißform. Von LGRat Dr. E. Keßler. 2., neubearb. Aufl. Gr.-Oktav. 91 Seiten. 1937. (Schweitzer.) 2.—

Sachbeweis, Der —. Von W. Polzer. Oktav. Mit zahlreichen Abbildungen. XV, 184 Seiten. 1938. (Schweitzer.) Geb. 6.40

Sachlegitimation, Die — —. Von Dr K. Rosenthal, Hamburg. Von der rechts- und staatswissenschaftl. Fakultät d. Univers. Würzburg gekrönte Preisschrift. Gr.-Oktav. 82 Seiten. 1903. (Schweitzer.) 2.—

Schiedsrecht. (Recht des privaten Schiedsverfahrens.) Von Dr. Fr. Prager, München. Oktav. 188 Seiten. 1931. (Schweitzer.) 5.—

Schiedsverfahren nach dem deutschen Recht, Das — —. Ein Lehr- und Handbuch für Laien und Juristen. Von H. Teßmer, Syndikus. Oktav. XVI, 301 Seiten. 1915. 7.—

Staatsanwalt in Zivilsachen, Die Tätigkeit des — —. Erläutert von Dr. L. Leiß, Staatsanw. i. München. Lex.-Oktav. 146 Seiten. 1942. (Schweitzer.) 4.—

Unterlassungsklage. Eine Übersicht für den Praktiker. Von RA Dr. A. Rosenthal. Oktav. 1916. (Schweitzer.) 2.40

Vergleichsordnung vom 26. Februar 1935 mit Erläuterungen von O. Krieg, Sen. Präs. beim Kammergericht. Zugleich Nachtrag zu Sydow-Busch-Krieg, Konkursordnung (ersetzt die Seiten 573—767 der 16. Aufl.). 10., völlig neubearb. Aufl. Oktav. VIII, 319 Seiten. 1937. (Guttentagsche Sammlung Deutscher Reichsgesetze Nr. 13a.) Geb. 6.—

Wahrheitspflicht im Zivilprozeß, Die —. Ein Vortrag. Von Dr. H. Welzel, Prof. i. Göttingen. Oktav. 27 Seiten. 1935. 2.—

Wert des Streitgegenstandes in bürgerlichen Rechtsstreitigkeiten, Der — —. Von Just. Insp. Fr. X. Berger. Gr.-Oktav. 103 Seiten. 1935. (Schweitzer.) 2.60

Zivilprozesse für den Rechtsunterricht, insbesondere für die Referendarübungen. Von R. Schneider. Oktav. 119 Seiten. 1914. 2.40

Zivilprozeßordnung und Gerichtsverfassungsgesetz. Begonnen von R. Sydow. 21. Aufl. in Vorbereitung. (de Gruytersche Sammlung Deutscher Gesetze.)

Zivilprozeßrecht. Von Dr. H. W. Müller, OLGRat. 1949. In Vorbereitung. (Leitfaden der Rechtswissenschaft Bd. 7.) ca. 4.—

Zwangshypothek, Die — —. Forschungen zu ihrer Geschichte und Theorie. Von Dr. H. Schanz, o. Prof. a. d. Univers. Würzburg. Oktav. (Schweitzer.) 1. Heft: Die gerichtliche Hypothek des französischen Rechts in ihrer geschichtlichen Entwicklung und Verbreitung. 240 Seiten. 1910. (Schweitzer.) 5.80. 2. Heft: Die Zwangshypothek des deutschen Rechts in ihrer geschichtlichen Entwicklung und Verbreitung. 213 Seiten. 1933. 7.—

Zwangsversteigerung und Zwangsverwaltung vom 24. März 1897, Gesetz über die — —. Mit besonderer Berücksichtigung der bayerischen Ausführungsbestimmungen und mit Beispielen. Von Sen. Präs. A. Steiner. 5., neubearb. Aufl. Lex.-Oktav. 720 Seiten. 1935. (Schweitzer.) Geb. 33.—

Zwangsvollstreckung. Ein Lehrbuch. Von Dr. K. Blomeyer, o. Prof. i. Jena. Oktav. 187 Seiten. 1933. (Lehrbücher und Grundrisse der Rechtswissenschaft Bd. XV.) Geb. 4.50

Zwangsvollstreckung, Die Gesetzgebung, betreffend die — — in das unbewegliche Vermögen im Reiche und in Preußen. Von Dr. J. Krech und Dr. O. Fischer. Neue Aufl. in Bearbeitung. (Guttentagsche Sammlung Deutscher Reichsgesetze Nr. 43.)

Zwangsvollstreckung in Forderungen und andere Vermögensrechte. Von F. Schubert, Just. Insp. i. Freiberg i. Sa. 2., neubearb. Aufl. Oktav. 310 Seiten. 1938. Geb. 5.50
Nachtrag. 1941. —.50

Zwangsvollstreckung und Zwangsversteigerung. Von Dr. H. W. Müller, OLGRat. In Vorbereitung. (Leitfaden der Rechtswissenschaft Bd. 9.)

Zwischenurteile, Über den Einfluß der — — und des bedingten Endurteils auf nachfolgende Versäumnisurteile. Von Zeitlmann. Oktav. 88 Seiten. 1893. (Schweitzer.) 2.—

V. Strafrecht und Strafprozeß

(einschl. Kriminologie)

Abhandlungen des Kriminalistischen Instituts an der Universität Berlin. Vierte Folge. Oktav. Begründet von Dr. Fr. v. Liszt. Herausgeg. von Dr. W. Graf Gleispach und Dr. E. Kohlrausch, Professoren des Strafrechts an der Universität Berlin.

Bd. I, Heft 1: **Liberalismus und Strafrecht im 19. Jahrhundert** unter Zugrundelegung der Lehren Karl Georg v. Waechters. Von Dr. H. Dannenberg. VII, 66 Seiten. 1925. 3.—

— —, Heft 2: **Die systematische Bedeutung der adaequaten Kausalitätstheorie** für den Aufbau des Verbrechensbegriffs. Von Dr. H. Tarnowski, RA a. Kammergericht. X, 340 Seiten. 1927. 18.—

— —, Heft 3: **Der Verrat von Betriebsgeheimnissen** nach englischem und nordamerikanischem Recht. Von Dr. jur. L. Ehrlich. VII, 75 Seiten. 1930. 4.—

— —, Heft 4: **Die juristische Natur der falschen Beweisaussage.** Ein Beitrag zur Geschichte und Systematik der Eidesdelikte, zugleich zur Frage einer Beschränkung der Strafbarkeit auf erhebliche falsche Aussagen. Von Dr. St. Kuttner. VI, 76 Seiten. 1931. 6.—

Bd. II, Heft 1: **Kriminalpolitik und Strafrechtssystematik** unter besonderer Berücksichtigung des sowjetrussischen Rechts. Von Dr. W. Gallas. VII, 88 Seiten. 1931. 5.—

— —, Heft 2: **Das Bewußtsein der Rechtswidrigkeit,** entwickelt an der Lehre vom Hausfriedensbruch. Von Dr. W. Goldschmidt. IX, 51 Seiten. 1931. 4.—

— —, Heft 3: **Bewährungsfrist vor dem Urteil.** Von Dr. jur. Fr. Hoefer. 90 Seiten. 1931. 4.—

Bd. III, Heft 1: **Der moderne Täterbegriff und der deutsche Strafgesetzentwurf.** Von Dr. R. Lange, Ger. Ass. VI, 79 Seiten. 1935. 3.50

— —, Heft 2: **Schutz von Staat und Volk im englischen Recht.** Im Vergleich mit einer rechtsvergleichenden Untersuchung der Verratsverbrechen. Von Dr. E. Schinnerer. XII, 99 Seiten. 1935. 4.50

— —, Heft 3: **Beiträge zur Lehre vom Adhäsionsprozeß.** Von Dr. jur. habil. A. Schönke, Ger. Ass. i. Berlin. XIV, 179 Seiten. 1935. 6.50

— —, Heft 4: **Hegels Notstandslehre.** Von Dr. P. Bockelmann. VI, 69 Seiten. 1935. 3.—

Bd. IV, Heft 1: **Kriminalität in Stadt und Land.** Von Dr. H. Buchardt. 168 Seiten. 1936. 8.—

— —, Heft 2: **Täuschung und Rechtswidrigkeit beim Kreditbetrug.** Von Dr. P. Burchardt. VI, 59 Seiten. 1937. 3.—

— —, Heft 3: **Die Auswirkungen des wertbeziehenden Denken in der Strafrechtssystematik.** Von Dr. H. Mittasch. X, 153 Seiten. 1939. 6.—

Bd. V, Heft 1: **Die notwendige Teilnahme.** Von Dr. R. Lange, Prof. i. Jena. IV, 102 Seiten. 1940. 5.—

— —, Heft 2: **Probleme der Strafe der Brandmarkung im Lichte von rechtsvergleichenden Quellen.** Von Dr. jur. Y. Chen. 56 Seiten. 1948. 4.—

§ 193. Beleidigung und berechtigte Interessen. Eine Sammlung von 40 strafrechtlichen Fällen nach der Spruchpraxis des Bayer. ObLG. Von J. Kurz. Gr.-Oktav. 28 Seiten. 1909. (Schweitzer.) —.50

Blankettfälschung, Die — —. Ihre Stellung innerhalb der Urkundenfälschung. Zugleich ein Beitrag zur Strafrechtsreform. Von Dr. jur. F. Hahn, Reutlingen. Oktav. VII, 76 Seiten. 1910. 1.20

Bücherei, kleine kriminalistische, — —. Herausgeg. von Dr. jur. H. Schneickert. Oktav.

Bd. I: **Die strafrechtlichen Aufgaben der Polizei.** Für den Polizeiunterricht und die Polizeipraxis. Von Dr. jur. H. Schneickert. 182 Seiten. 1923. 2.—

Bd. II: **Beobachtungs- und Ermittlungspraxis im Polizei- und Detektivdienst.** Von L. Philipp. 181 Seiten. 1923. 2.—

Bd. III: **Falschspieler.** Formen und Technik des Spielbetruges nebst einem Anhange: Der Spielprofessor und sein angebliches sicheres System beim Spiele gegen eine öffentliche Roulettebank. Von H. v. Manteuffel. Oktav. 90 Seiten. 1923. 2.—

Bd. IV: **Kriminalistische Spurensicherung.** Sammlung dienstlicher Anweisungen und sachverständiger Ratschläge für den Dienstgebrauch und für Polizeischulen. Herausgeg. von Dr. jur. H. Schneickert. 3., verb. Aufl. Mit 2 Abb. 117 Seiten. 1944. 2.80

Bd. V: **Gerichtsärztliche Tatbestandsfeststellungen** im Dienste der Polizei. Ein Leitfaden für Polizei- und Kriminalbeamte. Von Dr. med. P. Rehfeldt, Pol. med. Rat in Köln. 133 Seiten. 1927. Geb. 3.50

Bd. VI: **Kriminologie.** Von Dr. G. Ledig, OLGRat i. Dresden. 96 Seiten. 1947. 3.—

Entwurf 1925, Der — —. Von Dr. H. B. Gerland, o. ö. Prof. a. d. Univers. Jena. Allgemeiner Teil. Kritische Bemerkungen. Oktav. 96 Seiten. 1925. 5.—

Erforschung des Sachverhalts strafbarer Handlungen, Die — —. Ein Leitfaden für Beamte der Staatsanwaltschaft und des Polizei- und Sicherheitsdienstes. Von Dr. H. Groß, o. ö. Prof. d. Strafrechts a. d. Univers. Graz. 7. Aufl., neubearb. von Reg. Rat Dr. K. Leibig. Mit zahlreichen Abb. im Text. Gr.-Oktav. VIII, 231 Seiten. 1938. (Schweitzer.) Geb. 5.60

Gefängnisarbeit, Die — —. Vortrag, gehalten am 26. Juli 1900. Von Dr. Fr. v. Liszt, o. Prof. der Rechte i. Berlin. Oktav. 20 Seiten. 1900. (Sammlung gemeinverständlicher Vorträge, herausgeg. von der Berliner Finkenschaft.) —.60

Gehirn und Veranlagung des Verbrechers. Beiträge zur Aufhebung der Todesstrafe und zur Einführung eines Verwahrgesetzes. Im Anschluß an die Besprechung interessanter Rechtsfälle. Von Prof. Dr. med. M. Flesch. Oktav. 151 Seiten. 1929. 8.—

Geldstrafengesetz, Das — — vom 6. Februar 1924 mit Begründung und Ausführungsbestimmungen. Von Dr. A. Hellwig, LGDir. i. Potsdam. 3. Aufl. Oktav. XII, 187 Seiten. 1924. (Schweitzer.) 5.40

Gesetz und Schuld im Strafrecht. Von Dr. L. v. Bar, o. Prof. der Rechte i. Göttingen. 3 Bände. Oktav.
Bd. I. Das Strafgesetz. XII, 272 Seiten. 1906. 4.—
Bd. II. Die Schuld nach dem Strafgesetze. XIX, 855 Seiten. 1907. 12.—
Bd. III. Die Befreiung von Schuld und Strafe durch das Strafgesetz. XXVII, 610 Seiten. 1909. 8.—

Handbuch der Kriminalistik. Von Prof. Dr. H. Groß, o. ö. Prof. d. Strafrechts a. d. Univers. Graz, neu bearb. und erg. von Prof. Dr. E. Seelig, Dir. d. Kriminal. Inst. d. Univers. Graz. 8. Aufl. des „Handbuchs für Untersuchungsrichter als System der Kriminalistik". Oktav. Bd. I: 443 Seiten. 1942. (Schweitzer.) 14.—, Bd. II, Lfg. 2: IV, 214 Seiten. 1944. 6.50. Weitere Lieferungen erscheinen Anfang 1950.

Handlungsbegriff in seiner Bedeutung für das Strafrechtssystem, Der — —. Zugleich ein Beitrag zur Lehre von der rechtswissenschaftlichen Systematik. Von Dr. G. Radbruch, Priv. Doz. a. d. Univers. Heidelberg. Oktav. 147 Seiten. 1903. 3.—

Handwörterbuch der Kriminologie und der anderen strafrechtlichen Hilfswissenschaften. Unter Mitberatung von C. Drucker, Graf W. Gleispach, C. Hafner, M. Hagemann, F. Hartung, E. Kohlrausch, Müller-Heß. Herausgeg. von Dr. jur. A. Elster, Berlin und H. Lingemann, LGDir. i. Köln. Bd. II: Kriminalroman — Zwangs- und Fürsorgeerziehung. Mit Gesamtregister für Bd. I und II. Quart. X, 1208 Seiten. 1936.
69.50, geb. 75.—

Irrtum und Schuldbegriff im Strafrecht. I. Teil. Von Dr. E. Kohlrausch, Prof. a. d. Univers. Berlin. Oktav. VIII, 188 Seiten. 1903. 4.50

Jugendgerichtsgesetz vom 16. Februar 1923. Von AGRat H. Francke. 2. Aufl. Oktav. 133 Seiten. 1926. (Schweitzer.) 4.—

Kriminalistik, Die Photographie in der — —. Eine Einführung in die photographischen Arbeitsmethoden der naturwissenschaftlichen Kriminaluntersuchung. Von Dr. jur., Dr.-Ing. H. Tetzner, RA a. Landger. Traunstein. Mit 51 Abb. Oktav. VIII, 152 Seiten. 1949. 10.—

Krise des Strafrechts, Die — — und ihre Überwindung im Staatsgedanken. Von W. Gallas. Berliner Antrittsvorlesung. Oktav. 18 Seiten. 1933. (Sonderabdruck aus der Zeitschrift für die gesamte Strafrechtswissenschaft, 53. Band.) 1.—

Lehrbuch der Kriminologie. Von W. Sauer, Prof. a. d. Univers. Münster. ca. 280 Seiten. 1949. In Vorbereitung. ca. 13.—

Lehrbuch des deutschen Strafrechts. Von Dr. Fr. v. Liszt, o. Prof. der Rechte i. Berlin. 27. Aufl. in Bearbeitung.

Mitteilungen der Internationalen Kriminalistischen Vereinigung. Bulletin de l'Union Internationale de Droit Pénal. Deutsch und französisch. (11. bis 21. Band im Auftrage des Gesamtvorstandes redigiert von E. Rosenfeld.) Oktav.

Bd. I: 207 Seiten. 1889. 4.—

Bd. II: IV, 236 Seiten. Mit Beilage: Erste Landesversammlung der Gruppe Deutsches Reich. Halle a. S., den 26. und 27. März 1890. (Beilageheft zu Band 10 der Zeitschrift für die gesamte Strafrechtswissenschaft.) 88 Seiten. 1891. 4.—

Bd. III: IV, 429 Seiten. (Mit Beilage: Erste Versammlung der schweizerischen Landesgruppe. Bern, den 15. Juni 1891. [Sonderabdr. aus: Zeitschrift für Schweizer Strafrecht, H. 3.] 42 Seiten. 1891.) 1892. 6.—

Bd. IV: (Deutsch) IV, 367 Seiten. 1894. 8.—. (Französisch) IV, 416 Seiten. 1894. 8.—

Bd. V: IV, 552 Seiten. 1896. 8.—

Bd. VI: V, 604 Seiten. (Mit Beilage: Vorentwurf zu einem Schweizerischen Strafgesetzbuch nach den Beschlüssen der Expertenkommission.) IX, 132 Seiten. 1897. 8.—

Bd. VII: IV, 285 Seiten. (Mit Beilage: Sammlung außerdeutscher Strafgesetzbücher Nr. 11. XXIII, 126 Seiten. 1898.) 1899. 8.—

Bd. VIII: IV, 421 Seiten. (Mit Beilage: Sammlung außerdeutscher Strafgesetzbücher Nr. 14. 53 Seiten. 1899.) 1900. 8.—

Bd. IX: IV, 408 Seiten. 1902. 8.—

Bd. X: IV, 658 Seiten. 1902. 8.—

Bd. XI: IV, 863 Seiten. (Mit 2 Beilagen: Sammlung außerdeutscher Strafgesetzbücher Nr. 18. VII, 88 Seiten. 1903. — Materialien zur Lehre von der verminderten Zurechnungsfähigkeit. Herausgeg. von A. Gottschalk. X, 123 Seiten. 1904.) 1904. 12.—

Bd. XII: IV, 503 Seiten. (Mit 3 Beilagen: Sammlung außerdeutscher Strafgesetzbücher Nr. 20. XVI, 95 Seiten. 1904 und Nr. 21. VIII, 74 Seiten. 1905. — Materialien zur Lehre von der Rehabilitation. Gesammelt und herausgeg. von E. Delaquis und J. Polec. XLVIII, 498 Seiten. 1905.) 1905. 12.—

Bd. XIII: IV, LII, 784 Seiten. (Mit Beilage: Sammlung außerdeutscher Strafgesetzbücher Nr. 22. 20 Seiten.) 1906. 12.—

Bd. XIV: LII, 702 Seiten. 1907. 12.—

Bd. XV: VI, 664 Seiten. (Mit Beilage: Sammlung außerdeutscher Strafgesetzbücher Nr. 25. 114 Seiten.) 1908. 12.—

Bd. XVI: IV, XXXVII, 534 Seiten. (Mit 2 Beilagen: Sammlung außerdeutscher Strafgesetzbücher Nr. 27. 106 Seiten. 1909 und Nr. 30. 104 Seiten. 1910.) 1909. 12.—

Bd. XVII: IV, 576 Seiten. 1910. 12.—

Bd. XVIII: IV, 650 Seiten. (Mit 2 Beilagen: Sammlung außerdeutscher Strafgesetzbücher Nr. 31. 45 Seiten und Nr. 33. 37 Seiten.) 1911. 12.—

Bd. XIX: IV, 702 Seiten. (Mit 4 Beilagen: Sammlung außerdeutscher Strafgesetzbücher Nr. 34. XIV, 107 Seiten, Nr. 35. 12 Seiten, Nr. 36. 100 Seiten und Nr. 37. 37 Seiten.) 1912. 12.—

Bd. XX: IV, LII, 584 Seiten. (Mit 5 Beilagen: Sammlung außerdeutscher Strafgesetzbücher Nr. 38. 109 Seiten, Nr. 39. 188 Seiten, Nr. 40. 165 Seiten, Nr. 41. 43 Seiten und Nr. 42. 184 Seiten.) 1913. 12.—

Bd. XXI: VI, 710 Seiten. (Mit Beilage: Sammlung außerdeutscher Strafgesetzbücher Nr. 43. 46 Seiten.) 1914. 12.—

Bd. XXII: Enthält nur Heft 3 (als Beiheft zur Zeitschrift für Strafrechtswissenschaft Bd. 43, H. 4): 18. Tagung der deutschen Landesgruppe. 1924. 3.—; und Heft 4: 19. Tagung der deutschen Landesgruppe. 1924. 8.—

Hauptregister zu Bd. I—XII. 125 Seiten. 1905. 2.50

Mitteilungen der Internationalen Kriminalistischen Vereinigung. Neue Folge. Oktav.

Bd. I: 20. Tagung der deutschen Landesgruppe gemeinsam mit der Österreichischen Kriminalistischen Vereinigung zu Innsbruck vom 10.—12. September 1925. Im Auftrage des Vorstandes herausgeg. von E. M. Foltin. 256 Seiten. 1926. 14.—

Bd. II: 21. Tagung der deutschen Landesgruppe zu Bonn vom 9.—11. September 1926. Im Auftrage des Vorstandes herausgeg. von E. M. Foltin. 226 Seiten. 1927. 12.—

Bd. III: 22. Tagung der deutschen Landesgruppe zu Karlsruhe vom 11.—13. September 1927. XXIII, 224 Seiten. 1928. 13.—

Bd. IV: 23. Tagung der deutschen Landesgruppe zu Breslau am 24. u. 25. Mai 1929. XXIII, 211 Seiten. 1930. 7.—

Bd. V: 24. Tagung der deutschen Landesgruppe zu Essen am 28. u. 29. Mai 1931. XIII, 210 Seiten. 1931. 9.—

Bd. VI: 25. Tagung der deutschen Landesgruppe zu Frankfurt a. M. am 12. u. 13. September 1932. 219 Seiten. 1933. 8.—

Münzverbrechen und ihre Bekämpfung. Von RegRat Tartaruga, Ob. Pol. Rat. a. D. Lex.-Oktav. 53 Seiten. 1926. (Schweitzer.) 1.40

Nebenklage des Reichsstrafprozesses, Die — —. Ein Beitrag zu der Lehre von den Rechten des Verletzten im Strafverfahren. Von E. H. Rosenfeld. Oktav. VI, 212 Seiten. 1900. 4.—

Polizeihund als Gehilfe der Strafrechtsorgane, Der — —. Ein Hilfsbuch für Staaatsanwälte, Untersuchungsrichter, Verteidiger, Polizeibehörden usw. Von Dr. Th. Zell. Mit Abb. der gebräuchlichsten Polizeihunde. Oktav. 164 Seiten. 1909. 2.—

Reichsstrafprozeßrecht, Deutsches — — mit Einschluß des Strafgerichtsverfassungsrechts. Von E. Beling. Oktav. 568 Seiten. 1928. (Lehrbücher und Grundrisse der Rechtswissenschaft Bd. XVII.) 13.50

Sammlung außerdeutscher Strafgesetzbücher in deutscher Übersetzung. Herausgeg. von den Schriftleitungen der Zeitschrift für die gesamte Strafrechtswissenschaft und der Mitteilungen der Internationalen Kriminalistischen Vereinigung. Oktav.

Nr. 7: Das Strafgesetzbuch für das Großfürstentum Finnland vom 19. Dezember 1889 nebst Verordnung über die Strafvollstreckung. Übersetzt von J. Oehgvist. 85 Seiten. 1891. 2.—

Nr. 8: Das Mexikanische Strafgesetzbuch vom 7. Dezember 1871, gültig für den Bundesdistrikt und das Territorium Nieder-Kalifornien bezüglich der gemeinen Vergehen und für die ganze Republik bezüglich der Vergehen gegen den Bund. 188 Seiten. 1894. 3.50

Nr. 11: Entwurf eines allgemeinen Bürgerlichen Gesetzbuches für das Königreich Norwegen. Übersetzt von E. Rosenfeld und A. Urbye. XXIII, 126 Seiten. 1898. 4.—

Nr. 12: Das bulgarische Strafgesetzbuch vom 2. Februar 1896. 76 Seiten. 1897. 2.50

Nr. 14: Vorentwurf zu einem Strafgesetzbuch für das Kaiserlich japanische Reich. Übersetzt von A. Okada. 53 Seiten. 1899. 1.50

Nr. 15: Strafgesetzbuch der Republik Chile. Amtl. Ausg. Übersetzt von A. Hartwig. VIII, 109 Seiten. 1900. 3.—

Nr. 16: Allgemeines Bürgerliches Strafgesetzbuch für das Königreich Dänemark vom 10. Februar 1866 sowie Gesetz, betreffend die Behandlung einiger im allgemeinen bürgerlichen Strafgesetzbuch behandelter Verbrechen und Gesetz über Gewalt gegen schuldlose Personen vom 11. Mai 1897. Übersetzt von H. Bittl. 60 Seiten. 1901. 1.60

Nr. 17: Die bulgarische Strafprozeßordnung vom 3. April 1897. Übersetzt von A. Teichmann. 86 Seiten. 1902. 2.25

Nr. 18: Die norwegische Strafgesetzgebung des Jahres 1902. 1. Militärstrafgesetzbuch vom 22. Mai 1902. 2. Gesetz über das gerichtliche Verfahren in Militärstrafsachen vom 22. Mai 1902. 3. Gesetz vom 22. Mai 1902, enthaltend Änderungen im Gesetz über das gerichtliche Verfahren in Strafsachen vom 1. Juli 1887 (samt den seitherigen Änderungen). Übersetzt von A. Teichmann. 88 Seiten. 1903. 2.50

Nr. 19: Das Portugiesische Strafgesetzbuch. Übersetzt von F. Zander. XII, 120 Seiten. 1903. 3.—

Nr. 21: Die Ottomanische Strafprozeßordnung, veröffentlicht auf Jrade vom 5. Redscheb 1296 (25. Juni 1879). Übersetzt von W. Padel. VIII, 74 Seiten. 1905. 2.50

Nr. 22: Dänemark. 1. Interimistisches Gesetz Nr. 129 vom 1. April 1905 betr. Änderungen der Strafgesetze (Prügelgesetz). 2. Verordnung betr. Körperstrafe und Vollziehung. 3. Bekanntmachung Nr. 140 vom 6. September 1915 betr. die Durchführung der im interimistischen Gesetze vom 1. April enthaltenen Bestimmungen, daß Gefängnisstrafe bei gewöhnlicher Kost mit Arbeitszwang verbunden ist. 20 Seiten. 1906. —.60

Nr. 23: Strafgesetzbuch für das Kaiserlich japanische Reich vom 23. April 1907. Übersetzt von S. Oba. 47 Seiten. 1908. 1.50

Nr. 26: Spanisches Strafgesetzbuch. Vom 17. Juni 1870. Übersetzt von A. Hartwig. XIII, 127 Seiten. 1909. 3.—

Nr. 27: Neueste englische Kriminalpolitik. 1. Children Act, 1908. 2. Prevention of Crime Act, 1908. 3. Probation of Offenders Act, 1907. Übersetzt von E. Rosenfeld. 106 Seiten. 1909. 2.—

Nr. 31: Japanisches Militärstrafgesetzbuch vom 9. April 1908. Japanische Militärstrafgerichtsordnung vom 19. Oktober 1898. Übersetzt von R. Fujisawa. 45 Seiten. 1911. 1.20

Nr. 32: Vorentwurf zu einem Strafgesetzbuch für das Königreich Serbien. Nach der amtlichen Ausgabe übersetzt und herausgeg. von Z. Topalovits und H. Landsberg. 83 Seiten. 1911. 2.—

Nr. 33: Das Alkoholgesetz in Chile vom 18. Januar 1902. Übersetzt von A. Hartwig. 37 Seiten. 1912. 1.—

Nr. 34: Das Türkische Strafgesetzbuch vom 28. Zilhidje 1274 (9. August 1858) mit Novelle vom 6. Djemazi-ül-achyr 1329 (1. April 1911) und den wichtigsten Strafnebengesetzen. Übersetzt mit Einleitung und Anmerkungen von E. Nord. XIV, 107 Seiten. 1912. 3.50

Nr. 35: Englisches Spionagegesetz vom Jahre 1911. 12 Seiten. 1912. —.80

Nr. 36: Das Gerichtsverfassungsgesetz und die Strafprozeßordnung von Japan. Mit Anhang: Gesetz über die Gefangenenanstalten. Übersetzt und mit Anmerkungen versehen von M. Yamaoka und O. Kerry. 100 Seiten. 1912. 3.—

Nr. 37: a) Das belgische Kinderschutzgesetz vom 15. Mai 1912. b) Französisches Gesetz betr. Jugendgerichte und Schutzaufsicht vom 22. Juli 1912. Übersetzt von Rosenfeld. c) Entwurf eines deutschen Gesetzes über das Verfahren gegen Jugendliche. 37 Seiten. 1912. 1.—

Nr. 38: Das polizeiliche Strafverfahren in Ungarn. Übersetzt von G. von Szöllösy. 109 Seiten. 1912. 3.—

Nr. 39: Regierungsentwurf eines Österreichischen Strafgesetzbuches und einer Abänderung der Strafprozeßordnung (1912). 188 Seiten. 1913. 4.50

Nr. 40: Das Russische Militärstrafrecht. Übersetzt und bearbeitet von Klibanski. 165 Seiten. 1913. 3.50

Nr. 41: Ungarisches Jugendgerichtsgesetz vom Jahre 1913. Mit einem Vorwort von R. Vambéry. 41 Seiten. 1913. 1.—

Nr. 42: Die Strafprozeßordnung des Königreichs Italien vom 27. Februar 1913, nebst dem Einführungsgesetze dazu. Mit Anhang: Gesetz des Königreichs Italien betreffend die Irrenhäuser und die Irren vom 14. Februar 1904. Übersetzt und mit Anmerkungen versehen von G. Erich. 184 Seiten. 1913. 4.50

Nr. 43: Das englische Gesetz betr. die Fürsorge und Verwahrung geistig Minderwertiger. Übersetzt von E. Behrend. 46 Seiten. 1914. 1.20

Nr. 44: Japanische Strafgesetze. 1. Schwurgerichtsverordnung vom 18. April 1923 und strafrechtliche Nebengesetze. Übersetzt von H. Kusano, L. Sugiura und F. Bartelt. 2. Strafvollzugsgesetz vom 28. März 1908 nebst Ausführungsverordnung vom 16. Juni 1908. Übersetzt von T. Tokiwa und W. Gentz. Mit 6 Abb. 55 Seiten. 1927. 3.—

Nr. 45: Die Auslieferungsgesetze Norwegens, Schwedens und Finnlands. Mit einer systematischen Darstellung der Grundzüge des nordischen Auslieferungsrechts im Hinblick auf den Erlaß eines deutschen Auslieferungsgesetzes. Von E. Wolgast. VIII, 487 Seiten. 1928. 20.—

Nr. 46: Das Türkische Strafgesetzbuch vom 1. März 1926. Gesetz Nr. 765 (Türkisches Gesetzblatt Nr. 320 vom 13. März 1926). Ausführungsgesetz zum türkischen Strafgesetzbuch vom 26. April 1926. Übersetzt von K. Ziemke. 138 Seiten. 1927. 5.—

Nr. 47: Entwurf eines griechischen Strafgesetzbuches. Übersetzt und eingeleitet von D. G. Venturas. 123 Seiten. 1928. 7.—

Nr. 48: Italienischer Vorentwurf zu einem neuen Strafgesetzbuch (Progetto di un nuovo codice penale). Übersetzt von K. Bunge. XXXII, 224 Seiten. 1928. 10.—

Nr. 49: Strafgesetzbuch (U golownyi Kodex) der Russischen Sozialistischen Föderation Sowjet-Republik (R.S.F.S.R.) vom 22. November 1926 mit den Änderungen bis zum 1. August 1930. Übersetzt von W. Gallas. 1931. 4.—

Nr. 50: Das italienische Strafgesetzbuch vom 19. Oktober 1930. Übersetzt von Dr. K. Bunge. 227 Seiten. 1933. 7.—

Nr. 51: Das italienische Jugendgerichtsgesetz vom 20. Juli 1934 mit Erläuterungen und einem geschichtlichen Überblick über das italienische Jugendstrafrecht. Von Dr. E. Pritsch. 51 Seiten. 1935. 2.—

Nr. 52: R. Sieverts. Das englische Jugendwohlfahrts- und Jugendgerichtsgesetz vom 13. April 1933. (Children and Young Persons Act, 1933) (23 Geo. 5. Ch. 12). Unter Mitwirkung von Dr. jur. E. Hennings übersetzt, mit einer Einleitung und Anmerkungen versehen von Dr. jur. E. Sieverts. 116 Seiten. 1938. 7.—

Nr. 53: G. von Leask. Das australische Strafrecht, dargestellt von RA Leask, Sydney. Übersetzt von Dr. M. von Gottstein. VI, 203 Seiten. 1939. 8.—

Nr. 54: Das Rumänische Strafgesetzbuch. Carol II. vom 18. März 1936 mit den Abänderungsgesetzen vom 8. April 1936, 22. Dezember 1936, 22. Januar 1938, 24. September 1938 und 7. Oktober 1939. In deutscher Übertragung mit einer rechtsgeschichtlichen Einführung und rechtsvergleichenden Texthinweisen. 224 Seiten. 1942. 12.—

In Vorbereitung: Criminal Iustice Bill. Übersetzt von H. Sieverts.

Schwurgerichte, Erläuterungen der bayerischen Verordnung über die Wiedereinführung der — —. Von E. Brandstetter. In Vorbereitung.

Strafgesetzbuch mit Erläuterungen nebst den wichtigsten Nebengesetzen und einem Anhang über Strafprozeßrecht, Wirtschafts- und Jugendstrafrecht. Zum Gebrauch für Polizei-, Kriminal- und Gendarmeriebeamte. Von LGRat Dr. W. Petters. 20., vollk. neubearb. u. verm. Aufl. Oktav. 1949. In Vorbereitung. (Schweitzer.) ca. 7.20

Strafgesetzbuch, Deutsches — — mit Nebengesetzen. Textausgabe mit Erläuterung der Änderungen. 2. Aufl., besorgt von Dr. R. Lange. Oktav. 168 Seiten. 1949. (Guttentagsche Sammlung von Textausgaben ohne Anmerkungen mit Sachregister.) 6.—

Strafgesetzbuch für das Deutsche Reich mit Nebengesetzen. Von Dr. E. Kohlrausch. 39./40. Aufl. besorgt von Dr. R. Lange, Prof. der Rechte a. d. freien Univers. Berlin. In Vorbereitung. (Guttentagsche Sammlung Deutscher Reichsgesetze Nr. 2.) Geb. ca. 25.—

Strafgesetzreform, Prinzipien einer — —. 1. Die soziale Aufgabe der Strafe. Das Strafensystem. Von J. C. W. Thyrén. Oktav. 200 Seiten. 1910. 5.—

Strafprozeß. Von K. Schäfer. In Vorbereitung. (Leitfaden der Rechtswissenschaft.)

Strafprozeß und Strafrecht, Die Eidesreform in — —. Von M. Boehringer. Oktav. 203 Seiten. 1931. 10.—

Strafprozeßfälle mit Lösungen, Praktische — —. Von LGRat Dr. W. Petters. 5., vollk. umgearb. Aufl. (Petters, Strafrecht und Strafprozeß, Bd. II.) Oktav. XIV, 156 Seiten. (Schweitzer.) 8.—

Strafprozeßordnung für das Deutsche Reich, Die — — vom 22. März 1924 nebst dem Gerichtsverfassungsgesetz und den Gesetzen vom 24. November und 6. Dezember 1933. Kommentar. Von E. Löwe, A. Hellweg und W. Rosenberg. 19., völlig umgearb. Aufl. von H. Gündel, F. Hartung, H. Lingemann und E. Niethammer. Oktav. XII, 1545 Seiten. 1934. 58.—, geb. 63.—

Strafprozeßordnung und Gerichtsverfassungsgesetz. 25. Aufl., besorgt von Dr. R. Lange, Prof. der Rechte a. d. freien Univers. Berlin. In Vorbereitung. (Guttentagsche Sammlung Deutscher Reichsgesetze Nr. 12.)

Strafprozeßordnung und Gerichtsverfassungsgesetz. Textausgabe. Neue Aufl. in Vorbereitung. (Guttentagsche Sammlung von Textausgaben ohne Anmerkungen mit Sachregister.)

Strafprozeßrecht, Zehn Lösungen aus dem — — der Bayerischen Staatsprüfungs-Aufgaben. Von LGDir. F. Gerlach. 1921—1926. Oktav. 101 Seiten. 1931. (Schweitzer.) 2.70
Texte der Aufgaben. Oktav. 72 Seiten. 1931. 1.30

Strafrecht. Von K. Schäfer. In Vorbereitung. (Leitfaden der Rechtswissenschaft.)

Strafrecht, Das deutsche — — in seinen Grundzügen. Von Dr. H. Welzel, Prof. i. Göttingen. 2. Aufl. Oktav. 296 Seiten. 1949. Geb. 14.

Strafrecht, Deutsches — —. Allgemeiner Teil. Von A. Köhler. Oktav. VIII, 723 Seiten. 1917. 11.50

Strafrecht. Grundriß zu Vorlesungen und Leitfaden zum Studium. Von Prof. Dr. F. van Calker. 4. Aufl. Lex.-Oktav. 199 Seiten. 1933. (Schweitzer.) Geb. 7.40

Strafrechtliche Arbeitsmethode de lege ferenda. Von Dr. L. Zimmerl, Priv. Doz. Oktav. 354 Seiten. 1931. 12.—

Strafrechtliche Aufsätze und Vorträge. Von Dr. Fr. v. Liszt, o. Prof. der Rechte i. Berlin. 2 Bände. Oktav. Bd. I: 1875—1891. 560 Seiten. Bd. II: 1892—1904. 519 Seiten. 1905. 20.—

Strafrechtliche Fälle für Übungen an Universitäten und bei Justizbehörden. Von R. Frank. 9., durchges. Aufl. 56 Seiten. 1933. 1.50

Strafrechtsfälle, Praktische — — mit Lösungen. Von LGRat Dr. W. Petters. 9., vollk. umgearb. u. verm. Aufl. (Petters, Strafrecht und Strafprozeß, Bd. I.) Oktav. 523 Seiten. 1949. (Schweitzer.) 20.—

Strafrechtslehre, Allgemeine — —. 2., völlig neue Aufl. **der Grundlagen des Strafrechts.** Mit Leitsätzen zur Anfertigung von Übungsarbeiten und Urteilen. Von W. Sauer, Prof. a. d. Univers. Münster. Oktav. XII, 264 Seiten. 1949. Halbleinen 14.—

Strafrecht und Strafverfahren. Eine Sammlung der wichtigsten Gesetze des Strafrechts und des Strafverfahrens mit Erläuterungen. Für den Praktiker zum Handgebrauche begründet von Dr. Dalcke, weil. Gen. Staatsanw., Geh. Just.Rat. 35., neubearb. Aufl. besorgt von LGDir. Dr. E. Fuhrmann und OLGRat Dr. K. Schäfer. In Vorbereitung. (Schweitzer.) ca. 35.—

Strafvollstreckung, Die — —. Durchführung der Vollstreckung gerichtlicher Strafen mit Beispielen. Von A. Roeschel, Just. Insp., und E. Blaese. Oktav. 280 Seiten. 1944. 7.50

Strafvollstreckung, Die — —. Ein Handbuch für bayerische Strafvollstreckungsbehörden. Von H. Stoiber, II. Staatsanw. b. Landger. München I. 2. Aufl. Lex.-Oktav. 226 Seiten. 1930. (Schweitzer.) Geb. 4.30

Strafvollzug, Persönlichkeitsforschung und Differenzierung im — —. Von W. Petrzilka. Oktav. 184 Seiten. 1930. (Cram, de Gruyter & Co. Hamburg.) 7.20

System und Praxis der Daktyloskopie und der sonstigen technischen Methoden der Kriminalpolizei. Von R. Heindl. 3., neubearb. und verm. Aufl. Mit 21 Bildertafeln und 905 Abb. im Text. Oktav. VIII, 779 Seiten. 1927. 36.—, geb. 40.—

Todesstrafe, Die — —. Ein Gutachten. Von M. Liepmann. Oktav. 220 Seiten. 1912. 4.—

Typen der Kriminellen, Die — —. Von Prof. Dr. E. Seelig und AGRat Dr. K. Weindler. Oktav. 194 Seiten. 1949. (Schweitzer.) (Grazer Kriminologische Schriften. Herausgeg. vom Kriminol. Inst. d. Univers. Graz.) 9.60

Übungen, Strafrechtliche — —. Siebzig Rechtsfälle und siebzig lehrmäßige Aufgaben. Von Prof. Dr. h. c. E. Niethammer, Reichsger. Rat a. D. **Oktav. 76 Seiten. 1948.** 3.50

Veruntreuung an vertretbaren Sachen, Die — —. Von Dr. W. Graf Gleispach, o. Prof. der Rechte i. Freiburg. Oktav. 205 Seiten. 1905. 4.—

Wirtschaftsstrafverordnungen. Erläutert von Dr. E. Fuhrmann, LGDir. i. Berlin. Oktav. IX, 203 Seiten. 1943. (Schweitzer.) 5.—

Zeitschrift für die gesamte Strafrechtswissenschaft. Gegründet von Dr. Fr. v. Liszt und A. Dochow. Oktav. · Von den bisher erschienenen 62 Bänden sind aus Restbeständen noch einzelne Bände cplt. lieferbar. Neuerscheinen wird vorbereitet.

VI. Öffentliches Recht

1. Staats- und Völkerrecht, ausländisches Recht

Bankaufsichtsgesetze der Welt, Die — — in deutscher Sprache. Im Auftrage des Deutschen Instituts für Bankwissenschaft und Bankwesen gesammelt von Dr. jur. J. C. D. Zahn, RA i. Berlin. Gr.-Oktav. XXX, 819 Seiten. 1937. Geb. 30.—

Beiträge zum ausländischen und internationalen Privatrecht. Herausgeg. in Gemeinschaft mit E. Heymann, M. Pagenstecher, F. Schlegelberger, H. Titze, M. Wolff. Von E. Rabel. (Institut für ausländisches und internationales Privatrecht.) Oktav.

Heft 1: **Vertraglicher Schutz gegen Schwankungen des Geldwertes.** (Goldklauseln und andere Abreden zur Minderung des Valutarisikos.) Von Dr. A. Nußbaum, Prof. a. d. Univers. Berlin. 85 Seiten. 1928. 5.—

Heft 2: **Die Haftung des Verkäufers einer fremden beweglichen Sache in den Vereinigten Staaten** von Amerika in Vergleichung mit dem deutschen bürgerlichen Recht. Von Dr. J. Wolff. 84 Seiten. 1930. 4.—

Heft 3: Die **Bereicherungshaftung im anglo-amerikanischen Rechtskreis** in Vergleichung mit dem deutschen bürgerlichen Recht. Von Dr. W. Friedmann. 148 Seiten. 1930. 7.—

Heft 4: **Die Wirkungen der Wechselerklärungen** im internationalen Privatrecht. Von Dr. L. Raiser, Ass. a. Inst. f. ausl. u. int. Priv. Recht. 124 Seiten. 1931. 9.—

Heft 5: **Die Struktur des vertraglichen Schuldverhältnisses im angloamerikanischen Recht.** Von Dr. M. Reinstein. 256 Seiten. 1932. 15.30

Heft 6: **Die Fahrlässigkeit im nordamerikanischen Deliktsrecht** unter vergleichender Berücksichtigung des englischen und des deutschen Rechts. Von Dr. F. Keßler. 187 Seiten. 1932. 9.—

Heft 7: **Zessionsrecht.** 1. Teil. Von Dr. K. Arndt, Ger. Ass. 175 Seiten. 1932. 6.—

Heft 8: **Der Rechtserwerb vom Nichtberechtigten an beweglichen Sachen und Inhaberpapieren** im deutschen internationalen Privatrecht. Von Dr. K. Duden, Ass. a. Inst. f. ausl. u. int. Priv. Recht. 137 Seiten. 1934. 5.—

Heft 9: **Vertragsansprüche Dritter im französischen Recht** unter Vergleichung mit dem deutschen Recht dargestellt an Hand der Fälle der action directe. Von Dr. E. Wahl. IX, 227 Seiten. 1935. 9.—

Heft 10: **Die Ultra-Vires-Lehre im englischen Privatrecht.** Von Dr. C. Schlink, Ger. Ass. XVI, 183 Seiten. 1935. 6.—

Heft 11: **Beiträge zum Problem der internationalen Doppelbesteuerung.** Die Begriffsbildung im internationalen Steuerrecht. Von Dr. W. Wengler, Ass. a. Inst. f. ausl. u. int. Priv. Recht. XIV, 198 Seiten. 1935. 6.—

Heft 12: **Das englische Konkursrecht.** Von Dr. F. Eckstein. XV, 351 Seiten. 1935. 10.—

Heft 13: **Probleme der Aufrechnung:** Gegenseitigkeit und Liquidität rechtsvergleichend dargestellt. Von Dr. G. Kegel, Ass. a. Kaiser Wilh.-Inst. f. ausl. u. intern. Priv. Recht. XI, 225 Seiten. 1938. 7.—

Heft 14: **Studien zur Bedingungslehre.** 1. Teil: Über bedingte Verpflichtungsgeschäfte. Von Dr. A. Blomeyer, Ger. Ass. II, 120 Seiten. 1938. 4.—

Heft 15: **Studien zur Bedingungslehre.** 2. Teil: Über bedingte Verfügungsgeschäfte. Von Dr. A. Blomeyer. 165 Seiten. 1939. 5.—

Heft 16: **Vormund und Mündel im englischen Recht,** verglichen mit französischem und deutschem Recht. Von Dr. H. Abderhalden. VI, 197 Seiten. 1939. 6.—

Heft 18: **Der Neubürger im internationalen Privatrecht.** Fortwirkungen früheren Statuts bei Wechsel der maßgebenden Rechtsordnung. Von Dr. M. Ferid, Staatsanw. u. Priv. Doz. i. München. 1. Teil: Allgemeine Grundlagen. 113 Seiten. 1949. 6.80

Heft 19: **Vorkriegsverträge in Friedensverträgen.** Von Dr. E. Wolff, Präs. d. Obersten Ger. Hofes f. d. brit. Zone. XII, 196 Seiten. 1949. 8.80

Heft 20: **Internationales Zivilprozeßrecht.** Von E. Riezler. VIII, 710 Seiten. 1949. 30.—

Ab Heft 18 in Gemeinschaft mit Verlag J. B. C. Mohr (Paul Siebeck), Tübingen.

Beiträge zum ausländischen öffentlichen Recht und Völkerrecht. Herausgeg. in Gemeinschaft mit Fr. Glum, L. Kaas, E. Kaufmann, E. Schmitz, R. Smend, H. Triepel. Von V. Bruns. (Institut für ausländisches öffentliches Recht und Völkerrecht.) Oktav.

Heft 1: **Staatsrecht und Politik.** Rede beim Antritt des Rektorats der Friedrich-Wilhelm-Universität zu Berlin am 15. Oktober 1926. Von H. Triepel. 40 Seiten. 1927. 2.—

Heft 2: **Volksentscheid und Volksbegehren.** Ein Beitrag zur Auslegung der Weimarer Verfassung und zur Lehre von der unmittelbaren Demokratie. Von Dr. C. Schmitt, o. ö. Prof. der Rechte a. d. Univers. Bonn. 54 Seiten. 1927. 2.60

Heft 3: **Der Aufbau des britischen Reiches.** (Der Verhandlungsbericht der Reichskonferenz von 1926.) Eingeleitet und herausgeg. von Dr. K. Heck, Ger. Ass. 152 Seiten. 1927. 6.—

Heft 4: **Die Souveränität.** Ein Beitrag zur Theorie des Staats- und Völkerrechts. Von Dr. H. Heller, a. o. Prof. a. d. Univers. Berlin. 177 Seiten. 1927. 8.50

Heft 5: **Die Missionsfreiheit nach den Bestimmungen des geltenden Völkerrechts.** Von Dr. Th. Grentrup. 112 Seiten. 1927. 5.50

Heft 6: **Das Minoritätenproblem und seine Literatur.** Kritische Einführung in die Quellen und die Literatur der europäischen Nationalitätenfrage der Nachkriegszeit unter besonderer Berücksichtigung des völkerrechtlichen Minderheitenschutzes. Allgemeiner Teil. Von J. Robinson, RA in Kaunas. 165 Seiten. 1928. 9.—

Heft 7: **Der Reichssparkommissar.** Von Dr. K. Bilfinger o. ö. Prof. der Rechte a. d. Univers. Halle. 68 Seiten. 1928. 3.60

Heft 8: **Die völkerrechtliche Stellung der fremden Truppen im Saargebiet.** Von Dr. H. M. Bumiller. 156 Seiten. 1928. 9.—

Heft 9: **Das Recht des Ausnahmezustandes im Auslande.** (Frankreich, Belgien, Niederlande, Italien, England, Irland.) Bearb. i. Inst. f. ausl. öffentl. Recht u. Völkerrecht. 295 Seiten. 1928. 14.—

Heft 10: **Die Beziehungen zwischen dem Parlament und den Gerichten in England.** Eine rechtsvergleichende Studie. Von Dr. H. B. Gerland, o. ö. Prof. a. d. Univers. Jena. 137 Seiten. 1928. 8.—

Heft 11: **Zu den Problemen des fascistischen Verfassungsrechts.** Von Dr. G. Leibholz, Prof. a. d. Univers. Greifswald. 112 Seiten. 1928. 5.—

Heft 12: **Der deutsche und der französische Reichswirtschaftsrat.** Ein Beitrag zu dem Problem der Repräsentation der Wirtschaft im Staat. Von Dr. Fr. Glum. 188 Seiten. 1929. 9.—

Heft 13: **Das Wesen der Repräsentation unter besonderer Berücksichtigung des Repräsentativsystems.** Ein Beitrag zur allgemeinen Staats- und Verfassungslehre. Von Dr. G. Leibholz, Prof. a. d. Univers. Greifswald. 214 Seiten. 1929. 14.—

Heft 14: **Die Rechtsstellung der russischen Handelsvertretungen.** Von B. Schenk Graf von Stauffenberg, Prof. a. d. Univers. Greifswald. 94 Seiten. 1930. 6.—

Heft 15: Die Verfassungswandlung. Von Dr. Hsü Dau-Lin. 182 Seiten. 1932. 5.40

Heft 16: **Das deutsche Vorkriegsvermögen in Rußland** und der deutsche Entschädigungsvorbehalt. Von Dr. C. Menzel, AGRat i. Altona. IV, 236 Seiten. 1931. 9.—

Heft 17: **Zur Problematik des Volkswillens.** Von Dr. E. Kaufmann. 19 Seiten. 1931. 1.50

Heft 18: **Das parlamentarische Wahlrecht.** Ein Handbuch über die Bildung der gesetzgebenden Körperschaften in Europa. Von Dr. K. Braunias. Bd. I: Das Wahlrecht in den einzelnen Staaten. XVIII, 640 Seiten. 1932. 22.50, geb. 24.30

Heft 18a: **Das parlamentarische Wahlrecht.** Bd. II: Allgemeiner Teil. XII, 320 Seiten. 1932. 15.—, geb. 17.—

Beschränkung der deutschen Gerichtsbarkeit, Die — —. Die Gesetzgebung der Besatzungsmächte, insbesondere Gesetze Nr. 2 und Nr. 52 und Befehl 124 nebst Ausführungsbestimmungen. Zusammengestellt und erläutert. Von Dr. G. Nehlert, LGRat. Oktav. 136 Seiten. 1948. (Guttentagsche Sammlung Deutscher Reichsgesetze Nr. 233.) 5.—

Börsengesetzgebung, Die — — der Vereinigten Staaten. Sonderdruck aus dem „Bank-Archiv“, Zeitschrift für Bank- und Börsenwesen 37./38. Jhrg. Von Dr. H. Trumpler. 90 Seiten. 1938. 2.50

Demokratie und Verfassungsreform. Wege zum Ausbau der Legislative und zur Stabilisierung der Exekutive in der Reichsverfassung vom 11. August 1919. Von H. Graf v. Schmettow. Oktav. 103 Seiten. 1925. 2.50

Deutsches Internationales Privatrecht, Die Grundlagen des — —. Von Dr. G. Melchior, Den Haag. Oktav. XXXI, 558 Seiten. 1932. 24.—

Englische Gerichtsverfassung, Die — —. Von Dr. H. B. Gerland, o. ö. Prof. a. d. Univers. Jena. Eine systematische Darstellung. 2 Halbbände. Oktav. 1. Halbband: XVI, 612 Seiten. 2. Halbband: 407 Seiten. 1910. 40.—

Englischer Strafprozeß des 13. Jahrhunderts, Studien und Skizzen zum — —. Von Dr. K. Güterbock, Geh. Just. Rat, Prof. der Rechte zu Königsberg. Oktav. 83 Seiten. 1914. 2.50

Entscheidungen des Oberprisengerichts in Berlin. Herausgeg. im Auftr. des Reichsjustizministeriums. Oktav. Bd. I: XVII, 444 Seiten. 1918. 14.—. Bd. II: XV, 338 Seiten. 1921. 10.—

Haager Abkommen über Internationales Privatrecht, Sechs — —. Von H. Dungs. Oktav. 116 Seiten. 1910. (Guttentagsche Sammlung Deutscher Reichsgesetze Nr. 98.) Geb. 1.35

Internationales Privatrecht nach dem Einführungsgesetz zum Bürgerlichen Gesetzbuch. Von Dr. H. Habicht, aus dem Nachlaß herausgeg. von M. Greiff. Oktav. VI, 254 Seiten. 1907. 6.—

Internationale Schiedssprechung. Eine Sammlung der für das Deutsche Reich verbindlichen Verträge und Vertragsbestimmungen, die sich auf internationale Gerichtsbarkeit, Schiedsgerichtsbarkeit sowie Vergleichsverfahren beziehen, nebst den dazugehörigen deutschen Regierungsdenkschriften. Herausgeg. und eingeleitet von H. Kraus. Oktav. XXXVI, 348 Seiten. 1929. (Guttentagsche Sammlung Deutscher Reichsgesetze Nr. 174.) Geb. 9.—

Minderheitsregierung in Großbritannien. Verfassungsrechtliche Untersuchungen zur neuesten Entwicklung des britischen Parlamentarismus. Von RA Dr. K. Loewenstein, München. Gr.-Oktav. III, 72 Seiten. 1925. (Schweitzer.) 3.—

Monroedoctrin in ihren Beziehungen zur amerikanischen Diplomatie und zum Völkerrecht, Die — —. Von Dr. jur. H. Kraus. Oktav. 480 Seiten. 1913. 9.—

Musta' min, Der — —. Ein Beitrag zum internationalen Privat- und Völkerrecht des islamischen Gesetzes. Von Dr. J. Hatschek, o. Prof. der Rechte a. d. Univers. Göttingen. Mit 7 Tafeln. Oktav. 108 Seiten. 1920. 5.—

Pariser Völkerbundsakte, Die — — nebst den Urkunden über die Pariser Verhandlungen, dem Haager Schiedsgerichtsabkommen usw. Mit einer historischen Einleitung versehen und erläutert. Von H. Wehberg. 2. Aufl. der „Abkommen der Haager Friedenskonferenz". Oktav. 175 Seiten. 1919. (Guttentagsche Sammlung Deutscher Reichsgesetze Nr. 99.) 4.—

Parlamentsrecht des Deutschen Reiches, Das — —. Von Dr. J. Hatschek, o. Prof. der Rechte a. d. Univers. Göttingen. Im Auftrage des deutschen Reichstages dargestellt. 1. Teil. Quart. XI, 628 Seiten. 1915. 16.—

Preußisches Verfassungsrecht, Das — —. Auf der Grundlage der Verfassung des Freistaats Preußen systematisch dargestellt. Von Dr. F. Stier-Somlo, Prof. des öffentl. Rechts. Oktav. VII, 173 Seiten. 1922. 3.30

Rechtsverhältnisse bei verschiedenen Völkern der Erde, Die — —. Ein Beitrag zur vergleichenden Ethnologie. Von A. Bastian. Oktav. LXXX, 435 Seiten. 1872. 8.—

Reichsrecht, Die abstrakte Forderung nach deutschem — —. Von L. Brütt. Oktav. 320 Seiten. 1908. 7.—

Reichs- und Staatsangehörigkeitsgesetz vom 22. Juli 1913 unter besonderer Berücksichtigung der bayerischen Verhältnisse. Erläutert von MinRat J. Woeber. 5. Aufl., bearbeitet von ORRat K. A. Fischer. Oktav. 272 Seiten. 1932. (Schweitzers braune Handausgabe.) 4.50

Reichs- und Staatsangehörigkeitsgesetz vom 22. Juli 1913. Erläutert mit Benutzung amtlicher Quellen und unter vergleichender Berücksichtigung der ausländischen Gesetzgebung. Von Dr. W. Cahn, Kais. Geh. Legat. Rat z. D. Oktav. XVII, 608 Seiten. 1914. 13.50, geb. 16.—

Rheinlandabkommen, Das — — sowie die Verordnungen der Interalliierten Rheinlandkommission. Dreisprachige Textausgabe mit Erläuterungen. Von H. Vogels und Dr. W. Vogels, Reg. Räte b. Reichskommissar f. d. bes. rhein. Gebiete in Koblenz. 2 Bände. Oktav. Bd. I: 144 Seiten. 1920. 4.50. Bd. II: Die Verordnungen 12—82 und die Anweisungen 8—12. 248 Seiten. 1921. 7.50

Staatsbankerott und internationales Recht. Von der Bluntschli-Stiftung gekrönte Preisschrift. Mit Anhang: Die Organisation der intern. Kontrolle der griechischen Staatsfinanzen. Von Dr. R. Pflug, München. Lex.-Oktav. 101 Seiten. 1898. (Schweitzer.) 4.50

Staatstheorien der französischen Nationalversammlung von 1789, Die — —, ihre Grundlagen in der Staatslehre der Aufklärungszeit und in den englischen und amerikanischen Verfassungsgedanken. Von Dr. R. Redslob, o. Prof. der öffentl. Rechte a. d. Univers. Rostock. Oktav. 368 Seiten. 1912. 10.—

Verfassung des Deutschen Reiches, Die — — vom 11. August 1919 mit den wichtigsten Nebengesetzen. Mit Einleitung. 3. Aufl. Oktav. 104 Seiten. 1931. (Guttentagsche Sammlung von Textausgaben ohne Anmerkungen und Sachregister.) —.90

Verfassung des Deutschen Reiches. Erläutert von RRat Dr. L. Gebhard. Gr.-Oktav. 622 Seiten. 1932. (Schweitzer.) Geb. 24.70

Verfassung des Deutschen Reichs vom 11. August 1919, Die — —. Ein systematischer Überblick. Von Dr. F. Stier-Somlo, Prof. des öffentl. Rechts. 3., erg. u. wesentl. veränd. Aufl. Oktav. VIII, 238 Seiten. 1925. 7.—

Verfassung und Verwaltung des Deutschen Reiches nebst den wichtigen Nebengesetzen. Von Dr. jur. M. Gebhardt, Ger. Ass. a. D. Ein Hilfsbuch für die Examina in Justiz und Verwaltung sowie für die Doktorprüfung. Oktav. X, 506 Seiten. 1912. 7.—

Verfassung der Vereinigten Staaten von Nordamerika, Die — —. „Was war, was ist — was wird?“ Von James M. Beck. Nach der 9., im Jahre 1925 erschienenen, mit einer Einführung von Calvin Coolidge versehenen Ausg., in genehmigter Übersetzung herausgeg. von A. Friedmann. Mit einer Einleitung von W. Simons. Mit 2 Abb. Oktav. XVI, 438 Seiten. 1928. 8.—

Verfassungsentwicklung von Algerien, Die — —. Mit einem Anhang: Gesetzestexte und Entwürfe. Von H. Gmelin. Quart. XXXIX, 453 u. IV, 115 Seiten. Mit 1 Karte im Text. 1911. (Aus: Abhandlungen des Hamburgischen Kolonial-Instituts.) (Cram, de Gruyter & Co. Hamburg.) 18.—

Verfassungsrecht, Bayerisches — —. Von Dr. H. Nawiasky. Gr.-Oktav. XXIII, 558 Seiten. 1923. (Schweitzer.) 12.80, geb. 14.80

Veröffentlichungen der Vereinigung der deutschen Staatsrechtslehrer. Oktav.

Heft 1: **Der deutsche Förderalismus.** Die Diktatur des Reichspräsidenten. Referate von G. Anschütz, K. Bilfinger, C. Schmitt und E. Jacobi. Verhandlungen der Tagung der Deutschen Staatsrechtslehrer zu Jena am 14. und 15. April 1924. Mit Eröffnungsansprache und einer Zusammenfassung der Diskussionsreden. 146 Seiten. 1924. 5.—

Heft 2: **Der Schutz des öffentlichen Rechts.** Die neueste Entwicklung des Gemeindeverfassungsrechts. Referate von W. Jellinek, G. Lassar, F. Stier-Somlo, L. von Köhler, H. Helfritz. Verhandlungen der Tagung der Deutschen Staatsrechtslehrer zu Leipzig am 10. und 11. März 1925. Mit Eröffnungs- und Begrüßungsansprachen sowie einer Zusammenfassung der Diskussionsreden. 265 Seiten. 1925. 12.—

Heft 3: **Die Gleichheit vor dem Gesetz im Sinne des Art. 109 der Reichsverfassung.** Der Einfluß des Steuerrechts auf die Begriffsbildung des öffentlichen Rechts. Berichte von E. Kaufmann, H. Nawiasky, A. Hensel und O. Bühler. Verhandlungen der Tagung der Deutschen Staatsrechtslehrer zu Münster i. W. am 29. und 30. März 1926. Mit einem Auszug aus der Aussprache. 140 Seiten. 1927. 7.—

Heft 4: **Das Recht der freien Meinungsäußerung.** Der Begriff des Gesetzes in der Reichsverfassung. Berichte von K. Rothenbücher, R. Smend, H. Heller und M. Wenzel. Verhandlungen der Tagung der Deutschen Staatsrechtslehrer zu München am 24. und 25. März 1927. Mit einem Auszug aus der Aussprache. 215 Seiten. 1928. 10.—

Heft 5: **Wesen und Entwicklung der Staatsgerichtsbarkeit.** Überprüfung von Verwaltungsakten durch die ordentlichen Gerichte. Berichte von H. Triepel, H. Kelsen, M. Layer und E. von Hippel. Verhandlungen der Tagung der Deutschen Staatsrechtslehrer zu Wien am 23. und 24. April 1928. Mit einem Auszug aus der Aussprache. 238 Seiten. 1929. 12.—

Heft 6: **Bundesstaatliche und gliedstaatliche Rechtsordnung.** Verwaltungsrecht der öffentlichen Anstalt. Berichte von F. Fleiner, J. Lukas, L. Richter und A. Köttgen. Verhandlungen der Tagung der Deutschen Staatsrechtslehrer zu Frankfurt a. M. am 25. und 26. April 1929. Mit einem Auszug aus der Aussprache. 166 Seiten. 1929. 9.—

Heft 7: **Entwicklung und Reform des Beamtenrechts.** Die Reform des Wahlrechts. Berichte von H. Gerber, A. Merkl, H. Pohl und G. Leibholz. Verhandlungen der Tagung der Deutschen Staatsrechtslehrer zu Halle am 28. und 29. Oktober 1931. Mit einem Auszug aus der Aussprache. III, 212 Seiten. 1932. 10.80

Völkerrecht, Das — — ein Pseudorecht. Von St. E. Edmunds. Autorisierte Übersetzung des amerikanischen Werkes The Lawless Law of Nations (1925) von C. Bruns. Oktav. VII, 465 Seiten. 1933. 6.—

Völkerrecht, Das Problem des — — s. Eine Studie über den Fortschritt der Nationen zu einem universellen Staatensystem, das die Geltung des Völkerrechts verbürgt. Entworfen unter Verwertung der theoretischen und diplomatischen Versuche, die seit dem römischen Weltreich des Mittelalters und bis zu den Haager Konferenzen unternommen sind, und vornehmlich gegründet auf die Entwicklungsgeschichte der Schweizer Eidgenossenschaft. Von Dr. R. Redslob, o. Prof. der öffentl. Rechte a. d. Univers. Rostock. Oktav. VI, 392 Seiten. 1917. 10.—

Völkerrecht, Lehrbuch des — — s. Von D. Anzilotti. Bd. I: Einführung — Allgemeine Lehren. Vom Verfasser durchgesehene und autorisierte Übertragung nach der 3., erw. und revidierten italienischen Aufl. Von C. Bruns und K. Schmid. Oktav. XII, 429 Seiten. 1929. 17.—, geb. 18.—

Wahlgesetz, Kommentar zum — — und zur Wahlordnung im deutschen Kaiserreich. Von Dr. J. Hatschek, o. Prof. der Rechte a. d. Univers. Göttingen. Oktav. 414 Seiten. 1920. 8.—

Wörterbuch des Völkerrechts. Begonnen von Prof. Dr. J. Hatschek, Göttingen, fortgesetzt von Dr. K. Strupp, Frankfurt/M. 3 Bände. Oktav.
Bd. I: Aachen — Lynchfall. VI, 860 Seiten. 1924.
Bd. II: Maas — Utschiali. 779 Seiten. 1925.
Bd. III: Vasallenstaaten — Zwangsversicherung. Mit Anhang: Abessinien — Weltgerichtshof, Sachverzeichnis mit Mitarbeiterregister. 1316 Seiten. 1929. Neue Auflage in Vorbereitung.

Zeitschrift für ausländisches öffentliches Recht und Völkerrecht. Herausgeg. in Gemeinschaft mit E. Kaufmann, R. Smend, H. Triepel, L. Kaas, F. Glum von V. Bruns. (Institut für ausländisches öffentliches Recht und Völkerrecht.) Quart. Aus Restbeständen sind noch einzelne Hefte der Bände 1—12 lieferbar. Auf Wunsch nähere Angaben.

2. Verwaltungsrecht

Aufenthalts- und Freizügigkeitsgesetz. Mit Vollziehungsvorschriften und den einschlägigen Gesetzen (z. B.: Zigeunergesetz). Von MinRat Dr. G. Ziegler. 4. Aufl. Oktav. 210 Seiten. 1930. (Schweitzers braune Handausgabe.) Geb. 6.90

Bauordnung, Die bayerische — —. Von Bez. Amtm. G. Heilmann u. K. Weinisch. 3. Aufl. Oktav. 708 Seiten. 1931. (Schweitzers braune Handausgabe.) Geb. 12.60

Baupolizeigesetze, Die preußischen — — nebst den sonstigen einschlägigen Reichs- und Landesgesetzen erläutert von H. Heine. Oktav. 404 Seiten. 1928. (Guttentagsche Sammlung preußischer Gesetze Nr. 64.) Geb. 7.20

Baupolizeirecht, Münchener — —. Die Münchener Bauordnung und die Münchener Staffelbauordnung. Mit Erläuterungen und Abdruck der einschlägigen Bestimmungen. Von Dr. K. Helmreich, Dr. F. Schels, Dr. A. Steinhauser. Oktav. 550 Seiten. 1927. (Schweitzer.) Geb. 16.—

Beamtengesetz. Von MinRat G. Ziegler. (Sonderdruck aus: Sammlung in der Praxis oft angewandter Verwaltungsgesetze und Verordnungen.) Oktav. 60 Seiten. 1927. (Schweitzer.) 1.40

Bergbau und Grundbesitz nach preußischem Recht unter Berücksichtigung der übrigen deutschen Berggesetze. Von W. Westhoff, Just. Rat, RA und Notar zu Dortmund. 2 Bände. Oktav. Bd. I: Der Bergschaden. XXII, 407 Seiten. 1904. Geb. 9.—. Bd. II: Die Grundabtretung. Die öffentlichen Verkehrsanstalten. XXVI, 437 Seiten. 1906. Geb. 9.50

Berggesetz, Allgemeines — — für die preußischen Staaten mit Kommentar. Von Dr. jur. H. Brassert. 2. Aufl., bearb. von H. Gottschalk. Oktav. XXIX, 1291 Seiten. 1914. 27.—

Berggesetz, Bayerisches —. 3. Aufl., bearb. von ORRat L. Nothaas u. RRat H. Miesbach. Oktav. 988 Seiten. 1927. (Schweitzers braune Handausgabe.) Geb. 25.60

Berggesetz, Preußisches Allgemeines — — nebst Nebengesetzen und wichtigen den Bergbau betreffenden Bestimmungen mit Erläuterungen. Von Dr. jur. H. Ebel, OBergrat. 5. Aufl. XVI, 692 Seiten. 1944. (Guttentagsche Sammlung preußischer Gesetze Nr. 12.) 25.—

Bergrecht, Grundzüge des — — s. Von C. Voelkel. Oktav. 3. Aufl. in Vorbereitung.

Bergrecht, Lehrbuch des preußischen — — s mit Berücksichtigung der übrigen deutschen Bergrechte. Von Dr. R. Klostermann, OBergrat. Oktav. XII, 499 Seiten. 1871. 8.—

Bergschäden, Die Entschädigung für — —. Zugleich ein Beitrag zur Lehre vom Schadenersatz. Von Dr. E. Holländer, Ger. Ass. Oktav. 204 Seiten. 1903. 5.—

Bergwesen. Von MinRat G. Ziegler. (Sonderdruck aus: Sammlung in der Praxis oft angewandter Verwaltungsgesetze und Verordnungen.) Oktav. 60 Seiten. 1927. (Schweitzer.) —.90

Berlin, Gesetz über die Bildung der neuen Stadtgemeinde — —. Vom 27. April 1920. Bearbeitet von P. Wölbling. Mag. Rat der Stadt Berlin. 2. Aufl. mit dem Gesetz zur Änderung des Gesetzes vom 7. Oktober 1920, den Ausführungsbestimmungen und dem Ortsgesetz für die Durchführung der Verhältniswahl. Mit 1 Karte. Oktav. 140 Seiten. 1921. (Guttentagsche Sammlung preußischer Gesetze Nr. 59.) Geb. 1.25

Berliner Stadtrecht. Ein Handbuch des Verwaltungsrechts der Stadt Berlin. Von P. Wölbling, Mag. Rat Oktav. IX, 251 Seiten. 1911. 5.—, geb. 5.75

Berufsbeamtentum, Das — — im neuen demokratischen Staat. Eine staatsrechtliche Studie von Dr. C. Heyland, o. Prof. des öffentl. Rechts i. Gießen. Oktav. 156 Seiten. 1949. 6.—

Besoldung der Kommunalbeamten in Preußen, Die — — unter Berücksichtigung der 24. Ergänzung zum Reichsbesoldungsgesetz und des Deutschen Beamtengesetzes. Bearbeitet von Gerichtsass. a. D. H. Schönebeck unter Mitwirkung von Ministerialdirigent H. Seel und MinRat Dr. U. Krauthausen. Oktav. 212 Seiten. 1937. (Stilke.) Geb. 6.60

Besoldungsgesetz, Preußisches — —. Kommentar. Mit Gehaltstafeln. Von MinRat Dr. H. Erythropel †. 5. Aufl., neubearb. von MinRat O. König. Oktav. X, 564 Seiten. 1932. (Schweitzer.) Geb. 14.80

Denkschriftenband zur Begründung des Entwurfs eines Gesetzes betreffend Änderungen im Finanzwesen. (Zusammengestellt vom Reichsschatzamt.) 4 Teile in 5 Bänden. Quart. 1908. 9.—

Teil 1: Das Finanzwesen der öffentlichen Körperschaften Deutschlands. V, 857 Seiten.

Teil 2: Die Finanzen von Frankreich, Großbritannien und Irland, Italien, Japan, Österreich-Ungarn, Rußland, der Schweiz, den Vereinigten Staaten von Amerika. VI, 442 Seiten.

Teil 3: Materialien zur Beurteilung der Wohlstandsentwicklung Deutschlands im letzten Menschenalter. 132 Seiten.

Teil 4: Materialien zur Beurteilung der Zusammenhänge zwischen dem öffentlichen Schuldenwesen und dem Kapitalmarkte. III, 287 Seiten. Zusammenfassung, Sachregister, Zusätze und Berichtigungen zu Teil 1—4. Mit graphischen Darstellungen und Erläuterungen. XXXII, 34, 6 Seiten.

Dienstordnung, Die allgemeine — — für die bayerischen Staatsbehörden vom 12. Januar 1933. Handausgabe mit Anmerkungen und Sachverzeichnis. Von MinRat Dr. Joh. R. v. Schelhorn. Oktav. 160 Seiten. 1933. (Schweitzer.) 4.50

Disziplinargesetz, Das preußische — — für die nichtrichterlichen Beamten nebst dem Disziplinargesetze für die Privatdozenten. Erläutert und mit den ergänzenden Gesetzesbestimmungen, zumal der Strafprozeß- und Zivilprozeßordnung, versehen von Dr. jur. E. v. Dultzig, Reg. Rat a. D. Oktav. XIV, 364 Seiten. 1914. (Guttentagsche Sammlung preußischer Gesetze Nr. 51.) Geb. 3.80

Eisenbahnverkehrsordnung, Die — — vom 16. Mai 1928 mit Allgemeinen Ausführungsbestimmungen sowie dem Internationalen Übereinkommen über den Eisenbahnfrachtverkehr vom 30. Mai 1925 und dem Internationalen Übereinkommen über den Eisenbahn-Personen- und -Gepäckverkehr vom 12. Juni 1925. Nach dem Tode von Blume herausgeg. mit Anmerkungen von Dr. jur., Dr. rer. pol. h. c. W. Weirauch. 8. Aufl. in Vorbereitung. (Guttentagsche Sammlung Deutscher Reichsgesetze Nr. 91.)

Entschädigungspflicht des Staates für Eingriffe in das private Flußeigentum nach bayerischem Recht. Von Dr. A. Arnold. Gr.-Oktav. 36 Seiten. 1931. (Schweitzer.) 1.80

Fischereigesetz, Bayerisches — — vom 15. August 1908 mit der Landesfischereiordnung vom 23. März 1909 und allen Vollzugsvorschriften. Von Staatsrat J. Bleyer. 5. Aufl. Oktav. 438 Seiten. 1934. (Schweitzers braune Handausgabe.) Geb. 10.80

Fischereigesetz, Das preußische — — vom 11. Mai 1916 in der geltenden Fassung. Erläutert von A. Born. Oktav. 428 Seiten. 1928. (Guttentagsche Sammlung preußischer Gesetze Nr. 62.) Geb. 6.75

Flurbereinigungsgesetz, Bayerisches — — vom 5. August 1922 nach der Fassung vom 11. Februar 1932. Für die Praxis erläutert von MinRat Dr. G. Seubelt. 2., neubearb. Aufl. Oktav. 438 Seiten. 1934. (Schweitzers braune Handausgabe.) Geb. 5.—

Forstgesetz, Das bayerische — —. Kommentar. Mit den Vollzugsvorschriften, dem Aufforstungsgesetz und dem Pfälzischen Forststrafgesetz. Von Dr. W. Wonhas. Gr.-Oktav. 545 Seiten. 1931. (Schweitzer.) 25.—

Gemeindebetriebe, Zum Recht der — —. Öffentlich und privatrechtlich betriebene Gemeindeanstalten und Einrichtungen. Von O. Sperlich, Kiel. (Sonderabdruck aus: Annalen des Deutschen Reichs 1931.) Gr.-Oktav. 100 Seiten. 1931. (Schweitzer.) 4.—

Geschlechtskrankheiten, Gesetz zur Bekämpfung der — —. Erläutert von LGDir. Dr. A. Hellwig. Oktav. 500 Seiten. 1928. (Schweitzers braune Handausgabe.) Geb. 10.30

Gesetzgebung über die allgemeine Landesverwaltung, Die — — und über die Zuständigkeit der Verwaltungs- und Verwaltungsgerichtsbehörden. Bearbeitet von Dr. K. Friedrichs, Just. Rat. 3., durchges. Aufl. Mit Nachtrag 1932. Oktav. XXIII, 295 u. 18 Seiten. 1927. (Guttentagsche Sammlung preußischer Gesetze Nr. 42.) Geb. 4.50

Gesundheitswesen, Die reichs- und landesrechtlichen Bestimmungen auf dem Gebiete des — — s. Zusammengestellt von Dr. jur. et rer. pol. W. Voß, Pol. Verw. Rechtsrat. Oktav. 608 Seiten. 1929. (Guttentagsche Sammlung Deutscher Reichsgesetze Nr. 172.) Geb. 9.90

Höchstpreis, Der — —. Eine systematische Untersuchung auf Grund der Erfahrungen der deutschen Kriegswirtschaft. Von Reg. Rat Dr. E. Stern. Oktav. VIII, 305 Seiten. 1923. (Schweitzer.) 9.—

Irrengesetzgebung in Deutschland, Die — —, nebst einer vergleichenden Darstellung des Irrenwesens in Europa. (Für Ärzte, Juristen und gebildete Laien.) Von Prof. Dr. E. Rittershaus. Oktav. VI, 261 Seiten. 1927. 12.—

Jahrbuch der Entscheidungen für Bau- und Grundstücksrecht. 1937. Von C. Saß. Oktav. VIII, 192 Seiten. 1937. (Schweitzer.) 3.50
— —. 1938. 200 Seiten. 1938. 4.—

Jugendamt als Gemeindewaisenrat, Das — —. Von P. Niestroj. Oktav. 91 Seiten. 1932. 3.—

Justizbauverwaltung, Die preußische — — unter Benutzung amtlichen Materials dargestellt unter Mitwirkung von E. Paterna und P. Regener. Von E. Friedrichs. Oktav. VII, 384 Seiten. 1929. Geb. 18.—

Kriminalpolizeidienst, Handbuch für den praktischen — —. Ein Lehrbuch. Von W. Polzer. Gr.-Oktav. 273 Seiten. 1922. (Schweitzer.) 2.50

Kurtaxe, Die — —. Betrachtungen über ihre rechtliche Natur. Von Dr. J. Kohler, o. Prof. a. d. Univers. Berlin. Oktav. 48 Seiten. 1902. 1.—

Landeskulturbehörden, Gesetz über die — — nebst den für das Verfahren der Landeskulturbehörden geltenden Vorschriften des Landesverwaltungsgesetzes und den Ausführungsvorschriften des Ministers für Landwirtschaft, Domänen und Forsten. Von W. Holzapfel. Oktav. 176 Seiten. 1920. (Guttentagsche Sammlung preußischer Gesetze Nr. 57.) Geb. 1.80

Lastenausgleich, Der — —. Soforthilfegesetz. Sammlung und Kommentierung sämtlicher Gesetze und Verordnungen sowie der laufenden Rechtsprechung auf dem Gebiete der Soforthilfe und des Lastenausgleichs. Teil I: Wortlaut der Gesetze und Verordnungen. Teil II: Kommentierung. Herausgeg. und erläutert von Dr. P. Binder, Staatssekr. a. D.; Dipl.-Kfm. Dr. J. Drexl, MinRat; Dipl.-Kfm. Dr. W. Wehe, Wirtschaftspr.; A. Seweloh, Reichsrichter a. D. des vorm. Reichsfinanzhofs; Dr. L. Zimmerle, Reg.-Dir. Din A 5. 984 Seiten in loser Blattform. 1949. (Guttentagsche Sammlung Deutscher Reichsgesetze Nr. 235.) Halbleinen 38.—

Leichen- und Begräbnispolizei in Bayern nebst Dienstvorschrift für den Leichenbeschauer. Von L. A. Grill. 3. Aufl. Oktav. 128 Seiten. 1925. (Schweitzer.) 4.—

Maß- und Gewichtsgesetz vom 13. Dezember 1935 in der Fassung vom 18. Mai 1936. Zusammengestellt von RA Dr. A. Dahm. Oktav. 204 Seiten. 1937. (Stilkes Rechtsbibl. Nr. 162.) Geb. 5.50

Oberbergpolizeiliche Vorschriften, Die — — **für Bayern.** Textausgabe mit Anmerkungen und Sachregister. 4. Aufl. Oktav. 71 Seiten. 1927. (Schweitzer.) 1.10

Ödlandgesetz, Bayerisches — — mit den Ausführungsbestimmungen. Erläutert von MinRat Dr. O. Woerner. Oktav. 266 Seiten. 1925. (Schweitzers braune Handausgabe.) Geb. 5.90

Öffentliches Sachen-Recht, Hauptprobleme des — —. Eine Studie zur Methodik und Dogmatik des deutschen Verwaltungsrecht. Von Dr. Th. Maunz, Priv. Doz. a. d. Univers. München. Gr.-Oktav. XVI, 316 Seiten. 1933. (Schweitzer.) 9.—

Pflegekind, Das — —. Von P. Niestroj. Oktav. 99 Seiten. 1932. 3.—

Preußische Verwaltung, Handwörterbuch der — —. Von Bitter. 3., vollst. umgearb. Aufl. Unter Mitwirkung zahlreicher hoher Reichs- und Preußischer Staatsbeamten herausgeg. von Dr. B. Drews, Staatsminister a. D. und Dr. Fr. Hoffmann, wirkl. Geh. OReg. Rat i. Berlin. 2 Bände. Quart. 1928. Bd. I: Abbaugerechtigkeiten-Kyffhäuserbund. VIII, 1134 Seiten. Bd. II: Lackfabriken-Zwischenkredit. VII, 1220 Seiten. (Verlag von: Walter de Gruyter & Co., Berlin; Carl Heymanns Verlag, Berlin; Roßberg'sche Verlagsbuchh., Leipzig.) 30.—, geb. 36.—

Rechnungslegungsordnung für das Reich vom 3. Juni 1929 (RRO.), mit Erläuterungen von Geh. ORGRat Ministerialdirigent i. R. R. Schulze und MinRat Dr. E. Wagner, 2., durchges. u. erw. Aufl. Oktav. XVI, 666 Seiten. 1941. (Stilkes Rechtsbibl. Nr. 100.) Geb. 16.20

Recht der pfälzischen Pfarrpfründestiftung beider Konfessionen, Das — —. Von W. Gruber. Gr.-Oktav. 199 Seiten. 1913. (Schweitzer.) 4.50

Rechtskartei, Neue — — für Berlin und Brandenburg, enthaltend sämtliche Rechtsvorschriften der Alliierten, des Magistrats Berlin und der Provinzialverwaltung Brandenburg. Von Dr. E. Kohlrausch, o. Prof. a. d. Univers. Berlin und Dr. E. Koffka, RAnwältin i. Berlin. Oktav. 1946. Loseblattausgabe. 30.—

I. Nachtrag. Enthält Ergänzungen zu Teil I Berliner Recht. 1947. 12.—

II. Nachtrag. Brandenburgisches Recht. 1948. ca. 800 Seiten. 30.—

Reichsbewertungsgesetz und Bodenschätzungsgesetz. Textausgabe mit Einführung und Erläuterungen. Von M. Renzi, MinRat i. Preuß. Finanzministerium. Oktav. VII, 194 Seiten. 1935. (Guttentagsche Sammlung Deutscher Reichsgesetze Nr. 190c.) 2.80
Nachtrag zu Nr. 190c (Reichsbewertungsgesetz, Bodenschätzungsgesetz, erläutert von M. Renzi) enthaltend Durchführungsbestimmungen usw. zu beiden Gesetzen. Oktav. VIII, 167 Seiten. 1935. (Guttentagsche Sammlung Deutscher Reichsgesetze Nr. 190c II.) 2.—

Rückerstattung feststellbarer Vermögensgegenstände in der amerikanischen Besatzungszone. Militärregierungsgesetz Nr. 59 vom 10. November 1947, mit Ausführungsvorschriften. Erläutert. Von R. Frhr. v. Godin, RA i. München und H. Frhr. v. Godin, RA i. München. Oktav. VIII, 319 Seiten. 1948. (Guttentagsche Sammlung Deutscher Reichsgesetze Nr. 232.) 12.—

Sammlung in der Praxis oft angewandter Verwaltungsgesetze und Verordnungen. Von G. Ziegler, MinRat i. Bayer. Staatsministerium f. soziale Fürsorge.

Bd. I: Reichsgesetze und Verordnungen. 5. Aufl. Oktav. XVI, 771 Seiten. 1927. (Schweitzer.) Geb. 17.—

Bd. II: Bayerische Gesetze und Verordnungen. Oktav. II, 1072 Seiten. 1927. Geb. 20.25

Nachtrag: 120 Seiten. 1928. 2.40

Schornsteinfegerwesen, Die reichsgesetzliche Regelung des — —. Von A. K. Maier. Oktav. 20 Seiten. 1936. (Schweitzer.) —.30

Schulwesen in Bayern, Das höhere — —. Eine kurze Darstellung für die Bedürfnisse des Verwaltungsbeamten. Von Dr. W. Wonhas. Lex.-Oktav. 43 Seiten. 1936. (Schweitzer.) —.60

Signalementslehre. Handbuch der Personalbeschreibung und -feststellung für den Polizeiunterricht, den Erkennungs- und Fahndungsdienst. Mit zahlreichen Illustrationen. Von Dr. H. Schneickert. 3. Aufl. Oktav. 241 Seiten. 1937. (Schweitzer.) Geb. 5.40

Soforthilfe, Die — —. Die Leistungen auf Grund des Soforthilfegesetzes. Auszug aus dem Kommentarwerk „Der Lastenausgleich". Abteilung II B — Gesetz zur Milderung dringender sozialer Notstände (Zweiter Teil). Herausgeg. und erläutert von Dr. P. Binder, Staatssekr. a. D.; Dipl.-Kfm. Dr. J. Drexl, MinRat; Dipl.-Kfm. Dr. W. Wehe, Wirtschaftspr.; A. Seweloh, Reichsrichter a. D. des vorm. Reichsfinanzhofs; Dr. L. Zimmerle, Reg. Dir. Din A 5. 218 Seiten. 1949. 12.—

Straßenbaulasten, Die Heranziehung der Anlieger zu den —, auf Grund des § 15 des Fluchtliniengesetzes vom 2. Juli 1875 in Entscheidung, Kostenberechnung und bildlicher Darstellung. Von C. Saß, Gemeindebaurat. Mit einem Plan. Oktav. 102 Seiten. 1913. 4.50

Straßen- und Baufluchtengesetz. Gesetz, betreffend die Anlegung von Straßen und Plätzen in Städten und ländlichen Ortschaften. Vom 2. Juli 1875. Kommentar. (Vormals von R. Friedrichs). Von H. v. Strauß und Torney und C. Saß. 7., neubearb. Aufl. unter Berücksichtigung des Wohnungsgesetzes usw. von O. Meyer. Oktav. 367 Seiten. 1934. Geb. 12.—

Straßenverkehrsrecht (Reichsgesetz über den Verkehr mit Kraftfahrzeugen) mit den einschlägigen Nebenbestimmungen, insbesondere der **Reichsstraßen-Verkehrsordnung** und einem technischen Leitfaden mit Abbildungen, von Geh. RGRat Ministerialdirigent Dr. F. Müller. 16., umgearb. Aufl. Mit zahlreichen, z. T. farbigen Abbildungen. Gr.-Oktav. XVI, 1132 Seiten. 1949. (Stilkes Rechtsbibl. Nr. 44.) Geb. 56.—

Telegraphenwege-Gesetz, Das — —. Vom 18. Dezember 1899 nebst der Ausführungsanweisung vom 26. Januar 1900. Von C. Wolf, Postrefr. a. d. Kaiserl. OPostdir. i. Köln. Oktav. 99 Seiten. 1916. (Guttentagsche Sammlung Deutscher Reichsgesetze Nr. 120.) Geb. —.90

Verkehrssicherheit der Reichswasserstraßen, Die Haftung für die — —. (Öffentlichen Binnenwasserstraßen.) Zugleich eine Untersuchung zur Frage der rechtlichen Natur des Eigentums des Deutschen Reichs an seinen Wasserstraßen. Von Dr. jur. M. Kaczmarzyk. Oktav. XIX, 197 Seiten. 1936. 9.—, geb. 10.50

Verkehrsunfälle, Die polizeiliche Untersuchung von — — n. Von M. Julier. 2. Aufl. Oktav. Mit 25 Abb. u. 15 Skizzen. 200 Seiten. 1949. (Schweitzer.) Halbleinen 10.—

Vermögens- und Haushaltsrecht, Das neue — — der deutschen Gemeinden. Systematische Darstellung. Von Dr. H. Stenger. 2. Aufl. Oktav. XI, 409 Seiten. 1939. (Schweitzer.) 11.50

Verwaltungsgesetzbuch für Preußen. Systematische Zusammenstellung der wichtigsten Verwaltungsgesetze und Verordnungen. Für Praxis und Unterrichtszwecke bearbeitet. Von H. Reichelt. Quart. VII, 1302 Seiten. 1914. Geb. 7.60

Verwaltungsrecht. Grundriß. Von Dr. E. Frhr. v. Turegg, LGDir. In Vorbereitung. (Lehrbücher und Grundrisse der Rechtswissenschaft Bd. XIX.) ca. 18.—

Verwaltungsrecht. Leitfaden. Von Dr. jur. habil. E. Frhr. v. Turegg, LGDir. Oktav. 141 Seiten. 1949. (Leitfaden der Rechtswissenschaft Bd. 11.) 7.—

Verwaltungsrecht, Grundriß des bayerischen — — s unter Berücksichtigung des Reichsrechts. Von Dr. K. Helmreich. Gr.-Oktav. 247 Seiten. 1928. (Schweitzer.) 7.20

Verwaltungsstreitverfahren. Von MinRat G. Ziegler. (Sonderdruck aus: Sammlung in der Praxis oft angewandter Verwaltungsgesetze und Verordnungen.) Oktav. 27 Seiten. 1927. (Schweitzer.) —.55

Verwaltungsstreitverfahren, Das — —. Praktisches Handbuch auf wissenschaftlicher Grundlage bearbeitet. Von F. Kunze, wirkl. geh. ORRat. Oktav. XV, 625 Seiten. 1908. 12.—

Volksschullehrergesetz. Von MinRat G. Ziegler. (Sonderdruck aus: Sammlung in der Praxis oft angewandter Verwaltungsgesetze und Verordnungen.) Oktav. 29 Seiten. 1927. (Schweitzer.) —.55

Wasserrecht. Von MinRat G. Ziegler. (Sonderdruck aus: Sammlung in der Praxis oft angewandter Verwaltungsgesetze und Verordnungen.) Oktav. 39 Seiten. 1927. (Schweitzer.) —.70

Wasser- und Bodenverbandrecht. Erläutert von Dr. A. Bochalli, Reg. Präs. a. D. i. Münster/W. und K. Linckelmann, RA i. Hannover. 2., verm. und verb. Aufl. des Kommentars zum Wasserverbandgesetz und zur 1. Wasserverbandverordnung von Dr. Bochalli. (Guttentagsche Sammlung Deutscher Reichsgesetze Nr. 212.) 386 Seiten. 1949. 10.—

Wildschadengesetz, Das — —. Vom 11. Juli 1891. Von Dr. A. Holtgreven, OLGPräs. und Dr. Th. Wolff, OLGRat. 4., verm. und verb. Aufl. VIII, 216 Seiten. 1902. 4.—

Zeitschrift für Bergrecht. Bis zu seinem Tode herausgeg. von Dr. jur. H. Brassert. Redigiert und herausgeg. von den rechtskundigen Ministerialräten der Bergabteilung des Preußischen Ministeriums für Handel und Gewerbe. Oktav. Von den Bänden 1—78 sind noch Restbestände lieferbar. Auf Wunsch nähere Angaben. Neuerscheinen wird vorbereitet.

3. Steuerrecht

Biersteuergesetz, Das — — vom 26. Juli 1918 mit Durchführungsbestimmungen. Nebengesetzen und Erläuterungen. Von Zapf-Siegert. 3. Aufl., bearb. von MinRat Siegert. Oktav. VI, 429 Seiten. 1931. (Schweitzer.) Geb. 15.—

Bürgersteuergesetz, Das — — vom 16. Oktober 1934 in der Fassung des Änderungsgesetzes vom 16. Oktober 1935 mit der Durchführungsverordnung und den Verwaltungsvorschriften nebst der Saarland-Bürgersteuerverordnung vom 28. Oktober 1935. Für die Praxis erläutert von Dr. H. Schick, Reg. Ass. a. Finanzamt Kaiserslautern. Oktav. 133 Seiten. 1936. (Stilkes Rechtsbibl. Nr. 146.) Geb. 3.20

Einkommensteuergesetz vom 27. Februar 1939 in der Fassung des Gesetzes Nr. 12 der Alliierten Kontrollbehörde (Kontrollrat) vom 11. Februar 1946 und des Gesetzes Nr. 12 vom 19. Dezember 1947. Textausgabe mit kurzen Erläuterungen. Von Dr. H. Wagelaar, Wirtschaftsprüfer. 2. Aufl. Oktav. 303 Seiten. 1948. (Guttentagsche Sammlung Deutscher Reichsgesetze Nr. 228.) 4.50

Gewerbesteuergesetz vom 1. Oktober 1936. Mit Durchführungs-VO. und Richtlinien. Erläutert von ORRat Dr. M. Metz. Oktav. 396 Seiten. 1937. (Schweitzers braune Handausgabe.) Geb. 7.50

Gewerbesteuergesetz (GewStG.) vom 1. Dezember 1936 nebst Einführungsgesetz (EinfGRealStG) vom 1. Dezember 1936 und Durchführungsvorschriften. Von ORGRat E. Kaemmel und RGRat W. Schmiedeke. Oktav. 325 Seiten. 1937. (Stilkes Rechtsbibl. Nr. 166.) Geb. 8.50

Gewerbesteuergesetz vom 1. Dezember 1936 (RGBl. I S. 979). Textausgabe mit kurzen Erläuterungen. Von Dr. H. Wagelaar, Wirtschaftsprüfer. Oktav. 256 Seiten. 1947. (Guttentagsche Sammlung Deutscher Reichsgesetze Nr. 231.) 6.—

Grunderwerbssteuergesetz vom 12. September 1919 (RGBl. S. 1617) in der Fassung des Gesetzes vom 11. März 1927 (RGBl. I S. 72) nebst Einleitung, Sachregister und Ausführungsbestimmungen und den einschlägigen Vorschriften des Finanzausgleichs-Steuermilderungsgesetzes und Steuerstrafrechts für die Praxis erläutert. Von Dr. E. Hagelberg und Dr. L. Krämer, RAnwälte i. Berlin. 2., völl. umgearb. und erw. Aufl. Oktav. 355 Seiten. 1928. Geb. 15.—

Grundsteuergesetz vom 1. Dezember 1936 mit Durchführungsbestimmungen. Durch eine ausführliche Einführung erläuterte Textausgabe von E. Dziegalowski, MinRat i. R. Oktav. VIII, 416 Seiten. 1937. (Guttentagsche Sammlung Deutscher Reichsgesetze Nr. 206.) Geb. 7.—
Nachtrag. 72 Seiten. 1938. 1.—

Grundsteuergesetz mit Durchführungsverordnung und den wichtigsten einschlägigen Erlassen. Von ORRat Dr. M. Metz. Oktav. 318 Seiten. 1938. (Schweitzers braune Handausgabe.) Geb. 7.—
Nachtrag. 47 Seiten. 1938. —.80

Kapitalverkehrsteuergesetz vom 16. Oktober 1934 nebst den zu dem Gesetz erlassenen Durchführungsbestimmungen und den sonstigen Vorschriften über die Kapitalverkehrsteuer. Erläutert durch Dr. B. Keßler, ORGRat. Oktav. XVI, 352 Seiten. 1935. (Guttentagsche Sammlung Deutscher Reichsgesetze Nr. 193.) Geb. 7.—

Körperschaftssteuergesetz vom 16. Oktober 1934 in der Fassung des Gesetzes Nr. 12 der Alliierten Kontrollbehörde (Kontrollrat) vom 11. Februar 1946. Textausgabe mit kurzen Erläuterungen. Von Dr. H. Wagelaar, Wirtschaftsprüfer. Oktav. 212 Seiten. 1947. (Guttentagsche Sammlung Deutscher Reichsgesetze Nr. 229.) 7.50

Lohnsteuer, Das Recht der — —. Von Dr. W. Spohr. Oktav. 256 Seiten. 1936. (Stilkes Rechtsbibl. Nr. 151.) Geb. 7.50

Preußische Gemeindesteuern (Rechtsmittel und Rechtsprechung.) Von W. Theisen, Reg. Rat. Oktav. 160 Seiten. 1926. 6.—, geb. 7.20

Reichsabgabenordnung vom 22. Mai 1931. Textausgabe mit kurzen Erläuterungen. Von Dr. H. Wagelaar, Wirtschaftsprüfer. Oktav. 256 Seiten. 1949. (Guttentagsche Sammlung Deutscher Reichsgesetze Nr. 236.) Geb. 7.50

Stempelsteuergesetz, Das — — vom 31. Juli 1895 nebst Ausführungsbestimmungen, dem Erbschaftssteuer-, Wechselstempelsteuer- und Reichsstempelgesetz. Kommentar für den praktischen Gebrauch. Von H. Hummel, wirkl. Ger. OFinanzrat und F. Specht, Reichsger. Rat. Oktav. XXIII, 1392 Seiten. 1906. 30.—

Steuerersparungen, Steuererleichterungen und Härteverfahren im deutschen Steuerrecht. Von Dr. J. Hein. Oktav. 148 Seiten. 1933. (Stilkes Rechtsbibl. Nr. 132.) Geb. 3.50

Steuergesetz, Religionsgesellschaftliches — —. Von MinRat G. Ziegler. (Sonderdruck aus: Sammlung in der Praxis oft angewandter Verwaltungsgesetze und Verordnungen.) Oktav. 6 Seiten. 1927. (Schweitzer.) —.25

Umsatzsteuergesetz vom 16. Oktober 1934 nebst Durchführungsbestimmungen. Mit systematischer Einführung und Erläuterungen versehen von H. Hog. Oktav. VIII, 211 Seiten. 1935. (Guttentagsche Sammlung Deutscher Reichsgesetze Nr. 190 d.) 2.50

Urkundensteuergesetz (UrkStG) vom 5. Mai 1936. Bearbeitet von Reichsgerichtsrat G. Rusche und Amts- und Landrichter Dr. Rensch. Oktav. 260 Seiten. 1936. (Stilkes Rechtsbibl. Nr. 154.) Geb. 8.—

Vermögensteuergesetz vom 16. Oktober 1934 und **Erbschaftssteuergesetz** in der Fassung des Gesetzes zur Änderung des Erbschaftssteuergesetzes vom 16. Oktober 1934. Mit systematischer Einführung versehen und erläutert von R. Arens. Oktav. VII, 203 Seiten. 1935. (Guttentagsche Sammlung Deutscher Reichsgesetze Nr. 190 b.) 2.80

Vermögensteuergesetz. Von A. Lüke. In Vorbereitung.

Versicherungssteuergesetz. Erläuterungsbuch (unter Berücksichtigung des Versicherungsrechts). Gesetzestext, Durchführungsbestimmungen von Dr. M. Wunschel, ORGRat und R. Kostboth, Amtsrat i. Reichsfinanzministerium. Oktav. XI, 376 Seiten. 1937. (Guttentagsche Sammlung Deutscher Reichsgesetze Nr. 208.) Geb. 9.—

Wandergewerbesteuergesetz vom 10. Dezember 1937. Unter besonderer Berücksichtigung der gewerbepolizeilichen Vorschriften und Entscheidungen der Länder Preußen und Bayern, in Ansehung des Landes Bayern gleichzeitig. 3. Aufl. Erläutert von ORRat L. Jacob. Oktav. 218 Seiten. 1938. (Schweitzers braune Handausgabe.) Geb. 6.—

Wechselsteuergesetz vom 2. September 1935 mit Nebenbestimmungen. Zusammengestellt von RegOberinsp. F. Fricke. Oktav. 59 Seiten. 1935. (Stilkes Rechtsbibl. Nr. 143.) 1.20

Wechselsteuergesetz vom 2. September 1935 nebst dem Wechselgesetz vom 21. Juni 1933, den Durchführungsbestimmungen zum Wechselsteuergesetz vom 2. September 1935 und den sonstigen Vorschriften, die bei der Anwendung des Wechselsteuergesetzes in Betracht kommen. Für die Praxis erläutert von Dr. B. Keßler, ORGRat. Oktav. 152 Seiten. 1935. (Guttentagsche Sammlung Deutscher Reichsgesetze Nr. 197.) 3.—

Wertzuwachssteuerrecht nach der preußischen Mustersteuerordnung und der Berliner Steuerordnung. Von Dr. E. Hagelberg und Dr. L. Krämer, RAnwälte i. Berlin. Kommentar. Oktav. XXIV, 252 Seiten. 1930. 12.—, geb. 13.50

4. Kirchenrecht

Kirchengesetz, Das preußische — —, betreffend Abänderungen der kirchenpolitischen Gesetze vom 21. Mai 1886. Von Dr. P. Hinschius, o. Prof. der Rechte a. d. Univers. Berlin. Oktav. XI, 115 Seiten. 1886. 3.—

Kirchengesetz, Das preußische — —, betreffend Abänderungen der kirchenpolitischen Gesetze vom 29. April 1887. Von Dr. P. Hinschius, o. Prof. der Rechte a. d. Univers. Berlin. Nachtragsheft zu der Ausgabe des preußischen Kirchengesetzes vom 21. Mai 1886. Von Dr. P. Hinschius, o. Prof. der Rechte a. d. Univers. Berlin. Oktav. VII, 37 Seiten. 1887. —.50

Kirchengesetze, Die preußischen — — der Jahre 1874 und 1875 nebst dem Reichsgesetze vom 4. Mai 1874. Herausgeg. mit Einleitung und Kommentar. Von Dr. P. Hinschius, o. Prof. der Rechte a. d. Univers. Berlin. Oktav. XXVIII, 229 Seiten. 1875. 5.—

Kirchengesetze des Jahres 1873, Die preußischen — —. Herausgeg. mit Einleitung und Kommentar. Von Dr. P. Hinschius, o. Prof. der Rechte a. d. Univers. Berlin. Oktav. XLVIII, 212 Seiten. 1873. 5.50

Kirchenrecht, Das — — der Katholiken und Protestanten in Deutschland. Von Dr. P. Hinschius, o. Prof. der Rechte a. d. Univers. Berlin. Oktav. Band I—VI: System des katholischen Kirchenrechts mit besonderer Rücksicht auf Deutschland.
Bd. I: 2 Hälften. XIV, 639 Seiten. 1869. 10.—
Bd. II: 2 Hälften. X, 714 Seiten. 1878. 10.—
Bd. III: VIII, 853 Seiten. 1883. 26.—
Bd. IV: Mit alphabetischem Sachregister zu Bd. I—IV. X, 925 Seiten. 1888. 30.—
Bd. V: XII, 978 Seiten. 1895. 31.—
Bd. VI: 1. Abt. VIII, 425 Seiten. 1897. 14.—

Recht und Kirche. Betrachtungen zur Lehre von der Gemeinschaft und der Möglichkeit eines Kirchenrechtes. Von D. Dr. R. Stammler, Prof. a. d. Univers. Berlin. Oktav. 120 Seiten. 1919. 2.—, geb. 3.—

Staat und Kirche in Bayern. System des bayerischen Staatskirchenrechts. Bd. I, Lfg. 1. Von Hz. W. L. Doering. Gr.-Oktav. 187 Seiten. 1928. (Schweitzer.) 5.—

VII. Volkswirtschaftslehre

Abnehmender Bodenertrag, Das Gesetz des — — seit J. von Liebig. Eine dogmengesch. Untersuchung von Dr. J. Eßlen. Lex.-Oktav. 298 Seiten. 1905. (Schweitzer.) 7.20

Baukredit, Der — —. Von Dipl. Ing. Dr. K. F. Stöhr. Gr.-Oktav. 172 Seiten. 1921. (Schweitzer.) 3.20

Deutsches Bankwesen, Das — —. Von Dr. J. Löhr. Dir. d. bayer. Handelsbank i. München. Gr.-Oktav. 178 Seiten. 1921. (Schweitzer.) 2.50

Dumping, Das — —. Preisunterbietungen im Welthandel. Von Dr. D. Perl. Gr.-Oktav. VIII, 139 Seiten. 1921. (Schweitzer.) 3.30

Einführung in die Politik. Von Prof. Dr. F. van Calker. Oktav. 188 Seiten. 1927. (Schweitzer.) Geb. 5.80

Geldwirtschaft, Die deutsche — —. Von Dr. F. Federau. Oktav. 95 Seiten. 1949. 4.—

Juristische Natur der Kontingente. (Beteiligungsziffern). Von Dr. R. Beer. Oktav. VIII, 79 Seiten. 1927. (Schweitzer.) 3.60

Orient — Export, Der — —. Von W. K. Kubié. Oktav. 140 Seiten. 1918. (Schweitzer.) 3.10

Rücktritt vom Kartell. Von Dr. K. Schröter, München. Oktav. 117 Seiten. 1927. (Schweitzer.) 4.50

Tauschsozialismus und Freigeld. Eine dogmengesch. krit. Untersuchung zur Freigeldlehre. Von Dr. W. Wegelin, St. Gallen. Gr.-Oktav. 126 Seiten. 1921. (Schweitzer.) 3.10

Treuhandwesen in der deutschen Volkswirtschaft, Das — —. Von Syndikus Dr. O. Hintner, Nürnberg. Lex.-Oktav. 182 Seiten. 1926. (Schweitzer.) 7.20

Wiederaufbau in Theorie und Praxis, Grundlagen und Gedanken über den — —. Von C. Saß. In Vorbereitung.

VIII. Entscheidungs-Sammlungen, Zeitschriften

Aufsichtsamt für das Versicherungswesen Groß-Berlin. Veröffentlichungen. 1. Jahrgang. Heft 1. 1948. 6.—. 2. Jahrgang. Heft 1. 1949. 3.80. — —. Heft 2. 1949. 3.60. — —. Heft 3. 1949. 4.—. Erscheinungsweise: Nach Bedarf, Preis je nach Umfang.

Entscheidungen des Oberprisengerichts in Berlin. Herausgeg. im Auftr. des Reichsjustizministeriums. Oktav. Bd. I: XVII, 444 Seiten. 1918. 14.—. Bd. II: XV, 338 Seiten. 1921. 10.—

Entscheidungen des Obersten Gerichtshofes für die Britische Zone. Herausgeg. von den Mitgliedern des Gerichtshofes und der Staatsanwaltschaft.
Entscheidungen des Obersten Gerichtshofes für die Britische Zone in **Zivilsachen.** Bezugspreis für die Heftausgabe (5 Hefte) pro Band 8.—, für die Bandausgabe pro Band geb. 10.—
Entscheidungen des Obersten Gerichtshofes für die Britische Zone in **Strafsachen.** Bezugspreis für die Heftausgabe (5 Hefte) pro Band 8.—, für die Bandausgabe pro Band geb. 10.—
Bisher liegen vor: Zivilsachen. Bd. I, Heft 1—5; Bd. II, Heft 1—3.
Strafsachen. Bd. I, Heft 1—5; Bd. II, Heft 1.
Einbanddecken für den cplt. Band 1.20.

Entscheidungen des Reichsarbeitsgerichts. Herausgeg. von den Mitgliedern des Gerichtshofes. Oktav. Einzelne, der bisher erschienenen 27 Bände, sind aus Restbeständen noch lieferbar. Auf Wunsch nähere Angaben.

Entscheidungen des Reichsgerichts. Herausgeg. von den Mitgliedern des Gerichtshofes und der Reichsanwaltschaft. Oktav. 2 Sammlungen.
1. Entscheidungen des Reichsgerichts **in Zivilsachen.** Zur Vervollständigung dieser amtlichen Sammlung sind noch Restbestände vorhanden. Je 7.—, geb. 9.—. Für die Registerbände bestehen besondere Preise.
2. Entscheidungen des Reichsgerichts **in Strafsachen.** Restbestände noch lieferbar. Je 7.—, geb. 9.—. Für die Registerbände bestehen besondere Preise. Auf Wunsch nähere Angaben.

Entscheidungen des Reichsgerichts, die grundlegenden — — und des Reichsmilitärgerichts auf dem Gebiete des Strafrechts. Für das Studium und die Praxis bearbeitet. Von Dr. M. Apt. Oktav.
Bd. I: Strafrecht. 3. Aufl. Von Dr. M. Apt und Dr. E. Beling. VII, 376 Seiten. 1903.
Bd. II: Das Rheinische Civilrecht. Von Dr. O. Francken. X, 193 Seiten. 1893.
Bd. III: Strafprozeß. Von C. Jacusiel. VIII, 235 Seiten. 1893.
3 Bände cplt. 14.—, geb. 17.—

Entscheidungen des Reichsgerichts in Zivilsachen. Gekürzte Ausgabe der amtlichen Sammlung. Eine Auswahl der für die jetzigen Rechtsverhältnisse noch wichtigen Entscheidungen aus den Bänden 1—171. Nach Fachgebieten zusammengestellt und mit einem chronologischen Register versehen. Herausgeg. von Prof. Dr. Auerbach, RA i. Berlin; Dr. Eylau, Präs. d. Patentamtes i. Berlin; Graf RAnwältin i. Berlin; Dr. Knoll, Ministerialdir. i. Berlin; Kummerow, RA i. Berlin; Reuß, RA i. Berlin; Dr. W. Schmidt, RA i. Düsseldorf; Dr. Swarzenski, LGDir. i. Berlin; Dr. Vahldieck, RA i. Berlin. Etwa 30 Bände.
Geb. je etwa 10.— bis 12.—

Entscheidungen des Reichsgerichts in Strafsachen. Gekürzte Ausgabe der amtlichen Sammlung. In Vorbereitung.

Juristische Rundschau. Mit Beiblatt: Mitteilungen aus der Berliner Justiz und Rechtsanwaltschaft. Herausgeg. von Dr. S. Loewenthal, Chefpräs. des Landger. Berlin, Dr. K. Wergin, Präs. der Rechtsanw. Kammer Berlin, R. Frhr. v. Godin, RA i. München, Prof. Dr. E. Reimer, Präs. d. Deutschen Patentamtes i. München, Dr. E. Wolff, Präs. des Obersten Ger. Hofes f. d. Brit. Zone i. Köln und Dr. W. Schmidt, RA i. Düsseldorf. Ab Juli 1949 2mal monatlich. Je Heft 32 Seiten. Vierteljährl. 9.— Einzelne Hefte der Jahrgänge 1925—1945, cplt. Jahrgänge und einzelne Hefte der ab 1. Juli 1947 wiedererschienenen Zeitschrift, sind aus Restbeständen noch lieferbar. Einbanddecken für die Jahrgänge 1947 und 1948. 1.25

Kritische Vierteljahresschrift für Gesetzgebung und Rechtswissenschaft. Herausgeg. von E. Mezger, K. Blomeyer, J. Heckel, A. Hueck, E. Riezler, M. San Nicolò, Ch. Frhr. v. Schwerin, Professoren d. Münchener Juristenfakultät. Gr.-Oktav. Ab 1912 neue Folge. Der Band zu je 4 Heften. Bd. 14—18 je 8.—; Bd. 19 10.—; Bd. 20 16.—; Bd. 21 24.—; Bd. 22 32.50; Bd. 23 27.—; Bd. 24 31.—; Bd. 25 29.—; Bd. 26—32 je 28.—. (Schweitzer.)

Rechtsprechung der Oberlandesgerichte auf dem Gebiete des Zivilrechts. Herausgeg. von B. Mugdan und R. Falkmann. Oktav.
1.—42. Band. (Bd. 35, 36, 38, 40, 42 vergriffen) 1900—1922. Je 4.50, geb. 6.—
43. Band. 1924. 7.50, geb. 9.—
44.—46. Band. (Bd. 45 nur H. 2—9 vorhanden) 1925—1928. Je 8.—, geb. 9.50
(Fortsetzung s. Rechtsprechung, Höchstrichterliche.)

Rechtsprechung, Höchstrichterliche — — auf dem Gebiete des Strafrechts. Geleitet und herausgeg. von A. Feisenberger. Sonderbeilage der Zeitschrift für die gesamte Strafrechtswissenschaft. Oktav. 1.—3. Jahrgang. 1925—1927. Je 12.—, geb. 13.50
(Fortsetzung s. Rechtsprechung, Höchstrichterliche.)

Rechtsprechung, Höchstrichterliche — —. Vereinigte Entscheidungs-Sammlung der bisherigen Zeitschriften: Rechtsprechung der Oberlandesgerichte in Zivilsachen, Höchstrichterliche Rechtsprechung in Strafsachen und Die Rechtsprechung, Beilage der Juristischen Rundschau. Herausgeg. von E. Friedrichs und A. Feisenberger. Von den Jahrgängen 1—18 (1942) sind aus Restbeständen noch cplte. Jahrgänge und einzelne Hefte lieferbar. Ab 1943 verschmolzen mit der Zeitschrift „Das Deutsche Recht". Preisangaben auf Wunsch.

Reichsgerichtsentscheidungen in kurzen Auszügen. Oktav. 2 Sammlungen.

— — **in Zivilsachen** und — — **in Strafsachen.** Von beiden Sammlungen sind aus Restbeständen noch cplte. Bände lieferbar. Auf Wunsch nähere Angaben. (Schweitzer.)

Veröffentlichungen des Reichsaufsichtsamts für Privatversicherung. s. Abschn. III, 1 (S. 20).

Zeitschrift für Ausländisches und Internationales Privatrecht. Herausgeg. in Gemeinschaft mit E. Heymann, H. Titze, M. Wolff, M. Pagenstecher, F. Schlegelberger und H. Lewald von E. Rabel. (Institut für ausländisches und internationales Privatrecht.) Quart. Aus Restbeständen sind noch einzelne Hefte der Jahrgänge 1—14 einschl. der Sonderhefte lieferbar. Auf Wunsch nähere Angaben. Wiedererschienen mit dem 15. Jhrg. 1949. H. 1. Begründet von E. Rabel. Herausgeg. vom Kaiser

Wilhelm-Institut für ausländisches und internationales Privatrecht. Dir.: H. Dölle. Erscheinungsweise: Vierteljährlich in Heften von 150 bis 170 Seiten. Abonnementspreis pro Heft 12.—, Einzelheftpreis 14.50. Berechnung erfolgt, auch gegenüber Abonnenten, heftweise. Im Gemeinschaftsverlag mit J. C. B. Mohr (Paul Siebeck) Tübingen.

Zeitschrift für ausländisches öffentliches Recht und Völkerrecht. Herausgeg. in Gemeinschaft mit E. Kaufmann, R. Smend, H. Triepel, L. Kaas, F. Glum von V. Bruns. (Institut für ausländisches öffentliches Recht und Völkerrecht.) Quart. Aus Restbeständen sind noch einzelne Hefte der Bände 1—12 lieferbar. Auf Wunsch nähere Angaben.

Zeitschrift für Bergrecht. Bis zu seinem Tode herausgeg. von Dr. jur. H. Brassert. Redigiert und herausgeg. von den rechtskundigen Ministerialräten der Bergabteilung des Preußischen Ministeriums für Handel und Gewerbe. Oktav. Von den Bänden 1—78 sind noch Restbestände lieferbar. Auf Wunsch nähere Angaben. Neuerscheinen wird vorbereitet.

Zeitschrift für die gesamte Strafrechtswissenschaft. Gegründet von Dr. Fr. v. Liszt und A. Dochow. Oktav. Von den bisher erschienenen 62 Bänden sind aus Restbeständen noch einzelne Bände cplt. lieferbar. Neuerscheinen wird vorbereitet.

IX. Verschiedenes

Justizstaatsdienst, Fünf Aufgaben der Prüfungen für den mittleren — — mit Lösungen aus dem Grundbuch-, Familien-, Erb- und Vollstreckungsrecht. Von OARichter Dr. W. Kriener. Oktav. 91 Seiten. 1933. (Schweitzer.) 2.60

Pandektenübungen, Praktische — — für Anfänger zum akademischen Gebrauch und zum Selbststudium. Von D. Dr. R. Stammler, Prof. a. d. Univers. Berlin. Oktav. X, 536 Seiten. 1896. 7.50, geb. 8.60

Rechtsfälle, Kinkels — — mit Lösungen. Bearb. von Dr. W. E. Kinkel. Oktav. (Schweitzer.)
Bd. I: **Arbeitsrecht.** 124 Seiten. 1936. 2.80
Bd. II: **Bauernrecht.** 85 Seiten. 1938. 2.60
Bd. III: **Bürgerliches Recht.** 101 Seiten. 1939. 2.80

Texte, Juristische — —, für Vorlesungen und Übungen. Herausgeg. von F. Schulz und Cl. Frhr. v. Schwerin. Oktav.
1. Texte zu Übungen im römischen Privatrecht I. Ausgewählt von F. Schulz. 32 Seiten. 1925. 1.40
2. Quellen zur Geschichte der Eheschließung I. Ausgewählt von Cl. Frhr. v. Schwerin. 1925. 3.20
3. Die Epitome Ulpiani des Codex Vaticanus Reginae 1128. Herausgeg. von F. Schulz. XII, 62 Seiten. 1926. 3.20
4. Quellen zur Geschichte der Eheschließung II. Ausgewählt von Cl. Frhr. v. Schwerin. 60 Seiten. 1930. 3.50

Zivilrechtspraktikum. Zum Selbststudium und zum Lehrgebrauche. Von R. Schück. 4., verm. Aufl. herausgeg. von G. Schreiber. Oktav. 160 Seiten. 1930. Geb. 6.—

Lösungen zu dem von R. Schück herausgegebenen Zivilrechtspraktikum. Nach dem Bürgerlichen Gesetzbuch bearb. für Studierende und Referendare. Von H. von der Mosel, RA i. Dresden. 5. Aufl. Oktav. 235 Seiten. 1931. 6.—, geb. 6.50

(2 T) Stadtdruckerei Trebbin A 252 464

FSC
www.fsc.org
MIX
Papier | Fördert
gute Waldnutzung
FSC® C083411

Kolibri 360 GmbH
Ferdinand-Jühlke-Straße 7
99095 Erfurt, Deutschland
produktsicherheit@kolibri360.de